*Karl Julius Weber*

# Das Ritter-Wesen und die Templer, Johanniter und Marianer

*2. Band*

*Karl Julius Weber*

**Das Ritter-Wesen und die Templer, Johanniter und Marianer**

*2. Band*

*Inktank publishing, 2018*

*www.inktank-publishing.com*

*ISBN/EAN: 9783747763315*

Das

# Ritter-Wesen

und die

Templer, Johanniter und Marianer

oder

## Deutsch-Ordens-Ritter

insbesondere.

Von

Carl Julius Weber.

In drei Bänden.

— — Stat magni nominis umbra.



Zweiter Band.

Zweite wohlfeile Ausgabe.

Stuttgart,

Verlag der J. B. Metzler'schen Buchhandlung.

1 8 3 5.

# Inhalts-Anzeige des zweyten Theils.

Capitel. Seite

Capitel Seite



Beylagen.

# I.

## Die Ritter der Kreuzzüge, die höchste Ritter-Poesie.

Die Ritterschaft hatte sich schon gebildet, wenigstens in Frankreich, als der Ruf zu den Kreuzzügen erschallte, und der in der Kirche zu Jerusalem eingeschlafene Cucupeter träumte, daß der Erlöser und St. Peter vor ihm gestanden, und ihn zum Gesandten Gottes erklärt hätten. Man glaubte dem Schwärmer. Der Aberglaube hatte auch Sterne vom Himmel fallen sehen, Cometen erblickt, wie Schwerdter gestaltet, und der Himmel war blutroth, vermuthlich ein Nordschein. Hungersnoth und die Seuche, die gerade wüthete, genannt das *heilige Feuer*, machte den Aberglauben noch aufmerksamer. Zu den Schwärmern gesellten sich *trügerische Pfaffen*, die zwey Ritter am Himmel erblickt haben wollten im Kampfe, und der, der mit einem Kreutze bezeichnet war, siegte; andere zeigten Kreutze am eigenen Leibe, eingeprägt von himmlischen Händen, und wieder andere versicherten, Carl der Große sey aus seinem Grabe hervorgegangen, und werde in höchsteigner Person das Commando übernehmen!

Die Ritter, die bereits für Waffenthaten und Minne schwärmten, waren abergläubisch genug, nun auch für Religion zu schwärmen. Es galt das heilige Kreuz, ein heiliges Land, kein irdisches Reich — es galt das von Heiden besudelte Heiligthum Gottes, das Grab des Erlösers, den Oelberg, Golgatha und Gethsemane! Und so setzten die Heroen des Mittelalters an ihren frommen Wahn Blut, Leben und Eigenthum. Können wir, ihre verfeinerten Enkel, uns rühmen, daß wir an unsere Weisheit nur halb so viel, als sie an ihre Thorheit wagen? Die Kreuzzüge erzeugten die erste Uebereinkunft europäischer Großen, gegründet auf Religiosität und Begeisterung — im Bunde von Cambray (1508) aber erblicken wir die zweyte Uebereinkunft zur Theilung Venedigs! Ursprung des europäischen Völkerrechts! Die Begeisterung, mit der die Kreuzfahrer alle Güter der Sinnlichkeit einem blos idealen Gute hinopferten, vermag den Philosophen auszusöhnen mit ihrer wilden Unternehmung, mit ihren abentheuerlichen Mitteln, und mit dem ganzen chimärischen Gegenstande!

Die wahre goldene Ritterzeit war die Zeit dieser Kreuzzüge, wo die ersten Helden auf Thronen saßen, und die Ritter sich wechselsweise begeisterten zum Staunen der noch nicht verweichlichten Morgenländer. Französische Ritter waren die

Blumen der Ritterschaft, und daher sehen wir sie auch zuerst an der Spitze dieser schwärmerischen Wanderungen, daher herrschten französische Geschlechter auf den Thronen Jerusalems und Constantinopels, und daher heißt noch heute in der Levante jeder Abendländer Franke, weil sich in den Kreuzzügen die Franzosen zuerst, und stets am meisten ausgezeichnet haben. Themistocles konnte über den Tropäen des Miltiades nicht mehr schlafen, Cäsar weinte an der Bildsäule Alexanders, daß er noch so wenig Thaten verrichtet habe, und so ging es unsern Rittern, wenn sie von Palästina erzählen hörten, und von den Thaten, die da geschahen. Und nun erst noch der den Alten unbekannte Hebel; Glaube und Bekehrung? Nam fuit ante Helenam teterrima causa belli — Cunnus — jezt ein heiliges Grab.

Die Ritter waren alle kleine Mahammeds, in der einen Hand das Schwerdt, in der andern den Coran. Glaube stritt hier gegen den Unglauben, jeder wollte den andern auf den rechten Weg führen, auf dem er selbst nicht war, Millionen bluteten, Staaten und Städte wurden verheeret, um auf jenem Hügel ein Kreuz zu errichten, oder auf diesem eine Moschee, und die Worte Glaubige und Unglaubige machten Menschen den Menschen zu Todfeinden. So viel vermochte die Predigt zu Clermont im Jahr 1095, und die Kanzelberedsamkeit Papst Urbans, die aber auch, nach dem Ausdruck eines Zeitgenossen, piperata facundia war — voll Pfeffer! Wir haben noch diese Pfefferpredigt Urbans, gewiß die folgenreichste aller Reden, die je von heiliger Stelle herabgedonnert wurden! Die Stelle, welche die Ritter angeht, und ihnen im Angesicht einer halben Welt von Urban in Bart geworfen wurde, ist eben nicht urban, gehört aber hieher: „Und Ihr mit dem Rittergürtel, die ihr mit so viel Stolz eure Brüder zerfleischet, wie euch selbst — ihr Unterdrücker der Waisen und Wittwen, ihr Mörder, Todtschläger und Kirchenräuber — um Christenblut zu vergießen wartet ihr bis man euch Sold anbietet, und ziehet dem Kriege nach, wie Geyer dem Aase — dieser Weg entfernt euch von Gott — wollt ihr aber euren Seelen rathen, so vertheidigt die Kirche des Morgenlandes. Es ist schrecklich, Brüder! schrecklich ist es, daß ihr räuberische Hände ausstrecket nach Christen — gegen Saracenen schwingt eure Schwerdter — gegen Saracenen — das ist verdienstlich! Hier sind Schätze, die euer seyn werden, Brod und Sold, der nie ausgeht, und wer da fällt, kleidet sich in Purpur, und mit der ewigen Siegeskrone, denn denen, die Gott lieben, muß alles zum Besten dienen.“ — Und alles rief: Deus lo vult! Gott will es! Und alle hefteten sich rothe Kreuze auf die Kleider, wie die Neufranken — Cocarden!

Groß war die Schwärmerey, aber wäre sie bey bloßen Wallfahrten geblieben, wer möchte darüber lachen oder spotten? Die Moslems wallfahrten nach Mecca, wo sie auch ein heiliges Grab haben — und die Britten laufen, mit dem Homer in der Hand, herum an den Ufern des Scamanders und Ilyssus und über den Gräbern des Hector und Achilleus, und so hätten Christen immerhin nach Jerusalem, Bethlehem und Nazareth wandern mögen, wo der Stifter ihrer Religion geboren, gestorben und begraben war, gelehrt und gelitten hatte. — Man mag auch der christl. Religion Menschen gewinnen, wenn man es für besser hält, aber die Länder friedlicher Völker mit Krieg überziehen, und sie mit dem Schwerdte ausrotten, weil sie nicht glauben, was Christen glauben; bleibt ewig vor der Vernunft ein Greuel! Und wie viele Ritter mögen nicht ausgezogen seyn aus reiner lauterer — Langweile? und wie viel Gesindel mit aus reiner lauterer — Liederlichkeit? Die Ritter, gewohnt des Waffengetümmels, mußten die Gelegenheit erwünscht finden, mit ihrem Handwerke statt der Hölle, den Himmel verdienen, und statt der bisherigen trockenen Kasteyung im Kloster, ihre Sünden auf die thätigste, kriegerischste und glänzendste Weise abwaschen zu können im Heidenblute. Dieser Taumel dauerte noch fort in den Ritterfahrten nach dem heiligen Grabe bis tief in die Mitte des 16ten Jahrhunderts, und das bekannte und noch jezt nicht uninteressante alte Reisebuch des heil. Landes, 1584 fol., wo wir die Pilgerreisen der Grafen Solms, Löwenstein, H. Bogeslaus von Pommern, Pfalzgrafen Ruprechts, Tuchers von Nürnberg ꝛc. lesen, sagt: „männiglich, so sie lieset, muß im Herzen mit Verwunderung erstarren und Gottes Hülfe erkennen, ohne welche nicht möglich gewesen, zu vollbringen solche hohe ritterliche und fast unmenschliche Thaten!!"

Die Idee, das Land, wo der Heiland der Welt sein Blut vergossen hatte für die Sünden der Erde, von Ungläubigen zu reinigen, begeisterte einmal Ritter und Volk, wie sie Tasso und Reisende begeistert hat, und noch diejenigen zu begeistern vermag, die den Stoff Tassos und der Messiade für unendlich höher halten, als den Stoff, der Homer begeisterte, oder mit Chateaubriand schwärmen. Griechen und Römer starben für Freyheit und Vaterland, die Brüder des Kreuzes für Religion und überirdische Güter; — hier tummelte sich ein ganzer Welttheil mit den edelsten Königen und Rittern an der Spitze, dorten nur einige griechische Städte und Königlein; — der Zug nach Troja dauerte nur 10 Jahre, der Kampf um das heilige Grab 200 Jahre; — hier galt es die heiligste Stätte der Erde, dorten nur das Brautbett der liederlichen Helena. Unter Xenophons Griechen war hoher Jubel, als sie bey ihrem gefährlichen Rückzug endlich das Meer erblickten — *θάλασσα! θάλασσα!* — wie unter Balboas Spaniern auf den Höhen von Darien, oder unter Colons Matrosen, als sie Guanahani sahen — Land! Land! Aber was ist das gegen den Jubel der Kreuzfahrer, als sie zum erstenmal Jerusalem erblickten — die heilige Stadt? — sie waren entzückt, wie Paulus, bis in den dritten Himmel!!

Und so strömten denn in zahllosen Wogen Ritter und Knecht, Priester und Layen, Alt und Jung, Weiber und Kinder nach dem heiligen Lande, und die Kirche wußte kaum Pilgerhemden, Pilgerscherpen, Pilgertaschen und Pilgerstäbe genug einzuweihen. — Die Ritter bekamen etwas zu thun, und das Volk entzog sich der ägyptischen Dienstbarkeit, in der es unter dem Lehnadel schmachtete; aus Villani wurden nun aber in Ungebundenheit ächte Vilains! Alle wollten ihre Sünden im Jordan abwaschen, und die Mönche oder die eigentlichen Grabeswächter hatten hier eben so viel Geschäfte bey der Ankunft, als ihre Brüder des Abendlandes bey der Abreise der Pilgrime, vorzüglich wenn auch Weiber kamen sich zu baden. Der heilige Conon, der einst eine solche Schöne zu waschen hatte, wollte sich durchaus nicht hergeben, bis er dazu gezwungen wurde vom — heiligen Johannes dem Täufer selbsten!

Kein Wunder! wenn Alles Unglaubige todtschlagen wollte, denn mit den schwärzesten Farben mahlte sie die Ehrengeistlichkeit den frommen Kreuzfahrern. Nur mit heiligem Abscheu sprach man das Wort Saracene aus, und selbst die heidnischen Preußen hießen — Saracenen! Mit diesen Saracenen sympathisirt aber der unbefangene Geschichtsforscher weit lieber, als mit dem rohen, fanatischen und oft recht liederlichen Christenhaufen; denn Vernunft, Recht und Tugend standen jenen weit mehr zur Seite. Wenn der Nahme Christ noch heute in den Morgenländern, in Asien und Nord-Afrika ein Schimpfwort ist, — wenn die armen Griechen, die doch so glaubig sind, von fanatischen

Türken als Ungläubige zu Tausenden geschlachtet werden — so bezahlen wir noch nach 6 — 700 Jahren die Schuld der irrenden Ritter, und des mit ihnen gelaufenen Kreuzgesindels!

Hochberühmt sind und bleiben aber die Helden der Kreuzzüge: Bouillon, Tancred, Balduin, Boemund, Robert, Hugo und Raimund von Toulouse — unsere Stauffen, Philipp August, Richard Löwenherz und Louis der Heilige, denen der Orient seine großen Saladin und Nurredin, Zenghi und Seifeddin entgegenstellte. Der Orient wurde der Mittel- und Vereinigungs-Punkt der stattlichsten Ritter aus allen Völkern, der sie wechselsweise begeisterte zu den rühmlichsten Waffenthaten und schönsten Rittertugenden; der Geist gewann nicht minder durch gegenseitige Reibung, und der Ideenkreis des Ritters erweiterte sich so sehr, daß ihm hier im Morgenlande die Decke Mosis weit früher von den Augen gefallen zu seyn scheint, als im Abendlande. Während hier noch lange das bloße Wort Saracene heiligen Schauer erregte, unterhielten dorten, zur Zeit der Waffenruhe, Franken und Moslems Umgang miteinander, Ritter und Sheiks gaben sich Feste, und kein ächter Ritter verschmähte — eine schöne Saracenin! Nie war das Gefühl der Ehre, die Seele des Ritterwesens, lebendiger, — nie die Willigkeit mit Gut und Blut den Unterdrückten beyzustehen allgemeiner, — nie Gerechtigkeit, Großmuth und Erfüllung des erhabenen Rittereides heiliger. Mit dem wieder aufgefundenen heil. Kreuz und der heil. Lanze des

Longinus bedachten sie sich keinen Augenblick, das stärkste Heer anzugreifen, so gering auch ihre Anzahl war, und fiel ein ausgezeichneter Ritter vor dem Feinde, so trauerte das ganze Heer, und das ganze Reich der Lateiner fastete, und that Buße im Sack und in der Asche. Die Asiaten bewunderten diese Tugenden, und nebenbey auch die von Kopf bis zum Fuß geharnischten, langgestreckten Reiter auf den kolossalen, gleichfalls in Eisen einher rasselnden Rossen, wie späterhin die preußischen Heiden die nämlichen eisernen Männer, die Gras (Salat) aßen, und unverwundbar schienen, wenn man sie nicht in Litthauer-Manier lebendig einfing, und mitten in einem Holzstoße aufbrannte, samt dem Pferde! Schade! daß die Vortheile jener edlen Stimmung für Europa so gut als verloren waren! Die größten Zierden der Ritterschaft vergeudeten ihre Kraft in Palästina, oder fanden ihr Grab neben dem ihres Erlösers, und als die Schwärmerey aufhörte, war der ächte Rittergeist verflogen. Wer vom heil. Lande wiederkehrte, kam in der Regel verwilderter, schlechter und ausgearteter zurück, und die Pilgrime, die sich da niederließen, die Pullanen (Creolen, Mulatten) wurden noch schlechtere verweichlichte Orientaler, welche spätere Wallfahrer, an denen sie sich für die Verachtung auf allerley Art zu rächen suchten, nur fils d'Arnaud nannten d. h. Simpel. Der verwilderte Ritter drückte schwerer noch, denn zuvor, auf den Nacken des Volks, und selbst die Ehrengeistlichkeit mußte beym Anblick ihres Advokaten oder Schirmherrn an die Fabel vom Pferde denken, das sich des Menschen Schutz gegen Raubthiere erbat, ihn aufsitzen ließ, und darüber um seine Freyheit kam. Im heiligen Lande war selbst der Patriarch Bernhard das Gespötte der Ritter. Der geistliche Herr soll beym Rückzuge von Edessa stets Saracenen hinter sich her erblickt, und die Brüder gebeten haben, seinem Maulthiere den Schweif abzuhauen, damit es leichter fliehe; — dem Ritter, der seinen Wunsch lachend erfüllte, ertheilte er auf der Stelle Absolution von allen Sünden!

Gottfried v. Bouillon war das Muster aller Kreuzritter, und verdiente ihr König zu seyn. Die Saracenen selbst hatten hohe Achtung vor seinem Muthe, frommen Sinn und edler Einfalt. Bouillon weigerte sich da eine goldene Krone zu tragen, wo sein Heiland eine Dornenkrone getragen hatte. Ein Emir, begierig den gefeyerten Helden zu sehen, traf ihn sitzend auf einem Strohsack, und hörte die Worte: „Sterblichen muß die Erde zum Sitze genügen, die nach dem Tode ihre Wohnung ist." Barfuß zog Bouillon an der Spitze des Heeres zu Jerusalem ein, an einem Freytag und um die dritte Stunde, denn dieses war der Tag und die Stunde des Todes Jesu. Bouillons Nahme lebt noch in dem ehemals souverainen Herzogthum gleiches Nahmens mit etwa 16,000 Seelen im Großherzogthum Luxenburg, das an das Haus la Tour d'Auvergne, und mit dessen Aussterben 1812 an den Prinzen Rohan Guemenée kam. In gleicher Achtung stand Tancred, und beyde

Charactere vermögen mit manchem zu versöhnen. Unter allen Helden des Kreuzheeres, den frommen Bouillon nicht ausgenommen, war es allein Tancred, der bey Erobekung Jerusalems sich menschlich zeigte. Die meisten Originalschriftsteller der Kreuzzüge machen ihm sogar Vorwürfe darüber, und seine Freunde glaubten ihn entschuldigen zu müßen! Das Vorurtheil stand fest, daß man Unglaubige plündern und schlachten soll, und daher hinderten alle Greuel die fanatischen Schlächter keineswegs, sich barfuß dem heil. Grabe zu nahen, unter frommen Gesängen, und dann wieder da fortzufahren, wo sie es gelassen hatten, im Nahmen des Herrn. Wenn die Lampen am heil. Grabe zu Ostern sich nicht durch himmlisches Feuer entzündeten, so war allgemeiner Bußtag und tiefe Trauer, sobald aber die heiligen Gaukler den Draht wieder mit Balsamöl strichen, und unter dem Kirchendach anzündeten, so verbreitete diese Experimental-Physik der Pfaffen allgemeinen Jubel, und gab neuen Muth, Unglaubige abzuschlachten!

Bouillon muß von ungeheurer Stärke gewesen seyn, denn er soll, nächst seinem berühmten Kampfe mit einem Bären, mehr als einen Saracenen gespalten haben vom Kopfe bis auf den Sattelknopf. Eine ähnliche That erzählt schon Plutarch von Pyrrhus. Ein Emir bat ihn, einem seiner Kameele den Kopf abzuhauen, und der Kopf flog auf einen Streich — der Araber reichte ihm nun seinen eigenen Säbel, und auch damit säbelte der Held der Christenheit den Kopf eines andern Kameels gleich leicht hinweg. Von K. Conrad III. erzählt man gleiche Thaten der Kühnheit und Stärke. Es ist möglich; — aber in Turpins Ritter-Romanen hauen Carl der Große und sein Roland mit Einem Streich — es ging in Einem dahin — nicht bloß den Ritter, sondern auch zugleich sein Pferd mitten entzwey, wie einen Apfel!

Der Ritter Heinrich von Asche sprengte einst in voller Rüstung in einen schiffbaren Strom, weil ihn die am jenseitigen Ufer singenden Saracenen ärgerten; — die Wellen schlugen über ihn zusammen, aber sein Streithengst überwältigte die Wellen, wie Asche die Saracenen. — Der schwäbische Ritter Wicker († 1101) hieb einst, bloß mit Schwerdt und Schild, gerüstet bey Joppe einen furchtbaren Löwen in Stücken, der alles niederrieß, daher sein Zunahme Löwenwürger, und Gottfried de la Tour dehnte in Palästina den Schuz des Ritters selbst auf die Thiere aus, indem er umgekehrt einen Löwen rettete, der von einem Ungeheuer von Schlange umwunden die ganze Gegend mit Gebrüll aufregte; der Ritter zerstückelte mit seinem Schwerdte das Ungeheuer, und der Löwe folgte ihm nach, wie ein Hündchen. Sollte so eine That etwa der Geschichte Herzog Heinrich des Löwen zu Grunde liegen, oder reicht die erste der zwölf berühmten Arbeiten des Herkules — die Erlegung des Nemäischen Löwen — hin, daß Held und Löwe Synonyme geworden sind? Richards Beynahme Löwenherz beweißt schon, daß er ein ganzer Ritter gewesen seyn muß. . . Romantisch sind seine Waffenthaten in Palästina und sie erregten den Neid K. Philipps, daß er das Heer verließ. Dieser wollte die Rolle des Agamemnons spielen, und jener spielte die des Achilleus. Mütter droheten ihren schreyenden Kindern mit Richard, und wenn ein Saracenen-Pferd scheuete, so pflegte dessen Reiter zu schelten: „Glaubst du, Richard sey da? Sein Freund war der Ritter Wilhelm von Pourcellet. Auf einer Jagd fielen beyde in Feindes Hände, die ganze Begleitung war niedergemacht, Richard, auf dessen Gefangennehmung es abgesehen war, allein noch übrig und sein Freund, da rief dieser: „Ich bin der König“ und Richard konnte sich retten. Pourcellet wurde vor Saladin gebracht, der ganz das Edle dieser Handlung fühlte, dem Gefangenen ritterlich begegnete, und ihn auswechselte gegen zehn Emirs!

Romantisch ist selbst Richards Heimreise. Durch Frankreich wollte er nicht gehen, landete also bey Aquilea, und beschloß, als Pilgrim durch Deutschland nach Hause zu wandern. Sein Aufwand verrieth ihn zu Wien, und H. Leopold von Oestreich, den er vor Acre durch brittischen Stolz beleidigt hatte, dachte unritterlich genug ihn gefangen zu legen. Für Geld trat er ihn an K. Heinrich VI. ab, der mit Frankreich, und selbst dem Bruder Richards, Johann, einverstanden war. Erst als die Fürsten laut wurden über solche Schmach, gab Heinrich ihn frey gegen 150,000 Mark Silber = 300,000 Pf Sterl.! Philipp schrieb bey dieser Zeitung an Johann: „Habt Acht, der Teufel ist los!“

Richard hatte große Fehler, war hart, locker, und Minne-Dichter; — aber wer möchte nicht lieber Richard seyn, als Leopold und Heinrich, Philipp und Johann? Und welcher Donau-Reisende gedächte nicht des armen Gefangenen unter den Ruinen von Dürrenstein, wo der fromme Leopold den ritterlichen Helden so unritterlich und tückisch 14 Monden gefangen hielt wegen bloßen Zwistes? Hier drangen die süßen Harfentöne des treuen Blondels in des Unglücklichen Ohr, und hoch erfreut erwiederte er die bekannten Accorde. Und was sind 150,000 Mark Silber gegen die goldene Freyheit?

Romantisch sind die Kreuzzüge Louis des Heiligen, die er in schwerer Krankheit gelobt hatte; fast die ganze französische Ritterschaft, und 3000 Pannerherrn waren in seinem Gefolge. Die Kosten müßen ungeheuer gewesen seyn, und der Heilige hatte viele Großen durch fromme List zum Kreuzzuge gebracht. Es war Sitte am Hofe, vor den Weyhnachtsfesten Pelzröcke zum Geschenk zu machen, in denen man den König dann zur Kirche begleitete; Louis ließ heimlich schön gestickte goldene Kreutze darauf setzen, — im Zimmer, wo sie vertheilt wurden, herrschte geflissentlich Dunkelheit, und so wurden die Herren erst bey den Kerzen der Kirche gewahr, daß sie — bekreuzet waren! Bekanntlich ging die ganze Armee zu Grunde, und der gefangene König mußte Eine Million Byzantinen zahlen. „Ein König von Frankreich läßt sich nicht zu Geld anschlagen, sagte Louis, aber ich zahle die Summe für meine Ritter, und übergebe Damiette."

Louis der Heilige veranstaltete einen zweyten Kreuzzug, als ob nichts vorgefallen wäre, aber Joinville verbat sich die Begleitung, weil ihn der erste Zug schon ruinirt habe. Der Zug kostete neue Millionen und neue 50,000 Menschen, aber der Heilige erfüllte sein Gelübde, und starb zu Tunis im Sack und in der Asche. Die noch bestehende Blinden-Versorgungs-Anstalt (Quinze-Vingt) zu Paris ist eine Stiftung Louis des Heiligen, da viele seiner Ritter im Morgenlande blind geworden waren. Troz der betrübten Lage des Heers vor Massura, da man, gegen den Rath der erfahrnen Templer, nach Chiro vordringen wollte, scherzten die Franzosen, und der alte Graf von Soissons sagte zu Joinville: laissons crier et braire cette quenaille, par la creffe Dieu, nous parlerons vous et moi de ce jour en chambre devant les Dames! Der naive Joinville gesteht, daß bey der Frage: Ob man sich ergeben oder lieber sterben solle? nur ein Geistlicher der leztern Meynung gewesen sey: afin d'aller en Paradis, — die Ritter aber alle der erstern: „ce que ne voulumus croir, car la peur de la mort nous pressoit!“ Nichts beweist den stolzen Rittersinn der Franzosen besser, als ihre ewigen Händel über den Lehneid, den Alexis forderte, der Kaiser der Griechen, verachtet vom Abendländer, als verweichlichte Sklaven. Ihrer Seits fürchteten die Griechen das zahllose Heer der Kreuzfahrer weit mehr, als die Saracenen, gegen die Alexis Hülfe gewünscht hatte. Bouillon weigerte sich dem Kaiser aufzuwarten, Boemund hielt es unwürdig eines freyen Mannes von ihm Geschenke anzunehmen, und Robert von Paris setzte sich gar neben Alexis — auf den Thron! Balduins Hochmuth wüthete selbst gegen den sanften Tancred, und Wallbrüder kämpften nur allzufrühe gegen Wallbrüder, Balduin gegen Tancred, Raimund gegen Bouillon, und Templer gegen die Johanniterbrüder! Zum Beschluß wollten Patriarch und Pfaffen keine weltliche Obrigkeit zu Jerusalem, sondern eine jüdische Hierarchie!

Bey den Rittern beruheten die Züge nach Palästina weniger auf Aberglauben, als beym Volke, und nebenher auf Kriegsruhm, wie offenbar bey Richard und unsern Friedrichen. Wir begreifen jezt kaum, wie Monarchen ihre Staaten verlassen, an Geld und Menschen erschöpfen, und ohne Plan und Zweck, nach einem entfernten Erdwinkel wandern konnten, um mit ungeheurem Kraftaufwand — Nichts zu thun, aber der damals vorherrschende Rittertaumel gibt uns den Schlüssel. Ritterliche Abentheuer zu bestehen mit Heiden, Riesen, Löwen und Tiegern, Stoff zu Romanzen und Ritterbüchern zu liefern, der Langweile zu entgehen 2c. war vieler Ritter Zweck, und wenn sie diesen erreichten, so kümmerte sie das Uebrige wenig. Die Prahlerey jenes Spaniers, seine Familie sey so alt, daß er noch Zinsen von dem Capital zahlen müße, das man zum ersten Kreuzzug aufgenommen habe, ist nicht ohne Sinn!

Balduin, der einst kein Geld hatte seine Ritter zu bezahlen, benutzte sogar die hohe Achtung der

Morgenländer für den Bart, seinen reichen armenischen Schwiegervater gehörig zu prellen. Seine Ritter mußten ungestümm auf Zahlung oder den verpfändeten Bart dringen, und der Schwiegervater zahlte 30,000 Byzantinen, womit Balduin und seine Ritter lachend nach Hause ritten. Das Mittelalter pflegte Schuldbriefe mit einigen dem Siegel beygedruckten Barthaaren annehmlicher zu machen, und noch Don Juan de Castro konnte seinen Bart verpfänden. Wenn wir es wieder so weit bringen könnten, so würde der Bart am ehesten zur alten Ehre gelangen, die er noch heute im Morgenlande hat, bey uns aber nur noch bey Juden und Kapuzinern; unsere Stutz- und Backenbärtchen lieferten schwerlich Materialien genug für die benöthigten Verbriefungen!

Zu Constantinopel waren seit Zertrümmerung des abendländischen Römer-Reiches die meisten Kunstwerke der Alten aufgehäuft, und auch die Hauptschätze der Literatur, leider! meist in Tempeln. Diese gingen in den großen Feuersbrünsten, veranlaßt durch die Kreuzfahrer, und rührend geschildert von Choniates und selbst von dem französischen Ritter Villehardouin, zu Grunde. Die rohen fränkischen Krieger verachteten die Byzantiner auch als Gelehrte und Schreiber, steckten die Schriften auf ihre Lanzen, und zogen damit spottend einher. Es war also christlichen Barbaren zu Ende der Kreuzzüge, wie im Anfange des Christenthums, Rittern und Mönchen, vorbehalten, der Literatur der Alten einen Schaden zuzufügen, den keine Zeit zu heilen vermag. — Constantinopel litt lange nicht so viel bey Muhammeds Eroberung, als bey der Eroberung der Lateiner, die keinen Sinn hatten für Latein, und noch weit weniger für das Griechische. Kunstwerke wurden eingeschmolzen, und gar viele Gemmen sahen jetzt das Abendland, worunter die Apotheose des Augusts (wohl die schönste) von den Johannitern K. Philipp dem Schönen zum Geschenk gemacht, von K. Rudolph II. aber für 1200 Dukaten gekauft wurde. Man sieht, die frommen Kreuzfahrer bekümmerten sich doch auch noch um andere Dinge, nicht bloß um heilige Reliquien!

Wenn man die frommen Helden näher ins Auge faßt, so muß man, wie gesagt, mehr auf die Seite der Unglaubigen treten, wenigstens erscheinen Nurredin und Saladin als weit edlere Charactere. — Es ist mir wichtig, daß schon Dante, der selbst Päpste in die Hölle setzte, Saladin in den Limbus weiset neben die großen Heiden, die des Himmels darben, weil sie des evangelischen Lichtes ermangelten. Saladin behandelt den gefangenen K. Lusignan so, wie man heutzutage Kriegsgefangene behandelt, reicht ihm den Becher der Gastfreundschaft, und behandelt seine Gemahlin, wie Alexander die Gemahlin des Darius. Nurredin verwarf mit Unwillen bey dem Tode des tapfern K. Balduin III. den Rath, jetzt loszubrechen: „Nein! sagte er, ein Held wie Balduin ist werth, daß man seinen Unterthanen Zeit läßt ihn zu beweinen!"

Saladin hatte als Sultan Aegyptens und Syriens kein anderes Ziel, als die Franken aus Palästina zu jagen, wo sie auch eigentlich nichts zu thun hatten; aber der Held der Morgenländer starb zu frühe (1193). Voll Einsicht und Tapferkeit war Er der gerechteste Fürst, und mich wundert, daß er die aufgedrungenen Fanatiker noch so achtete. Die wilden Franken, die nur das Lehenswesen kannten, hatten es auch in Palästina eingeführt, und gerade dadurch ihre Kraft zersplittert; — die Geistlichkeit wollte herrschen, wie in Europa, und der Patriarch war ihr mehr als der König; — die Mönche kümmerten sich weder um König noch Patriarchen, und wollten nur vom Papste wissen; — die geistlichen Ritterorden wurden durch ihre Besitzungen bald so übermüthig und schwelgerisch, daß nur ihr Heldenmuth ihren Stolz vergessen machen kann und ihr wüstes Leben; — und am allerverächtlichsten war der große Haufen der Christen, die während der Kreuzzüge geboren wurden, und sich ansiedelten, die Pullanen. Die Johanniter im Streite mit dem Patriarchen ließen einst, da dieser predigte, mit allen Glocken läuten, damit man ihn nicht verstehe, und die ganze christliche Anarchie vermehrte noch ein päpstlicher Herr Nuntius! Ueberall erblicken wir die schrecklichste Sittenlosigkeit und Unordnung, vor welchen Saladin und seine Moslems erbeben mußten, der häufigen Treubrüche an dem edlen Sultan nicht zu erwähnen, dem der Christ wie der Muselmann — Mensch war. Saladin war nichts weniger als Freydenker, vielmehr ein sehr eifriger Anbeter des Propheten, aber edel und auf-

2 *

geklärter als die Christen; er focht wie der Soldat, und war einfach in allem, wie ein großer Mann. Er bewunderte die Waffenthaten der Ritter, und soll sich von Hugo zum Ritter haben schlagen lassen. Er saß selbst zu Gericht, und strafte nie Beleidigungen, die seine Person angingen. Er war so freygebig, daß er meist ohne Geld war; dann schenkte er Pferde, Waffen und Mobilien. In seinem Schatze fand man, nach seinem Tode, 47 Drachmen und Ein Goldstück. Nach einer verlornen Schlacht erschien er auf seinem schönsten Pferde, dessen Ohren und Schweif gestutzt waren zum Zeichen seiner Niederlage und Trauer. Sterbend befahl er alle seine Habe an Dürftige zu Damascus auszutheilen, und sein Leichentuch durch die Straßen zu tragen mit dem Ausruf: „Sehet hier alles, was Saladin, dem Eroberer des Morgenlandes, übrig bleibt!“

Höchst merkwürdig ist Saladins Hauptschlacht von Tiberias. Hier wurden König Lusignan, die Großmeister der Templer und Johanniter, und an 500 Ritter theils gefangen, theils getödtet, und selbst Jerusalem fiel. In dieser Schlacht fochten die Ritter wie die Helden Homers, und nur Einer war noch übrig, der Templer Jaquelin de Maille. Er that solche Wunder der Tapferkeit, daß man ihn zulezt für den heiligen Görg ansahe, der sich abermals vom Himmel herab bemühet habe, wie dorten in der Schlacht von Antiochien, begleitet vom Erzengel Michael und dem heiligen Moriz, die den sinkenden Muth der Kreuzfahrer so sehr belebt hatten. Die Christen waren abergläubisch genug, in drey plötzlich erscheinenden Rittern in glänzender Rüstung — Engel zu sehen — aber sahen nicht auch Römer in der Schlacht gegen Tarquin Castor und Pollux an der Spitze ihrer Reuter fechten? und dann wieder das himmlische Brüderpaar zu Rom selbst den Sieg verkündigen, sie und ihre Pferde bedeckt mit Blut und Schweiß? Die Moslems boten dem kühnen Streiter Maille Leben und Freyheit vergebens, und da sein Pferd fiel, machte er sich eine Schanze von Leichnamen, raffte die umher liegenden Pfeile und Lanzen auf, und setzte den Kampf fort gegen das ganze Heer Saladins! Man schonte den Tollkopf, um ihn lebendig zu haben; endlich aber sank er todt zu Boden, erschöpft von Blut und Wunden. Die Saracenen mußten auch so etwas vom heil. Görg gehört haben, denn sie bemächtigten sich seiner Reliquien, um eines Theils seiner Tapferkeit theilhaftig zu werden, und einer dachte noch orientalischer: „abscissis viri genitalibus ea reservare disposuit in usum gignendi!

---

## II.

## Die Fortsetzung.

In den im heiligen Lande entstandenen drey geistlichen Ritterorden, — in der Verwirklichung des Pfaffengedankens Ritter u. Mönch, — den Mann des Friedens und den Mann der Rache und des Krieges, — in Eins zu verschmelzen, muß man die höchste Ritterpoesie der Kreuzzüge suchen. Die lebhaften Franzosen gingen auch hier voran, und die Engländer folgten. Mit Wilhelm dem Eroberer stieg das Ritterthum auch auf den brittischen Thron, und beyde Nationen waren lange Nebenbuhler der Rittertugenden im gelobten Lande, wie in Frankreich selbst, bis England seiner Nachbarin den eitlen Glanz überließ, und sich eine nützlichere Laufbahn, die bürgerliche, wählte. Die deutschen Ritter, die erst in Palästina von den Franzosen lernten, ihren Ungestüm (furor teutonicus) abzulegen, kamen zulezt, 70 Jahre später, wie es dem deutschen Phlegma zustehet.

Die deutschen Ritter K. Conrads III. konnten sich durchaus nicht mit den Franzosen stellen, und das ist weniger auffallend, als daß sie in der Schlacht abzusteigen pflegten, worüber die Franzosen sie neckten, und selbst die Byzantiner von παυτζη αλαμάνοι sprachen (zu Fuß Deutsche)! Von dem, was Plutarch καιρος ποδῶν nennt, Zeit zu laufen, wußten deutsche Ritter nichts; sie stiegen vermuthlich ab, um desto besser einzuhauen, und waren weniger geübte Reuter, als die Franzosen ihrer Zeit. Anna Comnena, indem sie die Riesengestalt des Normannen Boemund beschreibt, setzt hinzu: „selbst sein Lachen, das der drohenden Stimme des Zorns glich, schreckte,“ und nun erst der furor teutonicus, den wir den Franzosen nie hätten aufopfern sollen? Die Ritter hätten Alexander gerade wie die Bewohner des Isters geantwortet. Stolz fragte sie der angehende Eroberer: „Was sie am meisten fürchteten?“ und war, in der Erwartung seinen Nahmen zu hören, nicht wenig über die Antwort betroffen: „Wir fürchten nichts, als daß der Himmel einmal auf uns herabfalle!“

Die Ritter κατ᾽ ἐξοχὴν finden wir in den drey hochberühmten geistlichen Ritterorden, in den Templern, Johannitern und Marianern, oder Deutschordens-Rittern, die wir hier nur im Allgemeinen, weiterhin aber ex professo betrachten werden, da sie welthistorische Rollen spielten. Sie waren die eisernen Männer, die sich dem Waffen-Handwerke ausschließlich gelobten. —

— — Castra juvant, et lituo tubae
permixtos sonitus, bellaque matribus
detestata —

nur im Harnisch, mit Schwerdt und Lanze, im Waffengetümmel, und theilhaftig des heiligen Ordenskreuzes sprachen sie, wie Horaz bey seiner Dichter-Leyer:

sublimi feriam sidera vertice!

Kreuzzügler wallten, ein Schwarm nach dem andern, dem heiligen Grabe zu, aber immer nur auf kurze Zeit; wenn sie am Osterfeste das Wunder der vom Himmel entzündeten Grabeslampe gesehen, das heilige Kreuz geküßt, die heiligen Orte besucht und sich in dem Jordan gebadet hatten, so brachen sie Palmzweige bey Jericho, und eilten wieder nach der Heimat. Stehende Heere kannte man noch nicht, die Kreuzfahrer waren herzlich ungeübt in den Waffen, die Anführer ohne Plan, und an Verproviantirung dachte keine Seele — alles war so abentheuerlich, als beym Argonauten-Zug, und dem Zug nach Troja, folglich der Gedanke sehr natürlich und klug Orden zu errichten, oder Gesellschaften, die im Lande säßig, weder an Familie noch Eigenthum gefesselt, blos für Ritterehre kämpften und für den Glauben. Europa staunte diese Verbindungen an, und mit Recht.

Die Gastfreyheit und Pflege dieser Ritter-Verbindungen hatte im Morgenlande doppelten Werth. Die Pilgrime mußten sich oft in dem fremden unwirthbaren Lande, unbekannt mit der Sprache, in nicht geringer Verlegenheit befinden, zumal wenn

Krankheiten Hülfe nöthig machten, oder Räuberhorden sie ausgeplündert hatten. Weder bey feindlichen Saracenen, noch bey intoleranten schmuzigen Juden, noch bey mißtrauischen und eigennützigen Griechen war Unterstützung zu finden, aber Templer und Johanniter öffneten ihre gastfreyen Häuser, und Europa zahlte reichlich die mildthätige Aufnahme, menschenfreundliche Krankenpflege, und den Schutz gegen Mißhandlungen. Der fromme Pilger gelangte unter dem Geleite dieser Ritter zum Ziele seiner heissesten Wünsche, der Kranke fand Linderung und Trost unter den Brüdern, denen er fremd war, und der Sterbende ein stilles feyerliches Ende, näher seinem Erlöser, und seinen Erwartungen von Jenseits!

Der Anfang unserer drey welthistorischen Ritterorden ist herzerhebend. Rührende erhabene Einfalt bezeichnet ihre Kindheit, Glanz und hohe Waffenthaten ihre Jugend. Sicherlich ging es den schwerbewaffneten Rittern, gegenüber den leichten Saracenen, oft nicht besser als den Römern, wenn sie mit Hannibals Numidiern anbanden, die nach Livius (XXXV, 28) die auffallendste Aehnlichkeit mit Cosaken hatten. Oft spotteten die Heere der Saracenen über das kleine schwerfällige Heldenhäuflein, wie Tigranes über Lucullus kleines Heer: „Sind es Gesandte, so sind es viel, sind es Feinde, sehr wenig.“ Aber gerade dieser Uebermuth brachte dem Lucullus seinen glücklichen Tag, und so auch unsern Rittern. Manche Ritterthat gleicht der, die uns Aelian von dem Kynägyros aufbewahrte, der in der Schlacht von Marathon mit der Hand ein Schiff festhielt; sie wurde ihm abgehauen, da packte er mit der andern an, und als er auch diese verlor, so hielt er es mit den — Zähnen! Palaephat schrieb ein Büchlein von unglaublichen Dingen; — wir könnten über die Ritter Folianten schreiben mit dem Wunderglauben Aelians, und der alten Welt!

Die ersten Meister der drey Orden gleichen ganz in ihrer liebenswürdigen Sitteneinfalt, mitten unter den Sinnlichkeiten Asiens, dem Sparter-König Agesilaus, voll Muth und Kampfslust, und dann wieder voll Gehorsam gegen das Gesetz oder ihre Regel. Die Aegypter lachten, als sie dem Manne von großem Rufe entgegen gingen, und ein kleines Männlein von 84 Jahren im schmutzigen Mantel erblickten, ruhend auf dem Grase am Ufer des Meeres, und noch mehr lachten sie, als der Mann die kostbarsten Geschenke zurückwies, und nichts behielt, als Mehl, Kalbfleisch und Gänse. Unsere Großmeister glichen den ersten Chalifen Abubeker, Omar, Ottmann und Ali. — Abubeker begnügte sich mit drey Goldmünzen, nebst einer Kameel-Ration und einem schwarzen Sclaven. — Omar aß Gerstenbrod und Datteln, trank Wasser, hatte einen durchlöcherten Rock, und ein persischer Großer, der ihm aufwartete, fand ihn schlafend unter Bettlern auf den Stufen der Moschee zu Medina. Alle ausgezeichneten Männer der Alten und Neuen Geschichte liebten die Einfachheit. — Simplex Sigillum Veri!

Die Nachfolger der Chalifen arteten aus an den wollüstigen Höfen von Damascus und Bagdad, Cairo und Cordova, und wurden der Scheldschuken oder Türken, die zuvor ihre Leibgarden gemacht hatten — Hofprediger. Und so ging es auch den Großmeistern der Templer auf Cypern, und denen der Johanniter und Marianer auf Rhodus, Malta und in Preußen. Sie unterlagen dem gemeinsamen Schicksal aller Orden und der ganzen Menschheit. Größe und Reichthümer machten sie weichlich, und Weichlichkeit führte sie ins Verderben. Nach einer Schlappe pflegten die alten Ritter oft 2 — 3 Tage zu fasten, und im Gebete zu liegen, — so wie die Britten noch heute einen Bußtag anstellen; — alles, selbst Pferde und andere Thiere mußten mitfasten, d. h. hungern. Die spätern Ritter aber hielten es mit dem Fasten, wie mit den übrigen Ordenspflichten, und waren Faster, wie jener Bauer, der am 2ten Fasttage seiner Grete sagte: „Heute machst du mir nicht wieder 12 Klöße, nur 10 — aber a bisserl größer als gestern!" Sie erlaubten sich noch weit ungeheurere Dinge diese geistlichen Ritter, was werden nun erst weltliche Ritter gethan haben im gepriesenen Mittelalter, ohne die Disciplin und den strengen Gehorsam der Ordensritter?

Unter des wackern Provenzalen Gerhards Aufsicht wurden Lateiner und Griechen in das Johannis-Spital aufgenommen, und selbst armen Moslems Almosen gereicht. Boullon staunte über die Menge Verwundeter, die man nach der Einnahme

abgerus aufbewa
carthon mit der Hand
de ihm abgehauen, da pa
und als er auch diese verlo
den — Zähnen! Palaepha
von unglaublichen D
über die Ritter Foliante
verglauben Bellians, un
Die ersten Meiste
in ihrer liebenswürd
ter den Sinnlichkei
Agesilaus, voll
wieder voll Geb
Regel. Die
von großem
Männlein
erblickten,
Meeres,
die tod
hielt
Gro
Dr

Die Ritter der [illegible]

Jerusalems hier verpflegte, und Cardinal von Vitri erzählt, daß die Johanniter auf ihrem Tische nur Brod von grobem Mehl mit Kleyen vermischt hatten, um den Kranken desto feineres Brod reichen zu können. Die wackeren Hospitäler waren der Geschenke würdig, die ihnen zuflossen, denn sie waren ein geheiligtes Capital, das gewissenhaft zum Besten der Armen, Kranken und Pilgrime verwaltet wurde im heiligen Lande, wie in des Ordens Häusern im Abendlande, wohin sich die Pilgerzüge zu richten pflegten, z. B. S. Gilles in der Provence, Sevilla in Andalusien, Tarent in Apulien, Messina in Sicilien ꝛc.

Wäre doch Gerhards Nachfolger Raimund du Puy bey der schwarzen Kutte der wohlthätigen Johannesspitäler geblieben, und das weisse achteckigte Kreuz, das die acht evangelischen Tugenden bezeichnen sollte, und von weisser Leinwand war, nie auf rothen Kleidern erschienen in Gold, Silber, Email und Brillanten, und auch nicht das schwarze Kreuz auf weissen Mänteln! Mußte nicht die Pflicht der Krankenpflege unter der Pflicht des Kriegers leiden, oder umgekehrt? Templer allein oder die Rothkreuze wären vielleicht besser gewesen, wenn doch einmal Ritter-Mönche seyn sollten. . . Aber Ritter-Mönche in der einen Hand das Schwerdt, und in der andern die Oelflasche des barmherzigen Samariters? Geistliche Soldaten!!

Die Nacheiferungssucht zwischen mehrern Orden brachte zwar Gutes hervor, aber da sie bald in Neid, Haß und Verfolgung ausartete, weit mehr Schlimmes. Diese Orden waren es, die den fortgesetzten Kreuzzügen Leben und Muth gaben, und mit ihrem Blute dem ohnmächtigen Staatskörper in Palästina das mühselige Leben fristeten, — waren es aber auch wieder, die durch ihre Uneinigkeit und Rivalität alle Zusammensicht hinderten, zumal die Könige Jerusalems von Balduin bis auf Lusignan so wacker die eroberten Länder an die Vasallen gaben, wie die Könige des Abendlandes, damit ja nichts Ganzes herauskomme! Diese stolzen Orden machten den Königen viel Jammer. Tapfer waren sie wie ächte Ritter, aber in ihrem geistlichen Stolze wollten sie nur vom Papste abhangen. Sie schlugen sich mit den Unglaubigen, so oft man wollte, verlangten aber zulezt Bezahlung, und wenn der tragi-komische Lateiner-Staat Friede hatte, so eroberten sie auf eigene Faust als ächter Lehnadel. Eifersucht zwischen den Orden lähmte ihre Kraft, und während man die Johanniter beschuldigte, daß sie den Bischöfen ihre Gerechtsame entzögen, beschuldigte man die weit stolzern Templer, die sich nie mit der Krankenpflege abgaben, und daher weit mehr Ritter aus hohen Häusern zählten, daß sie K. Friedrich I. verrathen hätten, wie Judas seinen Meister. Joinville erzählt, daß bey einer Gazellen-Jagd die Johanniter sich in Hinterhalt gelegt, und seine Ritter gar übel zugerichtet hätten; man habe geklagt, und sie seyen verurtheilt worden in Gegenwart der Beleidigten — auf ihren Mänteln zu essen, und dann solche den Beleidigten abzutreten!

Die Orden waren die stehende Armee Palästinas, und wo es galt, schlugen sie sich, wie Napoleons Garden zu Waterloo: „la garde meurt, mais ne se rend pas!" In der Schlacht von Gaza (1244) blieben 312 Templer, neben 380 Turcopolen oder leichten Reutern, und dienenden Brüdern; — es blieben 325 Johanniter nebst 224 Knappen, und von deutschen Rittern kamen nur 3 zurück; 400 blieben, worunter etwa die Hälfte Knappen seyn mochten. Die Johanniter waren als Rhodiser noch lange eine kräftige Vormauer gegen die Türken, und wenn auch der deutsche Orden mehr für sich arbeitete, so leistete er doch K. Friedrich II. wesentliche Dienste. Alle drey Orden aber verbreiteten recht eigentlich die Sitten und Cultur des Morgenlandes im Abendlande, und waren durch ihre strenge Kriegszucht ein Muster für das ganze Heer, für den Lehnadel oder weltlichen Ritter, wie für den gemeinsten Krieger. Enge verbunden mit der Hierarchie waren sie nicht selten ein Damm gegen den Despotismus der weltlichen Macht, daher auch gar bald Eifersucht und Neid rege wurden. In dem Schoose dieser Orden bildete sich der Adel zum Kriege; — sie waren eine Versorgungs-Anstalt für denselben, — Muster der Orden in Spanien, die daselbst so große Wichtigkeit erlangten, und auch die Muster der spätern Orden von gar keiner, oder nur geringer Bedeutung, und Hofstand.

Diese geistliche Ordensritter scheinen gar oft weit weniger noch im ächten Geiste der Ritterschaft, wo es nicht Kampf galt, gehandelt zu haben, als weltliche Ritter, deren Weltleben und Galanterie-Gesetze das Rauhe des Kriegers abschlief. Hart, finster, egoistisch und grämlich liefern diese Halbmönche der Geschichte Beyspiele genug von Mißbenehmen, Uebermuth, Habsucht und Menschen-Neutralität. Isoliret und an widernatürliche Gelübde gebunden, waren sie als Soldaten rauher und unsittlicher als Mönche, gewaltthätiger, drückender und stolzer noch als Soldaten; denn sie waren ja befehlende Mitglieder einer Militär-Republik! Und so praßten sie denn zuletzt auf Unkosten anderer, nach Mameluken-Weise, und brachten alles gegen sich auf, — Könige und Päpste, Adel und Geistlichkeit, Bürger und Bauern!

Diese geistlichen Ritter mißbrauchten zu allernächst die Religion zum Verderben der Völker, machten dann aber auch vieles wieder gut, daß sie im Verkehr mit Griechen und Saracenen freyere Religions-Ansichten selbst gewannen, und dann weiter verbreiteten. Sie mußten allerdings die Erhaltung hellerer Ideen in ihrem Orden wünschen, und da sie solche in ihrem Zeitalter nicht ungescheut äußern durften, so mögen sie allerdings auf Hieroglyphen und Mysterien (wovon weiter unten) verfallen seyn, was Baczko nicht zugeben will, worüber sich aber wohl nichts Bestimmtes mehr ausmachen läßt.

Ein weniger gekannter Orden entstand neben diesen drey noch in Palästina, der S. Lazarus-Orden, der sich 1118 unzufrieden mit Raymund du Puy von den Johannitern trennte, und das grüne Kreuz nahm. Anfangs beschäftigte er sich mit Krankenpflege, vorzüglich der Aussätzigen, wurde aber bald militärisch, wie die Johanniter. Louis IX. brachte die Aussatz-Ritter nach Frankreich, Boigny bey Orleans war ihr Hauptsitz, die Päpste vereinigten sie mit dem Orden U. l. Fr. von Carmel, und unter Henri IV. und Louis XIV. schien der Orden wieder neu aufblühen zu wollen, der aber nie eine geschichtliche Rolle spielte. Mit dem Aussatz verlor sich auch der Orden, wie billig; aber merkwürdig bleibt stets, daß die Regel wollte, der Großmeister selbst soll aussätzig seyn!

Der frommen Einfalt gingen nach und nach die Augen auf, und die Päpste mochten durch Bettelmönche das Kreuz predigen lassen, so viel sie wollten, die Liebhaber und Schwärmer hatten sich verlaufen. Tyrus und Tripoli ging verloren, und mit dem Hauptplatz Ptolomais oder Acre war 1291 das ganze heilige Land auf immer dahin, zu dessen Andenken jedoch noch jezt drey gekrönte Häupter den Titel Könige von Jerusalem führen; — S. Heiligkeit werden ohnehin nicht müde, Patriarchen, Erzbischöfe und Bischöfe zu ernennen in partibus infidelium, die immer mehr an Ausdehnung gewinnen. Schwerlich kommt mehr ein rechter Kreuzzug zu Stande, wenn auch neue Wallfahrten nach dem heiligen Grabe; nur die Juden, welche Millionen zählen, könnten etwa sich von Europa frey machen, und den Regierungen und Ständen manche Sessionen ersparen, wenn sie sich im jetzigen günstigen Zeitpunkte entschließen wollten, das Land ihrer Väter wieder zu erobern, und den Griechen eine nützliche Diversion zu machen — aber das Wasser hat keine Balken! Nach geendigten Kreuzzügen, oder wenigstens mit dem stehenden Heere, hätten billig unsere drey Ritterorden auch aufhören sollen, wie die von Bouillon gestifteten Ritter des heiligen Grabes, die sich in Kapuziner verwandelten, als die Welt einsahe, daß der heil. Vater an die 200 Jahre mit seinen Söhnen in Christo — blinde Kuh gespielt habe. Jene Kapuziner-Ritter, weit entfernt Land und Leute zu beherrschen, hatten weiter nichts davon, als daß sie Jerusalem und das heilige Grab, und ihre eingebildeten Privilegien wie Aepfel nach Herzenslust ausbraten konnten auf dem Glühofen ihrer frömmelnden Einbildungskraft, daher auch Herr Hans Werli von Zimber in dem alten Reisebuch nach dem heiligen Land p. 141 nicht weniger denn 37 Vorzüge der Ritter des heil. Grabes vor der übrigen Ritterschaft aufzählet! Unsere Ordensritter aber wurden jezt erst recht berühmt, und mit noch weit grösserer Aufmerksamkeit betrachtet, denn sie bildeten souveraine Staaten, wie die weltlichen Ritter, die auch nicht viel mehr zu thun hatten, ein Reichs-unmittelbares Corpus! Sie hatten unverhöhlen den Grundsatz ausgesprochen: „Man kann nicht umsonst das Grab hüten,“ und so konnten sie bis auf unsere Zeiten von dem schönen Capital zehren, das einst zum Schuz der Pilgrime, Kranken und Verwundeten gestiftet war, nägyros aufbewahrte, der in der Schlacht von Marathon mit der Hand ein Schiff festhielt; sie wurde ihm abgehauen, da packte er mit der andern an, und als er auch diese verlor, so hielt er es mit den — Zähnen! Palaephat schrieb ein Büchlein von unglaublichen Dingen; — wir könnten über die Ritter Folianten schreiben mit dem Wunderglauben Aelians, und der alten Welt!

Die ersten Meister der drey Orden gleichen ganz in ihrer liebenswürdigen Sitteneinfalt, mitten unter den Sinnlichkeiten Asiens, dem Sparter-König Agesilaus, voll Muth und Kampflust, und dann wieder voll Gehorsam gegen das Gesetz oder ihre Regel. Die Aegypter lachten, als sie dem Manne von großem Rufe entgegen gingen, und ein kleines Männlein von 84 Jahren im schmutzigen Mantel erblickten, ruhend auf dem Grase am Ufer des Meeres, und noch mehr lachten sie, als der Mann die kostbarsten Geschenke zurückwies, und nichts behielt, als Mehl, Kalbfleisch und Gänse. Unsere Großmeister glichen den ersten Chalifen Abubeker, Omar, Ottmann und Ali. — Abubeker begnügte sich mit drey Goldmünzen, nebst einer Kameel-Ration und einem schwarzen Sclaven. — Omar aß Gerstenbrod und Datteln, trank Wasser, hatte einen durchlöcherten Rock, und ein persischer Großer, der ihm aufwartete, fand ihn schlafend unter Bettlern auf den Stufen der Moschee zu Medina. Alle ausgezeichneten Männer der Alten und Neuen Geschichte liebten die Einfachheit. — Simplex Sigillum Veri!

Die Nachfolger der Chalifen arteten aus an den wollüstigen Höfen von Damascus und Bagdad, Cairo und Cordova, und wurden der Sheldschuken oder Türken, die zuvor ihre Leibgarden gemacht hatten — Hofprediger. Und so ging es auch den Großmeistern der Templer auf Cypern, und denen der Johanniter und Marianer auf Rhodus, Malta und in Preußen. Sie unterlagen dem gemeinsamen Schicksal aller Orden und der ganzen Menschheit. Größe und Reichthümer machten sie weichlich, und Weichlichkeit führte sie ins Verderben. Nach einer Schlappe pflegten die alten Ritter oft 2 — 3 Tage zu fasten, und im Gebete zu liegen, — so wie die Britten noch heute einen Bußtag anstellen; — alles, selbst Pferde und andere Thiere mußten mitfasten, d. h. hungern. Die spätern Ritter aber hielten es mit dem Fasten, wie mit den übrigen Ordenspflichten, und waren Faster, wie jener Bauer, der am 2ten Fasttage seiner Grete sagte: „Heute machst du mir nicht wieder 12 Klöße, nur 10 — aber å bisserl größer als gestern!“ Sie erlaubten sich noch weit ungeheurere Dinge diese geistlichen Ritter, was werden nun erst weltliche Ritter gethan haben im gepriesenen Mittelalter, ohne die Disciplin und den strengen Gehorsam der Ordensritter?

Unter des wackern Provenzalen Gerhards Aufsicht wurden Lateiner und Griechen in das Johannis-Spital aufgenommen, und selbst armen Moslems Almosen gereicht. Bouillon staunte über die Menge Verwundeter, die man nach der Einnahme

Jerusalems hier verpflegte, und Cardinal von Vitri erzählt, daß die Johanniter auf ihrem Tische nur Brod von grobem Mehl mit Kleyen vermischt hatten, um den Kranken desto feineres Brod reichen zu können. Die wackeren Hospitäler waren der Geschenke würdig, die ihnen zuflossen, denn sie waren ein geheiligtes Capital, das gewissenhaft zum Besten der Armen, Kranken und Pilgrime verwaltet wurde im heiligen Lande, wie in des Ordens Häusern im Abendlande, wohin sich die Pilgerzüge zu richten pflegten, z. B. S. Gilles in der Provence, Sevilla in Andalusien, Tarent in Apulien, Messina in Sicilien ꝛc.

Wäre doch Gerhards Nachfolger Raimund du Puy bey der schwarzen Kutte der wohlthätigen Johannesspitäler geblieben, und das weisse achteckigte Kreuz, das die acht evangelischen Tugenden bezeichnen sollte, und von weisser Leinwand war, nie auf rothen Kleidern erschienen in Gold, Silber, Email und Brillanten, und auch nicht das schwarze Kreuz auf weissen Mänteln! Mußte nicht die Pflicht der Krankenpflege unter der Pflicht des Kriegers leiden, oder umgekehrt? Templer allein oder die Rothkreuze wären vielleicht besser gewesen, wenn doch einmal Ritter-Mönche seyn sollten. . . Aber Ritter-Mönche in der einen Hand das Schwerdt, und in der andern die Oelflasche des barmherzigen Samariters? Geistliche Soldaten!!

Die Nacheiferungssucht zwischen mehrern Orden brachte zwar Gutes hervor, aber da sie bald in Neid, Haß und Verfolgung ausartete, weit mehr Schlimmes. Diese Orden waren es, die den fortgesetzten Kreuzzügen Leben und Muth gaben, und mit ihrem Blute dem ohnmächtigen Staatskörper in Palästina das mühselige Leben fristeten, — waren es aber auch wieder, die durch ihre Uneinigkeit und Rivalität alle Zusammensicht hinderten, zumal die Könige Jerusalems von Balduin bis auf Lusignan so wacker die eroberten Länder an die Vasallen gaben, wie die Könige des Abendlandes, damit ja nichts Ganzes herauskomme! Diese stolzen Orden machten den Königen viel Jammer. Tapfer waren sie wie ächte Ritter, aber in ihrem geistlichen Stolze wollten sie nur vom Papste abhangen. Sie schlugen sich mit den Ungläubigen, so oft man wollte, verlangten aber zulezt Bezahlung, und wenn der tragi-komische Lateiner-Staat Friede hatte, so eroberten sie auf eigene Faust als ächter Lehnadel. Eifersucht zwischen den Orden lähmte ihre Kraft, und während man die Johanniter beschuldigte, daß sie den Bischöfen ihre Gerechtsame entzögen, beschuldigte man die weit stolzern Templer, die sich nie mit der Krankenpflege abgaben, und daher weit mehr Ritter aus hohen Häusern zählten, daß sie K. Friedrich I. verrathen hätten, wie Judas seinen Meister. Joinville erzählt, daß bey einer Gazellen-Jagd die Johanniter sich in Hinterhalt gelegt, und seine Ritter gar übel zugerichtet hätten; man habe geklagt, und sie seyen verurtheilt worden in Gegenwart der Beleidigten — auf ihren Mänteln zu essen, und dann solche den Beleidigten abzutreten!

Die Orden waren die stehende Armee Palästinas, und wo es galt, schlugen sie sich, wie Napoleons Garden zu Waterloo: „la garde meurt, mais ne se rend pas!“ In der Schlacht von Gaza (1244) blieben 312 Templer, neben 380 Turcopolen oder leichten Reutern, und dienenden Brüdern; — es blieben 325 Johanniter nebst 224 Knappen, und von deutschen Rittern kamen nur 3 zurück; 400 blieben, worunter etwa die Hälfte Knappen seyn mochten. Die Johanniter waren als Rhodiser noch lange eine kräftige Vormauer gegen die Türken, und wenn auch der deutsche Orden mehr für sich arbeitete, so leistete er doch K. Friedrich II. wesentliche Dienste. Alle drey Orden aber verbreiteten recht eigentlich die Sitten und Cultur des Morgenlandes im Abendlande, und waren durch ihre strenge Kriegszucht ein Muster für das ganze Heer, für den Lehnadel oder weltlichen Ritter, wie für den gemeinsten Krieger. Enge verbunden mit der Hierarchie waren sie nicht selten ein Damm gegen den Despotismus der weltlichen Macht, daher auch gar bald Eifersucht und Neid rege wurden. In dem Schoose dieser Orden bildete sich der Adel zum Kriege; — sie waren eine Versorgungs-Anstalt für denselben, — Muster der Orden in Spanien, die daselbst so große Wichtigkeit erlangten, und auch die Muster der spätern Orden von gar keiner, oder nur geringer Bedeutung, und Hofstand.

Diese geistliche Ordensritter scheinen gar oft weit weniger noch im ächten Geiste der Ritterschaft, wo es nicht Kampf galt, gehandelt zu haben, als weltliche Ritter, deren Weltleben und Galanterie-Gesetze das Rauhe des Kriegers abschlief. Hart, finster, egoistisch und grämlich liefern diese Halbmönche der Geschichte Beyspiele genug von Mißbenehmen, Uebermuth, Habsucht und Menschen-Neutralität. Isoliret und an widernatürliche Gelübde gebunden, waren sie als Soldaten rauher und unsittlicher als Mönche, gewaltthätiger, drückender und stolzer noch als Soldaten; denn sie waren ja befehlende Mitglieder einer Militär-Republik! Und so praßten sie denn zuletzt auf Unkosten anderer, nach Mameluken-Weise, und brachten alles gegen sich auf, — Könige und Päpste, Adel und Geistlichkeit, Bürger und Bauern!

Diese geistlichen Ritter mißbrauchten zu allernächst die Religion zum Verderben der Völker, machten dann aber auch vieles wieder gut, daß sie im Verkehr mit Griechen und Saracenen freyere Religions-Ansichten selbst gewannen, und dann weiter verbreiteten. Sie mußten allerdings die Erhaltung hellerer Ideen in ihrem Orden wünschen, und da sie solche in ihrem Zeitalter nicht ungescheut äußern durften, so mögen sie allerdings auf Hieroglyphen und Mysterien (wovon weiter unten) verfallen seyn, was Baczko nicht zugeben will, worüber sich aber wohl nichts Bestimmtes mehr ausmachen läßt.

Ein weniger gekannter Orden entstand neben diesen drey noch in Palästina, der S. Lazarus-Orden, der sich 1118 unzufrieden mit Raymund du Puy von den Johannitern trennte, und das grüne Kreuz nahm. Anfangs beschäftigte er sich mit Krankenpflege, vorzüglich der Aussätzigen, wurde aber bald militärisch, wie die Johanniter. Louis IX. brachte die Aussatz-Ritter nach Frankreich, Boigny bey Orleans war ihr Hauptsitz, die Päpste vereinigten sie mit dem Orden U. l. Fr. von Carmel, und unter Henri IV. und Louis XIV. schien der Orden wieder neu aufblühen zu wollen, der aber nie eine geschichtliche Rolle spielte. Mit dem Aussatz verlor sich auch der Orden, wie billig; aber merkwürdig bleibt stets, daß die Regel wollte, der Großmeister selbst soll aussätzig seyn!

Der frommen Einfalt gingen nach und nach die Augen auf, und die Päpste mochten durch Bettelmönche das Kreuz predigen lassen, so viel sie wollten, die Liebhaber und Schwärmer hatten sich verlaufen. Tyrus und Tripoli ging verloren, und mit dem Hauptplatz Ptolomais oder Acre war 1291 das ganze heilige Land auf immer dahin, zu dessen Andenken jedoch noch jezt drey gekrönte Häupter den Titel Könige von Jerusalem führen; — S. Heiligkeit werden ohnehin nicht müde, Patriarchen, Erzbischöfe und Bischöfe zu ernennen in partibus infidelium, die immer mehr an Ausdehnung gewinnen. Schwerlich kommt mehr ein rechter Kreuzzug zu Stande, wenn auch neue Wallfahrten nach dem heiligen Grabe; nur die Juden, welche Millionen zählen, könnten etwa sich von Europa frey machen, und den Regierungen und Ständen manche Sessionen ersparen, wenn sie sich im jetzigen günstigen Zeitpunkte entschließen wollten, das Land ihrer Väter wieder zu erobern, und den Griechen eine nützliche Diversion zu machen — aber das Wasser hat keine Balken! Nach geendigten Kreuzzügen, oder wenigstens mit dem stehenden Heere, hätten billig unsere drey Ritterorden auch aufhören sollen, wie die von Bouillon gestifteten Ritter des heiligen Grabes, die sich in Kapuziner verwandelten, als die Welt einsahe, daß der heil. Vater an die 100 Jahre mit seinen Söhnen in Christo — blinde Kuh gespielt habe. Jene Kapuziner-Ritter, weit entfernt Land und Leute zu beherrschen, hatten weiter nichts davon, als daß sie Jerusalem und das heilige Grab, und ihre eingebildeten Privilegien wie Aepfel nach Herzenslust ausbraten konnten auf dem Glühofen ihrer frömmelnden Einbildungskraft, daher auch Herr Hans Werli von Zimber in dem alten Reisebuch nach dem heiligen Land p. 141 nicht weniger denn 37 Vorzüge der Ritter des heil. Grabes vor der übrigen Ritterschaft aufzählet! Unsere Ordensritter aber wurden jezt erst recht berühmt, und mit noch weit größerer Aufmerksamkeit betrachtet, denn sie bildeten souveraine Staaten, wie die weltlichen Ritter, die auch nicht viel mehr zu thun hatten, ein Reichs-unmittelbares Corpus! Sie hatten unverhöhlen den Grundsatz ausgesprochen: „Man kann nicht umsonst das Grab hüten,“ und so konnten sie bis auf unsere Zeiten von dem schönen Capital zehren, das einst zum Schuz der Pilgrime, Kranken und Verwundeten gestiftet war, wenn sie gleich aus Krankenwärtern und Soldaten sich umgewandelt hatten in Gnädige Herren — hohe deutsche Ordensritter und Maltheser, wie die einsamen, arbeitenden, betenden und büßenden Mönche in Prälaten, Bischöfe und Fürsten!

Unsere hochberühmten drey Orden zählen unter ihren zahlreichen Mitgliedern die Blüthe des Adels, und diese Blüthe streiften die Morgenländer und heidnischen Letten so stark ab, daß keine Früchte entstehen konnten. Sie waren es also recht eigentlich, denen wir es zu verdanken haben, daß der Lehnadel nicht noch um das Dreyfache zahlreicher geworden ist, und den Königen so viele Lehen heimfielen, zur allmähligen Consolidirung. Zahllos wie des Meeres Sand war der niedere Adel, daher war es ein wahres Glück, daß die fanatischen Züge nach Palästina und Spanien gegen die Saracenen, und nach dem Norden gegen Slaven und Preußen so viele Leute hinausschafften, die sich Arbeit zur Schande, Raub und Volksdruck aber zur Ehre rechneten. Und noch hätten sie sich wie Ratten untereinander selbst verzehren müßen, wenn nicht die griechischen Kaiser so viel Wohlgefallen gefunden hätten an deutschen Leibgarden, wie die Könige Ungarns, wo diese deutsche Edelleute die Race der Madyaren veredelten! Das Uebrige that Mutter Natur, denn mit dem entdeckten Geheimnisse der Natur, nach Willkühr Jungen oder Mädchen zu erzeugen, das Herr Organist Henke, nach häufigen und emsig wiederholten Versuchen, erforscht haben will, ist es

Nichts! Vergebens drückten bisher mißmuthige Lehensbesitzer den rechten oder Knaben-Behälter, und Bürger und Bauern, die dem Staate wegen Conscription Streiche spielen wollten, den linken oder Mädchen-Behälter; — niemand sahe seine Wünsche befriediget, als der Herr Organist von Hildesheim, der mit seinem Büchlein mehr verdiente, als mit seiner Orgel! Frühzeitig wurden die Tempel dem Geize, der Rache und dem Neide barbarisch hingeopfert; — desto länger lebten ihre beyden Brüder. Der Stolz, die Herrschsucht und die Schlemmerey der Templer waren Sprüchwort geworden, und sie mögen wohl Etwas Souveraines im Schild geführt, und auch leicht ausgeführt haben, wenn man sie nicht übereilet hätte; aber darum bleibt dennoch der Feuer- und Tortur-Proceß gegen sie eine der größten Schandthaten in der Geschichte, selbst wenn alle Beschuldigungen mathematisch erwiesen wären. Oft gaben sie und die Johanniter Anlaß von Reformen zu sprechen, wie die Mönchsorden, gar oft war die Rede von Vereinigung beyder Orden, bis endlich die Stolzesten das Bad austrinken mußten in der wilden Manier des Mittelalters!

Die Johanniter, die sich glücklicher Weise, nach Verlust Palästinas, ein unabhängiges Besitzthum zu Rhodus erkämpft, und nur allein in türkischen Häfen an die 200 Handels-Galeeren hatten, mußten respectiert werden, und sie theilten sogar sich in die Güter der unglücklichen Templer, und selbst in deren Mitglieder. Nach Verlust von

3 *

Rhodus schenkte ihnen Carl V. Malta, und so erhielten sie sich bis auf unsere hellere Zeiten, und leben sogar der Hoffnung, sich noch ferner zu erhalten, indem sie von Reinigung des Mittel-Meeres von Seeräubern — sprechen, welche wohl große Staaten allein und besser züchtigen können, wenn es ihnen einmal Ernst seyn wird! Sie und ihre deutschen Brüder erhielten sich sonderbarer Weise; und mußten dem Zufall 4 — 16 Ahnen zu danken haben, wenn sie in die Ordens-Glorie eingehen wollten. Ob bey einer sogenannten Krieger-Innung nicht die Aufzählung von 4 — 16 Kriegsthaten zweckmäßiger gewesen wäre? Die Ehrengeistlichkeit bedachte besser, daß alle Menschen Brüder sind, und des Bauern Sohn konnte Papst werden! Der Ehrengeistlichkeit gehörten diese Orden wenigstens halb an, als man aber säcularisirte, wollten sie bloß weltliche Militär-Anstalten seyn. — Direkteur Barras aber rief: Comment? vous plaidez pour ces Moines-Paladins, dont l'existence fait la honte de notre siècle de lumière?

Die deutschen Ritter kamen um ein ganzes Jahrhundert beynahe später, als die Templer und Johanniter, spielen aber die glänzendste Rolle unter allen, die ehrlichen Deutschen nicht immer zu Theile geworden ist. Sie eroberten an der Ostsee ein weites Reich, das ihnen Papst und Kaiser schenkten, ob es ihnen gleich nicht angehörte; sie eroberten Preußen, Liefland und Esthland, vereint mit den Schwerdtbrüdern, und herrschten zulezt von der Weichsel bis zur Düna und Newa in ritterlicher Ueppigkeit an jenen Küsten, die wahrscheinlich schöner noch aufgeblühet wären, wenn sie von den deutschen Seestädtern, wie es den Anschein hatte, angebaut, und nicht von Rittern erobert worden wären. Viel that der Orden deutscher Brüder, viel Rühmliches in jenen finstern Jahrhunderten, die wir nicht nach unserm Maasstabe messen müßen; große und edle Hochmeister standen an der Spitze, ein Salza, Hohenlohe, Feuchtwangen, Knipprode, Reuß v. Plauen, Erlichshausen 2c., die wir mit Hochgefühl schildern werden, und gar wohl den Johannitern Villers d'Adam, Villaret, d'Aubusson, la Valette 2c. entgegen stellen dürfen: — aber leugnen läßt sich nicht, daß das Kreuz — dieses Symbol der Kreuzigung des innern Menschen — nur zu oft Schutz und Freiheitsbrief eines wilden Rittersinnes gewesen ist, und unwillkührlich an die Mamelucken erinnert!

Diese Ritter vertilgten im Vorurtheil ihrer Zeit die wackern Landeseingebornen, oder vertheilten sie wie Schafheerden an deutsche Abentheurer, die sich das schwarze Kreuz in Preußen holen, das nicht ihr Vaterland war, und gegen Helden zur Vergebung ihrer Sünden kämpfen wollten, die ja keine Christen, höchstens bekehrte Sclaven waren! Der Gelübde spotteten sie, und hinter ihren Burgen hatten sie Irrgärten, genannt Jerusalem, wo sie die hingesandten Knechte, wenn sie lustig und guter Dinge waren, herausjagten, und dies Jerusalem erobern nannten. Noch jezt führt ein altes Ritterschloß und öffentlicher Belustigungs-Ort unweit Königsberg den Nahmen — Jerusalem. Die mißhandelten Preußen aber nannten diese ihre Kreuzherrn — Kreutziger! Unwillkührlich muß man an die türkischen Aristokratien zu Algier, Tunis und Tripoli denken, die sich gleichfalls alljährlich rekrutiren aus dem Abschaum der Türken des Orients, wie die Ritter aus den Abentheurern, die nach Preußen liefen, wenigstens im ersten schrecklichen Eroberungskrieg, der 56 Jahre dauerte!

Unsere beyde hohe Orden erhielten recht anschaulich das Andenken an das Ritterwesen und die Kreuzzüge durch ihre Fortdauer und ihre Ritterschläge, wohl wissend, welche Interessen diese Ritterschläge vom dem Altar abwerfen, und welche Bewandtniß es mit den Worten habe: „der Orden verspricht Euch Wasser und Brod, und nothdürftige Kleidung; was mehr ist, verdankt der heil. Jungfrau und S. Görgen!“ Jesus starb am Kreuze, weil ihm sein großer Plan die Menschen zu bessern und ein Reich Gottes auf Erden zu stiften, mißlungen war, die beyden Schächer starben wegen Missethaten, die Kreuzritter aber hingen an dem Kreutze, oder das Kreuz an ihnen, weil sie — Ahnen zu zählen wußten, und durchaus keinen Plan im Schilde führten zur moralischen Verbesserung der Menschen. — Die treffendste Definition beyder Orden gab schon Hochmeister von Erlichshausen, als er von Brandenburg Hülfe begehrte, er nannte seinen Orden — ein Spital für den deutschen Adel. — Aber nur für Arme, Kranke und Gebrechliche sind ja Spitäler?

Zu manchem Ritter hätte der Ordensmeister bey den Worten „Non sum dignus“ mit Henri IV. sprechen können: „Ich weiß es, aber Ihre Vettern lassen mir keine Ruhe.“ — Indessen übertrafen dennoch diese Ritter ihre ritterlichen Ahnen der Vorzeit wenigstens in Einem Punkte — in der Galanterie. Auf ihren Commenden waren sie kleine Gebieter, umstrahlt vom glänzenden Ordenskreuz, wie vom Ausflusse der Souverainität, und brauchten nicht wie Leander nächtlicher Weile erst über eine Meerenge zu schwimmen, um in Heros Hafen einzulaufen, und noch weniger eine verrätherische Leuchte, um den Weg zu finden. Mitten in der Tagsgesellschaft fanden sie gefällige Ehemänner, wie der Römer Galba war, der einschlief, als Mecenas seiner Frau zuwinkte, dem Sclaven aber, der Wein vom Tische stahl, zurief: Schurke! ich schlafe nur für meinen Mecenas!

Unser Thümmel ließ daher in seiner Inoculation der Liebe die arme Caroline, der niemand die Blattern einimpfen wollte, einen Deutsch-Ordensritter finden, der gelernt hatte

— — — — — aus Ovid und Gleim
die schwere Wissenschaft das Leben zu empfinden,
und doch — wer glaubt es wohl, gelokt durch reiche Pfränden,
wagt er es noch zu Mergentheim
das Kreuz der Keuschheit umzubinden!
Man sagt die allerstrengsten deutschen Herrn

veränderten die Pflicht des Türkenkriegs gar gern
in einen Ritterzug nach Liebeshändeln,
und ließen oft die Mädchen ungescheut,
in scherzender Vertraulichkeit,
mit ihren Ordenszeichen tändeln!
— — — der große Sancho sprach:
Man sey nur Ritter erst, das Uebrige folgt
nach!

Thümmel wählte ganz recht einen deutschen Herrn, in Frankreich aber hätte er einen Malteser wählen müßen, die jedoch häufiger als in Deutschland mit den Abbes theilen mußten. Die berühmte Sophie Arnould antwortete einem Liebhaber, der einen Malteser bey ihr traf: „il ne fait qu'accomplir son voeu de faire la guerre aux Infideles," und nannte auch das Gicht und andere Umstände dieser Herrn la Croix de la Galanterie. Thümmels deutscher Ritter war weit ehrlicher, hatte er auch Caroline mit seiner Curmethode, an der sie übrigens Geschmack fand, hintergangen, so ehelichte er sie doch noch, und dachte nicht wie gewöhnliche Ritter, die Bürger aufgestoßen sind:

Ho! Ho! du Närrchen, welch ein Wahn!
was ich that, hast du mitgethan —
kein Schloß hab' ich erbrochen,
wenn ich kam anzupochen, so war schon aufgethan!

Unsere geistlichen Kreuzritter blieben bis auf unsere Zeiten eine lebendige Reliquie jener Epidemie, die einst ganz Europa ergriffen hatte, und dem Denker so tragikomisch, dem Mystiker und Romantiker aber in einem so magischen Helldunkel erscheint, als das ewige Licht in dem Allerheiligsten gothischer Kirchen; ja sie spielten sogar diese Kreuzzüge auf dem Mittelmeere fort im verjüngten Maaßstabe, und auch anderwärts! Längst schienen diese Ritter zwar dem Abendlande überflüßig, und waren es auch; — aber warlich ihre Errungenschaft war so ehrlich verdient, als nur immer die Güter des weltlichen Adels! Wenn jene Epidemie den Geistern höhern Schwung gab, und den Ideenkreis mächtig erweiterte, so waren es zunächst unsere Ritter, die den Stützpunkt machten, am meisten im Orient lernten, weil ihr Aufenthalt ständig war, und am meisten mit den neuen Ideen wucherten: folglich gehört ihr Daseyn mit zu den vorzüglichsten guten Folgen der Kreuzzüge! *)

Ohne diese Ritter, vorzüglich die Templer, hätte sich die Christenheit nicht die Hälfte so lange im heiligen Lande halten können. War es gut? Die Waffenthaten und der Muth der Ritter, die unsere Bewunderung stets verdienen, verlängerten die schwärmerische Täuschung der Kreuzzüge offenbar, die das Abendland von Geld und Menschen entblößte, und die Fortschritte der Cultur verspätete. Den Kreuzrittern ging es nicht besser, als den Hel-

*) Wilkens Geschichte der Kreuzzüge IV. B. 8. Leipzig. 1807 fg. ist unstreitig das trefflichste Werk, das die Literatur der Kreuzzüge aufzuweisen hat, und daher verdrießt es mich fast, daß der gelehrte, selbst mit der orientalischen Literatur, die mir unzugänglich ist, vertraute Verfasser den drey Orden, ohne welche die Schwärmerhaufen gar keinen Haltpunkt gehabt hätten, kein eigenes Capitel gewidmet hat!

den von Troja: sie verloren alle Früchte ihrer Anstrengungen und Jerusalem war dahin, wie Troja. Die Griechen lagen nur 10 Jahre vor der Stadt des Priamos, und es entstand ein ganz anderes Griechenland; — die Kreuzfahrer kämpften 200 Jahre lang um die heilige Stadt und das Grab, — welche Früchte gab Nemesis der armen Menschheit für ihre ungeheure Opfer? Wenn wir an den Aussatz denken, an die Mönche, Nonnen, Heilige, Reliquien und Wunder aller Art, wodurch die Hierarchie sich noch mehr über den Staat erhob, — wenn wir an die schreckliche Unsittlichkeit denken, die jetzt einriß, und überhaupt an die nächsten Folgen dieser Narrenzüge, so müßen wir die Köpfe schütteln, und die Zähne blöcken, wie die Spötter im alten Testamente!

Aber diese Kreuzzüge waren es, die eine Neue bessere Welt vorbereiteten. Sie erhellten den Geist, brachen den Hildebrandischen Glaubens-Despotismus, und die Helden-Vereine der geistlichen Ritter, in denen die Päpste eine Hauptstütze sahen, verweigerten gerade zuerst den Gehorsam gegen päpstliche Machtsprüche, und trozten kühn den Bannstrahlen des Vaticans, vor denen noch Könige bebten. Die Großen lernten hier zuerst die Wichtigkeit des Seewesens schätzen, und die Genüsse Indiens waren der erste Anstoß zu den großen Entdeckungen. Wahrscheinlich lernte man von Arabern und Griechen auch das Pulver kennen, ohne es noch zum Feuergewehr zu benützen. Der Mittelstand erhob sich aus dem Adels- und Pfaffendruck zu größerer Freiheit, und mit dieser Gewerbfleiß und Wohlstand, wenn auch gleich die Ritterorden die stärkste eiserne Säule wurden eines in sich streng abgeschlossenen Adelthums zum Jammer des Volksthums! Gar viel Gesindel wurde durch diese Züge entfernt, und in Italien entstand zu Venedig, Genua und Pisa der lebhafteste Handels-Verkehr. Nebenbey lieferten uns noch die Kreuzzüge: Seide, Purpur, schöne Farben, Safran, Zucker, Buchweizen, Savoyer Kohl, Chalottenzwiebel, Ranunkeln, Hermelin (von Armenia), Griechisches Feuer, Teppiche, Pergamotbirn, Pflaumen, Schachspiel, Trommeln, Zaubermährchen und Ritter-Romane, den heiligen Rosenkranz, und zum ewigen Gedächtniß der Kreuzesritter alle unsere schwer aufzuzählende — Groß-, Mittel- und Klein-Kreutze!

# III.

## Die spanischen und portugiesischen Ritter, und der Cid.

Im Kampfe der Gothen mit den Arabern scheint zuerst das Romantische des Rittergeistes in die Christen gefahren zu seyn, und die Unglaubigen am Tajo und Ebro waren näher als die in Palästina. In jenen Zeiten, wo es heiliges Verdienst war, Nichtchristen todtzuschlagen, strömten bereits französische Ritter in Menge nach Spanien, wie späterhin nach Palästina, und deutsche Ritter nach Preußen. Die Bewohner der Pyrenäischen Halb-Insel selbst hatten mit los Moros oder den Mauren (vom alten Mauritanien) so viel zu Hause zu thun, daß es ihnen nicht einfallen konnte, solche in Asien aufzusuchen, und ein heiliges Grab hatten sie nicht minder zu S. Jago di Compostella!

Diese Mauren in Spanien wekten mehr denn anderwärts den Rittergeist, und die nach den Gebürgen Asturiens zurückgedrängten Christen wurden endlich aus Noth lauter Cavalleros. Von der ersten Schlacht mit diesen Arabern bey Xeres 711 bis zur lezten 1492 vor Grenada, binnen welcher Zeit 3007 Schlachten gezählt werden, hatten die Ritter alle Muse und ein weites Feld sich zu bilden, ohne das heilige Land zu brauchen, das ihnen noch überdieß auf Alphons Vorstellung, daß er seine Unterthanen gegen die Almoraviden nöthig habe, vom Papst Paschal II. (1100) ausdrücklich verboten wurde. . . Die spanischen Ritterorden, die wir nun müßen kennen lernen, waren auch hier der Kern des Heeres, und die Stüze des Reichs, wie die drey berühmten Orden in Palästina. Spanier waren wahrscheinlich die ersten Abendländer, die von den Mohren die Anwendung des Schießpulvers im Kriege lernten. Vor Algeziras schoßen die Mauren aus der Stadt 1342 die Kriegsmaschinen der Spanier zusammen mit Feuergeschüz, und der Chroniker Villasan spricht ausdrücklich von krachenden Ballisten, eisernen Kugeln und Pulver, von ballesta à trueno, Donnerer, das so viel sagt als Bombarda!

Hochberühmt vor allen andern Rittern steht der Cid der Spanier, so berühmt als der Hercules der Griechen, und daher weiß man auch nicht mehr, was Geschichte und was Fabel ist *). Gleiche Bewandtniß hat es mit dem noch ältern Helden Fernando Gonzalez, Graf von Castilien († 968),

*) Don Rodrigo de Vivar. Cronica del famoso e invencibel Cavallero Cid Ruy Dias Campeador. Medina. 1552

und seine Geschichte, geschrieben von Arredando, ist ohngefähr das, was Xenophons Cyropädie, natürlich ohne die Correctheit des Griechen. Das älteste Denkmahl spanischer Poesie ist das Gedicht von Cid, etwa 60 Jahre nach dessen Tode verfertigt (1099), das älteste Ritter-Epos. Es gibt eine Menge Romanzen von Cid, deren 70 unser Herder verdeutschet, und Joh. v. Müller commentirt, aber dabey eingestanden hat, daß er alles habe aufsuchen müssen, um dem Glauben des Lesers mit Etwas zu Hülfe zu kommen! Cid ist einmal der Held der Spanier; — „affè de Rodrigo! beym Rodrigo!“ schwuren einst alle Spanier, und Cid spielte auf allen spanischen Theatern, wie bey uns Götz von Berlichingen. Corneille verpflanzte ihn auf die französische Bühne; aber alles drehet sich da nur um die Liebe der Ximene zu Cid, und der gefeyerte Corneille steht weit unter unserm Göthe, ja selbst unter andern unserer bessern Ritterschauspiel-Dichtern: denn sie lassen doch die Sitten der alten Ritterzeit vor unsern Augen spielen. In der Ritterzeit glaubte man alle Sagen von Cid, und so glaubte man auch, daß seine ausgesezte Leiche vor dem Hochaltar zu Toledo, als sie ein Jude beym Barte zupfte, (vielleicht war es derselbe Jude, dem Cid einst zwey schwere Kisten

4. Risco Hist. del Cid. Madrid 1792. 4. Vergl. Herders Werke: Schöne Lit. III. 1—251. Müllers Werke XVII, 338. Sim. Sismondi Lit. des südlichen Europa B. B. Cids Leben von Bayam Lisbon 1734. 8. habe ich nirgendswo erhalten können.

mit — Sand verpfändet, obgleich ehrlich wieder eingelöset hatte) sich plözlich erhob, und halb das Schwerdt entblößte. Der Jude wurde im ersten Schrecken — ein Christ!

Cids Zeiten wandeln noch auf fabelhaftem Boden, und fallen gerade in die erste Blüthe der Rittersagen, die jedoch die Geschichte nicht ganz verschmähen darf, so wenig als die Sagen von Carl, von Roland, von Arthur, der Tafelrunde, der Amadisse und einzelnen Ritter-Abentheuern. Wer vermag in der Dämmerung anbrechenden Morgenröthe die Gestalten genau zu unterscheiden? Zu S. Peter von Cardenna in Castilien schläft Cid neben seiner Ximene, und unter den Bäumen vor dem Kloster ruhet auch sein treues Streitroß Babieca. Lange zeigte man in seinem Hause zu Bivar Waffen und Wappen, und der Nahme lebt, wie der Name Carls u. Rolands. Der Nahme des leztern lebt selbst in Nord-Deutschland, wo die schwarzen Riesenbilder vor den Rathhäusern, Blutbann und andere Privilegien bezeichnend, Rolande heißen. Man will zwar diesen Nahmen von Räge oder Ruhe im Land — ableiten, aber es scheint mir immer noch natürlicher, daß man diese Riesenfiguren, obgleich jüngern Ursprungs, nach Roland getauft habe, da sich die Zeit sicher Roland als einen solchen Riesen dachte.

Die wahre Geschichte Cids mag folgende seyn: Don Rodrigo (vertraulich Ruy, Diegos Sohn) von edlem Stamm aus Bivar bey Burgos, und geboren gegen das Jahr 1026, war ein tapferer

Krieger, Königen gleich geachtet im Leben, und Jahrhunderte lange nach seinem Tode der Stolz seiner Nation, und das Ideal der Ritter, je dunkler seine Geschichte ist. Die Romanzen von ihm begeisterten Tausende der Spanier im Kampfe — el que en buen ora nasco, el que en buen ora cinxó espada! Frühe schon bestand der Held manches Abentheuer, bieder und großmüthig entließ er seine Gefangenen, und arabische Fürsten, die er besiegte, nannten ihn es Sayd (Mein Herr), daher Cid; ganz Spanien aber nannte ihn Campeador — Kämpfer!

Cid diente unter Ferdinand und Sancho von Castilien gegen Arragonien und Leon, und als Sancho vor Zamora durch Meuchelmord fiel, empfing ihn der Nachfolger Alphonso mit größter Achtung, ob ihn gleich Cid acht Monathe zuvor geschlagen hatte. Er gab ihm seine Nichte Ximene. Bald aber fiel der Held in Ungnade, und lebte vernachläßigt vom Hofe zu Saragossa, bis die Araber solche Fortschritte machten, daß man ihn gerne wieder holte. Cid schlug die Feinde; der Neid ward abermals wach, und Er, viel zu stolz um zu kriechen, sahe sich abermals verbannt mit Verlust seiner Güter und Kostbarkeiten, seines Weibes und seines Geldes. Cid erbot sich seine Unschuld zu erhärten im Zweykampfe, aber niemand wagte sich mit ihm zu messen, und so ritt er von dannen, verstoßen, geplündert und mit Undank belohnet. Frey kämpfte er nun auf eigene Faust mit den Feinden des Vaterlandes, glücklicher und größer denn zuvor. Die Mauren boten ihm Asyl, die Großen seines Landes fürchteten den Helden, und standen um ihn her, wie um einen Löwen; Er wußte sich immer in steilen Gebirgen zu halten und zu sammlen. Noch heute zeigt man einen Felsen Cids Fels genannt. Cid flohe wie David vor Saul, eroberte sich Valencia, wo der versöhnte Alphonso ihn besuchte, und starb daselbst 1099, gekrönt mit Ehre und Ruhm. Seine lezte That war die Eroberung Sagunts, womit Hannibal seine Laufbahn begonnen hatte.

Auf Cid folgen die Templer, der Glanz ihrer Thaten in Palästina leuchtete nach Spanien hinüber, und bald erhielten sie jenseits des Ebro zahlreiche Besitzungen auf Kosten der Mauren. Alphons I., der ohne Nachkommen starb, vermachte ihnen sogar sein ganzes Königreich, aber die Stände erklärten mit Recht das Testament für nichtig, mußten sich aber doch mit dem Orden abfinden, und sogar verbindlich machen, keinen Frieden mit den Mauren zu schließen ohne des Ordens Willen. Man ersiehet hieraus die Macht des Ordens, und den Ständen Arragoniens gereicht es zur unsterblichen Ehre, daß sie in jenen Zeiten erklärten: „Die Nation trete, nach Abgang der Regenten-Familie, in ihre Rechte!"

Nach dem Muster der Templer bildeten sich die drey berühmten spanischen Ritterorden, S. Jago zuerst, Calatrava 1158, Alcantara 1175. Diese drey Orden spielen in Spanien geschichtliche Rollen, nicht sowohl gegen die Mauren, als in den bürgerlichen Kriegen des 14. und 15. Jahrhunderts. Die Entstehung des S. Jago-Ordens sezt man gewöhnlich in das Jahr 1140, nach Torres gab es aber schon vor den Templern 1030 eine S. Jago-Brüderschaft, und da schon im 7ten Jahrhunderte Wallfahrer zu des heiligen Apostels Jacobs Grabe nach Millionen gezählt werden, und die Araber niergendswo lieber streiften und plünderten als hier, wo die Andacht unermeßliche Schätze aufgehäuft hatte, und stets Pilgrime zu fangen waren, so könnte wohl S. Jagos Orden der älteste aller Ritterorden seyn! *)

S. Jago Orden war der reichste und mächtigste Orden Spaniens, konnte 1000 Ritter stellen, deren jeder wieder sein Gefolge hatte, und besaß, binnen Einem Jahrhundert, 84 Commenden, 200 Prioreyen und eine Menge Benefizien. Der Großmeister war die wichtigste und ehrwürdigste Person nach dem Könige, und ein gefürchteter Mann mit seinen 1000 Rittern und schweren Einkünften. Der Orden stand in vorzüglicher Achtung, weil jeder

*) Mariana und Ferreras geben geringe Ausbeute, die Coronica de los Ordres de S. Jago, Calatrava y Alcantara por Andrada. Toledo. 1572 f. konnte ich nicht haben, desto begieriger fiel ich über Torres H. de los Ordres militares etc. Madrid. 1629 f.; aber der Verfasser beschäftigt sich mehr mit der allgemeinen Geschichte und mit der Eroberung Amerikas. Es ist auffallend, daß das ritterliche Spanien kein eigenes Werk über das Ritterwesen hat, — doch es gab uns ja Don Quixotte!

Spanier (viele wohl noch heute) überzeugt war, daß der Apostel Jacob nicht nur das Christenthum in Spanien verkündiget habe, und in Compostel begraben sey, sondern auch mehr als einmal den Sitz der Seeligen verlassen, und in goldener Rüstung auf einem Schimmel sich an die Spitze der Ritter gesetzt, und Mauren in der Schlacht und ihre Räuberhorden auf dem Pilgerwege zu seinem Grabe besieget habe. Der tapfere Großmeister Don Pelagio Perez Correa betete einst in der Schlacht (1248), als die Nacht hereinbrach, und kein Jacob sich sehen ließ, zur heiligen Jungfrau, damit die Sonne stille stehe, und die Gebenedeyte dachte an ihren Landsmann Josua, und die Sonne stand! Alle spanischen Ritter gelobten aber auch, neben den gewöhnlichen Gelübden, noch besonders die tapferste Verfechtung — der unbeflekten Empfängniß, und in Spanien ist noch heute der gewöhnliche Gruß Ave Maria! und die Antwort sin peccado concebida!

Im Jahre 1147 lagen die Mauren vor Calatrava, und die Templer hatten die Vertheidigung aufgegeben, als sich ein wackerer Cisterzienser Valasquez an die Spitze stellte, die Stadt vertheidigte, und so seinem Orden Calatrava nebst ihrem Gebiete erwarb. Hieraus entstand der Orden dieses Nahmens. Später schämten sich die Ritter, unter Cisterzienser-Aebten zu stehen, trennten sich, und Don Garcias wurde der erste Großmeister 1170. Tapfer schlugen sich die Ritter gegen die Mauren, erhielten immer mehr Güter und Reichthümer, und mischten sich in Alles. Sie bildeten Factionen, hat-

4*

ten manchmal 2 — 3 Großmeister zugleich, die sich förmlich bekriegten, und die Päpste verwiesen die Entscheidung der Händel stets an die Aebte von Citeaux, (Rom thut keinen Schritt in Formen rückwärts, aber auch hoffentlich in materialibus nicht — vorwärts?) um die sich doch der Orden längst nicht mehr kümmerte! Großmeister Giron dachte sogar an die Krone Spaniens, und wollte Isabelle heirathen, starb aber an Gift. Carl V. vereinte das Großmeisterthum mit der Krone, wie bereits Ferdinand das von S. Jago nach dem Tode des lezten Großmeisters Alphonso de Cardenas 1499 gethan hatte.

Der Orden von Alcantara scheint der schwächste gewesen zu seyn. Der Großmeister de la Barbuda forderte 1394 den König von Grenada, der sich ganz ruhig verhalten hatte, zum Zweykampfe, verführt durch die Weissagung eines Waldbruders, um ihm zu beweisen, daß das Gesez Christi das wahre, Muhammeds Lehre aber falsch sey; nach Belieben sollten auch 200 Mauren gegen 100 Ritter den Gegenbeweis führen dürfen. Der König gab keine Antwort, und behielt die Herolde. Da brach der entrüstete Großmeister mit 300 Lanzen und 6000 Mann Fußvolk auf, und ward mit all den Seinigen erschlagen; denn er focht gegen 50,000 Mauren im Vertrauen auf den Waldbruder, der nicht der lezte war unter den Fliehenden.

Einer der ausgezeichnetsten Charactere aber ist der Großmeister und Connetable Don Alvaro de Luna, der Günstling König Johanns II. und der eigentliche Regent Spaniens. Er starb 1453 auf dem Blutgerüste, weniger aus Schuld, als vielmehr als Opfer des Parteyhasses und Neides der Großen. Die Geschichte dieses bedeutenden und unglücklichen Mannes (Cronica de D. Alvar de Luna. Madrid. 1784. 4.) ist ein Beweis, wie wenig die damaligen Großen sich um die Könige kümmerten, und daß es in Spanien um kein Haar besser war vor Ximenes, als in Deutschland vor dem Landfrieden!

Diese Ritter von Alcantara trugen auf ihren weissen Mänteln grüne Lilienkreuze, die von Calatrava aber rothe, und so auch die von S. Jago nebst einem rothen Schwert, und alle durften heirathen. Alle drey Orden durchliefen gleichen Kreis, — tapfer, mächtig, furchtbar, untreu, verrätherisch, bis man das beste Mittel ergrief, ihre Güter der Krone einzuverleiben. Nicht selten auf der Seite der Gegenpartheyen, und wahrs status in statu löste sie die Krone sanft auf, jedoch kraft päpstlichen Indults, denn ihr Zweck war erreicht mit Vertreibung der Mauren. Diese Einverleibung war viel werth unter stolzen spanischen Grandes, die vor dem Throne stehen mit bedecktem Haupte, und die Krone gewann nicht wenig an Macht, Einkommen und Einheit. Warum befolgten Wir Spaniens Beyspiel erst 1806? Der Einfluß dieser Orden, ohne welche jedoch die Könige schwerlich die Mauren vertrieben hätten, oder nicht so bald, war so wichtig, daß ich es Fischer nicht verüble, wenn er in seiner

Geschichte Friedrichs des Großen bedauerte, daß der König als Freymaurer nicht fortgeschritten sey bis zum Großmeister aller deutschen Logen!

Noch muß ich des Ordens von Montesa (1316) gedenken, der die Güter der Templer in Valencia erhielt, aber unter Philipp II. gleichfalls der Krone einverleibt wurde, und des Ordens von der Scherpe oder dem Bande, den Alphons XI. K. von Castilien 1330 stiftete. Beyde waren so unbedeutend, als ein anderer spanischer Orden von der Lilie, und gelangten wenigstens nie zu der Wichtigkeit der drey alten Orden, die von ihrem Eifer nachgelassen hatten. Bey dem glänzenden Turnier zu Valladolid 1335 waren es die Ritter von dem Bande, welche die Plazhalter machten, und der König war nur verkleidet zugegen. Die Damen von Placenzia trugen den Orden, weil sie die Stadt gegen die Engländer mit vertheidiget hatten, und noch merkwürdiger ist der Damen-Orden von der Axt, zum Andenken der Vertheidigung von Tortosa gegen Mauren, wo die Frauen an die Stelle ihrer gefallenen Männer traten. Die Frauen im Mittelalter waren so tapfer als die von Carthago und Rom, die ihre schönen Haare zu Seilen hergaben, daher die Römer einen Altar errichteten der Veneri Calvae! —

Alphonso XI. hatte sich vor seiner Krönung zum S. Jago-Ritter schlagen lassen mit ungemeiner Pracht, wie Ferreras erzählt. Er schlug sodann viele ricos hombres zu Rittern, denen er reiche

Waffen und Kleider verehrte, und diese schlungen wieder Andere unter ähnlichen Geschenken. An Turnieren fehlte es nie in Spanien, und eines der glänzendsten war noch unter Carl V. 1539 zu Toledo. In dem Turnier zu Valladolid hatte Carl selbst, alt 18 Jahr, drey Lanzen gegen seinen Stallmeister gebrochen, und auf seinem ganz weissen Schilde stand das Wort Nondum! Spanische Ritter fochten auch in den ächtspanischen National-Turnieren — im Stiergefechte, und in den Guerras civiles de Grenada ist eines Ritters gedacht, der einen Stier bey den Hörnern festhielt, und dann niederstieß. Die noch fortdauernden Stiergefechte mögen immer als Nachklang der ritterlichen Turniere betrachtet werden, wenn gleich der Gegner des Matador — ein Stier ist!

Der ritterlichste König Spaniens war Alphons VII., K. von Arragonien und Navarra, genannt El Batallador. Er gewann 30 Schlachten gegen die Mauren, und starb auch auf dem Ehrenbette 1134 in der mörderischen Schlacht von Fraga. Die Geschichtschreiber gedenken auch eines Ritters Don Roderico Gonzalez, der nach Palästina zog, tapfer focht, und ein Schloß baute, das er den Templern schenkte. Der berühmteste Calatrava-Ritter aber war wohl der Castrate Farinelli, der unter drey Königen mehr Einfluß in Spanien hatte, als ein Minister, und solchen — sehr edel benutzte. Der Entwurf zu einem neuen Orden vom blosen Degen, der 1574 unter Philipp II. unabhängig und auf eigene Kosten Spanien vertheidigen sollte, und von der Inquisition und den Ständen bereits genehmiget war, scheiterte am Mißtrauen des finstern Tyrannen, was so unpolitisch nicht war. Der finstere frömmelnde Despote bleibt indessen der unritterlichste König Spaniens.

In Portugall schlug man sich eben so ritterlich gegen die Mauren, und Heinrich von Burgund mit seinen französischen Rittern schwang sich dadurch auf den Thron. Alphons der Eroberer, Sohn Heinrichs, schlug in der berühmten Schlacht von Ourique 1139 mit 15,000 Mann 400,000 Mauren. Mit Recht zitterten die Seinen vor der Ueberzahl, aber ein Eremit hatte dem in seinem Zelte traurig über Gideons Geschichte sitzenden König eine Erscheinung Christi, außerhalb des Lagers, auf ein Zeichen mit seinem Glöckchen, verkündiget, und diese Illumination hatte eine solche Wirkung im Heere, daß Alle wie Helden kämpften und siegten. Von dieser Erscheinung rühren im portugiesischen Wappen die 5 Schilde in Kreuzesform zum Gedächtniß der fünf Wundenmahle, und die 30 Silberlinge in den 5 Schilden, und oben auf dem Helme die Schlange Mosis, das Vorbild Christi! Für Alphons kämpfte auch in der Schlacht von Santaren der Erzengel Michel; ein geharnischter Arm schwebte vor dem König her, oben mit einem Engelsflügel, und parirte alle Streiche, daher es nicht mehr als billig war, den Ritter-Orden vom Flügel des Erzengels Michaels zu stiften!

In Portugall trat an die Stelle der Templer

der Christus-Orden 1317, der 454 Häuser gehabt haben soll, deren vornehmstes Thomar war. Der Orden hatte Güter in Indien und Afrika, 1550 wurde aber auch das Großmeisterthum mit der Krone vereinet, zugleich mit dem vom Orden Avis. Dieser Orden, dem die Vertheidigung der Stadt Aviz gegen die Mauren 1150 seine Entstehung gab, hatte einige 40 Commenden, und war so abhängig von Citeaux, daß jeder Großmeister dem Abt den Eid der Treue ablegen, und jeder Ritter vor jedem Cisterzienser absteigen, seinen Segen sich erbitten, und ihn begleiten mußte; jeder weissen Kutte, die vor einer Ordens-Veste vorüberzog, mußte auf Verlangen der Thorschlüssel übergeben werden, und der Commandant deren Befehl entgegensehen! Die Christus-Ritter führten ein rothes Kreuz, die von Avis aber ein grünes, und unter demselben noch ein Paar Vögelchen, als Anspielung auf Aviz (Aves)!

Heinrich der Schiffer, dritter Sohn K. Johanns I. und Großmeister des Christus-Ordens, hätte mit aller seiner Vorliebe für Geographie und Nautic nie seine Entdeckungen gemacht, wäre er nicht Großmeister eines Ordens gewesen, der ihm das nöthige Geld schaffte. Seine ältern Brüder verdienten den Ritterschlag durch die Eroberung von Ceuta. — Heinrichs Schiffer entdeckten Madera, die Azoren, und immer mehr von der Westküste Afrikas, wären aber furchtsam lange noch beym Cap Non (Non plus ultra) geblieben, wenn nicht 1418 zwey kühnere Christus-Ritter, Zarco und

Baz es gewagt hätten, das Cap Bajador zu umsegeln. Es war offenbar ein Ueberrest des Ritter-Geistes, der Geist der Abentheuer, welcher Portugiesen und Spanier zu ihren großen Entdeckungen führte. Der Heilige Vater half nach mit der sogenannten Kreuzbulle, die Allen reichen Ablaß verhieß, die gegen die Muhamedaner in Asien und Afrika ziehen, und solche und zulezt auch noch Amerikaner todtschlagen wollten. Diese den Königen Spaniens und Portugalls bewilligte Bulle, deren Kraft jeder Arme gegen 2½ Realen theilhaftig werden konnte, und jeder Reiche, der nach Belieben zahlte, trug wenigstens zwey Millionen!

Jenseits der Pyrenäen schuf der Rittergeist des Ignatius Loyola aber noch etwas weit Schlimmeres! Aus den Händen der Großmeister fielen nun die Könige in die Hand der Jesuiten! Indessen schritten die großen Welt-Entdeckungen desto rascher vorwärts durch jenen abentheuerlichen Ritter-Geist, der, troz der schönen Gelegenheit sich in den Colonien zu entladen, ohne Unruhen fürs Vaterland, kaum erst verflogen ist unter der Geißel des Cervantes. Abentheuerlich genug waren jene Entdeckungen und Eroberungen, ganz im Geiste der Kreuzzüge, — aber leider! weit unedler! Cortes und Pizarro sind ärger, als unsere Lehn-, Raub- und Fehde-Ritter, desto mehr Edles findet sich aber noch unter den Portugiesen. Goldgier und wilder Mönchs-Fanatismus trat an die Stelle religiöser Begeisterung, und Pulver, Tortur, Sclaverey und Fleischerhunde brachten die Kinder der

Natur — das unbefugte Geschenk des heiligen Vaters — in den Schooß der Alleinseeligmachenden Kirche, weit Mehrere aber in — Himmel!

Consalvo di Cordova, der große Capitain, Vasco di Gama und Juan de Castro mögen den Schluß der ächten spanisch-portugiesischen Ritter machen. Consalvo (1453 — 1515) half Ferdinand und Isabella zur Eroberung Grenadas, und stand an der Spitze des Heeres, das Neapel eroberte; lange hielt er sich zu Barletta, von aller Unterstützung verlassen, gegen die Uebermacht der Franzosen, deren Anführer, Duc de Nemours, ihm freylich wenig gewachsen war; selbst seine Leute erhielt er bloß durch seine Persönlichkeit standhaft unter Entbehrungen aller Art. Sobald er Hülfe erhielt, rückte er ins Feld nach Cerignola vor, wegen der Hitze mußte jeder Reiter einen Fußgänger hinter sich aufsitzen lassen, und Consalvo selbst nahm einen deutschen Fähndrich hinter sich, — das Pulver-Magazin gerieth in Brand, und Er beruhigte die Erschrockenen: „Wir brauchen kein Pulver mehr, der Sieg ist unser!“ In einer halben Stunde waren die Franzosen zerstreut, und Nemours nebst 4000 der Seinigen blieben. Die Niederlage am Garigliano entschied das Schicksal Neapels. Mit wenig Truppen schlug er allerwärts die Franzosen, der Neid erwachte, und der undankbare und stets mißtrauische Ferdinand nahm, nach dem Tode der klügern Isabelle, den Mann, dem er Alles verdankte, und den ganz Europa „el gran Capitano“ nannte, mit sich zurück, nachdem er längst dessen Gewalt in Italien beschränkt, die Niederlegung der Stelle aber nicht angenommen hatte. Die lezte Ehre, die vielmehr seinen Fall beschleunigte, erzeigte ihm Louis XII. und sein Hof, zu Savona, wo die beyden Könige zusammen speisten, und Consalvo die dritte Person war. Consalvo starb in seiner Einsamkeit zu Grenada, gleich berühmt durch Tapferkeit, wie durch Edelmuth und Vaterlandsliebe. Einst gerieth sein Heer wegen mangelnden Soldes in Aufruhr, ein Soldat hielt dem Feldherrn die Hellebarte auf die Brust. „Nimm dich in Acht, der Scherz geht zu weit," sagte Consalvo, und ging lächelnd weiter, den Hauptmann aber, der ihm sagte: „Wenn du kein Geld hast, so bezahle uns mit deiner Tochter," fand man den andern Morgen aufgeknüpft über seiner Thüre, und jene Güte, und diese Strenge brachten Ruhe. Consalvo ließ noch 1504 in Italien mehrere Soldaten wegen Erpressungen und Räubereyen durch die Spieße laufen, woraus späterhin das Spießruthenlaufen entstanden zu seyn scheint; bey der ersteren Strafe war der Verbrecher bald todt, folglich unser 3tägiges Spießruthenlaufen ungleich grausamer. Florian hat dem Helden nur ein schwaches Andenken gestiftet!

Juan de Castro (1500—1548) wurde in einer Schlacht gegen die Maroccaner, 18 Jahre alt, zum Ritter geschlagen, focht gegen den SeeRäuber Barbarossa, diente dann in Indien und gegen die Türken, in der Zwischenzeit aber lebte er ein einfaches Familienleben zu Cintra. Der König gab ihm die höchste Stelle, die einem Privatmann werden konnte, die Stelle eines Vicekönigs von Indien, die nicht ihn, aber seinen Sohn Alvaro so eitel machte, daß sich dieser die kostbarsten Kleider bestellte; der Vater verfügte sich zum Schneider, schnitt alles in hundert Stücke, und sagte dem erstaunten Meister: „Mein Bursche soll sich eine Rüstung machen lassen!" Während der Ueberfahrt nach Ostindien entdeckte man gegen 200 nicht eingetheilte Personen, Alles murrte, und verlangte Aussetzung, Castro aber erwiederte: „Es ist unmenschlich, die selbst von der See auszuschließen, die das Land fliehen," und nahm sie in Schutz. Mit Weisheit und Menschlichkeit regierte Er Indien, troz der Intoleranz seiner Nation, führte einen Triumph, nach Römerweise, zu Goa auf, der ihm zu Lissabon gar übel genommen wurde, entsetzte Diu, und versetzte den reichen Kaufleuten seinen Bart, denn Gold und Silber besaß der Edle nicht, obgleich Vicekönig von Indien. Sein Leben, beschrieben von Andrada, würdig des Helden, verdiente eine deutsche Uebersetzung. Castro starb mit dem Wunsche, daß seine Gebeine in seinem Cintra ruhen möchten, und sein Nachlaß bestand in einer Handvoll Scheidemünze, einer Geißel, und dem versetzten großen Barte; — wie ganz anders die Verlassenschaft Napoleons, seiner Marschälle, und der brittischen Nabobs!

Gleich groß sind die Gama, Albuquerque, und Pacheco. Vasco di Gama, den die Araber wacker bey dem Zamorin zu Calicut angeschwärzt hatten, und der daher nichts Gutes ahnete, schickte seinen Bruder zurück auf die Schiffe mit dem Befehl: „Wenn du hörst, daß man mich gefangen oder getödtet hat, so räche mich nicht, sondern segle zurück mit der Nachricht von unsern Entdeckungen.“ Glücklicher Weise wagte Zamorin nicht, was er hätte wagen können. Albuquerque, von welchem Perser Tribut verlangten, befahl vor den Gesandten einen Korb mit Kugeln und Säbeln auszuschütten: „Sehet hier die Münze, mit der Portugiesen zahlen.“ Albuquerque eilte nach Hause, und Niemand hatte recht Lust, die Veste Cochim besetzt zu halten, aber Pacheco Pereira erbot sich freywillig, vertheidigte sich, 6 Monden lang, mit 100 Portugiesen gegen die ganze Macht Zamorins, verschmähte alle Geschenke, sich begnügend mit einem Zeugniß seiner Thaten, und das Vaterland lohnte ihn mit Undank — Virtus laudatur et alget!

So wirkte der Rittergeist fort, den Graf Heinrich von Burgund 1095 an die Ufer des Tajo verpflanzt hatte, um unter Cid gegen die Mauren zu fechten. Der Geist der Ritterschaft, so schwärmerisch er auch in Spanien gewesen seyn mag, hat Spanien im Ganzen schwerlich geschadet, aber die Pfaffheit, deren Scheiterhaufen 1481 zu lodern anfingen, und fortloderten bis auf unsere Zeiten, brachte Spanien in Verfall. Die herrliche Halb-Insel, wo nicht herrlicher als Frankreich, doch ihm gleich, könnte gar wohl 30 Millionen Menschen zählen, und zählte sie auch, wo sie doch in 6 christliche und acht arabische Staaten, die sich stets bekriegten, zerfallen war, — aber die heilige Inquisition und deren Maximen entvölkerte Spanien bis auf 11 Millionen. — Noch heute hat die edle Nation ächte Züge des edelsten Rittergeistes. — Sagunt und Numantia leben in der Geschichte, und im Kriege mit den Franzosen zeigten die Spanier, daß sie ihrer Vorfahren, die es mit Hannibal, Scipio und den Arabern aufnahmen, würdig seyen, und ritterlicher als der Corse!

Unsere drey berühmten spanischen Orden, die einst dem Staate so gefährlich waren als die Mönche, und so bedeutend als Templer, Johanniter und Marianer, waren in den lezten Zeiten kaum noch vorzügliche Ehrenzeichen. Christus, sagt die Legende, stieg einst vom Himmel herab, und meldete sich in Burgund, Frankreich und Spanien zum Ordens-Ritter, konnte aber nirgendswo zu einem modernen Kreuz gelangen, weil Joseph sein Vater — Zimmermann war; nur in Portugall erhielt er ohne Anstand den Christ-Orden, theils wegen seines Nahmens, theils deswegen, weil ohnehin Alles darinnen aufgenommen werde. Hoffentlich werden jezt die Einkünfte aller dieser geistlichen Orden zu nützlichen Staatszwecken, wie die der Klöster auch, verwendet werden, und so dürften es denn die Herren Johanniter nicht übel nehmen, wenn die Cortes über ihre Einkünfte = 300,000 fl. (auch in Portugall, wo sie 3 Balleyen und 23 Commenden hatten) gleiche Beschlüsse fassen. — Cessante causa cessat effectus!

Wir erleben vielleicht noch, daß in dem bigotten Spanien die Cid, Isabelle und Colon, die Castro, Gama, Albuquerque und Pacheco National-Heilige werden, wie sie es wohl verdienten an der Stelle der S. Jago und S. Antonio! Spanien ist ein schlafender Löwe, und Spanien wird erst wahrhaft frey seyn, wenn Amerika frey seyn wird!

---

# IV.

## Glanz der französischen und englischen Ritter während ihres 120jährigen Kampfes. Die Eduarde — du Guesclin, Boucicaut ꝛc.

---

Hoch blühete das Ritterwesen stets in Frankreich und England vor andern Staaten, und noch nach den Kreuzzügen war der 120jährige Krieg zwischen beyden Nebenbuhler-Nationen ein wahres langes Turnier, wo sich die persönliche Tapferkeit auf einer Höhe zeigte, wie sie sich bey der neuern Kriegskunst und dem fehlenden Enthusiasmus nicht mehr zu zeigen vermag, aber der Kampfpreis war auch das schönste und civilisirteste Land Europens — das schöne Frankreich!

Das Ritterthum war mit des Normannen Wilhelm Eroberung nach England gekommen, England besaß halb Frankreich, französische Sprache war die Sprache gebildeter Britten hundert Jahre lang, selbst die Ritter-Romane waren französisch, wenn auch gleich die Sitten der Britten weniger schwärmerisch-ritterlich gewesen zu seyn scheinen, als die der Franzosen. Man zwang in Großbritannien den Adel zur Annahme der Ritterwürde, was wohl in dem eitlern Frankreich nie der Fall gewesen ist, und von Turnier und Ritterprunk ist auch weit weniger die Rede. Roger Graf von Mortimer (1300) scheint eine Ausnahme gewesen zu seyn, der auf seiner Burg Kenalworth die runde Tafel Arthurs erneuerte, sein Schloß zum Sammelplatz von Rittern und Damen machte, und 100 Ritter selbst unterhielt; jeder fremde Ritter war an seinem Hofe willkommen, und er ließ sie auch wohl zu sich bitten durch ausgesandte Herolde. K. Eduard III. (1327—77) gab einst binnen Jahr und Tag Sieben Ritterfeste mit großer Pracht, und ahmte in seinem Windsor gleichfalls die runde Tafel Arthurs nach; noch zeigt man daselbst das runde Zimmer, wo er sich mit seinen 24 Rittern versammlete; — das Vorspiel seines Hosenband-Ordens!

Schon K. Philipp August II. hatte sich mit Richard herumgeschlagen, und in der Schlacht von Bouvines, wo K. Johann von England, verbunden mit dem Kaiser Otto IV. und dem Grafen von Flandern, mit 100,000 Mann 50,000 Franzosen gegenüber stand, seine Vasallen begeistert, indem er mit ihnen aus einem Becher trank, und seine Krone auf den Altar mit den Worten niederlegte: „Wer sich für würdiger hält, nehme sie." In dieser Schlacht (1214) geschahen Wunder der Tapferkeit; der König, auf dessen Leben oder Gefangennehmung es vorzüglich abgesehen war, stritt wie ein Löwe mit seinen Rittern; ein Bischof von Senlis ordnete das Heer, und ein Bischof von Beauvais, dem der Papst Schwert und Lanze verboten hatte, wüthete mit einer Eisen-Keule. Die Verbündeten ließen 30,000 Mann auf dem Platz. Unter Philipp bildete sich das sogenannte Corps des Ribauds, — die erste stehende Armee — eine Art von Wagehälsen, die überall voran waren, sich aber so viele Ausschweifungen erlaubten, daß das Wort Ribaud gleichbedeutend wurde mit Bruder Liederlich, zumalen der Roi des Ribauds, eine Hofcharge, zugleich die Aufsicht führte über die — Bordelle!

In den Kriegen der Britten mit den Schotten geschahen ähnliche Waffenthaten, namentlich unter Eduard II. gegen Robert Bruce, einen der ausgezeichnetsten Ritter, und von einer Stärke, wie Bouillon. Robert Bruce, K. Heinrich VII. von Luxenburg und der engl. Ritter Gilles de Argentine galten für die drey berühmtesten Ritter ihrer Zeit. Ritter Giles hatte manchen Saracenen im heiligen Lande erleget, alle Kämpfe K. Heinrichs VII. des Luxenburgers mit durchgefochten, und starb 1314 in der Schlacht von Bannocksbrown als ächter Ritter. Er sahe die Schlacht für Eduard verloren, nöthigte den König das Feld zu verlassen, und als er ihn außer Gefahr sahe, rief er: „God be with you, Sir, it is not my wont to fly,“ drehete sein Pferd, rief sein Feldgeschrey, und stürzte sich in den dichtesten Haufen des Feindes!

5 *

König Eduard III. aber, und sein schwarzer Prinz (von seiner Rüstung) stehen im Zenith der Ritter=Glorie, neben ihren Manni, Chaptal, Felton, Calverly, Knollys, Chandos, Lancaster rc., mit denen die Franzosen rühmlichst wetteiferten, zumal seit du Guesclin an der Spitze stand, die Dunois, de la Tremouille, und Andere. Ihre Könige Philipp und Johann kamen aber den Eduarden nicht gleich, zwar eben so hochgesinnt und tapfer, aber nicht so beliebt beym Volke, das mehr gedrückt war. Die Ritter beyder Nationen stehen neben den Templern, Johannitern und Marianern, aber die drey berühmten Schlachten in dieser Epoche, die Schlachten von Crecy, Poitiers und Azincourt, sind der Stolz des Volks und seiner — Bogenschützen! Diese drey berühmten Schlachten gewann nicht der Adel Englands, mit dem sich der französische Adel, der sie verlor, wohl messen durfte, sondern die Freysaßen, die bürgerlichen Bogenschützen, geübt in heimischen Gefechten, und furchtlos neben dem Adel durch Wohlstand und Freyheit. Diese Schützen waren so geschickt als Kaiser Commodus, und so berühmt als die alten Parther, oder die spätern Schweizer, und schon Alfred hatte 15 Solid. Strafe gesetzt, wer den Finger, womit man abdrückt, abschneidet. Sie machten, wie die berühmten Schleuderer oder Balearen Hannibals und Cäsars den Angriff, als leichte Truppen, und schon als Kinder mußten sie ihr Morgenbrod von einem erhöhten Ort sich herabschießen. Die Franzosen und andere Nationen hatten Venetianische und Genuesische Armbrustschützen im Solde. Es wird nicht gemeldet, ob die Pfeile dieser gefürchteten Bogenschützen die Sonne verfinsterten, wie die Pfeile der Perser, und die Franzosen im Schatten fochten, wie dorten Leonidas Spartaner!

Mit der Schlacht von Azincourt (1415), in der die Britten 15,000 Mann, die Franzosen 60,000 Mann stark gewesen seyn sollen, sank die Blüthe der Ritterschaft, 9000 Ritter lagen auf dem Bette der Ehre! Ein Landmädchen, die Pucelle d'Orleans, mußte thun, was die Ritterschaft nicht mehr zu thun vermochte, den gesunkenen Muth der Franzosen aufrichten, den der Britten schwächen, (das Zeitalter glaubte an Zauberey) und die Ehre Frankreichs retten!

Louis VII. heurathete Eleonore, die Erbin von Guienne und Poitou, die aber selbst am Grabe des Erlösers ihre Galanterie fortsetzte, daher er sich, weniger Philosoph als Marc Aurel, von ihr scheiden ließ, Heinrich II. K. von England aber weniger delicat die Geschiedene oder ihren reichen Brautschatz heurathete. So entstanden aus der Eifersucht eines Königs die 300jährigen Kriege, und selbst der Nationalhaß zwischen Britten und Franzosen. Unter Philipp dem Schönen schlug ein englischer Matrose zu Bayonne einen normännischen Matrosen todt, die Normänner rächten ihren Landsmann zur See, und hierüber kamen die stolzen Oberhäupter beyder Nationen schriftlich hintereinander; Philipp citirte Eduard als Vasallen, dieser erschien nicht, Frankreich confiscirte Guienne, und so begann die neue Fehde! Gegen die Flandrer verlor Philipp die Schlacht von Courtrai (1302), wo 4000 Paar goldene Sporn mit verloren gingen, und an unsern Kaiser Adolph von Nassau, der auf Eduards Seite war, schrieb Philipp (der bekanntlich stark in groben Briefen war, wie wir aus der päpstlichen Geschichte wissen) blos die Worte: Nimis Germane! (C'est trop allemand!)

In den Händeln mit Flandern schickte Eduard III. unserm Philipp vor Tournai eine Herausforderung „à Philippe de Valois" und dieser nahm sie an, verwies aber dabey seinem Vasallen die Insolenz. Der Kampfpreis sollte England oder Frankreich seyn, man machte aber öffentlichen und Privat-Stillstand, den der kriegerische Eduard zuerst wieder brach. Es kam zur Schlacht von Crecy (1346), berühmt durch die Tapferkeit des schwarzen Prinzen, der damals 14 Jahre alt war, durch den Ausruf des Vaters, als man ihm die Gefahr seines Sohnes meldete: „Ich will, daß er die Ehre des Tages habe, und seine Sporn verdiene," noch berühmter aber durch die Canonen, von denen zum erstenmal hier die Rede ist. (Die deutschen Ordensbrüder kannten sie aber schon früher, wovon unten.) Frankreich verlor an diesem Tage 30,000 Mann, worunter 1200 Ritter, und hieran waren die sechs schlechtbedienten Canonen der Britten (wovon aber wieder andere Geschichtschreiber z. B. Froissart gar nichts erwähnen, vielleicht blos wegen der unbedeutenden Wirkung) sicher weniger Schuld, als die schlimmen Bogenschützen. Philipp flüchtete in der Nacht nach einer Burg, und rief dem Wächter: Ouvrez, c'est la fortune de la France! Eduard aber nahm Calais, das die lezte englische Besitzung in Frankreich blieb (1558).

In dieser Schlacht war es, daß ein französischer Ritter, Ribaumont, den K. Eduard unbekannter Weise zweymal aus dem Sattel hob, endlich aber von ihm zum Gefangenen gemacht wurde. Der König mischte sich des andern Tags unter die gefangenen Ritter bey der Tafel, prieß ihre Tapferkeit, und dann näherte er sich Ribaumond: „Ihr seyd der Tapferste von allen" sagte er ihm, indem er seine reiche Mütze dem Ritter aufsetzte, „tragt solche als den Dank dieses Tages und aus Liebe zu mir dieses Jahr. — Ihr seyd munter, verliebt und gerne bey Damen, erzählt ihnen, daß ich solche Euch gegeben habe; Ihr seyd frey, und könnt morgen abreisen, wenn ihr wollt." — So artig war Eduard keineswegs gegen die wackern Bürger von Calais, die auch nichts weiter als ihre Schuldigkeit gethan hatten, aber mit dem Strick um den Hals erscheinen mußten! es waren ja nur — Bürger! Vor Poitiers stand 1356 Johann mit 60,000 Mann Franzosen, der schwarze Prinz hatte nur 8000 Mann, war zwar vortheilhaft verschanzt, aber ohne alle Lebensmittel; und Johann hätte nur zaudern dürfen, so hätte Eduard capituliren müßen. Johann war kein Fabius Maximus, der lieber den Cunctator als Diestator machte, und ja auch von seinem General der Reuterey Minucius und von Varro nicht begriffen wurde, folglich noch weniger vom römischen Plebs; nur Hannibal begriff ihn, und war betroffen. Noch betroffener wäre der schwarze Prinz gewesen, und hätte jeden billigen Vertrag eingegangen, aber Johann verlangte Ihn selbst mit 100 Rittern. Mit Recht überließ Eduard die Sache dem Schwert: „die Freyheit verliere ich nur mit den Waffen in der Hand!" verzweifelnd stürzten die Britten auf den Feind, 6000 Franzosen blieben, die besten Ritter und Johann selbst ward gefangen. Hier zeigte aber der schwarze Prinz den ganzen Edelmuth eines Ritters. Mit hoher Achtung und Schonung empfing er seinen königl. Gefangenen, ihn tröstend und seine Tapferkeit preisend, die nur dem Zufall des Glücks habe weichen müssen. Johann selbst vergaß seine Würde nicht. Der Prinz stand an der Tafel hinter dem Stuhle des Königs, weigerte sich Platz zu nehmen, bediente sogar den König, der über diesen Zartsinn weinte, was auf die gefangenen Ritter den tiefsten Eindruck machte. Johann hielt seinen Einzug zu London, wie ein König auf einem weissen Pferde in voller Pracht, und sein Sieger ritt bescheiden neben ihm in seiner schwarzen Rüstung. Eben so empfing ihn der Vater des Prinzen und Johann schien ein König Frankreichs, der dem König von England einen freywilligen Bruder-Besuch abstatte!

Carl V. handelte 200 Jahre später nicht so ritterlich am ritterlichen König Franz, und noch weit unritterlicher benahm sich der berühmte Graf Gaston de Foix gegen den Commandanten von Lourde, Arnold von Berne, der sein Vetter und Vasall war. Gaston verlangte die Uebergabe des Schlosses, das der König von England Arnold zu bewachen anvertraut hatte, und auf dessen edle Weigerung gab er ihm — fünf Dolchstiche. Arnold empfing sie ohne Gegenwehr, und starb zu den Füßen seines Mörders mit den Worten: „Ihr handelt nicht edel!"

Nach dem Frieden von Bretigny (1360) hatte Frankreich, gleich Italien, seine liebe Noth mit den entlassenen Truppen, die sich in Compagnien sammelten, und die schrecklichsten Greuel verübten. Gegen diese Malandrins, wie man sie nannte, leistete vorzüglich ein Mann ersprießliche Dienste, von dem wir insbesondere sprechen müßen, der Schrecken der Britten und der Spanier, und eine sichere Stütze des französischen Thrones, Du Guesclin*).

---

*) Histoire de Bertrand du Guesclin, par C. Menard. Paris, 1618. 4. Histoire, par Hay. 1693. 4. Histoire, par Bervilles 1767. 2 Vol. 12. Am besten wohl in der Collection des Memoires partic. relat. à l'Histoire de France. 1785. III. 329 — 451. IV. 1 — 477. V. 1 — 80. Eine deutsche Biographie lieferte Archenholz Lit. und Völkerkunde. 1785. 5. 6. 7. Stück. Bertrand du Guesclin romantische Biographie von F. Maier. Brem. 1801. II. Th. 8. Wer daran noch nicht genug hat, der lese Fouquets langes Gedicht B. du Guesclin in IV Büchern mit Anmerk. Leipzig, 1821. III Theile. 8.!!

Das Schloß la Motte, unweit Rennes, war seine Geburtsstätte (1326) und der Knabe nichts weniger als wohlgestaltet, schwarz, plump, dick, und viereckigt mit einer Stumpfnase. Der kleine Bertrand hatte etwas Wildes und Verschlossenes, die Mutter nannte ihn den bösen Jungen toujours battant ou battu, den sie lieber unter der Erde sähe, und setzte ihn seinen Geschwistern weit nach, was eben den Jungen nicht besser machte; er mußte allein speisen, und wurde gerade dadurch so wild, daß er auf alles mit dem Stock losging, und endlich davon lief, jedoch zum Oheim nach Rennes. Dieser war mehr Pädagog, ließ den Wildfang reiten und kämpfen, und bald erschien er siegreich in einem Turnier, was ihn mit dem Vater versöhnte, der mit dem Unbekannten selbst eine Lanze hatte brechen wollen. Lesen und Schreiben aber lernte der Wildfang nie, ne se laissant doctriner, sagt der alte Menard, des Maitres, les voulant toujours ferir et frapper!

Gueschins erste größere Waffenthat, nachdem er lange den kleinen Krieg mit Glück geführt hatte, war die Ueberrumplung des Schlosses Fougeray mit 60 Mann, verkleidet in Holzhacker, obgleich 200 Britten in der Veste waren, und darauf folgte die Befreyung Rennes von der Belagerung. Duc de Lancaster wurde begierig den Mann kennen zu lernen, der auch kam, sich mit Bembroc schlug, und ihn besiegte. Lancaster hatte geschworen, seine Leoparden auf den Wällen von Rennes aufzupflanzen, daher erlaubte man ihm mit 10 Rittern einzureiten, und sich seines Eides zu entledigen, aber Rennes war frey. Troussel, Freund des erschlagenen Bembroc, forderte Guesclin, er schlug sich mit ihm, obgleich krank, und erstach ihn gleichfalls; ebenso besiegte er noch im Zweykampfe Canterbury, der seinen Bruder widerrechtlich gefangen hielt. Er gewann das Treffen von Cocherel, stürzte aber vor Melun bewaffnet von einer Sturmleiter in den Graben, und brach das Bein; aber dennoch schleppte er sich gegen eine Mauer, und wehrte sich gegen fünf Britten wie ein wahrer Teufelskerl!

In der unglücklichen Schlacht von Auray 1365, wo Carl von Blois gegen Montfort blieb, wurde du Guesclin gefangen, und mußte sich mit 100,000 Pfund lösen. Nun veranlaßte ihn der König, sich an die Spitze der räuberischen Compagnien zu setzen, und sie aus Frankreich nach Spanien zu führen, wo sie bey ihrem Durchzuge durch Avignon selbst den heil. Vater brandschazten. Diese unseeligen Banden hatten nicht selten von den Großen Patente, die ihnen erlaubten de vivre sur le peuple! Du Guesclins Anrede an diese Banden ist merkwürdig: „Nous avons fait, vous et moi, assez pour damner nos ames et vous pouvez même vous vanter d'avoir fait, pis que moi; faisons honneur à Dieu et le Diable laissons!“ Streng waren die französischen Kriegsgesetze, aber noch Brantome erzählt von dem Zuge Heinrich II. nach Deutschland, „daß man an den Bäumen am Wege mehr gehenkte Soldaten gesehen habe, als Vögel,“ und erst Coligni und

Chatillon brachten durch ihre Strenge einige Ordnung in das Fußvolk. Der Leztere hörte gewöhnlich während seines Frühgebetes, und der Erstere, während er sich die Zähne reinigte, den Rapport der Hauptleute, und ertheilte seine Befehle, daher sagten die Soldaten sprüchwörtlich: „Dieu nous garde du Curedent de l'Amiral, et de la Paternotre du Connetable!"

Du Guesclins Ruf zog vor ihm und seiner Compagnie blanche (von ihren weissen Kreuzen so benannt) einher, und erleichterte den Sieg über Peter den Grausamen. Er hatte zwar das Unglück, bey Navarette gefangen zu werden, aber die Achtung gegen ihn war so groß, daß man ihn auf sein Ehrenwort frey herumgehen ließ. Der schwarze Prinz überließ ihm selbst die Bestimmung seines Lösegeldes, und er setzte es auf 100,000 Goldgulden. „Aber Ihr seyd ja arm, woher so viel Geld?" — „Die Könige Frankreichs und Castiliens werden mich nicht verlassen, in Bretagne leben 100 Ritter, die ihre Güter für mich verpfänden, und im Nothfall würden alle Frauen Frankreichs Ein Jahr lang für mich spinnen." —

Guesclin täuschte sich nicht. Ueberall erhielt er Geld, aber so oft er armen Soldaten begegnete, die wegen ihrer Ranzion verlegen waren, gab er, lösete gegen 4000 aus, und kam mit leerer Hand wieder nach Bourdeaux; doch hier fanden sich Unbekannte, und zahlten die Summe. Du Guesclin zog nun wieder nach Spanien, schlug Don Pedro in zwey Schlachten, und mit der Beute zahlte er die Truppen. Mit bretagnischer Freymüthigkeit machte er seinem Könige Vorwürfe über die Nichtbezahlung des Soldes, weswegen die Soldaten nothwendig endlich rauben und plündern müßten; er getraue sich gar wohl das Geld beyzuschaffen von Pfaffen, Advocaten, Procuratoren und von Königl. Kammer-Beamten!

Sein dankbarer König ertheilte ihm die Würde eines Connetable, und nun sammelte er die Truppen bey Caen, und schlug sich wieder mit den Britten. Das Feldgeschrey war: „Mutter Gottes, du Guesclin," und er selbst ermunterte die Seinigen mit einem „Mutter Gottes! du Guesclin!" — Viele Pläze nahm er den Engländern ab, bis er endlich vor Randan in Auvergne am Fieber starb 1380. Man verhehlte seine Krankheit, und sein bloßer Nahme machte, daß der Commandant sich früher ergab, aber nicht wenig staunte, als man ihm den Helden als Leiche zeigte. Er legte die Schlüssel auf den Sarg. Sterbend hatte du Guesclin Clisson für seinen würdigsten Nachfolger erklärt, sodann seinen Degen geküßt und befohlen, solchen dem König zu überreichen. Königliche Ehre genoß sein Leichenzug, und Carl stiftete ein ewiges Licht über dem Grabe zu S. Denis. . . . Sterbend hatte der Ritter noch seine Hauptleute ermahnet: „Bauren, Alte, Weiber und Kinder nie als Feinde zu behandeln." Sancerre, Clisson und Coucl, seine vertrautesten und tapfersten Unterbefehlshaber weigerten sich den Connetable-Degen, nach diesem Helden, anzunehmen, und erst unter Carl VI. nahm ihn Clisson an, und Couci und Sancerre waren die Ersten, die ihm ihre Stimme gaben. Bertrand du Guesclin steht Turenne, bey dessen Tod sein Gegner Monteeucali sagte: „c'était un homme, qui faissoit honneur à l'homme," am nächsten, und lange noch nach seinem Hingange sprach das Volk von dem bon Connetable. Sein Grabmahl und seine Statue in Lebensgröße hat sich glücklich in dem Vandalismus der Revolution erhalten, neben der seines tapfern Waffengenossen Sancerre, und ist zu finden in le Noirs Monumens francais in der ehemaligen Augustiner-Kirche zu Paris. Diese Sammlung ist in ihrer Art so interessant, als einst das nun ausgeleerte Musée Napoleon gewesen ist, und die herrlichste Recapitulation der französischen Geschichte in Marmor!

Mit du Guesclin erwachte von neuem der Rittergeist in den Franzosen, und die Britten standen ihnen in nichts nach. Die Franzosen dieser Zeit sprachen von ihren Besiegern rühmlicher noch, als von ihren eigenen Helden, und Alle waren von Kriegsruhm beseelet, wie Cäsar, als er vor Alexanders Bildsäule weinte im Hercules-Tempel zu Gades. Oft hatten die Ritter auf beyden Seiten den 28jährigen Stillstand gebrochen, aber K. Heinrich IV. von England benutzte die Schwäche Frankreichs nicht. Nicht so der Nachfolger Heinrich V., der alles zurückverlangte, was man England abgenommen habe. Es kam zur Schlacht von Azincourt, in der 8000 französische Edle fielen, und Orleans und Bourbon gefangen wurden, neben dem berühmten Ritter Boucicaut, der, nach Guesclin, der zweyte Repräsentant französischer Ritter ist *). Jean le Maigre, genannt Boucicaut (1366 — 1421) wurde von Carl V. seinem Dauphin als Enfant d'honneur beygegeben, als der Vater starb, der sich im Kampfe mit Britten den Beynahmen le Brave verdient hatte. Schon im 12. Jahre machte der Jüngling den Feldzug in der Normandie mit, muthig und geübt in allem, was man von einem wackern Ritter erwartete. Boucicaut sprang in voller Rüstung, ohne Steigbügel, auf das höchste Pferd, und über das Pferd hinweg, ob er gleich nur mittlerer Größe war; er übte sich, wie die Athleten der Alten, im Laufen, Reuten, Springen, Werfen und Ringen, in allem, was die Griechen Fünfkampf nannten, (πένταθλοι) und kletterte über Mauren, wie eine Katze. Im Flandern'schen Feldzuge spottete ein dicker flammändischer Riese des kleinen Mannes, der seine Streitaxt gegen ihn aufzuheben wagte, und schlug sie ihm aus der Faust: „Va têter, va mon enfant!“ Boucicaut zog vom Leder, und erstach den Riesen mit den Worten: „les enfans de ton pays jouent-ils à tel jeu?“

Es wurde Friede, und Boucicaut zog nach

---

*) Histoire de Boucicaut, par Godefroy. Paris, 1620. 4. Histoire de Boucicaut, contenant ses exploits à Constantinople avec la Revolution de Gênes. Cologne, 1735. 8.

Preußen, wo er manche Lanze brach zur Ehre der französischen Ritterschaft, wie beynahe überall, wo er hinkam. Dann zog er über die Pyrenäen und nach Venedig, Constantinopel und Jerusalem. Bey seiner Heimkehr veranstaltete er 1390 den romanhaften Pas d'armes, wovon wir oben sprachen. Der König schlug ihm den Zug gegen die Mauren und Seeräuber ab, und so ritt er zum drittenmal nach Preußen, wo er genug zu thun fand, und nebenbey, nach der Ermordung des Schotten Douglas, alle Britten zu Königsberg herausforderte, wenn einer leugne, daß dieser Mord keine Schandthat sey. Der König machte ihn zum Marschall, und da Sigismund, K. von Ungarn, gegen Bajazet um Hülfe flehete, und 1000 französische Ritter hinzogen, so war Boucicaut keiner der lezten. Noch muß der alte Rittergeist in Frankreich sehr lebhaft gewesen seyn, denn der König hatte Mühe, seine Ritter zurückzuhalten; nur 1000 durften fort auf ihre Kosten (1396). Es läßt sich auf ihr Gefolge schließen, wenn man weiß, daß Boucicaut allein von 70 Edlen begleitet war, darunter 15 Ritter. Es kam zur Schlacht von Nicopoli. Die Franzosen, ohne die Deutschen und Ungarn abzuwarten, stürzten hitzig auf den Feind, der zwar wich, aber die geringe Anzahl bemerkend frische Truppen herbeyführte, und so ward bald die Niederlage allgemein. Was nicht umkam, wurde gefangen, wie Boucicaut, ob er gleich Wunder der Tapferkeit that um sich durchzuhauen. Bajazet ließ über 3000 Gefangene tödten. „Sie haben mir 30,000 Mann getödtet," rief er zornig, und nur diejenigen, von denen sich großes Lösegeld erwarten ließ, wie Graf Nevers, Boucicaut ꝛc. wurden nach Bursa gebracht. Viel erduldeten sie von den Barbaren, nur mit Mühe brachte Boucicaut zu Rhodus das Lösegeld auf, und verließ nicht eher sein Gefängniß, als bis Alle frey waren!

Kaum hatte der Ritter einige Ruhe zu Hause genossen, so sehen wir ihn schon wieder dem Kaiser Emanuel zu Hülfe eilen. Er leistete ihm wesentliche Dienste, und begleitete ihn sogar nach Frankreich. Tamerlan, der über Bajazet herfiel, zog damals den französischen Hof vermuthlich aus einer großen Verlegenheit, in die ihn der hohe kaiserl. Gast versetzen mußte. Boucicaut in der Ruhe stiftete auch (1400) zum Schutz der Damen seinen Orden der weissen Dame zum grünen Schilde für 13 Ritter, die sich auf fünf Jahre verpflichten mußten, jeder Dame zu helfen, die sich in ihre Arme werfe.

Genua, zerrüttet durch Gibellinen und Welfen, flehte um Frankreichs Schutz, und erbat sich Boucicaut zum Statthalter. Er stellte die Ruhe wieder her, segelte nach Famagusta, die einzige Stadt der Genueser auf Cypern, die der König Cyperns belagerte, und zwang ihn zum Frieden. Gegen den Beutel mit 25,000 Dukaten, den ihm der König bot, verlangte er zwey ausgerüstete Galeeren, um gegen die Türken zu fechten. Die Ritter zu Rhodus unterstützten Boucicaut, aber die Venediger machten aus Handels-Eifersucht die Verräther, und verläumdeten ihn selbst in Frankreich. Der Ritter forderte sie heraus durch einen Herold, den Doge und den General; er stellte ihnen frey, ob sie sich einzeln oder zu 5 gegen 7 Venediger, oder 10, 15, 20, 25 Franzosen und Genueser gegen 12, 18, 24 oder 30 Venediger schlagen, oder lieber zur See kämpfen wollten in Galeeren von gleicher Stärke und Mannschaft; aber die Kaufleute verstanden den Ritter nicht!

Boucicauts Ansehen in Italien war so groß, daß er mehrmals den Schiedsrichter machte zu Pisa, Florenz, Mayland und Rom. Eine Revolution zu Genua, wobey es auf sein Leben abgesehen war, hatte er vereitelt, und deren Anstifter Don Gabriel Graf von Pisa enthaupten lassen, aber die zweyte des Markgrafen von Montferrat konnte er nicht vereiteln. Sie scheint indessen weit weniger auf sein Gemüth gewirkt zu haben, als der Tod seiner Gattin. Sein König ernannte ihn zum Gouverneur von Languedoc und Guienne, aber kaum fingen die Britten wieder Händel an, so war auch Boucicaut wieder im Harnisch. In der unglücklichen Schlacht von Azincourt fiel er schwer verwundet in Gefangenschaft, in der er 6 Jahre schmachtete, und auch starb, alt 55 Jahre. Sein Leichnam ruhet zu Tours, seiner Vaterstadt, neben den Seinigen.

Boucicaut war nicht nur ganz, wie Horaz seinen Ritter schildert:

Eques ipso melior Bellerophonte, neque pugno

neque segni pede victus: catus idem per apertum fugientes agitato grege cervos jaculari, et celer alto latitantem fruticeto excipere aprum

sondern hieß auch, vermuthlich in spätern Jahren, le parfait Chevalier chrétien, denn er hörte täglich seine 2 Messen, fastete, und trug ganz einfache schwarze Kleider, war sehr mildthätig, und gewann die Liebe der eifersüchtigen Genueser vielleicht auch dadurch, daß er in einem gewißen Punct durchaus — kein Franzose war, und so strenge dachte, daß er den unschuldigen Ausruf eines seiner Begleiter beym Anblick einer Schönen am Fenster: „Ah la belle tête!“ übel nahm, und „ces regards lascifs“ ernstlichst verwies! Er speiste nur von einer Schüssel, trank seinen Wein mit Wasser, und sein Tafelgespräch war Alte und Neue Geschichte.

6 *

# V.

## Die Fortsetzung.
## La Pucelle und Bayard.

Unter Carl VII. stand Frankreich am Rande des Abgrundes, wie noch nie: Alles bis zur Loire war in englischen Händen, und jenseits herrschten sie ohnehin; der König hatte nichts mehr als Burgos mit Gebiete, und fiel Orleans, so war der sorglose Carl, der mit seiner Sorel Feste feyerte, um, wie Ritter la Hire ihm bemerkte, auf die lustigste Art sein Reich zu verlieren, auf immer verloren. Da stand das heroische, schwärmerische Mädchen zu Dom Remy in den Vogesen auf, das Mädchen von Orleans, „robuste, montant chevaux à poil, et faisant d'autres apertises, que jeunes filles n'ont point accoutumé de faire," und rettete Frankreich und die Ehre der Ritterschaft. Florus setzt die Cloelia neben Horatius Cocles, und Mucius Scävola, weil sie als

Geißel im Porsenna's Lager, unter dem Vorwande sich in der Tiber zu baden, die Wächter täuschte, durch die Tiber schwamm zu Pferde, und sich rettete. Johanna ist weit mehr! *)

Jeanne d'Arc, bekannter unter dem Nahmen Pucelle d'Orleans, hatte Gesichte und Offenbahrungen, die sie überzeugten, daß sie Frankreich retten könne; der heilige Michel, die heilige Grete und Catherine waren ihr erschienen, und hatten ihr befohlen, im Nahmen des Herrn Orleans zu befreyen, und den König nach Rheims zu führen zur Krönung. Baudricourt, Commandant zu Vaucouleurs, an den sie sich zuerst wandte, behandelte sie als eine Schwärmerin, was ihm Vernünftige nicht übel nehmen werden, sandte sie aber doch zum Dauphin nach Chinon, und sie erkannte Carl, der sich absichtlich unter die Höflinge mischte, und sprach mit viel Anstand. Der Glaube an Wunder war damals so starker Natur, daß unsere Mystiker jene Zeit wohl beneiden dürfen, und nebenher spukten noch alte Ideen von geheimer Kraft reiner Jungfrauen, so, daß Mädchen sogar Heilige werden konnten durch Unheiligkeit, weil man an Jungferkinder eben so fest glaubte. Man ging indessen gar vorsichtig zu Werke, und das Lands-

---

*) Histoire de Jeanne d'Arc, dite la Pucelle. Rouen, 1634. Histoire, par du Fresnoy. Paris, 1753. III Vol. 8. Notices et Extraits de la Biblioth. du Roi. Vol. III. (im Auszuge in der N. Berliner Monathsschrift 1801. März und April. Histoire de Jeanne d'Arc, par le Brun Charmettes. Paris, 1817. 4 Vol. 8. das Beste.

mädchen wurde von Hofdamen untersuchet, die als arte periti versicherten: „qu'elle était entière et vraie pucelle!“

Wahrscheinlich gab es einige Schlauköpfe am Hofe, die da wußten, was sich mit Schwärmern machen lasse, und diese veranstalteten den ganzen Spektakel, dem wohl jezt nicht mehr auf den Grund zu sehen ist. Schon du Haillan in s. Hist. générale des Rois de France. Paris, 1576. fol. betrachtet diese Geschichte als eine religiöse Farce, welche patriotische Männer spielten, um einen bedrängten König zu retten, und ein muthloses Volk aufzurichten. Genug Johanna wurde vom Kopf bis zum Fuß bewaffnet, und setzte sich, die heilige Fahne in der Hand, und ein altes Ritterschwerdt, das man aus der Kirche zu Fierbois herbeygeholt hatte, an der Seite, an die Spitze der Armee, Dunois war ihr General-Lieutenant, die Armee begeistert, und begeistert eroberte man glücklich Orleans, und schlug auch Talbot bey Patray. Die Franzosen sahen in Jeanette ihren Schutzengel, Bedford und seine Britten aber eine Hexe oder den Teufel. Sie führte Carl zur Krönung nach Rheims, mitten durch das von Britten besetzte Land, stand ihm zur Seite, und wurde geadelt als Fräulein du Lys. Sie wollte sich nun auf ihr Dorf zurückziehen, aber der Hof und ihr Schicksal wollten es anders. Verwundet fiel sie bey Compiegne in Feindes Hand, man sang ein Te Deum, und Bedford behandelte sie als Zauberin, sie, die der schwarze Prinz vielleicht geehret hätte, wie Ribaumond und Johann!

Man setzte ein geistliches Gericht nieder von Lehrern der Universität Paris, Bischöfen und Dominikanern, und das arme Mädchen war verloren, selbst wenn die Herren nicht Winke von höherer Hand erhalten hatten. Sie wurde als Ketzerin, Zauberin, Lästerin Gottes und seiner Heiligen zum Feuertode verdammt, sie, die dem König und sein Reich gerettet, und Altäre verdienet hätte! Johanna wurde 1431 zu Rouen verbrannt! Ihre Anverwandten verlangten Revision des Processes, und sie wurde für unschuldig erkannt 1456, die arme bereits 1431 verbrannte Pucelle! Jeannette schwärmte, wie Charlotte Corday, aber benahm sich eben so kaltblütig im Verhör, und starb eben so muthig. Man hatte ihr sogar darüber Vorwürfe gemacht, daß sie in voller Rüstung der Krönung Carls beygewohnet habe, und sie sagte den Richtern: „il est juste que qui a eu part au travail, en ait à l'honneur!"

Wenn der Bildhauer, der ihr Denkmal fertigte zu Orleans, nicht idealisirt hat, so war das Mädchen hübsch. Chapelain besang sie, aber in so schlechten Versen, daß Boileau, Racine, Fontaine rc. sich die vertragsmäßige Strafe sezten, solche zu lesen, wenn sie sich Sprachfehler hatten zu Schulden kommen lassen. Voltaire besang sie in sehr guten aber obscönen Versen, so, daß es Leute in Menge gegeben hat, die es dem Witzkopf weit weniger verzeihen konnten, über die Pucelle gelacht, als dem Bischof Cochon von Beauvais, sie lebendig verbrannt zu haben. In der Henriade widmete

Voltaire der Ehre der Heldin 1½ Verse, in der Pucelle mehr als 20,000 à son déshonneur. Chapelain machte die gute Pucelle langweilig, Voltaire lächerlich (Kupferstiche erst obscön), ein Deutscher aber, Schiller, heiligte die Jungfrau von Orleans tragisch-romantisch. Sie gehört einem romantisch-mystischen Zeitalter an, und daher soll man jezt häufig in Frankreich nach S. Remy wallfahrten, und sich Reliquien holen von ihrem Häuschen. Es ist ein trauriges Zeichen der Zeit, aber sans consequence und ganz der gallischen Galanterie würdig ist es, wenn ein durch S. Remy marschierendes Regiment 1821 vor dem Häuschen die honneurs machte. Zu Orleans zeigt man auch noch das mit Gold besezte rothe Hütchen des Mädchens, vielleicht ist bald die neueste Damen-Mode Chapeaux à la Pucelle!

Carl VII. gewann sein Königreich ohngefähr, wie 150 Jahre später Heinrich IV., der aber freylich ein ganz anderer Held war, denn Carl, und daher auch des Marschall Montluc Memoires (1521 — 69), die dieser im 65. Jahre aus dem Gedächtniß in die Feder dictirte, durch die Benennung Soldatenbibel ehrte. Er gewann Paris durch List, wie durch Gewalt, und hielt einen feyerlichen Einzug, wobey auch eine Mysterie spielte, und die 4 Cardinal-Tugenden und 3 theologischen Tugenden die sieben Capitalsünden aufs Haupt schlugen. Im Jahre 1450 hatten die Britten von ihren ungeheuren Besitzungen in Frankreich nichts mehr, als Guines und Calais. Carl bildete jezt seine 15 Ordonnanz=Compagnien, jede von 400 Reutern, jeder mit 6 Pferden, wofür der Reuter 30 Pfund zog, jeder Diener aber 4 Pfund Monath=Sold. Ihre Waffenröcke waren von Einerley Farbe, der Farbe ihres Hauptmanns; die erste Spur von Uniform. Neben dieser Reuterey unterhielt er noch 4000 Mann zu Fuß. Dies war die erste stehende Armee (1445) (bisher hatten die Fürsten nur Leibwachen besoldet); aber leider so räuberisch noch als die Banden, wenn gleich von Adel. Sie war das Grab der Ritterschaft. Bayard ist der lezte französische Ritter berühmten Angedenkens, und die jezt neuerrichteten Ritterorden, der Orden des Kniebands errichtet von Eduard III., das goldene Vlies des Herzogs von Burgund Philipps des Guten, und der S. Michels=Orden, den der despotische Louis XI. stiftete, der den Adel so sehr demüthigte, und dessen Ritterschaft die 6000 Schweizer waren, die er in Sold nahm, waren nur Hof=Orden, Schatten=Orden, verglichen mit den alten Rittern. Mit Louis XI. datirt sich recht eigentlich die Willkühr französischer Könige, und aus Duclos officieller Geschichte lernt man den verrufenen Selbstherrscher nur wenig kennen; d'Aguesseau sagt auch von diesem Werke: C'est un Ouvrage d'aujourdhui avec l'erudition d'hier! Bayard macht den Beschluß der französischen Ritter, von denen wir jezt Abschied nehmen, Bayard, le Chevalier sans peur et sans reproche *).

Bayard, geboren auf dem Schlosse dieses Namens, in Dauphiné 1476, wurde im 13. Jahre von seinem Oheim, Bischof zu Grenoble, am Hofe des Herzogs von Savoyen zu Chambery untergebracht. Der Herzog gewann ihn lieb, und nahm ihn mit nach Lyon an den Hof Carls VIII. Hier gefiel er nicht minder, als guter Reuter, „Piquez mon page, piquez!" rief ihm der König zu, daher er lang den Beynamen Piquez führte. Bayard blieb am königl. Hofe, und turnirte 17 Jahr alt, wozu der geistliche Oheim das Geld hergeben mußte. Er gab 300 Thlr. baar zu zwey Pferden, und eine unbestimmte Anweisung für nöthige Kleidung. Der gute Oheim rechnete etwa auf 100 Pf., die Oheime und Tanten rechnen immer ganz anders, als die Neveus und Niecchen, aber ein welterfahrner Freund Bayards, Ballabre, sagte: Voilà une bonne fortune, ce qu'on attrape à Moine porte benediction; und so nahmen sie wohl für 800 Pf. Stoff, und der arme Oheim war — geprellt!

Bayard machte im Gefolge des Königs den italienischen Feldzug, besuchte seine alten Freunde

*) Histoire du Chevalier Bayard par Godefroy. Paris, 1619. 4. Histoire de — et des choses memorables sous Charles VIII., Louis XII. et Francois I. Grenoble, 1651. 8. (Von des Ritters Secretair). Histoire de — par Berville. Paris, 1760. 12. The History of the Chev. Bayard by J. Herlings. London, 1781. 8. das Beste.

in Savoyen und Piemont, und auch seine alte indessen verheurathete Geliebte, die ein Turnier zu sehen verlangte gegen Armband und Kuß. Der galante Ritter veranstaltete also zu Carignan ein Turnier, und der Dank sollte jenes Armband seyn, mit einem Rubin von 100 Dakaten, gegen drey Lanzenstösse und zwölf Schwerdtstreiche. Bayard erhielt den Preis, nahm aber solchen nicht an, indem er behauptete, den Sieg blos jenem Armband zu verdanken, und so behielt die Dame dasselbe zum Andenken, den Rubin aber gab sie dem zweyten Sieger, Ritter Mondragon. Vor Mayland griff Bayard mit 60 Mann den 300 Mann starken Feind an, drängte ihn bis an die Thore der Stadt, und in der Hitze jagte er mit den Fliehenden in das Thor und ward gefangen. Ludwig Sforza bewunderte den jungen Ritter, und entließ ihn ohne Lösegeld. Bayard war eben so großmüthig, verachtete alle Geschenke, alle Beute, selbst oft das Lösegeld, das Sitte war, und wenn er welches nahm, so vertheilte er es unter seine Leute, So machte er einst einen Zahlmeister mit 15,000 Dukaten gefangen, einer seiner Offiziere verlangte Antheil, und klagte; die Richter wiesen ihn ab, wunderten sich aber, daß der großmüthige Ritter es zur Klage habe kommen lassen. Bayard hatte aber bloß geneckt, der Offizier erhielt die Hälfte, die andere vertheilte er, und den Zahlmeister gab er frey ohne Ranzion. Vor sein Leben gern sahe er Gäste bey sich, und daher blieb er stets arm, zumal da er seinem Sprichwort nachgelebt zu haben scheint: Que le gantelet ramasse, le Gorgerin depense!

Bayard forderte einen Spanier, der von übler Behandlung in der Gefangenschaft sprach, forderte ihn, ob er gleich krank war, und überließ solchem die Wahl des Kampfes. Dieser zog den Fußkampf vor, weil er da mehr Vortheil zu haben glaubte, und Bayard erschien aus Bescheidenheit weiß gekleidet, betete, küßte die Erde, machte ein Kreuz, und ging dann auf Alonzo los, der ihn fragte: „Herr Bayard, was wollt Ihr!" „Don Alonso! ich will meine Ehre wahren, die Ihr fälschlich beflecket habt." Der Kampf dauerte lange, da der Spanier groß und stark, Bayard aber desto lebhafter und gewandter war. Zulezt brachte lezterer dem Gegner eine Halswunde bey, der Blutverlust schwächte ihn, sie rangen, fielen beyde zur Erde, und Bayards Dolch endete den Kampf. Der Ritter zog den Todten außerhalb des Kampfplatzes, aber nicht wie Achilles den Hector, der doch sterbend bat seine Leiche nach Ilion zu senden, nicht mit den Füßen an Wagen gebunden schleifte er den Leichnam nach dem Lager, sondern übergab ihn den Spaniern mit den Worten: „Hab' ich genug gethan?" und die Spanier erwiederten: „Zuviel! Zuviel! für Spaniens Ehre!"

Seitdem gab es stets Zweykämpfe zwischen beyden Armeen während des Waffenstillstandes und einst schlugen sich 13 Spanier gegen eben so viele Franzosen, 11 der lezteren waren schon abgesattelt, nur Bayard und Orose hielten sich noch, die todten Pferde waren ihre Schanze, und so behielten sie das Feld. Man stach gerne nach den Pferden, und bey der schweren Rüstung mußte sich das spanische Sprüchwort doppelt bewähren: Muerto el caballo, perdido el Caballero. Das Kriegsgeschrey der Franzosen in Italien war la France, das der Spanier Espagna! oder S. Jago! die Venediger aber riefen San Marco! Bald nach jenem Zweykampf vertheidigte Bayard Eine Stunde lang eine Brücke gegen 200 Mann ganz allein, wie Horatius Cocles. Der Römer ließ jedoch die Tiberbrücke hinter sich abwerfen, und dann stürzte er sich, mit voller Rüstung und einer tiefen Wunde im Schenkel, hinab, und schwamm hinüber. Alles ist in der alten Welt nach einem colossalern Maaßstabe, indessen bemerkt schon Livius bey dieser That: „rem ausus plus famae apud posteros, quam fidei," das schönste Motto für Ritterbücher!

Nach der Bestürmung Brescias wurde unser Ritter schwer verwundet in das Haus einer Dame gebracht, die zwey Töchter hatte; sie bat um seinen Schutz und pflegte ihn. Nach sechs Wochen, bey der Nachricht von einer nahen Schlacht, eilte Bayard von dannen, und die Dame bat ihn ein Kästchen mit 2500 Dukaten anzunehmen. Er weigerte sich, sie bat mit Thränen, endlich nahm er es, gab jeder Tochter 1000 Dukaten und die übrigen 500 überließ er dem Spitale. Nur ein Armband von der einen, und einen Beutel von der andern Tochter, ihre eigene Arbeiten, nahm er zum

Andenken und sie schieden unter Thränen der Rührung, des Dankes und der Freundschaft. So was lesen wir jezt nur noch in — Romanen!

Bayards Plänchen den Papst Julius II. gefangen zu nehmen, scheiterte an einer Kleinigkeit. Es fiel Schnee, der heilige Vater fürchtete Rheumatism, und blieb zu Hause. Ein Verräther erbot sich Christi Statthalter zu vergiften, da handelte Bayard groß, wie der Römer Fabricius. Beym Rückzuge von Pavia wurde der Ritter abermals schwer verwundet, und bedauerte, daß er nicht mit dem Duc de Nemours auf dem Bette der Ehre geblieben sey. Indessen pflegte man seiner im Hause des Oheims zu Grenoble, wo Alles für dessen Wiedergenesung betete, als ob er der König wäre. Während dieser Zeit empfand Bayard mehr als Langweile, er bekam Lust nach einer Dirne, und der Knappe brachte ihm eins der schönsten Mädchen, die aber in Thränen zerfloß, denn die Mutter hatte sie zu diesem Schritte gezwungen. Bayard stutzte, erkundigte sich, und groß wie Alexander und Scipio — et juvenis et coelebs et victor. — sandte er sie unberührt der Mutter mit 300 Thlr. Aussteuer. Diese Scene hatte wohl Stollberg bey seiner schönen Ballade: **Ritter Bayard**, im Sinne:

Ihm waren Stern und Kette wenig werth,
viel seine Lanze, Roß und Schwerdt,
und viel der Wein, und viel die Mädchen.
Wo ist der Mann,
den nicht bey irgend einem Fädchen
der Teufel halte? Unser Ritter war
bey Wein und Mädchen in Gefahr!

Bayard verleugnete den Franzosen nicht, so wenig als Turenne, bey dem man, nach der verlornen Schlacht von Mergentheim, auch so Etwas fand, das er zu entschuldigen suchte mit einem: Helas! mes amis! il faut bien se consoler! Noch merkwürdiger aber als obige Scene scheint mir, daß der Ritter das zu seiner Zeit entstandene, oder doch vorzüglich wüthende und von seinen Soldaten recht eigentlich nach Frankreich verpflanzte Uebel nicht Mal de Naples nennt, sondern höchst naiv: le Mal de celui qui l'a!

Deutsche Landsknechte verlangten doppelten Sold, Bayard schlug ihre Bitte ab, und nun schwur einer dieser betrunkenen Kerls ihn umzubringen. Der Ritter ging ihm mit bloßem Degen entgegen: „du willst mich tödten? wehre dich!" Der Betrunkene erschrak, und stammelte: „Nicht ich, alle Landsknechte." „Wie? Kamerad! rief Bayard, Alle? Einer gegen 1000? Barmherzigkeit!" Er nahm den Kerl mit sich zu Tische, der die ganze Gesellschaft nicht wenig belustigte mit seinem Patois!

Das Jahr 1513 sah unsern Helden in dem Heere gegen K. Heinrich VIII., der in der Picardie gelandet war, und in der Schlacht, genannt La journée des Eperons. Er wurde mit in die Flucht fortgezogen, erblickte einen engl. Offizier, sprengte auf ihn zu, und rief: „Ergebt euch." Der Britte reichte seinen Degen, und nun auch Bayard ihm den seinigen: „Bayard ist euer Gefangener." Der Kaiser und König entschieden den hierüber entstandenen Streit, daß beyde ohne Lösegeld gegenseitig ihres Wortes entbunden seyn sollten. Der Ritter benuzte die Zeit der Ruhe, die Niederlande zu bereisen, und vertheidigte darauf Mezieres, das man zu rasiren beschlossen, auf seine Bemerkung aber: „Kein Platz ist schwach, in dem tapfere Soldaten sind," ihm anvertrauet hatte. Im Jahre 1513 treffen wir Bayard wieder in Italien, wo er die Schlacht von Marignano gewinnen half, die Trivulci, der in 18 Schlachten war, die Riesenschlacht nannte, — wie er wohl die Schlacht von Leipzig 1813 genannt hätte?

Der ritterliche König Franz, ritterlich wie Bayard, und sein Tremouille, der in der Schlacht von Pavia fiel, aber in Bonchet Panegyrique du Chevalier sans reproche. Poitiers 1527. 4. lebet, ganz den Chimären der Chevalerie huldigend und sein Reich dafür den Höflingen und Maitressen hingebend, verlangte von Bayard den Ritterschlag nach jenem Siege. Lange wollte sich der Ritter dieser Ehre nicht würdig halten, endlich aber nahm er sein Schwert und rief: „Nun! ich gehorche, als ob Roland und Olivier, Bouillon oder Balduin es wären," und so schlug er seinen König zum Ritter, küßte das Schwert, machte zwey Luftsprünge, und steckte es mit dem Ausruf in die Scheide: „Preiswürdiges Schwert! du wirst eine ehrwürdige Reliquie werden!" Bayard irrte: denn troz aller Mühe des Herzogs von Savoyen war das Schwerdt nirgendswo aufzutreiben, und bloß des Ritters Streitkolben ist zu Turin zu sehen. Bey dem Uebergang über die Serva erhält Bayard einen Canonenschuß in den Rücken. Stets war er ritterlich dem Feuergewehr abhold, und Schützen, die ihm in die Hände fielen, kamen weniger gut ab. Der Ritter fühlte die lezte Stunde nahen, küßte das Kreuz seines Degens, und verlangte, daß man ihn unter einen Baum lege, das Gesicht gegen den Feind. Er beichtete seinem Stallmeister, tröstete die Weinenden, und kaum hatte Pescara befohlen, daß man sein eigen Bett und Zelt herbeyschaffe, und eine Wache, so kam auch Bourbon, der zum Kaiser übergetreten war; er bezeugte sein Bedauren, Bayard aber sammlete seine lezten Kräfte, und sagte: „Sie sind weit mehr zu bedauren, Sie tragen die Waffen gegen König, Vaterland und Eid." So endete der Held, unter lautem Gebet, am 30. April 1524, alt 48 Jahre. Die Spanier ließen die Leiche in eine benachbarte Kirche bringen, und das Todtenamt halten, dann wurde sie von den Seinigen nach Frankreich gebracht in die Gruft der Väter, und überall erhielt der Leichenzug königl. Ehrenbezeugungen. Bayard ruht in dem Minimen-Kloster, eine halbe Stunde von Grenoble, und sein Denkmal ist eine lange geschmacklose lateinische Mönchs-Inschrift unter seinem Brustbild, das wohl einen bessern Meister verdient hätte. Schöner ist Wests Gemälde zu London, der Tod Bayards, neben den beyden Gegenstücken, die Georg III. selbst dem Mahler angab: Der Tod des Epaminondas und des General Wolf.

Bayard war nie verheurathet, hatte aber von einer Mayländerin eine natürliche Tochter, die er gut erziehen ließ. Er hatte nicht weiter denn 400 Pf. Einkünfte, als er starb. Der Ritter ohne Furcht und Tadel befehligte nie als Oberfeldherr. Er scheint zu wenig Höfling gewesen zu seyn, um Ruhm und Verdienst mit Glück zu vereinen, und in diesem Sinne haben wir noch — Bayarde! Kotzebue hat des Ritters Andenken auch unter uns erneuert durch sein Schauspiel dieses Nahmens.

Unstreitig waren die französischen Ritter stets gebildeter als die deutschen, und auf jeden Fall galanter und artiger. Aber darum denke man sich doch ja den französischen Adel nicht besser als unsern deutschen, der offenbar, wenn auch weniger unterrichtet und weniger artig, desto sittlicher und gutmüthiger gewesen zu seyn scheint. Man betrachte das freilich allzuschwarze Gemälde des Du Laure (auch deutsch: Kritische Geschichte des Adels. Zürich 1792. 8. aber verboten) und man wird sich sagen müßen: „So weit gingen Deutsche nie." Noch Herr Graf Boulainvilliers sprechen in ihrer Histoire de l'ancien gouv. de France (1727. 8.) mit Begeisterung vom Feudalwesen, in welchem sie das goldene Zeitalter erblicken, und Freude bezeugen über die rüstige Kraftäußerung der Baronen gegen den König. Der Glaube an des Adels Hoheit verschlingt die Achtung für die Menschheit so ganz, daß dem Herrn

Strafen Knechtschaft und Volksroheit als Wohlthat erscheinen! *Straßenraub* war so gewöhnlich in Frankreich als unter uns, aber dorten raubten selbst königl. Prinzen, bey uns nur der niedere Adel. Mit allen Geräthschaften zur Vögeljagd (Volerie) hielten die Ritter auf den Straßen, und die Reisenden, die sich ohne Furcht naheten, wurden geplündert und ermordet, daher Raub Vol heißt. Als die Räubereyen nachließen, traten die lästigsten *Zölle* an deren Stelle, und wollten die Städte gedeihen, so mußten sie sich vom Adel die Chartes de Commune mit schweren Summen erkaufen. Mit den grausamsten Strafen belegten sie arme Leute, schändeten und nothzüchtigten, wie es ihnen gefiel, und sperrten den Mann in die Kiste, auf der sie seine Frau entehrten! Ein gewisser Vaurn zu Meaux legte (1420) einen Mann gefangen, die junge Frau lösete ihn; Vaurn nahm das Geld, und zeigte ihr ihren Mann am Galgen. Die Frau gerieth in Verzweiflung, und der Edle ließ sie prügeln und nackend an einen Baum binden, wo schon mehrere Leichname hiengen. In der Nacht fraßen sie Wölfe lebendig! Ein gewisser Laval hatte über hundert Knaben und Mädchen geschlachtet zu seinen Abscheulichkeiten und magischen Grillen, und wurde zu Nantes verbrannt 1440. Ein Herr du Bezin zwang leibeigene Neuvermählte, die Brautnacht entweder auf einem Baume zu feyern, oder in der Tiefe des Baches Andelle, und ein Graf von Chalòtais machte sich noch im 17. Jahrhundert einen Spaß daraus, *Dachdecker von den Dächern*, und Bau-

7 *

ren von den Bäumen herabzuschießen, wie Katzen, Tauben und Spatzen!

Gegen dieses adeliche Vorrecht waren doch warlich das Peitschen der Froschgraben, damit gnädige Herrschaft ruhig schlafe, das jus Cunnagii, woraus das jus scortandi hervorging, das mancher aus unserm weiland regierenden Adel unter seine jura majestatica zählte, ohne wie Sextus im alten Rom seine Majestät darüber aufs Spiel zu setzen, und alle Abgaben und Frohnden, gemessene und ungemessene, wahre Kleinigkeiten. Das Recht der todten Hand (Mortuarium, Haupt- und Sterbfall) empöret zwar das Gefühl, wie mich jedesmahl der Anblick eines Dorfjunkers empört, der unter höchsteigenhändiger Einstreichung dieses Todtenzolles einem in der Stube hüstelnden Verwandten des Verstorbenen auf die Achsel klopfte und lachend sagte (1820): „Alterle! Alterle! du kommst mir auch!" Aber was ist auch das gegen die mehr als spartanische Heloten-Jagd (κρυπτεια) des Grafen Chalotais? Diese Kriegs-Uebung muß ziemlich allgemein gewesen seyn, da sie ihren eigenen Nahmen hatte: Chasse aux villains! Jagd auf Lumpenpack!

# VI.

## Faustrecht und Fehden, Kampf- und Kolben-Recht in Deutschland.

Lange galt unsern deutschen Patagonen das Anflehen richterlicher Gewalt für entehrend, und diese trotzige Sitte aus Zeiten, wo man sich leider! selbst helfen mußte, weil es keine öffentliche Gewalt gab, dauerte fort bis an das Ende des Mittelalters. Thuisto, der Urvater der Germanen, war der Gott des Kriegs, d. h. der Rechtshändel entschieden durch Zweykampf, und ihm war der Dingstag d. h. der Gerichtstag geheiliget, der unmittelbar auf die der Sonne und dem Monde geweihte Tage folget. In der Versammlung des Volks gab man seinen Beyfall zu erkennen durch den Klang angestoßener Spieße, honoratissimum assensus genus armis laudare, sein Mißfallen aber durch Gemurmel, das wir beybehalten haben, nur — in leiserer schüchterner Manier!

Unsere Ritter waren lauter Söhne des Cadmus, aus den gesäeten Drachen-Zähnen erzeuget, gingen aus der Erde hervor bewaffnet, wie Minerva aus Jupiters Haupte, und fielen sogleich übereinander her. Ingrata genti quies. Die Könige suchten die tief eingewurzelte Sitte zu mildern durch gerichtlichen Zweykampf und durch verstattete Loskaufung von der Fehde, die Priester thaten aber noch mehr. Sie stellten die Fehden als sündhaft dar an den Wochentagen, die der Tod und die Auferstehung des Erlösers heiligte. Wer vom Donnerstag Abends bis Montags frühe Gewalt verübte, verfiel in den Bann, und diesen wahrhaften Gottesfrieden (Treuga Dei) verkündigte ein vom Himmel gefallenes Schreiben am Fuße der Pyrenäen (1030), an dessen Originalität der Aberglaube nicht den leisesten Zweifel hatte. Es war ein Glück, und ein noch größeres Glück war es, da man nicht immer gewissenhaft darüber gehalten zu haben scheint, und es Absolutionen gab, daß die damalige Welt mit so vielen Fest- und Heiligen-Tagen gesegnet war, so war denn doch ein sehr bedeutender Theil des Jahres — Friede! Je mehr man sich in die wilde Lehns-Anarchie und Adelswelt des Mittelalters hineinstudiert, desto mehr verzeiht man der Ehrengeistlichkeit und selbst einem Hildebrand. Ihre Gewalt war das wohlthätigste Gegengewicht und das einzige. Der Gruß der dänischen Bauren ist noch heute die lebhafteste Erinnerung an jene schrecklichen Zeiten, der Gruß Guds Fred! Gottesfriede!

Die Hohenstauffen gewannen schon viel, daß sie es dahin brachten, daß man dem Feind eine ehrliche Fehde spielte, d. h. drey Tage zuvor absagte (diffidatio). Man gab auch Geleite, eine neue Art von Zoll, und wahre arabische Loskaufung von der Plünderung. Die Städte vereinigten sich gegen die Raubritter im rheinischen Bunde, in der Hansa, und im schwäbischen Bunde, und Rudolph brachte einen Landfrieden zu Stande auf 3, und dann auf 6 Jahre, wie mehrere Kaiser, Fürsten und Edle nach ihm. Aber nun fochten oft nur noch größere Massen gegeneinander, und mit desto mehrerer Erbitterung, bis endlich der wahre Gottesfriede sich gestaltete, der ewige Landfriede Max I. 1495. Dieser Reichs-Landfriede war schon eine Frucht vorgerückter National-Cultur, und nichts weniger als der Energie KK. Majestät zuzuschreiben, Höchstwelcher der Krieg in Italien und gegen die Türken weit näher am Herzen lag, als Deutschlands Sache. Der ritterliche Max schien sogar heimliche Freude zu haben an den Fehden, Gesellen-Ritten und Ritterthaten seiner Zeit!

Die Stände verweigerten löblichst alle Reichshülfe, bevor nicht der Friede des Reichs gesichert sey, aber die Ritter schienen sich an Alexander zu halten, der die Priesterin zu Delphos, die nicht wahrsagen wollte, mit den Haaren herbeyzog, und da sie ausrief: „Du bist unüberwindlich," kein weiteres Orakel verlangte; — die Bitten der Tyrannen sind Befehle. Wenn unsere

Ritter nichts von Alexander an sich hatten, so hatten sie sich doch das gemerkt, daß er den Gordischen Knoten löste mit dem Schwerdt: „Nil interest quomodo solvatur!“ und so galten Tacitus Worte bis an das Ende des Mittelalters: „pigrum et iners videtur sudore acquirere, quid possis sanguine parare . . . .“

Finanz-Wirrwarr der Großen störte noch immer zulezt die Ruhe der Staaten, und Finanz-Wirrwarr der Ritter hatte dieselben Folgen. Aus verarmten Rittern durch Kreuzzüge, Turniere, fromme Stiftungen und Flottleben wurden Räuber, Raufer und Faustrechts-Helden, wie die ersten Römer, die so arm waren, daß 1000 Thlr. einen reichen Mann der ersten Classe machten, so arm, daß sie um Vieh und Getreide willen Kriege mit den Nachbarn anfingen, und solch' ein Gesindel, daß sie um Weiber zu haben, die Sabiner mit List und Gewalt zu Schwieger und Schwäger machten. Aber mit Carthagos, Griechenlands und Asiens Plünderungen rechneten sie nach Millionen, wie neurepublikanische Marschälle! Keiner brachte es jedoch so weit als Cäsar, der schon als Prätor so viele Schulden hatte, daß er sagte: „Er brauche 15 Millionen, um nichts zu haben!“ Alle Landfrieden, kaiserliche oder ständische, waren vor dem sogenannten ewigen Landfrieden kaum Waffenstillstände. Sie brachten es kaum dahin, daß man zuvor gütlichen oder rechtlichen Ausweg suchte, und da die Gesetze und Gerichte so schlecht bestellt waren, und die Sitten noch schlechter, so begann gewöhnlich die Fehde. Der Lehn-Adel hatte sich entwickelt wie im Frühjahr die Bäume und der Kukuk, alle waren so frey und freyherrlich geworden, als der alte Ritter von Krenkingen; von dem die Chronik bemerkt, daß er vor Kaiser Friederich dem Rothbart, als dieser durch die Stadt Thungen ritt, nicht einmal — aufgestanden sey! Man hielt es für eine recht ehrliche Fehde, wenn man im Fehdebriefe gesagt hatte: „Und da alles nicht hat verfahen mögen, darum wollen wir Eurer und aller der Euren und Eurer Helfer und Helfershelfer Feind seyn, und des gegen Euch und die Eurigen allen unsere Ehre bewahret haben.“ Die Gesetze bestimmten, daß der Edle, der den Frieden brechen würde, einen räudigen Hund tragen sollte von einer Grafschaft in die andere, der Dienstmann einen Sattel und der Bauer einen Pflug. K. Friedr. I. unterwarf wirklich den Pfalzgrafen und 10 seiner gräflichen Helfershelfer dieser beschimpfenden Strafe, aber alles half nichts, nach drey Tagen ging es los! Jeder Edle übte gegen den andern, was in seiner Macht stand, im Kleinen, was nun die Staaten im Größern thun, das Recht des Stärkern, und so wird es wohl immer, wenn auch in gemäßigterer Art, bleiben, bis S. Pierres ewiger Friede zu Stande kommt, der aber in der Politik das zu seyn scheint, was in der Chemie — der Stein der Weisen! Der Regent soll im Staate das seyn, was die Seele im Körper, und diesen Sinn drücken die Nahmen βασιλευς, ἀρχων, Imperator, Rex, Rè, Roi etc. mehr oder weniger aus, aber schon unser Wort König zeugt von der Abstammung aus der Faustrechtszeit und roher Gewalt — Einer, der kann. — In Zeiten der Unkultur unterdrückt der Starke den Schwachen, der Mann das Weib, der Ritter den Knecht, und wie sollte der rohe Ritter zu dem Grundsatze kommen, der Rom groß machte, und alle im Felde wie im Senate ausgezeichnete Männer der guten Zeit belebte: „Videatur ne Respublica quid detrimenti capiat?" Die Idee des Staates war der Ritterzeit eine durchaus fremde Idee, und von den Rittern hieß es, wie von Ismael: „Seine Hand wird gegen Jedermann seyn, und Jedermanns Hand gegen ihn!"

Der Ursprung der Fehden (Feida, Privatkrieg, Altsächsisch — nach den longobardischen Gesetzen durch Inimicitiae übersetzt Feind — zum Unterschiede vom Heerbann oder dem Kriege nach Außen) ist in der alten Blut- und Familien-Rache aufzusuchen, wozu noch das Waffen-Recht, oder das Recht der Selbsthülfe kam, das jedem Deutschen zustand. Indessen suchten die alten Gesetze durch ihre oft nur allzu genaue Bestimmungen des Wehrgeldes (Compositio) oder Ersatzes bey Körper-Verletzungen und Schimpfworten, die zu Fehden Anlaß geben konnten, offenbar der wilden Selbsthülfe entgegen zu arbeiten; und beschränkten sogar den Raum zu Fehden durch ihren Haus- Küchen- Pallast- Hof- und Burgfrieden. Das Bild einer abgehauenen Hand bezeichnete gewöhnlich diesen Raum, und gegen den gestörten Hausfrieden binnen vier Pfählen galt das Haus-Recht — aber vana sine viribus ira — konnte der Schwache den Starken auch hinauswerfen? Man nahm die unterirdische Labyrinthe in den Burgen zu Hülfe, um sich zu sichern, und nichts predigt der Imagination schauderhafter die nothwendigen und listigen Sicherheits-Maßregeln in der traurigen Fehdezeit als die so räthselhaften unterirdischen Gemächer zu Baden!

Schon Carl, der überall groß erscheint, fühlte den Unfug, und suchte ihm zu begegnen, aber unter seinen schwachen Nachfolgern gingen die Fehden erst recht an, und durch diese Fehden wurden die Freyen recht eigentlich erst zu Hörigen des Adels. Adel und Leibeigenschaft stammen historisch aus einer Wurzel. Der Adel war das Volk, und das eigentliche Volk muckse nicht, im geraden Gegensatz des Römischen zu Pompejus Zeiten, als Roscius auftrat, und das Volk so laut und wild wurde, daß ein Rabe, der gerade über die Versammlung hinflog, vor Schrecken aus der Luft fiel — wie Dio erzählt. Der Ritter-Geist — ein Verwandter des rohen Affects, gährenden Nervensaftes und der Unkultur war wild, wie die reißende Bestien in seinem Wappen, und die Rittergeschichte beginnt, wie Herodot, der Vater der Geschichte. Die Phönizier entführen die Prinzessin Jo und Argos nach Aegypten, die

Voltaire der Ehre der Heldin 1½ Verse, in der Pucelle mehr als 20,000 à son déshonneur. Chapelain machte die gute Pucelle langweilig, Voltaire lächerlich (Kupferstiche erst obscön), ein Deutscher aber, Schiller, heiligte die Jungfrau von Orleans tragisch-romantisch. Sie gehört einem romantisch-mystischen Zeitalter an, und daher soll man jezt häufig in Frankreich nach S. Remy wallfahrten, und sich Reliquien holen von ihrem Häuschen. Es ist ein trauriges Zeichen der Zeit, aber sans consequence und ganz der gallischen Galanterie würdig ist es, wenn ein durch S. Remy marschierendes Regiment 1821 vor dem Häuschen die honneurs machte. Zu Orleans zeigt man auch noch das mit Gold besezte rothe Hütchen des Mädchens, vielleicht ist bald die neueste Damen-Mode Chapeaux à la Pucelle!

Carl VII. gewann sein Königreich ohngefähr, wie 150 Jahre später Heinrich IV., der aber freylich ein ganz anderer Held war, denn Carl, und daher auch des Marschall Montluc Memoires (1521 — 69), die dieser im 65. Jahre aus dem Gedächtniß in die Feder dictirte, durch die Benennung Soldatenbibel ehrte. Er gewann Paris durch List, wie durch Gewalt, und hielt einen feyerlichen Einzug, wobey auch eine Mysterie spielte, und die 4 Cardinal-Tugenden und 3 theologischen Tugenden die sieben Capitalsünden aufs Haupt schlugen. Im Jahre 1450 hatten die Britten von ihren ungeheuren Besitzungen in Frankreich nichts mehr, als Guines und Calais. Carl bildete jezt seine 15 Ordonnanz-Compagnien, jede von 400 Reutern, jeder mit 6 Pferden, wofür der Reuter 30 Pfund zog, jeder Diener aber 4 Pfund Monath-Sold. Ihre Waffenröcke waren von Einerley Farbe, der Farbe ihres Hauptmanns; die erste Spur von Uniform. Neben dieser Reuterey unterhielt er noch 4000 Mann zu Fuß. Dies war die erste stehende Armee (1445) (bisher hatten die Fürsten nur Leibwachen besoldet); aber leider so räuberisch noch als die Banden, wenn gleich von Adel. Sie war das Grab der Ritterschaft. Bayard ist der lezte französische Ritter berühmten Angedenkens, und die jezt neuerrichteten Ritterorden, der Orden des Kniebands errichtet von Eduard III., das goldene Blies des Herzogs von Burgund Philipps des Guten, und der S. Michels-Orden, den der despotische Louis XI. stiftete, der den Adel so sehr demüthigte, und dessen Ritterschaft die 6000 Schweizer waren, die er in Sold nahm, waren nur Hof-Orden, Schatten-Orden, verglichen mit den alten Rittern. Mit Louis XI. datirt sich recht eigentlich die Willkühr französischer Könige, und aus Duclos officieller Geschichte lernt man den verrufenen Selbstherrscher nur wenig kennen; d'Aguesseau sagt auch von diesem Werke: C'est un Ouvrage d'aujourdhui avec l'erudition d'hier! Bayard macht den Beschluß der französischen Ritter, von denen wir jezt Abschied nehmen, Bayard, le Chevalier sans peur et sans reproche *).

Bayard, geboren auf dem Schlosse dieses Namens, in Dauphiné 1476, wurde im 13. Jahre von seinem Oheim, Bischof zu Grenoble, am Hofe des Herzogs von Savoyen zu Chambery untergebracht. Der Herzog gewann ihn lieb, und nahm ihn mit nach Lyon an den Hof Carls VIII. Hier gefiel er nicht minder, als guter Reuter, „Piquez mon page, piquez!" rief ihm der König zu, daher er lang den Beynamen Piquez führte. Bayard blieb am königl. Hofe, und turnirte 17 Jahr alt, wozu der geistliche Oheim das Geld hergeben mußte. Er gab 300 Thlr. baar zu zwey Pferden, und eine unbestimmte Anweisung für nöthige Kleidung. Der gute Oheim rechnete etwa auf 100 Pf., die Oheime und Tanten rechnen immer ganz anders, als die Neveus und Niecchen, aber ein welterfahrner Freund Bayards, Ballabre, sagte: Voilà une bonne fortune, ce qu'on attrape à Moine porte benediction; und so nahmen sie wohl für 800 Pf. Stoff, und der arme Oheim war — geprellt!

Bayard machte im Gefolge des Königs den italienischen Feldzug, besuchte seine alten Freunde

*) Histoire du Chevalier Bayard par Godefroy. Paris, 1619. 4. Histoire de — et des choses memorables sous Charles VIII., Louis XII. et Francois I. Grenoble, 1651. 8. (Von des Ritters Secretair). Histoire de — par Berville. Paris, 1760. 12. The History of the Chev. Bayard by J. Herlings. London, 1781. 8. das Beste.

in Savoyen und Piemont, und auch seine alte indessen verheurathete Geliebte, die ein Turnier zu sehen verlangte gegen Armband und Kuß. Der galante Ritter veranstaltete also zu Carignan ein Turnier, und der Dank sollte jenes Armband seyn, mit einem Rubin von 100 Dukaten, gegen drey Lanzenstöße und zwölf Schwerdtstreiche. Bayard erhielt den Preis, nahm aber solchen nicht an, indem er behauptete, den Sieg blos jenem Armband zu verdanken, und so behielt die Dame dasselbe zum Andenken, den Rubin aber gab sie dem zweyten Sieger, Ritter Mondragon. Vor Mayland griff Bayard mit 60 Mann den 300 Mann starken Feind an, drängte ihn bis an die Thore der Stadt, und in der Hitze jagte er mit den Fliehenden in das Thor und ward gefangen. Ludwig Sforza bewunderte den jungen Ritter, und entließ ihn ohne Lösegeld. Bayard war eben so großmüthig, verachtete alle Geschenke, alle Beute, selbst oft das Lösegeld, das Sitte war, und wenn er welches nahm, so vertheilte er es unter seine Leute. So machte er einst einen Zahlmeister mit 15,000 Dukaten gefangen, einer seiner Offiziere verlangte Antheil, und klagte; die Richter wiesen ihn ab, wunderten sich aber, daß der großmüthige Ritter es zur Klage habe kommen lassen. Bayard hatte aber bloß geneckt, der Offizier erhielt die Hälfte, die andere vertheilte er, und den Zahlmeister gab er frey ohne Ranzion. Vor sein Leben gern sahe er Gäste bey sich, und daher blieb er stets arm, zumal da er seinem Sprichwort nachgelebt zu haben scheint: Que le gantelet ramasse, le Gorgerin depense!

Bayard forderte einen Spanier, der von übler Behandlung in der Gefangenschaft sprach, forderte ihn, ob er gleich krank war, und überließ solchem die Wahl des Kampfes. Dieser zog den Fußkampf vor, weil er da mehr Vortheil zu haben glaubte, und Bayard erschien aus Bescheidenheit weiß gekleidet, betete, küßte die Erde, machte ein Kreuz, und ging dann auf Alonzo los, der ihn fragte: „Herr Bayard, was wollt Ihr!" „Don Alonso! ich will meine Ehre wahren, die Ihr fälschlich beflecket habt." Der Kampf dauerte lange, da der Spanier groß und stark, Bayard aber desto lebhafter und gewandter war. Zulezt brachte lezterer dem Gegner eine Halswunde bey, der Blutverlust schwächte ihn, sie rangen, fielen beyde zur Erde, und Bayards Dolch endete den Kampf. Der Ritter zog den Todten außerhalb des Kampfplatzes, aber nicht wie Achilles den Hector, der doch sterbend bat seine Leiche nach Ilion zu senden, nicht mit den Füßen an Wagen gebunden schleifte er den Leichnam nach dem Lager, sondern übergab ihn den Spaniern mit den Worten: „Hab' ich genug gethan?" und die Spanier erwiederten: „Zuviel! Zuviel! für Spaniens Ehre!"

Seitdem gab es stets Zweykämpfe zwischen beyden Armeen während des Waffenstillstandes und einst schlugen sich 13 Spanier gegen eben so viele Franzosen, 11 der lezteren waren schon abgesattelt, nur Bayard und Orose hielten sich noch, die todten Pferde waren ihre Schanze, und so behielten sie das Feld. Man stach gerne nach den Pferden, und bey der schweren Rüstung mußte sich das spanische Sprüchwort doppelt bewähren: Muerto el caballo, perdido el Caballero. Das Kriegsgeschrey der Franzosen in Italien war la France, das der Spanier Espagna! oder S. Jago! die Venediger aber riefen San Marco! Bald nach jenem Zweykampf vertheidigte Bayard Eine Stunde lang eine Brücke gegen 200 Mann ganz allein, wie Horatius Cocles. Der Römer ließ jedoch die Tiberbrücke hinter sich abwerfen, und dann stürzte er sich, mit voller Rüstung und einer tiefen Wunde im Schenkel, hinab, und schwamm hinüber. Alles ist in der alten Welt nach einem colossälern Maaßstabe, indessen bemerkt schon Livius bey dieser That: „rem ausus plus famae apud posteros, quam fidei," das schönste Motto für Ritterbücher!

Nach der Bestürmung Brescias wurde unser Ritter schwer verwundet in das Haus einer Dame gebracht, die zwey Töchter hatte; sie bat um seinen Schutz und pflegte ihn. Nach sechs Wochen, bey der Nachricht von einer nahen Schlacht, eilte Bayard von dannen, und die Dame bat ihn ein Kästchen mit 2500 Dukaten anzunehmen. Er weigerte sich, sie bat mit Thränen, endlich nahm er es, gab jeder Tochter 1000 Dukaten und die übrigen 500 überließ er dem Spitale. Nur ein Armband von der einen, und einen Beutel von der andern Tochter, ihre eigene Arbeiten, nahm er zum

Andenken und sie schieden unter Thränen der Rührung, des Dankes und der Freundschaft. So was lesen wir jezt nur noch in — Romanen!

Bayards Plänchen den Papst Julius II. gefangen zu nehmen, scheiterte an einer Kleinigkeit. Es fiel Schnee, der heilige Vater fürchtete Rheumatism, und blieb zu Hause. Ein Verräther erbot sich Christi Statthalter zu vergiften, da handelte Bayard groß, wie der Römer Fabricius. Beym Rückzuge von Pavia wurde der Ritter abermals schwer verwundet, und bedauerte, daß er nicht mit dem Duc de Nemours auf dem Bette der Ehre geblieben sey. Indessen pflegte man seiner im Hause des Oheims zu Grenoble, wo Alles für dessen Wiedergenesung betete, als ob er der König wäre. Während dieser Zeit empfand Bayard mehr als Langweile, er bekam Lust nach einer Dirne, und der Knappe brachte ihm eins der schönsten Mädchen, die aber in Thränen zerfloß, denn die Mutter hätte sie zu diesem Schritte gezwungen. Bayard stutzte, erkundigte sich, und groß wie Alexander und Scipio — et juvenis et coelebs et victor. — sandte er sie unberührt der Mutter mit 300 Thlr. Aussteuer. Diese Scene hatte wohl Stollberg bey seiner schönen Ballade: Ritter Bayard, im Sinne:

Ihm waren Stern und Kette wenig werth,
viel seine Lanze, Roß und Schwerdt,
und viel der Wein, und viel die Mädchen.
Wo ist der Mann,
den nicht bey irgend einem Fädchen
der Teufel halte? Unser Ritter war
bey Wein und Mädchen in Gefahr!

Bayard verleugnete den Franzosen nicht, so wenig als Turenne, bey dem man, nach der verlornen Schlacht von Mergentheim, auch so Etwas fand, das er zu entschuldigen suchte mit einem: Helas! mes amis! il faut bien se consoler! Noch merkwürdiger aber als obige Scene scheint mir, daß der Ritter das zu seiner Zeit entstandene, oder doch vorzüglich wüthende und von seinen Soldaten recht eigentlich nach Frankreich verpflanzte Uebel nicht Mal de Naples nennt, sondern höchst naiv: le Mal de celui qui l'a!

Deutsche Landsknechte verlangten doppelten Sold, Bayard schlug ihre Bitte ab, und nun schwur einer dieser betrunkenen Kerls ihn umzubringen. Der Ritter ging ihm mit bloßem Degen entgegen: „du willst mich tödten? wehre dich!" Der Betrunkene erschrak, und stammelte: „Nicht ich, alle Landsknechte." „Wie? Kamerad! rief Bayard, Alle? Einer gegen 1000? Barmherzigkeit!" Er nahm den Kerl mit sich zu Tische, der die ganze Gesellschaft nicht wenig belustigte mit seinem Patois!

Das Jahr 1513 sah unsern Helden in dem Heere gegen K. Heinrich VIII., der in der Picardie gelandet war, und in der Schlacht, genannt La journée des Eperons. Er wurde mit in die Flucht fortgezogen, erblickte einen engl. Offizier, sprengte auf ihn zu, und rief: „Ergebt euch." Der Britte reichte seinen Degen, und nun auch Bayard ihm den seinigen: „Bayard ist euer Gefangener." Der Kaiser und König entschieden den hierüber entstandenen Streit, daß beyde ohne Lösegeld gegenseitig ihres Wortes entbunden seyn sollten. Der Ritter benuzte die Zeit der Ruhe, die Niederlande zu bereisen, und vertheidigte darauf Mezieres, das man zu rasiren beschlossen, auf seine Bemerkung aber: „Kein Platz ist schwach, in dem tapfere Soldaten sind," ihm anvertrauet hatte. Im Jahre 1513 treffen wir Bayard wieder in Italien, wo er die Schlacht von Marignano gewinnen half, die Trivulci, der in 18 Schlachten war, die Riesenschlacht nannte, — wie er wohl die Schlacht von Leipzig 1813 genannt hätte?

Der ritterliche König Franz, ritterlich wie Bayard, und sein Tremouille, der in der Schlacht von Pavia fiel, aber in Bonchet Panegyrique du Chevalier sans reproche. Poitiers 1527. 4. lebet, ganz den Chimären der Chevalerie huldigend und sein Reich dafür den Höflingen und Maitressen hingebend, verlangte von Bayard den Ritterschlag nach jenem Siege. Lange wollte sich der Ritter dieser Ehre nicht würdig halten, endlich aber nahm er sein Schwert und rief: „Nun! ich gehorche, als ob Roland und Olivier, Bouillon oder Balduin es wären," und so schlug er seinen König zum Ritter, küßte das Schwert, machte zwey Luftsprünge, und steckte es mit dem Ausruf in die Scheide: „Preiswürdiges Schwert! du wirst eine ehrwürdige Reliquie werden!" Bayard irrte: denn troz aller Mühe des Herzogs von Savoyen war das Schwerdt nirgendswo aufzutreiben, und blos des Ritters Streitkolben ist zu Turin zu sehen. Bey dem Uebergang über die Serra erhält Bayard einen Canonenschuß in den Rücken. Stets war er ritterlich dem Feuergewehr abhold, und Schützen, die ihm in die Hände fielen, kamen weniger gut ab. Der Ritter fühlte die lezte Stunde nahen, küßte das Kreuz seines Degens, und verlangte, daß man ihn unter einen Baum lege, das Gesicht gegen den Feind. Er beichtete seinem Stallmeister, tröstete die Weinenden, und kaum hatte Pescara befohlen, daß man sein eigen Bett und Zelt herbeyschaffe, und eine Wache, so kam auch Bourbon, der zum Kaiser übergetreten war; er bezeugte sein Bedauren, Bayard aber sammlete seine lezten Kräfte, und sagte: „Sie sind weit mehr zu bedauren, Sie tragen die Waffen gegen König, Vaterland und Eid." So endete der Held, unter lautem Gebet, am 30. April 1524, alt 48 Jahre. Die Spanier ließen die Leiche in eine benachbarte Kirche bringen, und das Todtenamt halten, dann wurde sie von den Seinigen nach Frankreich gebracht in die Gruft der Väter, und überall erhielt der Leichenzug königl. Ehrenbezeugungen. Bayard ruht in dem Minimen-Kloster, eine halbe Stunde von Grenoble, und sein Denkmal ist eine lange geschmacklose lateinische Mönchs-Inschrift unter seinem Brustbild, das wohl einen bessern Meister verdient hätte. Schöner ist Wests Gemälde zu London, der Tod Bayards, neben den beyden Gegenstücken, die Georg III. selbst dem Mahler angab: Der Tod des Epaminondas und des General Wolf.

Bayard war nie verheurathet, hatte aber von einer Mayländerin eine natürliche Tochter, die er gut erziehen ließ. Er hatte nicht weiter denn 400 Pf. Einkünfte, als er starb. Der Ritter ohne Furcht und Tadel befehligte nie als Oberfeldherr. Er scheint zu wenig Höfling gewesen zu seyn, um Ruhm und Verdienst mit Glück zu vereinen, und in diesem Sinne haben wir noch — Bayarde! Kotzebue hat des Ritters Andenken auch unter uns erneuert durch sein Schauspiel dieses Nahmens.

Unstreitig waren die französischen Ritter stets gebildeter als die deutschen, und auf jeden Fall galanter und artiger. Aber darum denke man sich doch ja den französischen Adel nicht besser als unsern deutschen, der offenbar, wenn auch weniger unterrichtet und weniger artig, desto sittlicher und gutmüthiger gewesen zu seyn scheint. Man betrachte das freilich allzuschwarze Gemälde des Du Laure (auch deutsch: Kritische Geschichte des Adels. Zürich 1792. 8. aber verboten) und man wird sich sagen müßen: „So weit gingen Deutsche nie." Noch Herr Graf Boulainvilliers sprechen in ihrer Histoire de l'ancien gouv. de France (1727. 8.) mit Begeisterung vom Feudalwesen, in welchem sie das goldene Zeitalter erblicken, und Freude bezeugen über die rüstige Kraftäußerung der Baronen gegen den König. Der Glaube an des Adels Hoheit verschlingt die Achtung für die Menschheit so ganz, daß dem Herrn

Grafen Knechtschaft und Volksroheit als Wohlthat erscheinen! Straßenraub war so gewöhnlich in Frankreich als unter uns, aber dorten raubten selbst Königl. Prinzen, bey uns nur der niedere Adel. Mit allen Geräthschaften zur Vogeljagd (Volerie) hielten die Ritter auf den Straßen, und die Reisenden, die sich ohne Furcht naheten, wurden geplündert und ermordet, daher Raub Vol heißt. Als die Räubereyen nachließen, traten die lästigsten Zölle an deren Stelle, und wollten die Städte gedeihen, so mußten sie sich vom Adel die Chartes de Commune mit schweren Summen erkaufen. Mit den grausamsten Strafen belegten sie arme Leute, schändeten und nothzüchtigten, wie es ihnen gefiel, und sperrten den Mann in die Kiste, auf der sie seine Frau entehrten! Ein gewisser Baurn zu Meaux legte (1420) einen Mann gefangen, die junge Frau lösete ihn; Baurn nahm das Geld, und zeigte ihr ihren Mann am Galgen. Die Frau gerieth in Verzweiflung, und der Edle ließ sie prügeln und nackend an einen Baum binden, wo schon mehrere Leichname hiengen. In der Nacht fraßen sie Wölfe lebendig! Ein gewisser Laval hatte über hundert Knaben und Mädchen geschlachtet zu seinen Abscheulichkeiten und magischen Grillen, und wurde zu Nantes verbrannt 1440. Ein Herr du Vezin zwang leibeigene Neuvermählte, die Brautnacht entweder auf einem Baume zu feyern, oder in der Tiefe des Baches Andelle, und ein Graf von Chalotais machte sich noch im 17. Jahrhundert einen Spaß daraus, Dachdecker von den Dächern, und Bauren von den Bäumen herabzuschießen, wie Katzen, Tauben und Spatzen!

Gegen dieses adeliche Vorrecht waren doch warlich das Peitschen der Froschgraben, damit gnädige Herrschaft ruhig schlafe, das jus Cunnagii, woraus das jus scortandi hervorging, das mancher aus unserm weiland regierenden Adel unter seine jura majestatica zählte, ohne wie Sextus im alten Rom seine Majestät darüber aufs Spiel zu setzen, und alle Abgaben und Frohnden, gemessene und ungemessene, wahre Kleinigkeiten. Das Recht der todten Hand (Mortuarium, Haupt- und Sterbfall) empöret zwar das Gefühl, wie mich jedesmal der Anblick eines Dorfjunkers empört, der unter höchsteigenhändiger Einstreichung dieses Todtenzolles einem in der Stube hüstelnden Verwandten des Verstorbenen auf die Achsel klopfte und lachend sagte (1820): „Alterle! Alterle! du kommst mir auch!" Aber was ist auch das gegen die mehr als spartanische Heloten-Jagd (κρυπτεια) des Grafen Chalotais? Diese Kriegs-Uebung muß ziemlich allgemein gewesen seyn, da sie ihren eigenen Nahmen hatte: Chasse aux villains! Jagd auf Lumpenpack!

# VI.

## Faustrecht und Fehden, Kampf- und Kolben-Recht in Deutschland.

Lange galt unsern deutschen Patagonen das Anflehen richterlicher Gewalt für entehrend, und diese trotzige Sitte aus Zeiten, wo man sich leider! selbst helfen mußte, weil es keine öffentliche Gewalt gab, dauerte fort bis an das Ende des Mittelalters. Thuisto, der Urvater der Germanen, war der Gott des Kriegs, d. h. der Rechtshändel entschieden durch Zweykampf, und ihm war der Dingstag d. h. der Gerichtstag geheiliget, der unmittelbar auf die der Sonne und dem Monde geweihte Tage folget. In der Versammlung des Volks gab man seinen Beyfall zu erkennen durch den Klang angestoßener Spieße, honoratissimum assensus genus armis laudare, sein Mißfallen aber durch Gemurmel, das wir beybehalten haben, nur — in leiserer schüchterner Manier!

Unsere Ritter waren lauter Söhne des Cadmus, aus den gesäeten Drachen-Zähnen erzeuget, gingen aus der Erde hervor bewaffnet, wie Minerva aus Jupiters Haupte, und fielen sogleich übereinander her. Ingrata genti quies. Die Könige suchten die tief eingewurzelte Sitte zu mildern durch gerichtlichen Zweykampf und durch verstattete Loskaufung von der Fehde, die Priester thaten aber noch mehr. Sie stellten die Fehden als sündhaft dar an den Wochentagen, die der Tod und die Auferstehung des Erlösers heiligte. Wer vom Donnerstag Abends bis Montags frühe Gewalt verübte, verfiel in den Bann, und diesen wahrhaften Gottesfrieden (Treuga Dei) verkündigte ein vom Himmel gefallenes Schreiben am Fuße der Pyrenäen (1030), an dessen Originalität der Aberglaube nicht den leisesten Zweifel hatte. Es war ein Glück, und ein noch größeres Glück war es, da man nicht immer gewissenhaft darüber gehalten zu haben scheint, und es Absolutionen gab, daß die damalige Welt mit so vielen Fest- und Heiligen-Tagen gesegnet war, so war denn doch ein sehr bedeutender Theil des Jahres — Friede! Je mehr man sich in die wilde Lehns-Anarchie und Adelswelt des Mittelalters hineinstudiert, desto mehr verzeiht man der Ehrengeistlichkeit und selbst einem Hildebrand. Ihre Gewalt war das wohlthätigste Gegengewicht und das einzige. Der Gruß der dänischen Bauren ist noch heute die lebhafteste Erinnerung an jene schrecklichen Zeiten, der Gruß Gud Fred! Gottesfriede!

Die Hohenstauffen gewannen schon viel, daß sie es dahin brachten, daß man dem Feind eine ehrliche Fehde spielte, d. h. drey Tage zuvor absagte (diffidatio). Man gab auch Geleite, eine neue Art von Zoll, und wahre arabische Loskaufung von der Plünderung. Die Städte vereinigten sich gegen die Raubritter im rheinischen Bunde, in der Hansa, und im schwäbischen Bunde, und Rudolph brachte einen Landfrieden zu Stande auf 3, und dann auf 6 Jahre, wie mehrere Kaiser, Fürsten und Edle nach ihm. Aber nun fochten oft nur noch größere Massen gegeneinander, und mit desto mehrerer Erbitterung, bis endlich der wahre Gottesfriede sich gestaltete, der ewige Landfriede Max I. 1495. Dieser Reichs-Landfriede war schon eine Frucht vorgerückter National-Cultur, und nichts weniger als der Energie KK. Majestät zuzuschreiben, Höchstwelcher der Krieg in Italien und gegen die Türken weit näher am Herzen lag, als Deutschlands Sache. Der ritterliche Max schien sogar heimliche Freude zu haben an den Fehden, Gesellen-Ritten und Ritterthaten seiner Zeit!

Die Stände verweigerten löblichst alle Reichshülfe, bevor nicht der Friede des Reichs gesichert sey, aber die Ritter schienen sich an Alexander zu halten, der die Priesterin zu Delphos, die nicht wahrsagen wollte, mit den Haaren herbeyzog, und da sie ausrief: „Du bist unüberwindlich," kein weiteres Orakel verlangte; — die Bitten der Tyrannen sind Befehle. Wenn unsere

Ritter nichts von Alexander an sich hatten, so hatten sie sich doch das gemerkt, daß er den Gordischen Knoten löste mit dem Schwerdt: „Nil interest quomodo solvatur!“ und so galten Tacitus Worte bis an das Ende des Mittelalters: „pigrum et iners videtur sudore acquirere, quid possis sanguine parare ....“

Finanz-Wirrwarr der Großen störte noch immer zulezt die Ruhe der Staaten, und Finanz-Wirrwarr der Ritter hatte dieselben Folgen. Aus verarmten Rittern durch Kreuzzüge, Turniere, fromme Stiftungen und Flottleben wurden Räuber, Raufer und Faustrechts-Helden, wie die ersten Römer, die so arm waren, daß 1000 Thlr. einen reichen Mann der ersten Classe machten, so arm, daß sie um Vieh und Getreide willen Kriege mit den Nachbarn anfingen, und solch' ein Gesindel, daß sie um Weiber zu haben, die Sabiner mit List und Gewalt zu Schwieger und Schwäger machten. Aber mit Carthagos, Griechenlands und Asiens Plünderungen rechneten sie nach Millionen, wie neurepublikanische Marschälle! Keiner brachte es jedoch so weit als Cäsar, der schon als Prätor so viele Schulden hatte, daß er sagte: „Er brauche 25 Millionen, um nichts zu haben!“ Alle Landfrieden, kaiserliche oder ständische, waren vor dem sogenannten ewigen Landfrieden kaum Waffenstillstände. Sie brachten es kaum dahin, daß man zuvor gütlichen oder rechtlichen Ausweg suchte, und da die Gesetze und Gerichte so schlecht bestellt waren, und die Sitten noch schlechter, so begann gewöhnlich die Fehde. Der Lehn-Adel hatte sich entwickelt wie im Frühjahr die Bäume und der Kukuk, alle waren so frey und freyherrlich geworden, als der alte Ritter von Krenkingen, von dem die Chronik bemerkt, daß er vor Kaiser Friederich dem Rothbart, als dieser durch die Stadt Thungen ritt, nicht einmal — aufgestanden sey! Man hielt es für eine recht ehrliche Fehde, wenn man im Fehdebriefe gesagt hatte: „Und da alles nicht hat verfahen mögen, darum wollen wir Eurer und aller der Euren und Eurer Helfer und Helfershelfer Feind seyn, und des gegen Euch und die Eurigen allen unsere Ehre bewahret haben.“ Die Gesetze bestimmten, daß der Edle, der den Frieden brechen würde, einen räudigen Hund tragen sollte von einer Grafschaft in die andere, der Dienstmann einen Sattel und der Bauer einen Pflug. K. Friedr. I. unterwarf wirklich den Pfalzgrafen und 10 seiner gräflichen Helfershelfer dieser beschimpfenden Strafe, aber alles half nichts, nach drey Tagen ging es los! Jeder Edle übte gegen den andern, was in seiner Macht stand, im Kleinen, was nun die Staaten im Größern thun, das Recht des Stärkern, und so wird es wohl immer, wenn auch in gemäßigterer Art, bleiben, bis S. Pierres ewiger Friede zu Stande kommt, der aber in der Politik das zu seyn scheint, was in der Chemie — der Stein der Weisen! Der Regent soll im Staate das seyn, was die Seele im Körper, und diesen Sinn drücken die Nahmen βασιλευς, ἀρχων, Imperator, Rex, Rè, Roi etc. mehr oder weniger aus, aber schon unser Wort König zeugt von der Abstammung aus der Faustrechtszeit und roher Gewalt — Einer, der kann. — In Zeiten der Unkultur unterdrückt der Starke den Schwachen, der Mann das Weib, der Ritter den Knecht, und wie sollte der rohe Ritter zu dem Grundsatze kommen, der Rom groß machte, und alle im Felde wie im Senate ausgezeichnete Männer der guten Zeit belebte: „Videatur ne Respublica quid detrimenti capiat?" Die Idee des Staates war der Ritterzeit eine durchaus fremde Idee, und von den Rittern hieß es, wie von Ismael: „Seine Hand wird gegen Jedermann seyn, und Jedermanns Hand gegen ihn!"

Der Ursprung der Fehden (Feida, Privatkrieg, Altsächsisch — nach den longobardischen Gesetzen durch Inimicitiae übersetzt Feind — zum Unterschiede vom Heerbann oder dem Kriege nach Außen) ist in der alten Blut- und Familien-Rache aufzusuchen, wozu noch das Waffen-Recht, oder das Recht der Selbsthülfe kam, das jedem Deutschen zustand. Indessen suchten die alten Gesetze durch ihre oft nur allzu genaue Bestimmungen des Wehrgeldes (Compositio) oder Ersatzes bey Körper-Verletzungen und Schimpfworten, die zu Fehden Anlaß geben konnten, offenbar der wilden Selbsthülfe entgegen zu arbeiten, und beschränkten sogar den Raum zu Fehden durch ihren Haus- Küchen- Pallast- Hof- und Burg-

frieden. Das Bild einer abgehauenen Han
zeichnete gewöhnlich diesen Raum, und gegen
gestörten Hausfrieden binnen vier Pfählen
das Haus=Recht — aber vana sine viribu
– konnte der Schwache den Starken auch
entwerfen? Man nahm die unterirdi
Labyrinthe in den Burgen zu Hülfe, um
zu sichern, und nichts predigt der Imagin
schauderhafter die nothwendigen und listigen S
heits=Maßregeln in der traurigen Fehdezeit al
so räthselhaften unterirdischen Gemächer
Gaden!

Schon Carl, der überall groß erscheint, f
den Unfug, und suchte ihm zu begegnen, aber
ter seinen schwachen Nachfolgern gingen die F
erst recht an, und durch diese Fehden wurden
Freyen recht eigentlich erst zu Hörigen
Adels. Adel und Leibeigenschaft stan
historisch aus einer Wurzel. Der Adel war
Volk, und das eigentliche Volk mußte nicht,
geraden Gegensatz des Römischen zu Pompejus
ten, als Roscius auftrat, und das Volk so
und wild wurde, daß ein Rabe, der gerade
die Versammlung hinflog, vor Schrecken
der Luft fiel — wie Dio erzählt. Der
ter=Geist — ein Verwandter des rohen Asi
gährenden Nervensaftes und der Unkultur war
wie die reißende Bestien in seinem Wappen,
die Rittergeschichte beginnt, wie Herodot,
Vater der Geschichte. Die Phönizier entführen
Prinzessin Jo und Argos nach Aegypten,

Griechen gebrauchen Repressalien, und holen sich die Prinzessinnen Europa und Medea, und Paris raubte Helena — daher die Fehden! Was Horaz causa teterrima belli nennt, war gar oft der Zankapfel auch zwischen Rittern, die nichts von dem weisen Spruche, den Gyges seinem Könige Candaules, dessen sonderbare Laune durchaus seinem Freunde die Gemahlin nackend sehen lassen wollte, zu Gemüthe führte „Jeder betrachte das Seine!“

Das Lehnswesen, das die tapfern Krieger mit Land und Leuten belohnte, gab den Fehden eine ungeheure Ausdehnung. Wo sonst nur die Familie Antheil genommen hatte — und dieser Antheil war wahrlich schon groß genug, da man zur Familie alle Verwandte bis ins siebente Glied rechnete, nach den lieblichen Grundsätzen des lieblichen juris canonici — da nahmen jetzt alle Vasallen eines Beleidigten auch noch Theil, und jeder — wälzte seine Tonne! Indessen wurden wieder diese Privatkriege dadurch vermindert, daß mit der Ausbildung verschiedener Stände, und mit der Unterdrückung der Freyen, Fehderecht Vorrecht des Adels wurde. Man unterschied zwischen Fehderecht und Faustrecht, jenes war gesetzlich, dieses nicht, und daher wurde jenes auch in ein förmliches System gebracht, das einzige System, das der Ritter kannte.

Carl der Große controllirte den Adel durch die Bischöfe, und andere Großen ahmten ihn nach; als aber die Ehren-Geistlichkeit so unermeßlich reich wurde, Land und Leute hatte, gehorchte auch sie nicht mehr. Rom brachte die Könige um die Belehnung der Bischöfe mit Ring und Stab, und nun dünkte sich der geistliche Herr so unabhängig als der weltliche, und es gab neue Fehden zwischen geistlichen und weltlichen Herren, zwischen dem auserwählten Theil Gottes, der Clerisey, und dem Adel, der es im Grunde auch war, aber bescheidener sich nie so nannte, und die Haare dazu lieferte das Volk! Man glaubte Alles gethan zu haben, wenn man dem Trug und der Arglist vorbeugte, auf offener, redlicher Fehde bestand, und Pfaffen, Gotteshäuser, Mühlen und Pflüge in Frieden stellte, Weiber und Kinder, Kindbetterinnen und Kranke!

Wer eine redliche Fehde ansagte, mußte drey Tage zuvor absagen (in Spanien und Frankreich auch wohl 10, 30, 40 Tage zuvor). Herolde überbrachten den Absagebrief, dessen Formel nachstehende war: „Wir N. N. lassen Euch N. N. wissen, daß, da Wir nicht zu dem Unsrigen gelangen können, mit unsern Helfern und Helfershelfern Eure und Eurer Knechte öffentlicher abgesagter Feind seyn wollen, und kündigen Euch den Unfrieden an auf Raub, Brand und Todtschlag. Wir gewarten drey Tage und drey Nächte, und wollen gegen Euch und Eure Helfershelfer unsere Ehre bewahret haben. Gegeben" — Die Herolde hatten freyes Geleite, und wurden häufig von dem, dem sie absagten, beschenkt nach alter Rittersitte. So gab Carl der Kühne, H. v. Burgund, dem Herold, der ihm 1475 von Kaisers und Reichswegen absagte, eine goldene Kette, 50 Gülden, Wegzehrung, und das Geleite zwey Meilen weit. Herzog Ulrich von Würtemberg, da er dem schwäbischen Bund absagte, schickte einen Herold, der vom Bunde 16 Goldgulden erhielt, gekleidet in einem Wappenrock von gelber Seide, und hinten und vorne schwarze Hirschhörner, statt — der Oelzweige der Alten!

Die Kaiser glaubten sehr viel durchgesetzt zu haben, daß die Verwüstungen der Obst- und Weingärten unterbleiben mußten, und das Abbrennen der Wohnungen, was in der Rittersprache hieß: „den rothen Hahn aufs Dach setzen!" Es stand die Strafe der Acht und Oberacht (Reichsacht) darauf, die Formel aber scheint das Schrecklichste der Strafe gewesen zu seyn. „Wir setzen dich aus allen Rechten ins Unrecht, theilen deine Wirthin zur Wittwe, und deine Kinder zu Waisen, deine Lehen dem Herrn, dein Eigenthum deinen Kindern, deinen Leib und Fleisch den Thieren in den Wäldern, den Vögeln in den Lüften, und den Fischen im Wasser — du sollst kein Geleite haben auf den Straßen, und wir weisen dich die vier Straßen der Welt im Namen des Teufels!" — Wer noch nicht fluchen kann, mag es bey den geistlichen Concipienten des Mittelalters am besten lernen! Wenn die Ritter Klöster plünderten, so luden Mönche die nobeln Räuber vor den Richterstuhl Gottes, und fertigten die schrecklichsten Litaneyen, die sie so lange abfangen, bis der Ritter zum Kreuze kroch! — Ihre Flüche waren Worte des Herrn, denn sie waren alle alttestamentlich!

Mit dem Sturze Heinrichs des Löwen und der großen Stauffen wüthete das Faustrecht furchtbar. Der Lehnsverband machte nur allzufrühe deutsche Völkerstämme untereinander entfremdet; Oestreicher, Bayern, Schwaben rc. mußten sich schon gegen die Ungarn selbst zu helfen suchen durch — ihre Herzoge, ohne Hülfe der Königsmacht. Unter Otto. I. und seiner unseligen Idee, die Kaiserkrone aus der Hand des Papstes anzunehmen, wovon die ewigen Römerzüge nach dem widerspenstigen Italien die Folge waren, erloschen noch mehr die Strahlen der Krone. Man vergeudete jenseits der Alpen die deutsche Nationalkraft, und im Vaterlande tobten, während der Abwesenheit des Oberhauptes, die Ritter, oder der Adel nur desto wilder, welcher der stoischen Meinung gewesen seyn muß, daß Tugend das Volk glücklich mache selbst in Phalaris Glühofen!

Mit den Kreuzzügen, wo das Schwert auch für den Glauben entblößt war, und das Ritterwesen in delirio — lösten sich auch die Bande der Lehnspflicht, theils wegen des Einflusses der Kirche, theils wegen des Aussterbens vieler hoher Häuser und der ganzen Verwirrung des Zeitraums. Und nun noch der Sturz der großen Herzogthümer! Der niedere Adel streckte die Häupter hoch empor, Burgen entstanden neben Burgen, wie Klöster neben Klöster, Fehden an

Fehden — Raub und Mord, verbrannte Hütten, verheerte Felder, und arme Leute überall! In jedem Dorfe horstete ein Edelmann — nulle terre sans Seigneur — und diese Gebieter über eine Spanne Landes, aber freyer als der Kaiser der Deutschen, führten Kriege, wie Monarchen. —

Quidquid delirant Reges. plectuntur Archivi — die Reguli zogen sich hinter ihre festen Burgen, und der Fehderitter wüthete auf dem flachen Lande, wie der toll gewordene Ajax des Sophocles in der Viehheerde, die er für Griechen hält, wie Don Quixotte Merinos und Marionetten für anmarschirende Moriscos!

Die schrecklichste Epoche war die von K. Friedrich II. Tode bis auf Rudolph. Die Hohenstaufen zählen herrliche Männer, aber ihre Regierung war dennoch ein Unglück für Deutschland, wie für ihre eigene Familie; denn sie vernachläßigten ihre Erblande und das Reich gegen Italien, ihre ewigen Händel mit Päpsten und Lombarden kosteten Soldaten und Schätze; die deutschen Großen rissen an sich, was sie konnten, und der niedere Adel raufte sich, und raubte nie unverschämter und mehr, als unter den so kräftigen Friedrichen. Die großen Herzogthümer Sachsen, Bayern, Schwaben, Franken und Rheinstrom, und alle Klein-Große, bisher unter der Zucht der Herzoge, waren jetzt nur Kaiser und Reich unterworfen, aber Kaiser und Reich kümmerten sich um nichts, und konnten sich auch um vieles nicht mehr kümmern, selbst wenn sie gewollt hätten. Welche Idee gibt uns Friedrichs II.

Landfriede von 1235, der da beginnt: „Welcher Sohn seinen Vater von der Burg treibt mit Brand und Raub, soll seines Lehns und Eigenthums verlustig seyn, welcher Sohn seines Vaters Leib angreift mit Wunden oder Gefängniß, soll ehr- und rechtlos seyn!" Conrads Mainzer Chronik sagt, nach der Excommunication Friedrichs: „Es freuen sich die Räuber, die Peiniger jauchzen, Pflugschaaren verwandeln sich in Schwerter, und die Sensen in Lanzen; keiner, der nicht Stahl und Stein bey sich trägt, um Brand zu stiften; alle Uebel strömen zusammen, besonders über die Mainzer Kirche, und in den Rheinländern von Speyer bis Cöln!"

Und nicht viel besser scheint es damals in der ganzen Ritterwelt zugegangen zu seyn, wenn wir dem naiven Peter v. Blois, einem Schriftsteller des 13ten Jahrhunderts, glauben dürfen, „die Packpferde (Summarii) der Ritter, schreibt er, gehen krumm unter der Last der Victualien, statt der Waffen, non ferro, sed vino, non lanceis, sed caseis, non ensibus, sed utribus, non hastis, sed verubus onerati, sie scheinen eher zu Gastmahlen, als zu Kämpfen zu gehen, ihre Schilder sind allzu glänzend und prächtig, als daß sie solche nicht als Jungfern zu erhalten trachteten, die Gemälde und Bilder darauf ergötzen sie, und die Scharmützel kennen sie nur aus Gemälden!" Peter von Blois sagt ferner (Epist. 94.): „Ordo militum nunc est Ordinem non tenere, nam cujus os majori

Fehden — Raub und Mord, verbrannte Hütten, verheerte Felder, und arme Leute überall! In jedem Dorfe horstete ein Edelmann — nulle terre sans Seigneur — und diese Gebieter über eine Spanne Landes, aber freyer als der Kaiser der Deutschen, führten Kriege, wie Monarchen. —

Quidquid delirant Reges, plectuntur Archivi — die Reguli zogen sich hinter ihre festen Burgen, und der Fehderitter wüthete auf dem flachen Lande, wie der toll gewordene Ajax des Sophocles in der Viehheerde, die er für Griechen hält, wie Don Quixotte Merinos und Marionetten für anmarschirende Moriscos! ..

Die schrecklichste Epoche war die von K. Friedrich II. Tode bis auf Rudolph. Die Hohenstaufen zählen herrliche Männer, aber ihre Regierung war dennoch ein Unglück für Deutschland, wie für ihre eigene Familie; denn sie vernachläßigten ihre Erblande und das Reich gegen Italien, ihre ewigen Händel mit Päpsten und Lombarden kosteten Soldaten und Schätze; die deutschen Großen rissen an sich, was sie konnten, und der niedere Adel raufte sich, und raubte nie unverschämter und mehr, als unter den so kräftigen Friedrichen. Die großen Herzogthümer Sachsen, Bayern, Schwaben, Franken und Rheinstrom, und alle Klein-Große, bisher unter der Zucht der Herzoge, waren jetzt nur Kaiser und Reich unterworfen, aber Kaiser und Reich kümmerten sich um nichts, und konnten sich auch um vieles nicht mehr kümmern, selbst wenn sie gewollt hätten. Welche Idee gibt uns Friedrichs II.

Landfriede von 1235, der da beginnt: „Welcher Sohn seinen Vater von der Burg treibt mit Brand und Raub, soll seines Lehns und Eigenthums verlustig seyn, welcher Sohn seines Vaters Leib angreift mit Wunden oder Gefängniß, soll ehr= und rechtlos seyn!“ Conrads Mainzer Chronik sagt, nach der Excommunication Friedrichs: „Es freuen sich die Räuber, die Peiniger jauchzen, Pflugschaaren verwandeln sich in Schwerter, und die Sensen in Lanzen; keiner, der nicht Stahl und Stein bey sich trägt, um Brand zu stiften; alle Uebel strömen zusammen, besonders über die Mainzer Kirche, und in den Rheinländern von Speyer bis Cöln!“

Und nicht viel besser scheint es damals in der ganzen Ritterwelt zugegangen zu seyn, wenn wir dem naiven Peter v. Blois, einem Schriftsteller des 13ten Jahrhunderts, glauben dürfen, „die Packpferde (Summarii) der Ritter, schreibt er, gehen krumm unter der Last der Victualien, statt der Waffen, non ferro, sed vino, non lanceis, sed caseis, non ensibus, sed utribus, non hastis, sed verubus onerati, sie scheinen eher zu Gastmahlen, als zu Kämpfen zu gehen, ihre Schilder sind allzu glänzend und prächtig, als daß sie solche nicht als Jungfern zu erhalten trachteten, die Gemälde und Bilder darauf ergötzen sie, und die Scharmützel kennen sie nur aus Gemälden!“ Peter von Blois sagt ferner (Epist. 94.): „Ordo militum nunc est Ordinem non tenere, nam cujus os majori sparcitia polluitur, qui detestabilius jurat, qui minus Deum timet, qui ministros Dei vilificet, qui ecclesiam Dei non veretur, iste hodie in coetu militum fortior et nominatior reputatur, sed et hodie tyrones enses suos recipiunt de altari, et Cingulum militare et spoliunt pauperes Christi, et miserabiliter affligunt miseros, ut in doloribus alienis illicitos appetitus et extraordinarias impleant voluptates! Tacitus aber rühmt an seinem Agricola, daß er nicht unter diejenigen gehört habe, qui, juvenum more, Militiam in Lasciviam vertunt!

Eben so schwarz und schrecklich ist das bekannte ähnliche Gemälde der Ritterwelt, das Wilhelm von Tyrus vom Ende des 11ten Jahrhunderts liefert in Bongars: Gesta Dei per Francos (l. 8.). Unser Möser will die Worte der Schriftsteller rapina und depraedari mildern und behaupten, daß es nicht mehr bedeute, als — ohne Geld zehren. In diesem Sinne hätten auch die alten Kaiser, wenn sie sich lange an einem Orte aufhielten, und frey gehalten wurden, geraubt und geplündert. — Möser hat zu viele Beweise gegen seine Behauptung, die Ritter aber sind entschuldigt, wenn sie zu ihrer Zeit noch nichts von Kants Moral-Princip wußten: daß jeder Mensch nicht Mittel, sondern Selbstzweck sey, und Meister Conrad von Würzburg wird gewußt haben, was er reimte:

Gewalt ist auf der Straße michel,
Gerichtes hat man sich verschamt,
Die Reht stent krummer dann ein Sichel,
Fried und Gnade sind erlahmt.

Während des sogenannten Zwischen-Reiches, wo Deutschland ohne eigentliches Oberhaupt und in seinem Südwesten selbst ohne mächtige Landes-Fürsten war, half man sich durch Bündnisse, deren Geist späterhin zu Allgemeinen Verbindungen vortheilhaft beytrug auf dem eigentlichen Schauplatz der Fehden, im deutschen Süden. Im Norden gab es größere Fürsten, aber selbst diese mußten sich vereinen, wie Brandenburg, Mecklenburg, Braunschweig und Pommern, wenn sie den Frieden gesichert haben wollten. Kurfürst Joachim I. von Brandenburg hatte in Einem Jahre gegen 70 adeliche Räuber hängen lassen, und doch ritt einer seiner Höflinge, Lindenberger, nächtlicher Weile auf Fang aus, wurde aber verrathen und auf der Stelle enthauptet. Diese Strenge verdroß den Märkischen Adel dermaßen, daß er auf Rache dachte, und einer von Otternstädt schrieb an des Kurfürsten Gemach: „Jochinken! Jochinken, höde dy, wo wy dy krygen, hängen wy dy!" Otternstädt mit seinen Helfershelfern weglagerte sich wirklich, wurde aber ergriffen, und geviertheilet! Dem Mittelalter kann man den Ruhm nicht absprechen, daß die Justiz äußerst prompt gehandhabt wurde, wie Balduin Graf von Flandern sie handhabte, der den adelichen Unholden tüchtig zu Leibe ging, und den Uebertretern seiner Gesetze mit seiner Streitaxt auf der Stelle den Kopf spaltete, daher hieß er Balduin mit der Axt († 1119).

War in solchen Zeiten Ludwig Landgraf von

8 *

Thüringen, der Eiserne genannt, allzu eisern, als er 1122 die adelichen Bauernschinder, welche die armen Leute, die kein Zugvieh hatten, zwangen, sich selbst einzuspannen, Männer, Weiber und Kinder, wobey der Vogt mit der Peitsche nebenher ritt, gleichfalls zwang, je 6 und 6 sich an den Pflug zu spannen, und ihnen, mit der Peitsche in der Hand, zurief, was ihm der Schmidt zu Ruhla bey jedem Hammerschlag, unbekannter Weise, gesungen hatte?

Im Schweiße bauen wir das Feld
und sammlen in die Scheuren,
gleich kommt denn so ein Lanzenheld
und plaget uns mit Steuren —
der gute Landgraf wird genarrt,
drum ruf ich: „Landgraf werde hart!"

Ludwig hieß aber der Eiserne, weil er wegen der Nachstellung seines zügellosen Adels, den er wirklich züchtigte, und den grausamsten Ritter von allen, v. Herdt, auf der Wartburg wirklich enthaupten ließ, stets im Panzer ging. Jenes Ackergesetz aber, seit welchem der Acker bey Freyburg Adels-Acker hieß, der Adel Ludwigen mehr fürchtete, als den Teufel, und daher recht gerne seine Leiche von Naumburg bis zum Kloster Rheinhardsbrunn getragen haben soll, ist eine Mönchs-Fabel, wie die von Ludwig dem Springer, wenn sie gleich der berühmte Sagittarius in seiner Geschichte Thüringens noch erzählet hat. Wohl saß Ludwig wegen Empörung gegen K. Heinrich IV. auf dem Giebichenstein, und entkam; aber die Wächter, waren von seinen Freunden bestochen, und mögen vielleicht selbst die Fabel ausgesprengt haben. Jeder, der zu Giebichenstein war, begreift die Unmöglichkeit vom Schlosse über die Felsen hinweg in die Saale herabzuspringen, selbst wenn der Fluß näher am Berge geflossen wäre; es ist unmöglich, selbst wenn Ludwig die Schnellkraft eines — Flohes gehabt hätte, multiplicirt mit der proportionellen Größe des größten Ritters!

Wild hauste wieder Einer der Nachfolger des Eisernen, Albrecht der Unartige (Degener), befehdete Vater, Onkel und Söhne, wollte seine Gemahlin durch ein Gespenst erdrosseln lassen, das aber bey Ausführung der That erschrak, und der Unglücklichen selbst zur Flucht beförderlich war. Albrecht heurathete sodann seine Beyschläferin Cunigunde, und trieb es so toll, daß man ihn endlich zwang, die Regierung niederzulegen, und zu Erfurt als Privatmann zu leben († 1315). Der verwilderte Adel folgte seinem Beyspiel, vorzüglich die Güldenburge, welche die Crainburg besaßen, die Rudolph, nebst vielen andern Burgen, zerstörte 1291. Die großen Fürsten schützten sich selbst, und nur die Pfaffen-Fürsten, niederer Adel und Städte glaubten noch eines Königs zu bedürfen, ließen sich aber ihre Anhänglichkeit zahlen. Ohne den mannhaften K. Rudolph wäre alles Oberst Unterst gekehret worden vom Adel, und ohne die Kreuzzüge und die Kriege in Italien hätte der eiserne Ritter das Volk ganz niedergetreten, das hier etwas gelernt zu haben scheint. Die Ritter-Maxime Graf Eberhards von Würtemberg, der durch seine ewigen Fehden das Land an den Rand des Abgrundes, sich aber zum Nahmen Illustris brachte, war so ziemlich allgemeine Ritter-Maxime: „Gottes Freund und aller Welt Feind!" Die Zeit nannte die Placker Staudenhechtlein, die sich vom Stegreife nährten, im Busche fischten, und deren Pferde dem Kaufmann den Seckel abbießen! Während sich die Bessern in Palästina herumschlugen für das Heilige, beraubten die zu Hause gebliebenen Placker alles Heilige: denn die Heiligen hatten damals das meiste Silber und Gold. Das Leben der armen Leute aber galt lange nicht so viel als Edel-Wild, oder das, was noch in unserer Zeit ein russischer oder pohlnischer Bauer, ein gesunder Hesse oder Anspacher in Amerika gegolten hat! Ein Robert H. von Alençon lebt in der französischen Geschichte, der das Vergnügen, seine Gefangenen mit den ausgesuchtesten Martern zu belegen, jedem Lösegeld vorzog! Der Mord eines gemeinen Kerls wäre vielleicht nicht einmal mit ein Bischen Geld gebüßet worden, wäre nicht zu besorgen gewesen, die edlen Seelen möchten sich zum Zeitvertreibe am Ende die Leute wechselseitig todtschlagen, und dann in den unangenehmen Fall gerathen, sich selbst — bedienen, steuren und frohnden zu müßen!

Rudolph, der große Habspurger, kam noch zu rechter Zeit, der Faustrechts-Bändiger. Er, der nur mehr als zu sehr Faustrechts-Held gewesen war als Ritter und Graf, erneuerte als Kaiser sogleich den Landfrieden Friedrichs auf 5 Jahre, zerstörte an die 60 Raubburgen in Thüringen, eben so viele in Franken und Schwaben, und es kam Furcht und Schrecken über die adelichen Placker und Landfriedensbrecher. In Thüringen halfen ihm die Bürger Erfurts treulich. Er selbst hielt Gericht über 28 Schnapphähne, die er allein zu Ilmenau gefangen hatte, und sie wurden enthauptet. In Thüringen hörten aber die Fehden dennoch nicht eher auf, als bis die Landgrafen mächtiger wurden, wohin es erst Landgraf Friedrich brachte. Dieser ritt einst (1343) umgeben von seinen Rittern durch Erfurt, und Graf Hermann von Orlamünde rief ihm vom Fenster aus: „Fritz! wo willst du hin?" der Landgraf sahe empor, und sagte: „Lebe ich noch kurze Zeit, so sollst du mich wohl Herr nennen!" Friedrich, Land- und Markgraf von Thüringen und Meißen, und erster Kurfürst von Sachsen († 1428) hatte noch, neben seinen bedeutenden Feldzügen gegen die Hußiten und Litthauer, genug mit Fehden und Plackereyen zu thun mit den Anhalt, Schwarzburg, Hohenstein, Dohna, Winzingerode, Maltiz, Weyda, Rheinstein, Ballenstädt rc., und verdiente sich seinen Beynahmen Bellicosus!

Rudolph war der Mann des Volks, wie die vielen Anecdötchen beweisen, die wir von ihm haben, von dem grauen Röckchen, das er selbst flickte, und in dem er den stolzen Ottocar demüthigte; von dem Witzling, der behauptete, Rudolphs Nase versperre ihm den Platz, worauf der Kaiser lächelnd die Nase seitwärts drehte; von der Mainzer Beckerin, die ihn incognito ausschimpfte, und die zur Strafe ihre Schimpfworte an der kaiserlichen Tafel wiederholen mußte ꝛc. Rudolphs Muth und Gerechtigkeitsliebe war bekannt, von seiner Entschlossenheit zeugt die Geistesgegenwart, mit der er bey seiner Krönung, in Ermanglung des Scepters, das Kreutz vom Altar nahm, und seine Biederkeit beweißt sein Benehmen gegen den Abt von S. Gallen, seinen Erbfeind. Rudolph war ein ächter Ritter, ließ Frankreich wissen: „mit 4000 deutschen Rittern und 40,000 deutschen Fußvölkern fürchte er keine Macht der Welt,“ und starb auch als Mann. Er war gerade in den Rheinländern, als ihm der Arzt gestand, seine Krankheit sey gefährlich. „Wohlan! rief er, also nach Speyer,“ (damals die Kaisergruft,) kam aber nur bis Germersheim!

Fortes Fortuna juvat! Die Ritter hätten der Fortuna equestris oder militaris so viele Tempel errichten dürfen, als Rom einst aufzuweisen hatte, aber auch nicht Einer dachte an die Fortuna publica, und daher wurde auch aus Deutschland mit allen seinen tapfern Söhnen nie ein Rom, ob sich gleich unsere Kaiser lange genug als Nachfolger der Cäsaren ansahen, römische Kaiser nannten, und Deutschland das heilige römische Reich. Hieran hatten die Ritter, die das waren, was die Legionen zur Zeit des Verfalles von Rom, so viel Schuld, als das Wörtchen Heilig! Ohne Rudolph hätte das 13te Jahrhundert dem 14ten gar kein Reich mehr zu übergeben gehabt!

---

# VII.

## Die Fortsetzung.

Unter den Nachfolgern Rudolphs war K. Heinrich VII., wenn gleich einer der berühmtesten Turnierer seiner Zeit, rühmlichst auf den Landfrieden bedacht, und daher beschied er auch den Grafen Eberhard von Würtemberg, der nach K. Albrechts Ermordung durch den Neffen Johann 1308, mehr als je an die Kaiserkrone gedacht zu haben scheint, und ein großer Friedensstörer war, zu sich nach Speyer. Schon die magna Superbia des Würtembergers mit einem Gefolge von 200 Rittern ärgerten den einfachen Luxenburger, und nun erst die stolze Antwort: „Ich ehre Ew. K. Majestät, was ich aber gegen die Städte gethan, ist mit Fug und Recht geschehen, ich bin keines Andern Dienstmann, und kann thun, was mir gut dünkt." Der Würtemberger ritt ohne Urlaub hinweg, verfiel in die Reichsacht, verlor gegen die Städter eine Burg um die andere, und wer weiß, was noch geschehen wäre, hätte Heinrich länger gelebt! Ludwig der Bayer nahm sich, gleich seinem Vorfahren, des Landfriedens an, namentlich in Franken und auf dem Fichtelberge, denn sein treu erfüllter Wahlspruch war: Sola bona quae honesta; aber Alles war nur Palliative, denn alle Landfrieden wurden nur, sonderbar genug, auf gewiße Jahre geschlossen; nur der, der ihnen beygetreten war, hielt sich verbunden, und Mindermächtige von Adel oder die Ritter sahen in jedem Landfrieden nur das Mittel, sie um ihre Gerechtsame und Freyheiten zu bringen, daher ihr Sprüchwort: „Es ist dem Landfrieden nicht zu trauen!"

Die Goldene Bulle erneuerte die Gesetze gegen die Fehden, behielt aber noch das Fehde-Recht selbst bey, wenn nur ehrliche Absagung vorausgegangen war! Edelleute befehdeten jezt ihre eigenen Lehenherren, und damit sie nicht in Felonie verfielen, so wurde es Sitte, das Lehen aufzukündigen, und das Gut zu verlassen, ehe aber noch die Nachricht davon dem Lehnherrn zukommen konnte, ging auch schon der Fehdebrief ab, und dann nahm man das verlassene Gut wieder ein mit gewappneter Hand! Wie schlau doch die Ritter waren! Polyänus und Frontinus in ihren Werken von Stratagemen kennen diese Art Kriegslist nicht, unsere Ritter aber waren schlau wie der erfindungsreiche Odysseus, der sich Niemand nannte, als er dem Kyklopen das Aug ausbrannte!

Unter K. Wentzel standen die Sachen begreiflich noch schlimmer. Sigismund that etwas mehr, und war auch beliebter, denn er lebte mit Bürgern, wie ein Bürger, und theilte als galanter Ritter zu Augsburg und Straßburg Frauen und Töchtern „viel güldene Fingerlein" aus, aber beyde lebten doch mehr ihren Erblanden, und so blieb das Reich das Paradies der Ritter. Albrecht II. hätte schon gethan, was erst 60 Jahre später Maximilian I. that, wenn er nicht zu Ofen — zu viel Melonen genossen hätte. Unter Friedrich III. aber, der leider! 53 Jahre lang auf dem Throne schlummerte, erreichte das Unwesen der Ritter seinen Culminationspunkt. Mich wundert nur, daß die Kaiser nicht endeten wie Pertinax, und das Reich nicht an einen Meistbietenden versteigert wurde, wie Rom an Julian! Vielleicht fand sich nur kein Käufer!

Fürsten und Bischöfe kämpften mit Adel, Prälaten und Städten, und diese wieder unter sich, Brüder gegen Brüder, und die nächsten Anverwandten; jeder Stärkere erhob seine Waffen gegen den Schwächern, jeder Unterthan und Vasall, und jede Innung hielt sich berechtiget, Fehdebriefe zu erlassen, und über diesen Wirrwarr unterblieb der Türkenzug, den das Reich, nach reifer Erwägung, zu Regenspurg beschlossen hatte! Die Sache würde unglaublich scheinen, wenn man nicht noch die Fehdebriefe der Becker und Buben des Markgrafen von Baden an die Städte Eßlingen und Reutlingen v. J. 1450, die der Becker des Pfalzgrafen Ludwig an Rothweil, Ulm und Augsburg, und den des Kochs eines v. Eppenstein hätte, den er mit seinen Küchenjungen, Mägden und Ascheubrödel dem Grafen Otto v. Solms 1477 zusandte! Die Leipziger Schuhknechte schickten 1471 der Universität einen Absagebrief, und ein von Praunstein 1489 der Stadt Frankfurt auch einen; weil eine Jungfrau daselbst seinem Vetter — einen Tanz verweigert hatte! Jeder wollte mit dem andern Span, Spänne d. h. Streitigkeiten haben, spannen und gespannt seyn!

Kein Wunder, wenn gleichzeitige Geschichtschreiber, namentlich Italiener, Deutschland eine weite Mördergrube nennen, und Froissard französische Ritter, die nicht gerne gegen deutsche ziehen wollen, sagen läßt: „Les Allemans sont moult convoiteux, et n'ont pitié de nulluy! ils les mettent en prisons étroits pour attraire plus grande rançon; ils les emmeinent en Bohême, Autriche ou Saxonie, et les tiennent en chateaux inhabitables, allez les guerre là! tels gens valent pis que les Sarrazins ou Payens!“ Erst der ewige Landfriede 1495, der ewig hieß, weil die frühern alle nur auf gewisse Jahre geschlossen waren, wirkte entscheidend, Dank den Ständen und der Türken-Noth; denn unser allzuritterlicher Max, unser Henri IV., mußte dazu gezwungen werden. Und doch glich auch dieser Landfriede, wie die frühern, den sogenannten ewigen Friedensschlüssen, oder dem berühmten Fürstenbunde 1785; — ungeladene Pistolen! Das Römische und Canonische Recht, höhere Cultur

Capitel VIII.

Walter u. Stä
bey unsern Ri

Besten,
Aristocrate

Friedens kom
ungen alle
und Todt-
h dem Adel,
n nicht ein-
n und Ver-
elen Rittern
er Schacher.
Rittern schon
ien ihnen die
äuberey hieß
Ritt, Fehde
e Sache vered-
schen, die
iren, was auf
itter hatten ih-
seine Nebens-
springen las-
n in die Ka-
hurmwächter,
und gar erphe-
für Überitt,
Tempel gebau-

Nichts vermag uns diese nobeln Ritterzeiten besser zu versinnlichen, als ein Blick auf die Türkey. Die Türken sind der eigentliche Wehrstand oder Adel, die eingebornen armen Griechen das Volk, Kaufleute Handwerker, Matrosen und Bauren — Unterdrückte und Unterdrücker. Türken erblicken in ihren Avanien gar nicht einmal etwas Unrechtes, und hatten es so weit gebracht, daß auch die Unterdrückten bis auf unsere Zeiten glaubten, so müße es seyn. Und gerade so war es auch im Mittelalter, dem goldenen Jahrhundert des Adels und der Ehrengeistlichkeit. Der edle Nahme Ritter in diesen Zeiten erinnert nur an die Croaten, die von jedem Fremdling den Ehren=Nahmen Innao (Held) erwarten, ihre Heldenthaten in Liedern preisen, so schön als die Troubadurs, und wenn man sie am Lichte betrachtet, so sind es — Räubereyen! So leben noch heute die Edlen des Caucasus in ewigen Fehden untereinander, rauben, wo sie können, und gelingt es ihnen nicht mit dem Nachbar, so nehmen sie ihrer eigenen Unterthanen Söhne, Töchter und Weiber hinweg, und verkaufen sie als Sclaven. Chardin beobachtete auch in Mingrelien 4 Edelleute, die von 10 Uhr Vormittags bis 8 Uhr Nachmittags ein Gefäß Wein aussoffen, schwer 480 Pfund!

Gleich wild tobten einst unsere Ritter. Otto von Wittelsbach erstach selbst den Kaiser der Deutschen, Philipp, in seiner Burg zu Bamberg (1208), der ihm eine seiner Töchter versprochen, aber nicht Wort gehalten, und sogar einen Uriasbrief mit nach Pohlen gegeben hatte. Otto, ohne den Philipp ein Arm ohne Schwerdt, und ein Schwerdt ohne Arm gewesen wäre, war der Mann nicht, der sich am Narrenseil herumführen ließ, wäre es auch aus eines Kaisers Bart gedreht, aber welche schreckliche Selbsthülfe! — Die Fürsten fühlten es, sprachen die Acht, und der Rächer ereilte den Flüchtenden an den Ufern des Rheins. Kallheimer fand Otto traurig sitzend unter einem Baum, entfernt von seinem treuen Kurt, und stieß ihn rücklings nieder!

Otto von Wittelsbach war ein rauher Ritter, dessen beleidigter Stolz Rache kochte, und dem man schon etwas verzeihen kann, aber was that ein sanfter Fürst der heiligen Kirche? Bischof Erich von Würzburg, ein Rheinstein († 1266), handelte wie Caligula und Nero, als er die zwölf unruhigen Ritter v. Stein, die ihn befehdeten, ihn, der selbst als Fehdeheld „gerne des Sackes Fünf Zipfel gehabt hätte," auf ihrer eigenen Burg Altenstein, wo sie den Versöhnungs-Schmaus feyerten, sie einzeln vor sich auf sein Zimmer bescheidend, ermorden ließ. Der Lezte der zwölf, von Heerdegen, merkte Unrath, zog bey seinem Eintritt den Dolch, und hieb, ehe auch er niedergestoßen war, mit den Worten: „Nimm dies, Pfaff, zum Andenken!" dem saubern Oberhirten — die Nase ab! Alle zwölf Ritter, Brüder und Vetter des Geschlechts der von Stein zu Altenstein, schlummern in den Klosterhallen von Langheim! Ein Graf von Hohenstein konnte die Mönche zu Walkenried nicht leiden, und da er einst einen in seinem Jagdgehäge traf, so ließ er ihm ein eisernes Halsband umlegen, und so laufen. Der arme Mönch eilte so schnell als möglich seinem Kloster zu, die Brüder hielten Betstunden, segneten ihn, und ließen dann einen Schmidt holen, der das Halsband auf dem Ambos zerschlagen mußte, worüber der Unglückliche starb! Dagegen sperrten die Quedlinburger den berüchtigten Raub-Grafen von Regenstein (1338) in ein eisernes Käfig Jahr und Tag, wie eine wilde Bestie. Das ähnliche Geschichtchen von Bajazet, den Tamerlan so eingesperrt haben soll, ist eine Fabel, aber jenes Käfig ist wenigstens vorhanden auf dem Rathhause zu Quedlinburg, als ein sprechendes Alterthumsstück der Barbarey und Rohheit der Ritterzeiten!

Das schrecklichste Beyspiel der Ritter-Wildheit und der Großen jener Zeiten bleibt aber immer der fünffache Mord, den Ludwig der Strenge, Pfalzgraf, (1256) beging an Einem Tage. Eifersüchtig auf seine Gemahlin, erstach er den Bothen, der ihm den unschuldigen Brief derselben an einen gewissen v. Boiemenburg, verwechselt mit einem Briefe an ihn, überreichte, sprengte sodann in voller Hitze nach Donauwörth, wo seine Gemahlin wohnte, durchbohrte den ihm entgegen eilenden Schloßhauptmann auf der Zugbrücke, im Vorzimmer ein Kammerfräulein, die Hofmeisterin ließ er in die Donau stürzen, und die ganze Grausamkeits-

Scene schloß die Hinrichtung der Fürstin! Die Zeit entdeckte die Unschuld, Ludwig baute zur Sühne das Kloster Fürstenfeld, und kam damit ab, daß ihm seine Zeitgenossen den Beynahmen Severus gaben!

Zu dieser wilden Ritterthat mag als Gegenstück die That des leidenschaftlichen Ulrichs, H. v. Würtemberg gerechnet werden, die ihn mit dem Haß des ganzen Adels belastete, und über ihn und sein Land so viel Unheil brachte. Er mordete im Bböblinger Walde auf der Jagd (1515) den Hans v. Hutten wegen seiner Sabina, und knüpfte ihn als Freyschöffe an die nächste Eiche, das Messer daneben! Ritterlicher handelte der Vetter des Ermordeten, Ulrich v. Hutten, als ihm der Inquisitor Hogstraaten begegnete; im ersten Zorn legte er zwar die Hand an sein Schwert, und rief dem todtblassen Mönch zu: „Du bist ein Kind des Todes!“ besann sich aber, und sprach: „Nein! mit solchem Blute will ich mein Schwert nicht besudeln!“

Gerade das Unwesen des Faustrechts, das nach Heinrich des Löwen Tod, auch im Norden tobte, scheint eine Gesellschaft rechtlicher Männer in Westphalen auf den Einfall gebracht zu haben, im Anfange des 13ten Jahrhunderts, die entflohene Gerechtigkeit in Schutz zu nehmen, über Verbrecher, die der Ruf (fama, Vehm) dazu machte, ohne daß sie ein Richter strafte, Gericht zu halten, und die Erde von Straßenräubern, Mördern, Schändern der Frauen und Jungfrauen, Mordbrennern, Kirchenräubern und Dieben möglichst zu reinigen. Ein Beweis, daß der schöne Ritter-Codex unpractisch war! — Diese Westphälischen oder Vehmgerichte (die Kopp lediglich auf Westphalen oder die Länder zwischen Rhein und Weser durchaus beschränkt haben will) waren etwas bedenklich, da die Justiz geheim war, leisteten aber in diesen rohen Zeiten gute Dienste; man schäzt die Zahl der über ganz Deutschland zerstreuten Freyschöffen auf mehr denn 100,000, eben so viele — Henker! Der Adel war häufiger Wissender, als jezt Freymaurer, die Logen aber nur in Westphalen auf rother Erde. Man war am sichersten, wenn man selbst Mitglied war, und das furchtbare Gericht, das aber unter blauem Himmel richtete, war denn doch noch so billig, dem Verdächtigen mit dem weißen Stabe der Wissenden einen Schlag auf die Füße zu geben, auch wohl den zweyten Schlag, damit er sich noch entfernen konnte, (so billig ist man oft h. z. T. nicht einmal bey Justiz-Opfern!) nur wenn man es aufs dritte Mahl ankommen ließ, hörte das Jus Veniae auf, ein Priester trat mit den Sakramenten vor, und der Henker eilte mit dem Gerichteten zum nächsten besten Baume! Ulrich war nicht so gnädig!

Sobald es Gesetze gab, und diese Gesetze mit Nachdruck gehandhabt warden, waren die Wissenden das, was die Rächer des Unrechts, die Rinaldo Rinaldini, und andere hochgesinnte Banditen in Italien. Die Ritter halfen der Justiz nach, wie Carl Mohr in Schillers Räubern, und doch

9*

# VII.

## Die Fortsetzung.

Unter den Nachfolgern Rudolphs war K. Heinrich VII., wenn gleich einer der berühmtesten Turnierer seiner Zeit, rühmlichst auf den Landfrieden bedacht, und daher beschied er auch den Grafen Eberhard von Würtemberg, der nach K. Albrechts Ermordung durch den Neffen Johann 1308, mehr als je an die Kaiserkrone gedacht zu haben scheint, und ein großer Friedensstörer war, zu sich nach Speyer. Schon die magna Superbia des Würtembergers mit einem Gefolge von 200 Rittern ärgerten den einfachen Luxenburger, und nun erst die stolze Antwort: „Ich ehre Ew. K. Majestät, was ich aber gegen die Städte gethan, ist mit Fug und Recht geschehen, ich bin keines Andern Dienstmann, und kann thun, was mir gut dünkt." Der Würtemberger ritt ohne Urlaub hinweg, verfiel in die Reichsacht, verlor gegen die Städter eine Burg um die andere, und wer weiß, was noch geschehen wäre, hätte Heinrich länger gelebt! Ludwig der Bayer nahm sich, gleich seinem Vorfahren, des Landfriedens an, namentlich in Franken und auf dem Fichtelberge, denn sein treu erfüllter Wahlspruch war: Sola bona quae honesta; aber Alles war nur Palliative, denn alle Landfrieden wurden nur, sonderbar genug, auf gewiße Jahre geschlossen; nur der, der ihnen beygetreten war, hielt sich verbunden, und Mindermächtige von Adel oder die Ritter sahen in jedem Landfrieden nur das Mittel, sie um ihre Gerechtsame und Freyheiten zu bringen, daher ihr Sprüchwort: „Es ist dem Landfrieden nicht zu trauen!"

Die Goldene Bulle erneuerte die Gesetze gegen die Fehden, behielt aber noch das Fehde-Recht selbst bey, wenn nur ehrliche Absagung vorausgegangen war! Edelleute befehdeten jezt ihre eigenen Lehenherren, und damit sie nicht in Felonie verfielen, so wurde es Sitte, das Lehen aufzukündigen, und das Gut zu verlassen, ehe aber noch die Nachricht davon dem Lehnherrn zukommen konnte, ging auch schon der Fehdebrief ab, und dann nahm man das verlassene Gut wieder ein mit gewappneter Hand! Wie schlau doch die Ritter waren! Polyänus und Frontinus in ihren Werken von Stratagemen kennen diese Art Kriegslist nicht, unsere Ritter aber waren schlau wie der erfindungsreiche Odysseus, der sich Niemand nannte, als er dem Kyklopen das Aug ausbrannte!

Unter K. Wentzel standen die Sachen begreiflich noch schlimmer. Sigismund that etwas mehr, und war auch beliebter, denn er lebte mit Bürgern, wie ein Bürger, und theilte als galanter Ritter zu Augsburg und Straßburg Frauen und Töchtern „viel güldene Fingerlein“ aus, aber beyde lebten doch mehr ihren Erblanden, und so blieb das Reich das Paradies der Ritter. Albrecht II. hätte schon gethan, was erst 60 Jahre später Maximilian I. that, wenn er nicht zu Ofen — zu viel Melonen genossen hätte. Unter Friedrich III. aber, der leider! 53 Jahre lang auf dem Throne schlummerte, erreichte das Unwesen der Ritter seinen Culminationspunkt. Mich wundert nur, daß die Kaiser nicht endeten wie Pertinax, und das Reich nicht an einen Meistbietenden versteigert wurde, wie Rom an Julian! Vielleicht fand sich nur kein Käufer!

Fürsten und Bischöfe kämpften mit Adel, Prälaten nnd Städten, und diese wieder unter sich, Brüder gegen Brüder, und die nächsten Anverwandten; jeder Stärkere erhob seine Waffen gegen den Schwächern, jeder Unterthan und Vasall, und jede Innung hielt sich berechtiget, Fehdebriefe zu erlassen, und über diesen Wirrwarr unterblieb der Türkenzug, den das Reich, nach reifer Erwägung, zu Regenspurg beschlossen hatte! Die Sache würde unglaublich scheinen, wenn man nicht noch die Fehdebriefe der Becker und Buben des Markgrafen von Baden an die Städte Eßlingen und Reutlingen v. J. 1450, die der Becker des Pfalzgrafen Ludwig an Rothweil, Ulm und Augsburg, und den des Kochs eines v. Eppenstein hätte, den er mit seinen Küchenjungen, Mägden und Aschenbrödel dem Grafen Otto v. Solms 1477 zusandte! Die Leipziger Schuhknechte schickten 1471 der Universität einen Absagebrief, und ein von Praunstein 1489 der Stadt Frankfurt auch einen, weil eine Jungfrau daselbst seinem Vetter — einen Tanz verweigert hatte! Jeder wollte mit dem andern Span, Spänne d. h. Streitigkeiten haben, spannen und gespannt seyn!

Kein Wunder, wenn gleichzeitige Geschichtschreiber, namentlich Italiener, Deutschland eine weite Mördergrube nennen, und Froissard französische Ritter, die nicht gerne gegen deutsche ziehen wollen, sagen läßt: „Les Allemans sont moult convoiteux, et n'ont pitié de nulluy! ils les mettent en prisons étroits pour attraire plus grande rançon; ils les emmeinent en Bohême, Autriche ou Saxonie, et les tiennent en chateaux inhabitables, allez les guerre là! tels gens valent pis que les Sarrazins ou Payens!“ Erst der ewige Landfriede 1495, der ewig hieß, weil die frühern alle nur auf gewisse Jahre geschlossen waren, wirkte entscheidend, Dank den Ständen und der Türken-Noth; denn unser allzuritterlicher Max, unser Henri IV., mußte dazu gezwungen werden. Und doch glich auch dieser Landfriede, wie die frühern, den sogenannten ewigen Friedensschlüssen, oder dem berühmten Fürstenbunde 1785; — ungeladene Pistolen! Das Römische und Canonische Recht, höhere Cultur und sanftere Sitten, neben Pulver u. Stådten mußten das Beste thun, denn bey unsern Rittern stand der Grundsatz fest:

Riten und Roben dat is kein Schand
dat dun die Besten von dem Land!

Die Ritter nannten sich nåmlich die Besten, so wie ohngefåhr in unsern Zeiten les Aristocrates die Besten hießen!

Lange noch nach dem ewigen Landfrieden kommen daher Klagen vor über Mißhandlungen aller Art, Weglagern, Blenden, Mordbrand und Todtschlag rc., und wie war es auch möglich dem Adel, dem man das Saufen und Fluchen nicht einmal abgewöhnen konnte, das Rauben und Vergewaltigen abzugewöhnen, das vielen Rittern gerade das war, was dem Juden der Schacher. Die Lebensweise der Våter war den Rittern schon zur andern Natur geworden, und schien ihnen die einzige, würdige, adeliche Weise. Råuberey hieß in der Rittersprache — Reuterey, Ritt, Fehde ein Strauß; die Worte sollten die Sache veredlen, wie bey Mönchen und Handwerksburschen, die das Terminiren und Fechten nannten, was auf gut deutsch Betteln heißt. Die Ritter hatten ihren eigenen Cant, wohin auch die feine Redensart „einen über die Klinge springen lassen, vielleicht auch „das fuhr ihm in die Kamaschen," Guckburger für Thurmwåchter, Hellewart für Teufel rc. gehören, und gar euphemisch ist das Wort Sprachhus für Abtritt, „ein hůsch Mensch ist ein Tempel gebauwen uf ein Sprachhus!

Nichts vermag uns diese noblen Ritterzeiten besser zu versinnlichen, als ein Blick auf die Türkey. Die Türken sind der eigentliche Wehrstand oder Adel, die eingebornen armen Griechen das Volk, Kaufleute Handwerker, Matrosen und Bauren — Unterdrückte und Unterdrücker. Türken erblicken in ihren Avanien gar nicht einmal etwas Unrechtes, und hatten es so weit gebracht, daß auch die Unterdrückten bis auf unsere Zeiten glaubten, so müße es seyn. Und gerade so war es auch im Mittelalter, dem goldenen Jahrhundert des Adels und der Ehrengeistlichkeit. Der edle Nahme Ritter in diesen Zeiten erinnert nur an die Croaten, die von jedem Fremdling den Ehren-Nahmen Innac (Held) erwarten, ihre Heldenthaten in Liedern preisen, so schön als die Troubadurs, und wenn man sie am Lichte betrachtet, so sind es — Räubereyen! So leben noch heute die Edlen des Caucasus in ewigen Fehden untereinander, rauben, wo sie können, und gelingt es ihnen nicht mit dem Nachbar, so nehmen sie ihrer eigenen Unterthanen Söhne, Töchter und Weiber hinweg, und verkaufen sie als Sclaven. Chardin beobachtete auch in Mingrelien 4 Edelleute, die von 10 Uhr Vormittags bis 5 Uhr Nachmittags ein Gefäß Wein aussoffen, schwer 460 Pfund!

Gleich wild tobten einst unsere Ritter. Otto von Wittelsbach erstach selbst den Kaiser der Deutschen, Philipp, in seiner Burg zu Bamberg (1208), der ihm eine seiner Töchter versprochen, aber nicht Wort gehalten, und sogar einen Urlasbrief mit nach Pohlen gegeben hatte. Otto, ohne den Philipp ein Arm ohne Schwerdt, und ein Schwerdt ohne Arm gewesen wäre, war der Mann nicht, der sich am Narrenseil herumführen ließ, wäre es auch aus eines Kaisers Bart gedreht, aber welche schreckliche Selbsthülfe! — Die Fürsten fühlten es, sprachen die Acht, und der Rächer ereilte den Flüchtenden an den Ufern des Rheins. Kallheimer fand Otto traurig sitzend unter einem Baum, entfernt von seinem treuen Kurt, und stieß ihn rücklings nieder!

Otto von Wittelsbach war ein rauher Ritter, dessen beleidigter Stolz Rache kochte, und dem man schon etwas verzeihen kann, aber was that ein sanfter Fürst der heiligen Kirche? Bischof Erich von Würzburg, ein Rheinstein († 1266), handelte wie Caligula und Nero, als er die zwölf unruhigen Ritter v. Stein, die ihn befehdeten, ihn, der selbst als Fehdeheld „gerne des Sackes Fünf Zipfel gehabt hätte," auf ihrer eigenen Burg Altenstein, wo sie den Versöhnungs-Schmaus feyerten, sie einzeln vor sich auf sein Zimmer bescheidend, ermorden ließ. Der Lezte der zwölf, von Heerdegen, merkte Unrath, zog bey seinem Eintritt den Dolch, und hieb, ehe auch er niedergestoßen war, mit den Worten: „Nimm dies, Pfaff, zum Andenken!" dem saubern Oberhirten — die Nase ab! Alle zwölf Ritter, Brüder und Vetter des Geschlechts der von Stein zu Altenstein, schlummern in den Klosterhallen von Langheim! Ein Graf von Hohenstein konnte die Mönche zu Walkenried nicht leiden, und da er einst einen in seinem Jagdgehäge traf, so ließ er ihm ein eisernes Halsband umlegen, und so laufen. Der arme Mönch eilte so schnell als möglich seinem Kloster zu, die Brüder hielten Betstunden, segneten ihn, und ließen dann einen Schmidt holen, der das Halsband auf dem Amboß zerschlagen mußte, worüber der Unglückliche starb! Dagegen sperrten die Quedlinburger den berüchtigten Raub-Grafen von Regenstein (1338) in ein eisernes Käfig Jahr und Tag, wie eine wilde Bestie. Das ähnliche Geschichtchen von Bajazet, den Tamerlan so eingesperrt haben soll, ist eine Fabel, aber jenes Käfig ist wenigstens vorhanden auf dem Rathhause zu Quedlinburg, als ein sprechendes Alterthumsstück der Barbarey und Rohheit der Ritterzeiten!

Das schrecklichste Beyspiel der Ritter-Wildheit und der Großen jener Zeiten bleibt aber immer der fünffache Mord, den Ludwig der Strenge, Pfalzgraf, (1256) beging an Einem Tage. Eifersüchtig auf seine Gemahlin, erstach er den Bothen, der ihm den unschuldigen Brief derselben an einen gewissen v. Bolemenburg, verwechselt mit einem Briefe an ihn, überreichte, sprengte sodann in voller Hitze nach Donauwörth, wo seine Gemahlin wohnte, durchbohrte den ihm entgegen eilenden Schloßhauptmann auf der Zugbrücke, im Vorzimmer ein Kammerfräulein, die Hofmeisterin ließ er in die Donau stürzen, und die ganze Grausamkeits-

Scene schloß die Hinrichtung der Fürstin! Die Zeit entdeckte die Unschuld, Ludwig baute zur Sühne das Kloster Fürstenfeld, und kam damit ab, daß ihm seine Zeitgenossen den Beynahmen Severus gaben!

Zu dieser wilden Ritterthat mag als Gegenstück die That des leidenschaftlichen Ulrichs, H. v. Würtemberg gerechnet werden, die ihn mit dem Haß des ganzen Adels belastete, und über ihn und sein Land so viel Unheil brachte. Er mordete im Bbblinger Walde auf der Jagd (1515) den Hans v. Hutten wegen seiner Sabina, und knüpfte ihn als Freyschöffe an die nächste Eiche, das Messer daneben! Ritterlicher handelte der Vetter des Ermordeten, Ulrich v. Hutten, als ihm der Inquisitor Hogstraaten begegnete; im ersten Zorn legte er zwar die Hand an sein Schwert, und rief dem todtblassen Mönch zu: „Du bist ein Kind des Todes!" besann sich aber, und sprach: „Nein! mit solchem Blute will ich mein Schwert nicht besudeln!"

Gerade das Unwesen des Faustrechts, das nach Heinrich des Löwen Tod, auch im Norden tobte, scheint eine Gesellschaft rechtlicher Männer in Westphalen auf den Einfall gebracht zu haben, im Anfange des 13ten Jahrhunderts, die entflohene Gerechtigkeit in Schutz zu nehmen, über Verbrecher, die der Ruf (fama, Vehm) dazu machte, ohne daß sie ein Richter strafte, Gericht zu halten, und die Erde von Straßenräubern, Mördern, Schändern der Frauen und Jungfrauen, Mordbrennern, Kirchenräubern und Dieben möglichst zu reinigen. Ein Beweis, daß der schöne Ritter-Codex unpractisch war! — Diese Westphälischen oder Vehmgerichte (die Kopp lediglich auf Westphalen oder die Länder zwischen Rhein und Weser durchaus beschränkt haben will) waren etwas bedenklich, da die Justiz geheim war, leisteten aber in diesen rohen Zeiten gute Dienste; man schätzt die Zahl der über ganz Deutschland zerstreuten Freyschöffen auf mehr denn 100,000, eben so viele — Henker! Der Adel war häufiger Wissender, als jezt Freymaurer, die Logen aber nur in Westphalen auf rother Erde. Man war am sichersten, wenn man selbst Mitglied war, und das furchtbare Gericht, das aber unter blauem Himmel richtete, war denn doch noch so billig, dem Verdächtigen mit dem weißen Stabe der Wissenden einen Schlag auf die Füße zu geben, auch wohl den zweyten Schlag, damit er sich noch entfernen konnte, (so billig ist man oft h. z. T. nicht einmal bey Justiz-Opfern!) nur wenn man es aufs dritte Mahl ankommen ließ, hörte das Jus Veniae auf, ein Priester trat mit den Sakramenten vor, und der Henker eilte mit dem Gerichteten zum nächsten besten Baume! Ulrich war nicht so gnädig!

Sobald es Gesetze gab, und diese Gesetze mit Nachdruck gehandhabt warden, waren die Wissenden das, was die Rächer des Unrechts, die Rinaldo Rinaldini, und andere hochgesinnte Banditen in Italien. Die Ritter halfen der Justiz nach, wie Carl Mohr in Schillers Räubern, und doch

9*

findet sich noch in der Mitte des 16ten Jahrhunderts ein Vehmgericht zu Zelle. Die Geschichte dieser Vehmgerichte wird wohl stets dunkel bleiben, desto furchtbarer aber können Romanschmierer sie ausmahlen, werden aber schwerlich den badischen Hausmeister Hodapp erreichen, der in den unterirdischen Asylen des alten Schlosses zu Baden Vorlesungen darüber zu halten pflegte, — Vehmgericht und Jungfernkuß waren für ihn aurea praxis! Uebrigens verzeiht man gerne den Rittern, die den deutschen Groß-Inquisitor Conrad v. Marburg — summarissime todtschlugen, und wer lächelte nicht dem sächsischen Ritter, der von Tetzel einen Ablaßbrief um ziemliches Geld zu Leipzig kaufte für eine Sünde, die er zu thun Willens sey, — darauf dem heillosen Ablaß-Mäkler zwischen Jüterbock und Leipzig seinen wohlgespickten Geldkasten abnahm, der noch zu Jüterbock vorgezeigt wird, und dem Erschrockenen höhnisch zurief: „Dies ist die Sünde, die ich habe begehen wollen!

In Franken tummelten sich die zum Theil ausgestorbenen edlen Familien von Schlüsselburg, Aufrees, Egloffstein, Wiesenthau, Streitberg, Neideck, Schotten, Rabenstein, Bodenstein ꝛc. und die Ruinen ihrer Burgen verdanken wir dem schwäbischen Bunde, der auch hier den Landfrieden befestigte. Graf Craft v. Hohenlohe entsprach seinem Namen, und legte nicht nur die Landfriedensstörer in Ketten und Banden, bey Wasser und Brod, sondern zerstörte auch nebst seinen Nachfolgern die

Raubburgen Stein, Gleichen, Gabelstein, Bachenstein, Sulz, Entre, Neudeck, Neufels rc. Gleiches thaten auch die einst mächtigen Grafen von Henneberg, die aber auch selbst größere Fehden mit Thüringen und Würzburg führten. Der unruhigste aller fränkischen Ritter scheint Bramberg gewesen zu seyn, dessen Veste K. Friedrich I. selbst zerstörte, und verbot, sie jemals wieder aufzubauen. Von allen Raubrittern lebt aber noch im frischesten Andenken Eppelin v. Gailing (bey Rothenburg an der Tauber), der auch zu Dreimeusel einen Sitz hatte. In ewiger Fehde mit den Städten, namentlich mit Nürnberg, rettete er sich oft tollkühn mit Hülfe seines Rosses, und galt endlich für einen Hexenmeister. Er sprengte einst flüchtig von einem Felsen in den Mayn, und kann auch über den Nürnberger Stadtgraben gesprengt seyn, wo man noch den Eindruck des Hufeisens zeigt, wenn wir annehmen, daß der Graben damals weniger breit, und die Brustwehr noch nicht vorhanden war. Endlich endete er auf dem Rade zu Postbauer 1581. Aber noch fürchtet das Volk zu Dreimeusel den Hexenmeister, zeigt den Feldstein, wo sein Knappe begraben liegt, dem der Teufel den Hals umdrehte, und singt:

Eppele Galla von Dramauß
reit allzeit zu vierzehn aus,
da reit der Nürnberger Feind aus
Eppele Galla von Dramauß!

Sehr rührig und große Placker waren auch die Ritter in Buchen oder im Fuldischen, nachdem sie sich in Fehden gegen Thüringen und Würzburg, zu Gunsten Fuldas erschöpft hatten. Die Fürst-Aebte zerstörten 1250 — 75 viele ihrer Burgen, namentlich Ebersberg und Andere schloßen sich an den Sterner-Bund, der ihnen aber nicht wohl bekam. Dies waren die noch jezt vorhandenen Familien Erthal, Görtz, Riedesel, Hutten, Thann, Thüngen, Weyers ꝛc. Die Aebte selbst lebten in ständigen Fehden mit Hessen, und Fulda, das jezt Hessen einverleibt ist, muß sich furchtbar gemacht haben, denn die hessischen Mütter stillten ihre Kinder mit dem Wort Fuld, wie einst die Römerinen mit Hannibals Nahmen. Das Volkslied hat sich erhalten:

Troß, Troß! Trull! da kommt der Abt von Ful!

In dem Bißthum Würzburg war es nicht beßer, und da Bischof Conrad Sicherheit herstellen wollte, und selbst einen seiner Vettern als ausgezeichneten Raufbold enthaupten ließ, so fielen seine eigene Verwandte, Bodo von Ravensberg und H. Hund von Falkenberg mit den Ihrigen über ihn, und mordeten den wackern Bischof (1202), da er gerade in den Dom gehen wollte, mitten auf dem Bruderhofe! Henneberg befehdete Würzburg, dem Hohenloh zu Hülfe zog, und in der Schlacht von Kitzingen die Henneberger schlug 1266. Rühmlichst führten jedoch die Hohenlohe meist nur größere Fehden, und standen auf der Seite der Kaiser. Von Friedrich II. erhielten sie daher bedeutende Güter in Italien, halfen H. Albrecht in der Schlacht von Oppenheim gegen Adolph, und hielten es auch mit Friedrich von Oestreich, daher Ludwig der Baier vor Schillingsfürst zog, das „castrum invictum" genannt wird. Graf Albrecht war 1292 zu Wenzel, K. von Böhmen geritten, um ihn für Albrecht zu stimmen, der es aber rund abschlug, und der Graf sagte ihm: „Wohlan, Herr! es sey Euch lieb oder leid, H. Albrecht wird Kaiser!" Die Hohenlohe waren ächte Waiblinger!

Noch im Jahr 1541 schlugen sich, im Geiste der adelichen Rauferzeit, die Domherren Philipp Graf von Hohenlohe, und Poppo Graf von Henneberg, wegen eines Hasens, den ersterer aufgejagt und verfolgt, lezterer aber mit seinen Hunden gefangen hatte. Poppo wollte theilen, Philipp den Hasen allein haben, und so schlugen sie sich auf dem Domhofe, und Hohenlohe erhielt zwey schwere Wunden, an denen er starb. Poppo mußte sich mit den Brüdern des Gebliebenen vertragen, und zahlte 2200 fl. ins Oehringer Spital. Sollte der Würzburger Wein den Domherrn nicht von jeher am gefährlichsten gewesen seyn?

Wegen der Jagd sahe Franken noch eine andere Fehde, die von 1488 — 1492 wüthete zwischen Hohenlohe und dessen Vasallen, denen von Stetten. Die Ritter braunten, raubten und mordeten von ihrer Burg aus in Hohenlohischen Orten, bis endlich die Grafen die Burg belagerten. Pfalz und Würtemberg schickten den Hohenlohern Hülfe; Mainz, Trier, Brandenburg und Hessen aber standen auf der Seite der Stetten. Hall sandte 100 Schützen, 1 Ctr. Lichter und einen Wagen mit Salz; endlich verglich man sich, und Berlichingen besetzte die Burg bis zum Austrag der Sache. Seitdem hatte die noch gut erhaltene, bewohnte und interessante Burg Stetten keine weitere Angriffe mehr auszuhalten, als die der Witterung und andere nicht martialische, vom menschlichen Loos aber unzertrennliche Unfälle. Während dieser Fehde wurde auch der noch stehende Wartthurm von Künzelsau erbauet, denn die Stetten hatten Antheil an der Burg Barthenau, die da stand, wo jezt das alte Schloß stehet, das so viele Fenster haben soll, als Tage im Jahr, weil man sich nicht die Mühe nehmen mag, solche zu zählen, wie bey dem Kelleresel, genannt Tausendfuß, der doch nur 14 Füße hat. Das gewerbfleißige Städtchen zählt auch 18 Brücken, und London nur drey oder jezt vier!

Den meisten Lärmen in Franken machte der kriegerische Markgraf Albrecht von Brandenburg († 1557), genannt Achilles und Ulysses, der in Ansehung der guten Nürnberger Eppelin und Götz v. Berlichingen weit hinter sich ließ. Acht Schlachten gewann er gegen die Stadt, nahm ihr eine Standarte ab, indem er sich allein gegen 16 Mann schlug, und sprang in die Stadt Greifenberg von der Mauer herab, wie Alexander in die Stadt der Oxidracer. Albrecht beherrschte selbst das Reich durch das Zutrauen, das ihm K. Friedrich III. schenkte, und daher mochte er sich auch so Vieles erlauben. Er kämpfte gegen Bayern und Burgund, befehdete Würzburg, Bamberg, Deutschorden, Mainz, Worms, Speyer rc., und hatte

3 Klöster, 2 Städchen, 19 Schlösser, 78 Edelsitze, 17 Kirchen, 19 Hämmer, 28 Mühlen und 170 Dörfer nebst 3000 Morgen Reichswald — niedergebrannt! Der deutsche Achilles gewann den Preis in 17 Turnieren, ohne je aus dem Sattel gehoben zu werden, und kam zuletzt in die Acht — und Aberacht — aber er lachte nur: „Acht und Aberacht thut nur 16, und mit so viel werde ich fertig!"

In der Wetterau waren, wenn auch die Nassauer und Solmser sich ruhig hielten, die Falkensteiner und Cronberge in ewiger Fehde mit den vier Städten Frankfurt, Wetzlar, Friedberg und Gelnhausen. Sie hauseten in der Nähe des gefährlichen Taunus, neben den Reifensteinern, Epsteinern rc. in der Nachbarschaft des aufblühenden, reichen Frankfurts. — Nicht immer gelang es den Reichsstädtern, die Räuber zu fangen; wenn es aber geschahe, so schloß der edle Räuber seine Ritterrolle auf dem Blutgerüste. Sie droheten die fruchtbare Wetterau in eine Wüste zu verwandlen, jezt aber liegen ihre Burgen wüste, und die Frankfurter Welt wallfahrtet gemüthlich und sicher nach den schönen Ruinen jener einst furchtbaren Raubhöhlen!

Noch sieht man unweit Fritzlar das steinerne Kreuz, wo der zum Kaiser bestimmte Herzog Friedrich von Braunschweig (1400) von Graf Heinrich v. Waldek, und seinen Gehülfen v. Falkenberg und Hertingshausen, die sich jedoch nur an ihm pfänden wollten wegen einer Forderung von 100,000 Mark, erschlagen wurde. Weiter gegen Norden, wo der Adel die Volksfreyheit später unterdrückte, standen schon 1187 die Stedinger, gedrückt von Oldenburg und Bremen, auf wie Schweizer, und so auch späterhin die Rüstringer. Sodann wütheten Fehden zwischen Oldenburg, Bremen, Hoja, Ostfriesland, Münster ꝛc. Bentheim, Steinfurt und Münster befehdeten sich 1343, und Münster zerstörte die Veste Schwanenburg, und dann wieder Fehde 1380, bis man endlich auf Schiedsrichter und Einlager verfiel. Zuletzt kam noch die Bruderfehde zwischen Oldenburg und Delmenhorst (1460), worüber selbst die heil. Jungfrau des Klosters Rastedt zehen Tage lang erröthete, schwitzte, und helle Zähren herabweinte auf den Hochaltar!

Die Grafenfehde κατ' ἐξοχὴν mit Lübeck gegen Dännemark (1534) machte den Beschluß, und noch gilt dorten das Sprüchwort (was auch anderwärts Anwendung finden mag), wenn man einen recht elenden Zustand beschreiben will: „Wir kommen in des Grafen Zeit!“ Hochberühmt oder berüchtiget im deutschen Norden waren auch die Ritter der Deesenburg bey Warburg, die denen von Spiegel gehörte, und daher die vielen Volkssagen von diesem Deesenberge, den daselbst verborgenen Schätzen und von den Geschenken, welche die Hirten von Carl dem Großen von Zeit zu Zeit erhalten haben, der mit seinem ganzen Hofstaate in diesen Berg gebannet ist! Ein Graf von der Mark, genannt der Eber der Ardennen, lebte wie ein wildes Thier und rechnete es sich zur Ehre; seine Gehülfen trugen den Kopf eines Ebers gestickt auf dem Aermel. Max I. ließ diesen wilden Eber 1485 enthaupten, dessen Denkspruch war: Wenn Gott mich nicht will, mag mich der Teufel holen!

In Schwaben mag es am schlimmsten zugegangen seyn, denn hier tummelten sich die meisten Ritter. In den mahlerischen Ruinen der Burg Liebenzell auf dem Schwarzwalde hauste der Ritter Erkinger von Merklingen, der sich selbst den Ehrennamen „der große Tyrann" beylegte. Pfalzgraf Ruprecht und ein Markgraf von Baden eroberten seine Burg, und stürzten den großen Tyrannen herab von dem großen rothen Thurme, der jezt so friedlich und schön aus dem schwarzen Nadelgehölze hervorleuchtet in das Bad, das einst Unfruchtbaren seegensreich gewesen seyn soll, so lange das Bad noch besuchter, und das reiche Benedictiner-Kloster Hirschau noch im blühenden Zustande war.

In Schwaben weglagerte sich noch, nach dem Landfrieden (1511), der lezte Graf von Werdenberg zwischen Riedlingen und Mengen, und erschlug den Grafen Andreas v. Truchseß Waldburg, ohne daß die Familie von Kaiser und Reich Genugthuung erhalten konnte. Dieser hatte bey dem Beylager Herzog Ulrichs jenem, der sehr klein war, und die Braut hoch führte, zugerufen: „hoch genug! Werdenberg!" was der Kleine so übel nahm, daß er drohete. — Truchseß erwiederte lächelnd: Und wenn ich den Finger dir ins Maul steckte, hättest du nicht das Herz, mich zu beißen!" Man hüte sich aber vor Kleinen!

Der ärgste Fehdeheld Schwabens war wohl Graf Eberhard von Württemberg, wie schon sein Beyname der Greiner (d. h. Zänker) und der Rauschbart lehret. Er wandelte ganz in den Fußstapfen seines Großvaters, und konnte niemand weniger leiden, als die Reichsstädter! Die Pfahlbürger, oder die Leute, welche in den Städten sich ansiedelten, um dem unleidentlichen Adelsdruck zu entgehen, gaben zu hundert Fehden Anlaß, und so auch hier. Stets hatte Eberhard Streit mit den Städten, vorzüglich mit Eßlingen und Reutlingen, sein Sohn Ulrich verlor das Feld gegen die Reutlinger, dafür aber siegte der Vater in der heißen Schlacht von Döffingen 1388. Wenn er auch neben seinem einzigen erschlagenen Sohn Ulrich in Thränen zerfloß, so richtete ihn doch die auf dem Schlachtfelde erhaltene Nachricht von der Geburt eines Urenkels wieder auf, und er rief freudig: „Gottlob! Fink hat wieder Saamen!" So nahm Xenophon den Kranz ab, als er hörte, sein Sohn sey gefallen in der Schlacht von Mantinea, setzte ihn aber wieder aufs Haupt, als man dessen Tapferkeit rühmte, und sprach: „Ich wußte, daß mein Sohn sterblich ist!"

Wolf von Wunnenstein, dessen Burgruine in der Gegend von Beilstein noch zu sehen ist, half Eberhard treulich gegen die Städter, die er gleich ritterlich haßte. Wie ein Hagel fiel er bey Döffingen über sie her, obgleich Eberhard, sein alter Feind, die angebotene Hülfe verschmähet hatte, und da ihm dieser danken wollte, ritt der alte Degen davon, und rief: Gute Nacht! es steht in alten Rechten! — Unterwegs trieb er Vieh in seine alte Burg, und Eberhard, dem die Bauern klagten, sprach lachend: „Das alt Wölflein hat wieder einmal Kochfleisch geholet!"

Schwere Summen musten die Städte Eberharden zahlen; man verwüstete Aecker und Gärten, und besäete sie mit Senf. Bäume und Weinstöcke wurden umgehauen, und von der Alp Ziegen herbeygeschafft, um sie den Eßlingern in die Weinberge zu jagen! Noch im dreißigjährigen Kriege dachten die österreichischen Generale Ossa und Montecuculi nicht besser, und wollten „ein Feuer in Württemberg machen, daß die Engel im Himmel die Füße an sich ziehen sollten!" Wir haben einen schrecklichen Krieg durchgemacht, aber vergleichen wir ihn mit den Kriegsgreueln der Ritterzeit, so müssen wir denn doch die vorgeschrittene Cultur und Humanität preisen, wenn wir auch gleich auf unsere „Wie gehts?" „Was machens?" statt eine Antwort, nur die Gegenfrage hörten: „Habens auch Quartier?" wobey Weiber und Mädchen wohl gar noch lachten! Noch oft werden die Helden Napoleons an die behaglichen deutschen Quartiere denken, und davon sprechen; bey Rosbach aber wiesen ihnen Seidlitz Reuter ganz andre Quartiere. Die flüchtigen Helden Louis riefen, statt Pardon, das den

Deutschen verständlicher scheinende Wort: „Quartier!“ gerade aber das verstanden die Preußen falsch, und hieben ein „Wir wollen euch Quartier geben!“ So hätten wir es auch machen sollen, kann und wird aber in Zukunft geschehen! Hoffnung läßt nicht zu Schanden werden!

---

# VIII.

## Der Beschluß.

Wildheit und Rohheit war stets im Gefolge der Ritter, und daher müssen wir noch bey ihnen weilen, um das Glück gebildeter Zeiten desto besser zu würdigen. Die Kreuzzüge scheinen der Wendepunct des Ritterwesens, und was es etwa Edles athmete, gewesen zu seyn. Diese andächtigen kriegerischen Wallfahrten im größten und abentheuerlichsten Maaßstabe führten zuletzt eine wahre Sittenverwilderung herbey, und in ihnen verzehrte sich das Feuer des romantisch-heroischen Schwunges, den die Religion in die Brust des rauhen Kriegers voll Aberglaubens gebracht hatte. Die Streiter des heiligen Louis sind schon lange nicht mehr die frommen Helden Bouillons, und späterhin traten noch mehrere Local-Umstände in Weg. Der Rittergeist der Britten hing unter in der Vertilgungsfehde der rothen und weißen

Rose; in Frankreich und Spanien durch Inquisition und Königsmacht, und in Deutschland erstickte er in den Greueln des Faust- und Fehderechtes, in den ewigen Kämpfen zwischen Adel und Städten, in italienischen Kriegen, im Hussiten- und Bauernkriege. Plus valent boni mores quam bonae leges — aber man kann Horazens Frage auch umdrehen: Quid valent mores sine legibus? Schlechte Gesetze erzeugen auch schlechte Sitten, und schlechte Gesetze waren doch wohl das Fehderecht, die Landfrieden von 3—5 Jahren, die Ordalien und gerichtlichen Zweykämpfe, und die ganze löbliche Feudal-Adels-Anstalt!

Wer sich in jene Zeiten der Rohheit recht versetzen will, darf nur unsere Carolina studieren, die alle vier Elemente aufruft, um die Gesetze zu rächen — Verbrennen, Ertränken, Ersticken, Begraben — und diese wilde Carolina ward noch von den Juristen des 18. Jahrhunderts angebetet, wie eine bezaubernde Schöne! Wenn der Ritter noch so arg gewüthet hatte, so sprach er mit Sulla, als dieser 6000 Gefangene morden ließ in der Nähe des Senats, der über das Jammergeschrey erschrocken, nicht mehr auf die Rede des Dictators Acht hatte: Es ist nichts, ich lasse nur einige Unruhige züchtigen!" Ein Symbol jener Zeiten der Wildheit sind auch noch die vielen bemoosten Kreuze von Stein in Wäldern und auf Wegen, die den Ort bezeichnen, wo Erschlagene ruhen, oder rohe Gewalt dem Tode sein Opfer brachte! Alles war ungeheuer roh; nicht bloß die Ritter. So ritten 1295 die beyden Söhne des Burggrafen von Nürnberg Fried. III. auf die Jagd; einer ihrer Hunde würgte das Kind eines Sichelschmidts, und nun eilte das ganze Handwerk herbey, und schlug die beyden Grafen todt bey St. Jacob, und die Stelle hieß lange „die kleine Türkey!

Uralt ist die Meinung, daß lasterhafte und böse Menschen nach ihrem Tode keine Ruhe im Grabe haben, sondern als Poltergeister herumspuken, und diese Rollen ertheilet das Volk meist den Rittern. Der Volksglaube herrschet noch heute, daß es in alten Schlössern nicht geheuer sey, und dieser Glaube mahlet am schönsten die schreckliche Periode der Faustrechts-Zeiten. Arg genug machten es die Ritter, und es ist doch wahrlich nur eine sehr schwache Wiedervergeltung, wenn die armen geplagten Leute ihre noblen Peiniger auf ihren Burgruinen winseln, lärmen und poltern hören, im schwarzen Harnisch auf wildschnaubenden Rappen herumirren sehen, oder als feurige Männer und schwarze Kettenhunde mit Feueraugen und flammenspeienden Mäulern! Es ist merkwürdig, daß noch heute der Teufel in abgelegenen Dörfern erscheint, adonisiret in einen rothgekleideten Cavalier, grünen Jäger oder wenigstens im Reitermantel, womit er seinen Pferdefuß zu verdecken sucht. — und man darf es dem Schulmeister, dem bey der Abendglocke ein in die Kirche gesperrter großer Hund zwischen die Beine fuhr, wahrlich nicht so übel nehmen, wenn er laut heulend rief: Adieu; Gvatter Schulz, mich hat er (der Teufel!). Noch merkwürdiger ist es, daß der Teufel Weibern, die mit ihm buhlerische Verträge schlossen, stets erschienen ist als Edelmann und Reiter! Alles dieses und alle üble Nachreden des Volks scheint aber unsere Ritter wenig angefochten zu haben, die wie Augustus dachten, satis est, si hoc habemus, ne quis nobis male facere possit! Oderint dum metuant!!

In einem Gemälde der Faustrechtszeiten darf der berühmte sächsische Prinzenraub keineswegs fehlen. Cunz von Kauffungen, ein im Hussitenkriege und in dem sächsischen Bruderzwiste sich ausgezeichneter Ritter hatte im Kriege seine thüringischen Güter verloren, dafür aber andre bis zur Wiedereinsetzung in Meissen erhalten, und mit Recht zwang ihn der Kurfürst Friedrich der Sanftmüthige zu Abtretung der Meißnischen, als er die thüringischen Güter wieder hatte. Cunz dachte aber nicht so billig, und drohete Rache, nicht an des Kurfürsten Land und Leuten, sondern an dessen eigenem Blute. „Siehe zu, Cunz! daß du mir die Fische nicht im Teiche verbrennst,“ sagte der Kurfürst, Cunz aber raubte mit seinen Mitverschworenen v. Mosen und Schönfeld die beyden Prinzen Ernst und Albrecht (1455) von der Altenburg aus ihrem Schlafzimmer. Bekanntlich befreyete an der böhmischen Gränze ein Köhler den Prinzen Albrecht, und den andern lieferten die

Raubritter freywillig aus. Cunz wurde zu Freyberg enthauptet, und der Köhler durfte sich eine Gnade ausbitten. Er bat um die Erlaubniß, im Walde, wo er den Prinzen rettete — frey Kohlen brennen zu dürfen! Aber der großmüthige Fürst schenkte ihm noch ein Freygut, und seine Familie, die jetzt Triller heißt, bezieht noch heute etwas Korn vom Amte Zwickau. Ein Triller, vermuthlich aus dieser Köhlers-Familie, hat diesen Prinzenraub episch besungen (1743), und wir verzeihen, wegen der guten historischen Anmerkungen, die schlechten Verse, die so geschmacklos sind, als die epischen Denkmähler, welche in dieser Periode die Postel und Schönaich unsern deutschen Helden Wittekind, Hermann und Heinrich I. setzen zu müssen glaubten.

Nirgendswo mag die Fehdezeit toller getobet haben und länger als in Böhmen, wo man noch über 800 Burgruinen zählet, und noch heute der Adel sich zur Volksmasse verhält wie 1—304! In der Burg Krzenow bey Pilsen herrschte der Raubritter Joh. v. Schwamberg in beständiger Fehde mit Pilsen und Saaz. Im Jahr 1507 gelang es den Pilsern seine Burg zu erstürmen; sie hingen die Knechte an die nächsten Bäume auf, den Ritter aber führten sie nach der Stadt, wo er enthauptet wurde. Wie man ihn hinausführte, wünschte er noch von seiner Geliebten sich zu verabschieden; man erlaubte es ihm, und nun duldete er den Tod sonderbar lächlend. Siehe! da tönte die Sturmglocke in Pilsen, Feuerflammen loderten

10 *

empor an allen vier Ecken, 200 Häuser lagen in wenig Stunden in der Asche: die Geliebte des Ritters hatte mit einigen Knechten dem Ritter dieses gräßliche Todesfest zubereitet!

Der ewige Landfriede vermochte den Fehdegeist nicht so geschwinde zu bannen. Zwischen Hessen und Pfalz tobte noch 1504 eine schreckliche Fehde, wobey die Grafen von Erbach als pfälzische Vasallen viele Güter in der Bergstraße verloren; die Hessen sengten und brennten, wie späterhin die Franzosen Louis XIV. — und lange hieß es im Volke:

der Hessen Brandstich
klagts Rheinland billig.

Im Norden wüthete noch 1519 die sogenannte Hildesheimische Stiftsfehde. Rühmlichst war der Bischof auf Einschränkungen bedacht, was dem Stiftsadel übelgefiel, vorzüglich drey Brüdern v. Saldern, die unter dem Schutze Braunschweigs Fehde ankündigten. An demselben Tage, wo die Kurfürsten zu Frankfurt Carl V. zum Kaiser wählten, lieferten sich beyde Theile die berühmte Schlacht auf der Soltauer Heide, wo 4000 blieben, Hildesheim aber obsiegte. Noch im Jahr 1552 raubte ein Ritter von Stein einen Kaufmann von Siegen seinen ganzen Kram bey Eisenach, der Ritter mußte sich vertragen und 600 fl. Ersatz leisten! Noch im Jahr 1555 verewigte das kleine Wurzen an der Mulde eine Fehde zwischen Hans v. Carlowitz, Erben des verstorbenen Bischofs, und Hans v. Haugwitz, dessen Nachfolger; jener trieb 700

Schweine hinweg, ohne zu fragen, wem sie gehörten? und daher hieß diese letzte Fehde — der Saukrieg! Die Ritter waren einmal gewohnt, nach Regeln zu rauben, und die Landfrieden wirkten nicht mehr, als die strengsten Criminalgesetze, sonst müßten die Wälder bey Bondi und Orleans, und die Heide zwischen Canterbury und London so sicher seyn, als der Prater zu Wien und der Thiergarten zu Berlin. Der Fehdegeist erstickte erst im Religionshaß — in Religionskriegen, und in der grossen 30jährigen Hauptfehde des deutschen Vaterlandes!

Am allerschlimmsten scheint der Adel in den Städten selbst gehauset zu haben, und die Königshover Chronik von Elsaß liefert merkwürdige Belege, wie die Bürger Straßburgs von den Familien Mülheim, Bock, Rebstock, Zorn rc. (1406 bis 19) mißhandelt wurden. Sie plünderten die Kramladen, und schlugen denen, die sich widersetzten, die Haut voll, sie stiegen in Nonnenklöster, warfen Fenster ein, nothzüchtigten mit ihren Knechten Frauen und Mädchen, und verstopften ihnen mit Koth den Mund rc. Unendlich war die Langmuth der ehrbaren Bürger! Sie jagten sie endlich aus der Stadt, nahmen sie aber 1422 gutmüthig wieder auf im Wege des Vergleichs. Die Ritter glaubten sehr viel zu thun, wenn sie das Bürgerpack nur ritterlicher Waffen würdigten, wie die Scythen bey Herodot: „Sollen wir mit Waffen auf unsere Sclaven losgehen? sie dünken sich uns an Geburt und Würde gleich! Peitschen wollen wir nehmen, und so werden sie merken, daß sie nur Sklaven sind, und ausreißen!"

Die Städter glüheten voll Hasses gegen die Ritter, wie diese umgekehrt gegen die Städter, und so geschahe mancher Greuel aus Leidenschaft. Die Ritter waren die Füchse und Vögel des Evangeliums, die Höhlen und Nester haben, das Volk aber hatte, wie des Menschen Sohn, kaum wo er sein Haupt hinlegte; — die Ritter verarmten, und die Städter wurden reich, und nun auch ihrerseits übermüthig. Die Nördlinger, die jetzt so artig sind, waren einst so wild, daß sie einen Grafen von Oettingen vom Pferde schossen wegen einer — Wachtel! Ritter und Städter verhielten sich wie Cäsar und die Seeräuber Ciliciens; — der gefangene Ritter that so stolz als Cäsar, nur daß er nicht mehr Lösegeld zahlte, als gefordert wurde, und das Aufknüpfen umwechselte:

Proprium humani ingenii odisse quem laeseris!

Im Jahr 1418 verbrannte ein Ritter ein der Stadt Hall gehöriges Dorf; die Städter zogen aus und fingen sieben Reuter nebst einem Reutersbuben, die sogleich in den Stadtgraben geführt wurden, wo der Nachrichter schon wartete. Die sieben Reiterköpfe flogen, die Reihe kam an den Knaben, der mitleidige Scharfrichter fragte den Blutrichter: „Herr! wie soll ichs halten mit dem Buben?" Wie heißt du? „Hans Hammer." Ey! sprach der Blutrichter lachend, wäre Hämmerlein nicht auch ein Name? du stehst als Mann im Feindesbrief, so vertritt den Mann, aus Jungen werden Alte, wie aus Kälbern Küh'r;" der arme Reutersbube mußte den Hals darstrecken, so roh waren die Zeiten! Die Republik Hall dachte, wie ihre Schwester Rom, die gleichfalls unter dem Triumvirate des Antonius, Octavius und Lepidus einem Knaben die Toga gab, um ihn als mündig hinrichten zu können. Malitia supplet aetatem!

Hall war übrigens, nach Eßlingen, eine der unruhigsten Reichsstädte, die außer ihren städtischen Gesamtfehden stets noch Nebenfehden mit den Nachbarn Hohenlohe, Comburg, Limpurg rc. führte, und daran noch nicht genug habend, auch noch Schläger in ihre Ringmauern zog, die in dem sogenannten Kampfgericht, von dem wir schließlich noch sprechen müssen, das Recht hatten, sich öffentlich zu morden. — Hall, eine der ältesten deutschen Städte wegen seiner Salzwerke, um die sich schon Burgunder und Allemannen herumschlugen, prägte die bekannten Heller, und nach Pfund Heller (etwa 2 Thaler) rechnete man in Franken, Schwaben und am Rhein; die Stadt selbst aber scheint am wenigsten reich daran gewesen zu seyn, denn sie war bey vier großen Landämtern voller Schulden, während die Nachbarin Heilbronn mit nur vier Dörfern nicht nur ganz schuldenfrey, sondern sogar nahe daran war, von Capitalien die öffentlichen Ausgaben zu bestreiten. — Hall führte zuletzt noch einen langen kostspieligen Federkrieg mit ihrem Magistrate (wobey sich das Gespenst der Hall- oder Salzgeist, ganz neutral verhielt).

den aber nicht ein hochpreisliches Reichs-Kammer-Gericht endigte, sondern die Krone Württemberg 1802.

Weit berühmt war der Kampfplatz zu Hall, aber es gab auch welche zu Anspach, Würzburg, Fürth ꝛc., wenn unsere alten Eisenfresser vom richterlichen Ausspruch, oder bey einer Beleidigung auf das Naturrecht die Faust appelliren, oder in ihrer Sprache „beweisen wollten mit dem Kolben aufs Haupt nach Kampfrecht;“ in dieser Manier befestigten sie am liebsten den Krieg Rechtens. Verwiesen ja selbst Könige als Richter Händel, die ihnen zu verwickelt schienen, auf den Zweykampf, wie K. Otto I. die Rechtsfrage: Ob Söhne und Enkel zu gleichen Theilen erben sollen? oder in Spanien die theol. Frage: Ob die mozarabische Liturgie oder die römische Gott am gefälligsten sey? Sie glaubten, daß die Vorsehung, die aller Menschen Handlungen leuke, auch die Ordalien oder den Zweykampf lenke; — Zeugen waren nicht selten verdächtig oder schwuren falsch, mit der Prüfung des Zeugen-Beweises oder anderer Beweise wußte man nicht umzugehen, folglich zog man den Beweis vor, wo Gott selbst entschied. Von allen Gottes-Urtheilen mußte dem Tapfern der Zweykampf am liebsten seyn, der sogar für eine gottesdienstliche Handlung galt, und Ehrengeistlichkeit ermangelte nicht, sich geistlich einzumischen mit ihren Sakramenten. Die Ehrengeistlichkeit bekannte sich stets zu Vespasians heidnischem Grundsatze: „Lucri bonus odor ex re qualibet, und vermiethete Kirchen- und Klosterhöfe zu Kampfplätzen. Wenn das canonische Recht auch gegen diesen Kampf eifert, so geschahe es gerade nicht aus canonischer Christenliebe, sondern aus Furcht, andere Ordalien in Pfaffenhand möchten dabey zu kurz kommen. Kampf-Ordnungen wurden nun förmliche Proceß-Ordnungen, bis das römische Recht in vollen Gang kam, und das Faust- und Kolbenrecht besiegte. Eine unerkannte römische Rechtswohlthat!

Zweykampf vor Gericht gefiel den Rittern, deren Abgott das Schwert war, und wer will leugnen, daß dieser germanischen Sitte nicht selbst etwas Edles zu Grunde liege? Etwas Freyes, das selbst der Grieche und Römer nicht kannte? Wer nicht selbst die Waffen führen konnte, Damen, Geistliche, Greise, Unmündige rc. wählte sich einen Vorfechter (Champion), und durfte nicht lange suchen. Die Zeugen, ja selbst die Richter mußten sich gefallen lassen Parthie zu nehmen, und gefordert sich herum balgen. Der höchste Beweis des großen Ansehens, in dem das Kampfrecht stand, ist wohl der Kampf zwischen Mann und Frau. Nach dem Würzburger Gesetz v. J. 1447 stand der Mann bis zur Leibesmitte in einer drey Schuhe weiten Grube mit einem Stecken 2 Daumen dick und einer Elle lang, deren er 3 haben soll — die Frau steht frey, und hat einen gleichen Stock, woran aber ein Schleyer mit einem Stein 1 Pfund an Gewicht. Wenn der Mann nach der Frau schlägt und die Erde berühret, so hat er

Rose; in Frankreich und Spanien durch Inquisition und Königsmacht, und in Deutschland erstickte er in den Greueln des Faust- und Fehderechtes, in den ewigen Kämpfen zwischen Adel und Städten, in italienischen Kriegen, im Hussiten- und Bayernkriege. Plus valent boni mores quam bonae leges — aber man kann Horazens Frage auch umdrehen: Quid valent mores sine legibus? Schlechte Gesetze erzeugen auch schlechte Sitten, und schlechte Gesetze waren doch wohl das Fehderecht, die Landfrieden von 3—5 Jahren, die Ordalien und gerichtlichen Zweykämpfe, und die ganze löbliche Feudal-Adels-Anstalt!

Wer sich in jene Zeiten der Rohheit recht versetzen will, darf nur unsere Carolina studieren, die alle vier Elemente aufruft, um die Gesetze zu rächen — Verbrennen, Ertränken, Ersticken, Begraben — und diese wilde Carolina ward noch von den Juristen des 18. Jahrhunderts angebetet, wie eine bezaubernde Schöne! Wenn der Ritter noch so arg gewüthet hatte, so sprach er mit Sulla, als dieser 6000 Gefangene morden ließ in der Nähe des Senats, der über das Jammergeschrey erschrocken, nicht mehr auf die Rede des Dictators Acht hatte: Es ist nichts, ich lasse nur einige Unruhige züchtigen!" Ein Symbol jener Zeiten der Wildheit sind auch noch die vielen bemoosten Kreuze von Stein in Wäldern und auf Wegen, die den Ort bezeichnen, wo Erschlagene ruhen, oder rohe Gewalt dem Tode sein Opfer brachte! Alles war ungeheuer roh, nicht blos die Ritter. So ritten 1295 die beyden Söhne des Burggrafen von Nürnberg Fried. III. auf die Jagd; einer ihrer Hunde würgte das Kind eines Sichelschmidts, und nun eilte das ganze Handwerk herbey, und schlug die beyden Grafen todt bey St. Jacob, und die Stelle hieß lange „die kleine Türkey!

Uralt ist die Meinung, daß lasterhafte und böse Menschen nach ihrem Tode keine Ruhe im Grabe haben, sondern als Poltergeister herumspuken, und diese Rollen ertheilet das Volk meist den Rittern. Der Volksglaube herrschet noch heute, daß es in alten Schlössern nicht geheuer sey, und dieser Glaube mahlet am schönsten die schreckliche Periode der Faustrechts=Zeiten. Arg genug machten es die Ritter, und es ist doch wahrlich nur eine sehr schwache Wiedervergeltung, wenn die armen geplagten Leute ihre noblen Peiniger auf ihren Burgruinen winseln, lärmen und poltern hören, im schwarzen Harnisch auf wildschnaubenden Rappen herumirren sehen, oder als feurige Männer und schwarze Kettenhunde mit Feueraugen und flammenspeienden Mäulern! Es ist merkwürdig, daß noch heute der Teufel in abgelegenen Dörfern erscheint, adonisiret in einen rothgekleideten Cavalier, grünen Jäger oder wenigstens im Reitermantel, womit er seinen Pferdefuß zu verdecken sucht. — und man darf es dem Schulmeister, dem bey der Abendglocke ein in die Kirche gesperrter großer Hund zwischen die Beine fuhr, wahrlich nicht so übel nehmen, wenn er lautheulend rief: Adieu, Gvatter Schulz, mich hat er (der Teufel!). Noch merkwürdiger ist es, daß der Teufel Weibern, die mit ihm buhlerische Verträge schlossen, stets erschienen ist als Edelmann und Reiter! Alles dieses und alle üble Nachreden des Volks scheint aber unsere Ritter wenig angefochten zu haben, die wie Augustus dachten, satis est, si hoc habemus, ne quis nobis male facere possit! Oderint dum metuant!!

In einem Gemälde der Faustrechtszeiten darf der berühmte sächsische Prinzenraub keinesweges fehlen. Cunz von Kauffungen, ein im Hussitenkriege und in dem sächsischen Bruderzwiste sich ausgezeichneter Ritter hatte im Kriege seine thüringischen Güter verloren, dafür aber andre bis zur Wiedereinsetzung in Meissen erhalten, und mit Recht zwang ihn der Kurfürst Friedrich der Sanftmüthige zu Abtretung der Meißnischen, als er die thüringischen Güter wieder hatte. Cunz dachte aber nicht so billig, und drohete Rache, nicht an des Kurfürsten Land und Leuten, sondern an dessen eigenem Blute. „Siehe zu, Cunz! daß du mir die Fische nicht im Teiche verbrennst," sagte der Kurfürst, Cunz aber raubte mit seinen Mitverschworenen v. Mosen und Schönfeld die beyden Prinzen Ernst und Albrecht (1455) von der Altenburg aus ihrem Schlafzimmer. Bekanntlich befreyete an der böhmischen Gränze ein Köhler den Prinzen Albrecht, und den andern lieferten die

Raubritter freywillig aus. Cunz wurde zu Freyberg enthauptet, und der Köhler durfte sich eine Gnade ausbitten. Er bat um die Erlaubniß, im Walde, wo er den Prinzen rettete — frey Kohlen brennen zu dürfen! Aber der großmüthige Fürst schenkte ihm noch ein Freygut, und seine Familie, die jetzt Triller heißt, bezieht noch heute etwas Korn vom Amte Zwickau. Ein Triller, vermuthlich aus dieser Köhlers-Familie, hat diesen Prinzenraub episch besungen (1743), und wir verzeihen, wegen der guten historischen Anmerkungen, die schlechten Verse, die so geschmacklos sind, als die epischen Denkmähler, welche in dieser Periode die Postel und Schönaich unsern deutschen Helden Wittekind, Hermann und Heinrich I. setzen zu müssen glaubten.

Nirgendswo mag die Fehdezeit toller getobet haben und länger als in Böhmen, wo man noch über 800 Burgruinen zählet, und noch heute der Adel sich zur Volksmasse verhält wie 1—304! In der Burg Krzenow bey Pilsen herrschte der Raubritter Joh. v. Schwamberg in beständiger Fehde mit Pilsen und Saaz. Im Jahr 1507 gelang es den Pilsern seine Burg zu erstürmen; sie hingen die Knechte an die nächsten Bäume auf, den Ritter aber führten sie nach der Stadt, wo er enthauptet wurde. Wie man ihn hinausführte, wünschte er noch von seiner Geliebten sich zu verabschieden; man erlaubte es ihm, und nun duldete er den Tod sonderbar lächlend. Siehe! da tönte die Sturmglocke in Pilsen, Feuerflammen loderten

10 *

empor an allen vier Ecken, 200 Häuser lagen in wenig Stunden in der Asche: die Geliebte des Ritters hatte mit einigen Knechten dem Ritter dieses gräßliche Todesfest zubereitet!

Der ewige Landfriede vermochte den Fehdegeist nicht so geschwinde zu bannen. Zwischen Hessen und Pfalz tobte noch 1504 eine schreckliche Fehde, wobey die Grafen von Erbach als pfälzische Vasallen viele Güter in der Bergstraße verloren; die Hessen sengten und brennten, wie späterhin die Franzosen Louis XIV. — und lange hieß es im Volke:

der Hessen Brandstich
klagts Rheinland billig.

Im Norden wüthete noch 1519 die sogenannte Hildesheimische Stiftsfehde. Rühmlichst war der Bischof auf Einschränkungen bedacht, was dem Stiftsadel übelgefiel, vorzüglich drey Brüdern v. Saldern, die unter dem Schutze Braunschweigs Fehde ankündigten. An demselben Tage, wo die Kurfürsten zu Frankfurt Carl V. zum Kaiser wählten, lieferten sich beyde Theile die berühmte Schlacht auf der Soltauer Heide, wo 4000 blieben, Hildesheim aber obsiegte. Noch im Jahr 1552 raubte ein Ritter von Stein einen Kaufmann von Siegen seinen ganzen Kram bey Eisenach, der Ritter mußte sich vertragen und 600 fl. Ersatz leisten! Noch im Jahr 1555 verewigte das kleine Wurzen an der Mulde eine Fehde zwischen Hans v. Carlowitz, Erben des verstorbenen Bischofs, und Hans v. Haugwitz, dessen Nachfolger; jener trieb 700

Schweine hinweg, ohne zu fragen, wem sie gehörten? und daher hieß diese letzte Fehde — der Saukrieg! Die Ritter waren einmal gewohnt, nach Regeln zu rauben, und die Landfrieden wirkten nicht mehr, als die strengsten Criminalgesetze, sonst müßten die Wälder bey Bondi und Orleans, und die Heide zwischen Canterbury und London so sicher seyn, als der Prater zu Wien und der Thiergarten zu Berlin. Der Fehdegeist erstickte erst im Religionshaß — in Religionskriegen, und in der grossen 30jährigen Hauptfehde des deutschen Vaterlandes!

Am allerschlimmsten scheint der Adel in den Städten selbst gehauset zu haben, und die Königshover Chronik von Elsaß liefert merkwürdige Belege, wie die Bürger Straßburgs von den Familien Mülheim, Bock, Rebstock, Zorn ꝛc. (1406 bis 19) mißhandelt wurden. Sie plünderten die Kramladen, und schlugen denen, die sich widersetzten, die Haut voll, sie stiegen in Nonnenklöster, warfen Fenster ein, nothzüchtigten mit ihren Knechten Frauen und Mädchen, und verstopften ihnen mit Koth den Mund ꝛc. Unendlich war die Langmuth der ehrbaren Bürger! Sie jagten sie endlich aus der Stadt, nahmen sie aber 1422 gutmüthig wieder auf im Wege des Vergleichs. Die Ritter glaubten sehr viel zu thun, wenn sie das Bürgerpack nur ritterlicher Waffen würdigten, wie die Scythen bey Herodot: „Sollen wir mit Waffen auf unsere Sclaven losgehen? sie dünken sich uns an Geburt und Würde gleich! Peitschen wollen wir nehmen, und so werden sie merken, daß sie nur Sklaven sind, und ausreißen!"

Die Städter glüheten voll Hasses gegen die Ritter, wie diese umgekehrt gegen die Städter, und so geschahe mancher Greuel aus Leidenschaft. Die Ritter waren die Füchse und Vögel des Evangeliums, die Höhlen und Nester haben, das Volk aber hatte, wie des Menschen Sohn, kaum wo er sein Haupt hinlegte; — die Ritter verarmten, und die Städter wurden reich, und nun auch ihrerseits übermüthig. Die Nördlinger, die jetzt so artig sind, waren einst so wild, daß sie einen Grafen von Oettingen vom Pferde schossen wegen einer — Wachtel! Ritter und Städter verhielten sich wie Cäsar und die Seeräuber Ciliciens; — der gefangene Ritter that so stolz als Cäsar, nur daß er nicht mehr Lösegeld zahlte, als gefordert wurde, und das Aufknüpfen umwechselte:

Proprium humani ingenii odisse quem laeseris!

Im Jahr 1418 verbrannte ein Ritter ein der Stadt Hall gehöriges Dorf; die Städter zogen aus und fingen sieben Reuter nebst einem Reutersbuben, die sogleich in den Stadtgraben geführt wurden, wo der Nachrichter schon wartete. Die sieben Reiterköpfe flogen, die Reihe kam an den Knaben, der mitleidige Scharfrichter fragte den Blutrichter: „Herr! wie soll ichs halten mit dem Buben?" Wie heißt du? „Hans Hammer." Ey! sprach der Blutrichter lachend, wäre Hämmerlein nicht auch ein Name? du stehst als Mann im Feindesbrief, so vertritt den Mann, aus Jungen werden Alte, wie aus Kälbern Küh'e;" der arme Reutersbube mußte den Hals darstrecken, so roh waren die Zeiten! Die Republik Hall dachte, wie ihre Schwester Rom, die gleichfalls unter dem Triumvirate des Antonius, Octavius und Lepidus einem Knaben die Toga gab, um ihn als mündig hinrichten zu können. Malitia supplet aetatem!

Hall war übrigens, nach Eßlingen, eine der unruhigsten Reichsstädte, die außer ihren städtischen Gesamtfehden stets noch Nebenfehden mit den Nachbarn Hohenlohe, Comburg, Limpurg ꝛc. führte, und daran noch nicht genug habend, auch noch Schläger in ihre Ringmauern zog, die in dem sogenannten Kampfgericht, von dem wir schließlich noch sprechen müssen, das Recht hatten, sich öffentlich zu morden. — Hall, eine der ältesten deutschen Städte wegen seiner Salzwerke, um die sich schon Burgunder und Allemannen herumschlugen, prägte die bekannten Heller, und nach Pfund Heller (etwa 2 Thaler) rechnete man in Franken, Schwaben und am Rhein; die Stadt selbst aber scheint am wenigsten reich daran gewesen zu seyn, denn sie war bey vier großen Landämtern voller Schulden, während die Nachbarin Heilbronn mit nur vier Dörfern nicht nur ganz schuldenfrey, sondern sogar nahe daran war, von Capitalien die öffentlichen Ausgaben zu bestreiten. — Hall führte zuletzt noch einen langen kostspieligen Federkrieg mit ihrem Magistrate (wobey sich das Gespenst der Hall- oder Salzgeist, ganz neutral verhielt), den aber nicht ein hochpreisliches Reichs-Kammer-Gericht endigte, sondern die Krone Württemberg 1802.

Weit berühmt war der Kampfplatz zu Hall, aber es gab auch welche zu Anspach, Würzburg, Fürth rc., wenn unsere alten Eisenfresser vom richterlichen Ausspruch, oder bey einer Beleidigung auf das Naturrecht die Faust appellíren, oder in ihrer Sprache „beweisen wollten mit dem Kolben aufs Haupt nach Kampfrecht;" in dieser Manier befestigten sie am liebsten den Krieg Rechtens. Verwiesen ja selbst Könige als Richter Händel, die ihnen zu verwickelt schienen, auf den Zweykampf, wie K. Otto I. die Rechtsfrage: Ob Söhne und Enkel zu gleichen Theilen erben sollen? oder in Spanien die theol. Frage: Ob die mozarabische Liturgie oder die römische Gott am gefälligsten sey? Sie glaubten, daß die Vorsehung, die aller Menschen Handlungen lenke, auch die Ordalien oder den Zweykampf lenke; — Zeugen waren nicht selten verdächtig oder schwuren falsch, mit der Prüfung des Zeugen-Beweises oder anderer Beweise wußte man nicht umzugehen, folglich zog man den Beweis vor, wo Gott selbst entschied. Von allen Gottes-Urtheilen mußte dem Tapfern der Zweykampf am liebsten seyn, der sogar für eine gottesdienstliche Handlung galt, und Ehrengeistlichkeit ermangelte nicht, sich geistlich einzumischen mit ihren Sakramenten. Die Ehrengeistlichkeit bekannte sich stets zu Vespasians heidnischem Grundsatze: „Lucri bonus odor ex re qualibet, und vermiethete Kirchen- und Klosterhöfe zu Kampfplätzen. Wenn das canonische Recht auch gegen diesen Kampf eifert, so geschahe es gerade nicht aus canonischer Christenliebe, sondern aus Furcht, andere Ordalien in Pfaffenhand möchten dabey zu kurz kommen. Kampf-Ordnungen wurden nun förmliche Proceß-Ordnungen, bis das römische Recht in vollen Gang kam, und das Faust- und Kolbenrecht besiegte. Eine unerkannte römische Rechtswohlthat!

Zweykampf vor Gericht gefiel den Rittern, deren Abgott das Schwert war, und wer will leugnen, daß dieser germanischen Sitte nicht selbst etwas Edles zu Grunde liege? Etwas Freyes, das selbst der Grieche und Römer nicht kannte? Wer nicht selbst die Waffen führen konnte, Damen, Geistliche, Greise, Unmündige ꝛc. wählte sich einen Vorfechter (Champion), und durfte nicht lange suchen. Die Zeugen, ja selbst die Richter mußten sich gefallen lassen Parthie zu nehmen, und gefordert sich herum balgen. Der höchste Beweis des großen Ansehens, in dem das Kampfrecht stand, ist wohl der Kampf zwischen Mann und Frau. Nach dem Würzburger Gesetz v. J. 1447 stand der Mann bis zur Leibesmitte in einer drey Schuhe weiten Grube mit einem Stecken 2 Daumen dick und einer Elle lang, deren er 3 haben soll — die Frau steht frey, und hat einen gleichen Stock, woran aber ein Schleyer mit einem Stein 1 Pfund an Gewicht. Wenn der Mann nach der Frau schlägt und die Erde berühret, so hat er eine Stange verloren, zum drittenmal aber hat er den Kampf selbst verloren, und sie mag ihn lassen richten zum Tode. Die Frau, die einen Spielraum von 10 Schuhen um die Grube hat, ist in gleichem Falle, wenn sie zum drittenmal fehlet. Der Tod des Mannes ist Enthauptung, der des Weibes lebendig Begräbniß!

Ein noch sonderbarerer gerichtl. Zweykampf unter Carl V. von Frankreich (1371) war der Zweykampf eines Mannes mit einem Hunde, den Geschichte, Gedichte und Schauspiele verewigen. Ritter Macaire ermordete d'Aubry, einen Liebling Carls V. aus Neid im Gehölze von Bondy, und verscharrte sorgfältig die Leiche, aber d'Aubrys Hund, der nicht vom Grabe wegzubringen war, verrieth die That. Dieser Hund erblickte auch den Mörder, fiel wüthend über ihn her, und der König befahl den Zweykampf, obgleich Macaire leugnete. Der Ritter erschien mit Schild und Prügel, der Hund Hercules hatte nichts als ein Faß zur Retirade, aber er paßte seine Zeit so gut ab, daß er seinem Gegner ins Genicke sprang. Macaire gestand, und der König ließ ihn auf der Stelle beichten, communiciren und enthaupten. Dieser Hundskampf ist historisch richtig, Fabel aber der Kampf des Grafen Fried. v. Oldenburg mit einem Löwen, entstanden aus dem mißverstandenen Worte Gleve, Leve d. h. Lanze! Trotz aller Gesetze hörte das Kampfrecht erst auf mit dem 16ten Jahrhundert; das Hofgericht zu Rothweil erkannte noch 1450 auf gerichtlichen Kampf, und auch noch K. Carl V.

1523. Im österreichischen Hofstaat ist noch heute ein Erbland- Kampfrichter- und Kampfschildträger-Amt!

Weit berühmt war der Kampfplatz zu Hall. Die Ritter, die da kämpfen wollten, baten den Rath um Erlaubniß, der dann, nach vergebens versuchter Güte, den Tag bestimmte, den Markt mit Sand bestreuen und einschranken ließ, auch für Grieswärtel, Beichtväter, Todtenbahre und Kerzen sorgte. Thore und Straßen wurden am Kampftage gesperret, Weiber und Kinder entfernet, und ausgerufen, daß niemand schreye, deute oder winke, bey Verlust der rechten Hand und des linken Fußes! So wie die Kämpfer mit Gott fertig waren, trat jeder aus seiner Hütte, und nach dreymaligem Rufe begann der Kampf. „Wer verwundet wird, und sich dem andern ergibt, heißt es, ist ehrlos, darf kein Pferd mehr besteigen, keinen Bart scheeren, noch Waffen tragen; wer todt bleibt, erhält ehrliches Begräbniß, und der Sieger hat seine Ehre gewahret.“ — Zwey Edelleute, Grenter und Baustetter, kämpften, ersterer siegte, und gieng nun auf den Knien vom Markte nach der Kapelle U. L. Frau, daß ihm die Knie bluteten!

Vor dem bessern Geiste der Zeit verschwand auch dieser Unsinn der Gesetzgebung und Ritterwelt. Der Degen repräsentirte nicht mehr allein den Bessern, und der Prügel machte nicht mehr allein den Unterschied zwischen Adel und Nichtadel. Wir gelangen jezt in lichtere Gegenden, wo aus den

Städten und ihren Bündnissen höhere Cultur und Freyheit hervorgehen, und feinere Sitten. Die Geschichte des Ritterwesens nähert sich gar sehr den Revolutionen, welche Ueberschwemmungen, Erdbeben, Heuschrecken und Feldmäuse und ihre verheerende Züge hervorbringen. Sie sind das Werk physischer Kräfte, aber nur Werke moralischer Kraft sind die eigentliche Geschichte der Menschheit — Veredlung durch die sanfteren Künste des Friedens, durch Talente und Tugenden. Die Ritter beweisen recht eigentlich die Wahrheit des Satzes: „Die Weisen sind dennoch die Freyen, und die Thoren die Knechte!

Der rheinische Städtebund, die Hansa, vor allen aber das Aufstreben der italienischen Städte zur Freyheit sind weit lieblichere Erscheinungen, als die dunkle Anarchie rechtloser Heldenzeit, die nur in Romanen gefallen kann, wie die Kriege blutiger Eroberer, die so viele Blätter der Geschichte füllen. Jene Verbindungen der Bürger führten uns in den Hafen der Sicherheit und gesetzlicher Verfassung. Wer nie auf dem Meere herumgeworfen worden ist, weiß gar nicht, wie viel in der Redensart liegt: „Im Hafen seyn," so oft sie auch von Leuten gebraucht wird, die keinen andern Hafen kennen, als den der Töpfer macht, und so geht es auch mit dem Ausdruck der Städter: „binnen unsern Mauren." Nur der alte Reichsstädter, der zur Zeit des Faustrechts lebte, verstand die hohe Seligkeit, die in diesen Worten lag! so wie nur der, dem ein Floh ins Ohr gekommen ist, den ganzen Jammer versteht, der in der Redensart liegt: einem einen Floh ins Ohr setzen!

Und doch läßt sich selbst für diese Fehde-Zeit Einiges anführen. Sie unterhielt den kriegerischen Geist, und der Adel und die Städter übten sich hübsch in den Waffen und blieben — Männer. Aus Pfalzgraf Friedr. I. Rede an seine Ritter vor der Schlacht von Pferdersheim kann man sich eine Idee machen, wie der Rittergeist noch in der Mitte des 15ten Jahrhunderts fortdauerte: „Herbey! lieben Freunde! wer heute mit mir leben oder sterben will, der haue zu im Nahmen der heiligen Jungfrau, des heil. Kreuzes, und des Ritters S. Görgen, heute Pfalzgraf oder nimmer," und sie machten so gute Arbeit, daß der Sieg auf ihre Seite trat. Im Mittelalter war der Krieg nur wenig blutig, wäre er nur nicht an der Tagesordnung, und der Kriegführer so viele gewesen, als es Edelleute gab! Tapferkeit schützte den Muthigen, denn keine Batterie stürzte noch ganze Reihen unvertheidigt zu Boden, und man suchte lieber den Feind zu fangen als zu tödten, wegen des Lösegeldes. Kleine Heere waren dem Landbewohner auch nur eine kleine Last, beschränkt auf kleine Räume; der Winter brachte Erhohlung, Geldmangel zerstreute nicht selten die Söldner, und die blutigen Scenen eilten schnell vorüber, kamen aber leider! da sie selten entscheidend waren, desto öfter! Wenige Tausende galten in ältern Zeiten schon für ein Heer. Die größten Heere, wovon mit einiger Bestimmtheit gesprochen wird, sind höchstens 60,000 Mann, die ihre Kost da nahmen, wo sie gerade standen, was oft Hungersnoth und Seuchen zur Folge hatte. Bey der großen Ehre der Ritterwürde war die Anzahl der Ritter groß, aber auch wieder beschränkt durch die damit verbundenen Pflichten und bedeutenden Ausgaben. Wir wissen, daß bey K. Fried. II. Beylager mit Isabelle von England zu Mainz 12,000 Ritter erschienen, unter K. Fried. I. aber sollen nach Eccard 40,000 Ritter dahin gekommen seyn. Wir wollen es als richtig und als das Höchste annehmen, so machen sie mit den Ihrigen etwa ein stehendes Heer von 120,000 Mann, und nun denke man sich Napoleons Heer!

Es scheint auch, daß wir uns die Fehdezeiten schrecklicher ausmahlen, als sie gewesen seyn mögen, zumalen in Zeiten, wo verhältnißmäßig Alles roh und eisern war. Vergleichen wir die kurzen Fehdezeiten mit den Friedensjahren der einzelnen Länder, so wird des Kriegsjammers weniger herauskommen, als in der neueren Zeit. Die Befehder mußten sehr vorsichtig gehen, um das Gebiet eines dritten nicht zu verletzen, und bey der Lehns-Verwicklung, den zahllosen kleinen Gebieten, und durchkreuzten Markungen war dieses sehr schwer. Man plünderte und brannte einige Dörfer ab, und das kostete im Ganzen weniger, als manche kostspielige Rechtshändel, die alten Reichshofraths- und Kammergerichts-Processe, und auf jeden Fall weniger als unsere stehenden Heere.

oder gar die systematische Aussaugung ganzer Staaten à la françaite. — Alarich forderte von Rom Alles, Gold, Silber, und alle barbarische Gefangene. „Aber was läßt man uns denn?" „animas" erwiederte Alarich, aber der Alarich unserer Zeit vernichtete auch die Seelen!

Die Landbewohner pflegten ihr Getraide oder andere Vorräthe in die Städte und Burgen, in geheiligte Kirchen und Kirchhöfe zu bringen, vor welchen der aberglaubige Ritter heilige Scheu hatte, ihr Vieh flüchteten sie in die nahen Waldungen, und die Dörfer, entfernt von der Heerstraße, trafen die Fehden selten; die Wohnungen waren meist elende Hütten, und der Landmann war möglichst frey von großen Lieferungen, Schanzarbeiten und Quartieren, von drückenden Staatsabgaben und selbst vom Soldatenstande! Die Fehden kosteten wegen des Lösegelds, wie bemerkt, nur wenig Blut. Bey Brenneville schlugen sich 1119 an die 900 Ritter unter den Augen der Könige Englands und Frankreichs, und es blieben — zwey. Ein altdeutsches Lied singt:

Man schlag sik den ganzen Dag,
und Gott gav, dat Nemmes blaf! (blieb!)

In der Fehdezeit wehrte sich jeder seiner Haut, das gefällt mir vorzüglich, wenn ich an so viele Scenen des langen Franzosen-Krieges zurückdenke, wo sich einem ehrlichen Deutschen das Herz im Leibe hätte herumdrehen mögen, wenn er eine Handvoll französischer Knaben in ein Städtchen einmarschiren, aber die Becker-, Fleischer-

und Krämerladen herfallen, sodann sich einquartieren, flott schmausen, Frauen und Mädchen mißhandeln, und dann singend mit reichen Brandschatzungs-Geldern wieder von dannen ziehen sahe, während die deutschen Riesen ohne Einheit und sich selbst entfremdet durch unsere buntscheckigte Verfassung — ruhig in der Straße standen, und mit in einander geschlagenen Armen stoisch allen Unfug zusahen, als ob sie das Alles nichts anginge! — triumphati, non victi!

Die mächtige Familie der von Streitberg, die noch 1537 Bamberg befehdeten, und 3 Dörfer ausplünderten und abbrannten, deren Burgruinen jedem bekannt sind, der von Erlangen nach Bayreuth reiset, ist ausgestorben (1690), und nur die Legende hat sich erhalten, daß einer der Brüder, der in dem gegenüberliegenden Neideck hauste, den andern zu Streitberg durch einen Doppelhaken-Schuß getödtet habe auf dem — Abtritte. Der Entfernung nach wäre die Sache möglich gewesen, man pflegte auch die heimlichen Gemächer, gleich Erkern, an die vordere Seite der Häuser zu bauen, und noch heute haben viele den sonderbaren Geschmack, nirgendswo lieber zu weilen, als an solchen Orten, daher sie auch heimlich heißen, — der Schütze hatte alle Zeit zu zielen. — Seitdem ist man klüger geworden, und bauet solche Bequemlichkeiten hinten an, wo sie recht eigentlich hingehören. Die Ritter haben nichts mehr der Art zu besorgen, und wenn sie kalten Blutes in die Geschichte zurückblicken wollen, können sie sich trösten, wie Philiscus den exilirten Cicero tröstete:

„Bist du nicht gesund, und hast, was du brauchst? und mehr als dies, der Ueberfluß, den wir nicht brauchen, ist es nicht eben so viel, als ob wir ihn nicht hätten? Wie gewonnen, so zerronnen! Seefahrer müßen oft viel über Bord werfen, sie fassen sich, und sprechen: das Meer gab es, das Meer nehm es wieder." — So der Heide Philiscus, der Christ aber soll mit Hiob sprechen: Der Herr hats gegeben, der Herr hats genommen, der Nahme des Herrn sey gelobet!"

Das Ankämpfen des Rittergeistes gegen die Segnungen des Landfriedens und eines rechtlichen Zustandes war so vergeblich, als der Widerstand der Hierarchie und des finstern Klostergeistes gegen hellere Religionsbegriffe und richtigere Ansichten von Staat und Kirche. Keine Gewalt der Großen vermag das Gute und Wahre in die Länge zu hindern, das der gereifte Zeitgeist fordert, wenn seine Zeit gekommen ist, und dies soll uns trösten. Keine Anstalt vermag sich zu halten, wenn sie sich selbst überlebet hat, und verschmähete sanfte Reformen gebären gebieterische regellose Revolutionen!

Saevius ventis agitatur ingens
pinus, excelsae graviore casu
decidunt turres, feriuntque summos
fulmina montes!

Wir wissen, daß die Stunde da ist aufzustehen vom Schlafe, sintemal unser Heil jezt näher ist, denn wir glaubten; die Nacht ist vergangen, und der Tag herbeygekommen. Also lasset uns ablegen die Werke der Finsterniß, anlegen die Waffen des Lichts, und ehrbarlich wandeln, als am Tage. Ziehet an den Harnisch Gottes, und stehet, umgürtet die Lenden mit Wahrheit, angezogen mit dem Krebs der Gerechtigkeit, und an Beinen gestiefelt; vor allen Dingen aber ergreifet den Schild des Glaubens, und nehmet den Helm des Heils, und das Schwert des Geistes. — So ritterlich ist der Zuruf des heil. Apostel Paulus, der immer Etwas vom Ritter Saulus en reserve behielt, und wußte, daß es gut sey, neben der Laterne des Diogenes auch dessen Prügel zu führen, bis man nach den glücklichen Inseln gelangt, den Wohnungen der Seligen, nach Eldorado, das unter der Erde lieget!

Der Leibspruch Bions, eines der sieben Weisen Griechenlands: πλεῖστοι κακοί „die Meisten taugen nichts," gilt in der ganzen Menschheits-Geschichte, warum nicht auch in der soldatischen Ritterwelt! Wir wollen daher auf unsere verewigten Fehderitter christmildest anwenden, was Cicero sagte: Non vitia hominis, sed vitia Saeculi, oder was ein anderer Römer spricht, den jeder sogleich kennet, so wie ihm das Non dubito fore plerosque an die Ohren schlägt: „Non eadem omnibus honesta atque turpia, sed omnia majorum institutis judicari." —

All Fehd' (fête) hat nun ein Ende!

# IX.

## Die Adels-Einigungen.

Aus der alten Waffen-Genossenschaft oder Waffen-Brüderschaft, wovon der noch unter Großen und Kleinen übliche Titel Bruder herrühren mag, wenn solcher nicht lieber aus dem Christenthum, den Mönchsorden und ihren geistlichen Brüderschaften abgeleitet werden will, gingen nicht nur die Turnier-Gesellschaften, vorzüglich in den sogenannten Vierlanden (wovon oben) hervor, sondern aus beyden entstanden auch die größern Ritter-Verbindungen, die aber dem Landfrieden nichts weniger als frommten, wenn gleich deren ursprüngliche Bestimmung war, dem Faustrechte zu steuern. Daher sagt Tritheim z. J. 1380: „Die Hunde nehmen die Natur der Wölfe an, und die, welche die Räuber verfolgen sollten, wurden selbst Wölfe!"

11 *

Die alten Waffenbrüder der ersten Ritterzeit schloßen an den Höfen der Großen, als Pagen und Knappen, einen Seelenbund, der durch das ganze Leben dauerte, wie Schulfreundschaft; Freundschaft, wie man sie so gerne und leicht im Morgenrothe der Jugend schließt, wo uns alle Menschen als gut und edel erscheinen, wo wir Alles als Bruder und Schwester umarmen, Alle lieben, und für Alle uns aufopfern könnten in süßer Schwärmerey, bis das Leben auch den innern Menschen, der wie der Neger weiß geboren wird, schwarz brennet. — Diese Waffenbrüder, die sich in Gefahren gefunden, Muth und Tapferkeit wechselseitig erprobet, und sich lieb gewonnen hatten, sind eine so schöne Erscheinung der Ritterwelt, voll rührender Züge, als die ähnlichen Erscheinungen bey den Griechen! Die sogenannte platonische Liebe der Griechen gehet zunächst solche Seelenfreundschaft an, ohne alle Beziehung auf das andere Geschlecht, denn hier waltet stets der Instinct, und dieser führt stets, wie die Nürnberger Fischchen, Entchen und Gänschen auf den Ort los, wohin der Magnet ziehet. Die berühmten Hetären oder Freundinen der Griechen, die Lais und Phryne, Leontion und Thais, Glycera und Thargelia verstanden schon so gut den Freund abzubeeren bis auf den Kamm, wie die Courtisannen von Venedig, Paris und London; Aspasien zu Gefallen bekriegte gar Pericles Samos! Aber jene Seelen-Freundschaft erzeugte Heroismus und Thaten, wie die Thaten der heiligen Schaar von Theben, oder der Bund der 300 Jünglinge, der sich bis zur Schlacht von Cheronaea erhielt. Hier lagen auf dem Bette der Ehre die 300 Thebaner, einer neben dem andern, alle von vorne von Lanzen durchstochen, und Philipp rief mit Thränen im Auge: „Wehe allen! die von solchen Helden Etwas Schlechtes zu argwöhnen vermögen!“

Im Geiste der schwärmerischen Ritterzeit, die Symbole liebte, ließen sich die Waffenbrüder gemeinschaftlich zu Ader, vermengten ihr Blut, und tranken es auch wohl, vermischt mit Wein, einander zu zum ewigen Bunde. Sie empfingen mit einander das heilige Abendmahl, trugen am Tage der Schlacht einerley Rüstung und Kleidung, damit sich der Feind versehen sollte, und der Freund oder Feind des einen war auch der Freund oder Feind des andern. Ihre Bruderschaft lebte fort in Kind und Kindeskinder, und sie standen für Einen Mann im Leben und Tod. Aber so wie die Männerliebe der Griechen ausartete in widernatürliche Lust, so auch nach den Kreuzzügen leider! bey unsern Rittern, wenigstens bey geistlichen Rittern, die dem schmälichen Cölibats-Gesetze huldigen mußten! Bey den ungeheuren Bettstellen der Alten, die ganze Familien, Herrn, Frau, Kinder, Gäste, und oft auch noch die Leibhunde aufnahmen, war Zusammenschlafen das größte Freundschaftszeichen, das Ritter einander geben konnten. K. Franz I. noch suchte seinen Waffenbruder Bonnivet dadurch zu ehren, wie noch späterhin in Schweden der Freund im Ehebette schlief; vorsorglich legte sich jedoch der Ehemann in die Mitte!

Du Guesclin und Sancerre, Ludwig der Bayer und Friedrich von Oestreich, Conradin und ein anderer Friedrich von Oestreich, die auf dem Blutgerüste zu Neapel für einander starben, sind was Castor und Pollux, Orestes und Pylades, Nisus und Euryolus, Achilleus und Patroclos, Scipio und Lälius, David und Jonathan, Jesus und Johannes. Der Amerikaner raucht aus einer gemeinschaftlichen Pfeife; der Neuseeländer reibt sich die Nasenspitze an der seines Freundes; wir küssen uns, bey den alten Rittern aber stand es, wie mit Nisus und Euryolus:

> His amor unus erat, pariterque in bella ruebant!
> — stant longis adnixi hastibus, et scuta tenentes
> castrorum et campi medio.

Wenn nur nicht noch beygesetzt werden müßte:

> Comportare juvat praedas et vivere rapto!

Mit dem nämlichen Wohlgefallen, mit dem wir bey Hume das ritterliche Benehmen Eduards gegen Johann lesen, sehen wir auf die hochherzige Redlichkeit der deutschen Fürsten K. Ludwigs v. Bayern und Friedrichs von Oestreich, seines Gegenkönigs. Wie Regulus kehrte dieser wieder in sein Gefängniß zu dem minder mächtigen Ludwig, der diesen Edelsinn zu würdigen wußte, und Friedrichs vertrautester Freund blieb bis zum Tode. Ludwig, der ehrliche Bayer, verdiente einen Ritter Schweppermann, der ihm die Schlacht von Mühlhausen gemann (1323), und Schweppermann einen Herrn, wie Ludwig, der ihn am Abend der Schlacht mit — zwey Eyern lohnte, unter Umständen, die diesen Eyern mehr Werth gaben, als einem brillantenen Großkreuz, einem Fürstenthum, oder einem Napoleonischen Duché in partibus! Jedem Ein Ey, dem frommen Schweppermann Zwey! Und diese Rede und Dotirung, die Sprüchwort wurde, steht auch auf des Ritters Grabe im oberpfälzischen Kloster Castell in alter Einfachheit:

Hier liegt begraben Herr Seyfried Schweppermann,
alles Thuns und Wandels an,
ein Ritter kek und frisch,
der im Streit that das Best.
Er ist nun todt,
ihm Genade Gott —
Jedem Ein Ey, dem frommen Schweppermann Zwey!

Die Freundschaft der heutigen Welt ist keine Tugend mehr, wie in der Ritterwelt und bey den Alten, sie ist bloße Artigkeit, Freundschaftlichkeit, denn wir haben — zu viele Freunde! Man kann nur Einen Freund eigentlich haben, wie nur Eine Geliebte; — die Liebe gleicht dem Schatten des Morgens, der immer kleiner wird, die Freundschaft aber dem Schatten des Abends, der immer wächst, bis die Sonne des Lebens untergehet. Die Alten nannten Freund schlechtweg Freund, wir sagen liebster Freund, Herzensfreund! im Gefühle, daß das Herz nur wenig im Spiele sey, und daher nennen wir auch Geringere Freund! gleich beleidigend für sie, uns und das edle Wort! Die Definition des Aristoteles, die manche gelehrte Abhandlung über die Freundschaft aufwieget: „Eine Seele in zwey Körpern,“ gilt nicht mehr, denn wir nennen nur diejenigen Freunde, die sich — in unserm Umgange gefallen, mit unsern Schwächen Nachsicht haben, und helfen, — Freund — schaft! (Amt, Geld, Mädchen) und so entfernen wir uns immer mehr von dem Nosce te ipsum, wozu uns die alten Freunde zu verhelfen suchten; wir müßen uns an unsere Feinde halten, wenn wir Wahrheit hören wollen. Und im Unglück? machen es nicht alle, wie der heil. Peter? Er folgte von ferne, als Jesus ergriffen ward, um zu sehen, wo es hinaus wollte? Seit wir Poesie in die Freundschaft gebracht haben, seitdem werden in der Freundschaft mehr Romanen gespielt, als in der Liebe, und so wird man am Ende entfreundet (desabusé), wie jener Britte, der in seinen Park einen Tempel der Freundschaft setzte auf seinen — Eiskeller!

Nulli te facies nimis sodalem
gaudebis minus, et minus dolebis,
sed — bonus homo semper tiro est!

So verwandelten sich denn auch unsere alten ritterlichen Waffenbrüder in die Ritter-Genossen, die wir nun näher müssen kennen lernen. Die älteste Ritter-Verbrüderung der Art war der Bund der Sterner in Hessen (1370), zu denen die Grafen von Nassau, Hanau, Waldeck, Isenburg, Mark, Ziegenhain, Epstein rc. gehörten, oder, nach der Riedeselschen Chronik „die Edlen im Lande zu Hessen, am Rhein und in der Wetterau, zu denen mehr denn 2000 Junker gehörten, mit mehr denn vierthalbhundert Schloß." Sie hatten zusammen geschworen wider den Landgrafen, ihm alle seine Lande zu zerstören, und unter sich zu theilen, und etliche, die täglich dessen Brod und Futter aßen, trugen ihre Sterne heimlich bey sich im Beutel. — Die Chronik berechnet den Schaden, den sie anrichteten, auf vier Millionen Gulden *)!

Wider eben diesen Landgrafen Hermann von Hessen vereinte sich bald darauf ein anderer Adelsbund, der Bund von der alten Minne, an dessen Spitze ein Graf von Dillenburg stand, der aber nicht lange dauerte, wie der Hörnerbund auch vom Jahr 1378. Im Paderbornischen bildete sich die Falkner Gesellschaft 1380, „die auch viel arme Leute machte, und viel Schaden that," und zu Wisbaden entstand die Löwen-Gesellschaft, an deren Spitze die Grafen Wied, Nassau, Catzenelnbogen rc. waren, die auch Hessen galt, und mit dem in Bayern 1489 entstandenen Löwenbunde nicht zu verwechseln ist, der gegen Herzog Albrecht gerichtet war. An der Spitze stand Albrechts eigener unruhiger Bruder Christoph, einer der letzten bayrischen Fehde-

*) Datt de pace publica ist wohl bis jetzt noch das reichhaltigste Werk über diese Ritterbündnisse, und ich folgte ihm.

ritter. Er lebte in ewigen Händeln mit seinen regierenden Bruder, der ihn daher im Bade gefangen nehmen ließ; denn auf andere Art wagte sich keiner an den Kämpfer, wie sein Beynahme war. Kaum war er wieder los, so erschlug er den letzten der Abensberger, den Vertrauten Albrechts, auf der Straße nach Freisingen, wo noch das Denkmal dieser Ritterthat zu sehen ist. An dem Beylager des H. Georgs von Landshut erlegte er im Zweykampf einen nordischen Riesen, der die versammelten Ritter höhnend herausgefordert hatte, tummelte sich tapfer im ungarischen Kriege, und erkletterte zuerst die Mauern von Stuhlweissenburg, dem Kaiser die Thore öffnend. Zuletzt zog er noch nach Palästina, da er die Alleinherrschaft und Adelsbeschränkungen seines Bruders durchaus nicht vertragen konnte, und starb zu Rhodus 1493. Im Schlosse zu München beurkundet ein Stein von 364 Pfd, den er mit Einer Hand weit von sich schleuderte, die Stärke Christophs, wie die 3 eingeschlagenen Nägel die Muskelkraft der Ritter dieser Zeit. Man liest die naive Inschrift:

drey Nägel stecken hier vor Augen
die mag ein jeder Springer schaugen,
der höchste 12 Schuh von der Erd
den Herzog Christoph ehrenwerth
mit seinem Fuß herab thät schlagen.
Conrad sprang bis zum andern Nagel
wohl von der Erd 9½ Schuh
8½ Philipp Springer lief
bis zum 3. Nagel an der Wand
wer höher springt, wird auch bekannt!

Sodann erblicken wir den Benglerbund 1391, abermals in Hessen, und den Bund der Flegler, der gegen die Löwen-Gesellschaft in Thüringen gerichtet war, und seinen Namen daher hatte, daß solcher, nebst einigen vom Adel und einem Grafen von Schwarzburg, meist aus Bauern bestand. Auf sie folgte die Gesellschaft mit dem Rüdenbande (1420) in Schwaben, Franken und Bayern, und aus ihr gieng wieder der Schwanen-Orden in Altbrandenburg (1443) hervor. Noch zu Ende des 15. Jahrhunderts finden sich Spuren der Ritter-Gesellschaften vom Fisch und zum Falken (1484), vom heil. Wilhelm, zum Eichhorn, Braken, Kranz, Krone, Bären rc. Es gab Gesellschaften mit dem rothen Aermel, Löffel, vom Rosenkranz und Roßkamm in Westphalen. Im Brandenburgischen plakten die Stellmeiser! (von Netz und Meisenfang.)

In unserm Schwaben vereinten sich die Ritter zum Schleglerbunde (eine silberne Keule war ihr Zeichen), und hießen auch Martins-Vögel, weil sie ihren Bund Martini 1367 geschlossen hatten. Es müssen aber frühere Bündnisse der Art bestanden haben, da das Concil von Arles 1234 schon von Conjurationes nobilium, quae Confrarias vocantur, spricht, und vermuthlich damit die Turnier-Gesellschaften meint, die aber jetzt unter K. Carl IV. politische Bedeutung erhielten, und förmliche Verschwörungen waren gegen alle Fürsten und Städte, die Friede und Ordnung und dem ritterlichen Unwesen steuern wollten. Die

Rittergenossenschaft aber sprach wie omnipotens pater:

Tros Rutulusve fuat, nullo discrimine habebo!

An der Spitze unserer Martins-Vögel, neben dem Hauptmann Graf von Eberstein, stand Wolf von Wunnenstein, genannt der „gleißende Wolf" (von seiner glänzenden Rüstung), und es galt Graf Eberhard von Württemberg, den sie auch im Wildbade gefangen hätten ohne die Hülfe eines der Waldpfade kundigen Hirten. Nie vergaß Eberhard diese Martinsvögel, die ihn so unritterlich überfallen hatten, und trat in die Gesellschaft der Löwen, die mit der Wilhelms- und Georgen-Gesellschaft vereint, sehr mächtig war. Aber hätte die Schlacht von Döffingen 1388 geendet, wie die vou Sempach, hätte das alte Wölflein nicht so tapfer für den Ruhm der Ritterschaft gefochten, — vielleicht wüßte man jetzt von den Grafen Württembergs nicht mehr, als von denen von Helfenstein! vielleicht fehlte den Städtern nur ein Winkelried, und Schwaben wäre eine Eidgenossenschaft wie die Schweiz!

Das mächtigste und angesehenste aller Ritterbündnisse war die Gesellschaft von S. Georgen-Schild. Der berühmte fahrende Ritter Johann von Bodmann (1392) gab die erste Veranlassung. Sie verbreitete sich von Oberschwaben aus über den ganzen deutschen Süden. Die Grafen von Württemberg, die Grafen von Werdenberg (oft mit jenen verwechselt), Nellenburg, Montfort, Habspurg, Fürstenberg, Oettingen ꝛc. Baden und

Oestreich vereinten sich mit ihr. Es waren weniger nicht denn 457 Grafen, Herren und Ritter im Bunde, und daher wurde diese Einigung, als noch die Städte hinzukamen, die Grundlage des berühmten und einflußreichen schwäbischen Bundes und selbst der spätern reichsunmittelbaren Ritterschaft. Dieser höchst interessante schwäbische Bund, mit allen seinen Schicksalen und Verhältnissen, verdiente seinen eigenen Geschichtschreiber, den er noch erwartet!

Jene berühmteste aller Ritterverbindungen wollte einen Patron haben, da ja die Franzosen ihren S. Denis, die Spanier ihren S. Jago, und die Italiener ihren S. Ambrosio und S. Mauritio auf ihren Fahnen hatten, und wählten sich S. Görgen. Der Reichsadler oder Reichspanner, die Hauptfahne, stand den Grafen von Württemberg zu, die S. Georgsfahne der Ritterschaft, und die Fahne der Städter war die der Straßburger mit dem Muttergottesbild, in deren Führung Nürnberg, Cöln, Augsburg und Ulm mit Straßburg wechselten. In der großen Hunnenschlacht auf dem Lechfelde, lange das einzige Haupttreffen, war das Haupt-Feldzeichen ein Engel, und K. Otto I. führte die heilige Lanze, so benannt wegen einiger Nägel, die Meister Nagler vom Kreuze Christi haben wollte!

Im Mittelalter spielten die Fahnen eine so große Rolle, als nur immer bey den Römern, die mit einem Bündel Heu auf einer Stange anfingen, und mit goldenen Adlern endigten, wie

Rittergenossenschaft aber sprach wie omnipotens pater:

Tros Rutulusve fuat, nullo discrimine habebo!

An der Spitze unserer Martins-Vögel, neben dem Hauptmann Graf von Eberstein, stand Wolf von Wunnenstein, genannt der „gleißende Wolf“ (von seiner glänzenden Rüstung), und es galt Graf Eberhard von Württemberg, den sie auch im Wildbade gefangen hätten ohne die Hülfe eines der Waldpfade kundigen Hirten. Nie vergaß Eberhard diese Martinsvögel, die ihn so unritterlich überfallen hatten, und trat in die Gesellschaft der Löwen, die mit der Wilhelms- und Georgen-Gesellschaft vereint, sehr mächtig war. Aber hätte die Schlacht von Döffingen 1388 geendet, wie die von Sempach, hätte das alte Wölflein nicht so tapfer für den Ruhm der Ritterschaft gefochten, — vielleicht wüßte man jetzt von den Grafen Württembergs nicht mehr, als von denen von Helfenstein! vielleicht fehlte den Städtern nur ein Winkelried, und Schwaben wäre eine Eidgenossenschaft wie die Schweiz!

Das mächtigste und angesehenste aller Ritterbündnisse war die Gesellschaft von S. Georgen-Schild. Der berühmte fahrende Ritter Johann von Bodmann (1392) gab die erste Veranlassung. Sie verbreitete sich von Oberschwaben aus über den ganzen deutschen Süden. Die Grafen von Württemberg, die Grafen von Werdenberg (oft mit jenen verwechselt), Nellenburg, Montfort, Habspurg, Fürstenberg, Oettingen ꝛc. Baden und

Oestreich vereinten sich mit ihr. Es waren weniger nicht denn 457 Grafen, Herren und Ritter im Bunde, und daher wurde diese Einigung, als noch die Städte hinzukamen, die Grundlage des berühmten und einflußreichen schwäbischen Bundes und selbst der spätern reichsunmittelbaren Ritterschaft. Dieser höchst interessante schwäbische Bund, mit allen seinen Schicksalen und Verhältnissen, verdiente seinen eigenen Geschichtschreiber, den er noch erwartet!

Jene berühmteste aller Ritterverbindungen wollte einen Patron haben, da ja die Franzosen ihren S. Denis, die Spanier ihren S. Jago, und die Italiener ihren S. Ambrosio und S. Mauritio auf ihren Fahnen hatten, und wählten sich S. Görgen. Der Reichsadler oder Reichspanner, die Hauptfahne, stand den Grafen von Württemberg zu, die S. Georgsfahne der Ritterschaft, und die Fahne der Städter war die der Straßburger mit dem Muttergottesbild, in deren Führung Nürnberg, Cöln, Augsburg und Ulm mit Straßburg wechselten. In der großen Hunnenschlacht auf dem Lechfelde, lange das einzige Haupttreffen, war das Haupt-Feldzeichen ein Engel, und K. Otto I. führte die heilige Lanze, so benannt wegen einiger Nägel, die Meister Nagler vom Kreuze Christi haben wollte!

Im Mittelalter spielten die Fahnen eine so große Rolle, als nur immer bey den Römern, die mit einem Bündel Heu auf einer Stange anfingen, und mit goldenen Adlern endigten, wie

Napoleon. Zur Zeit, wo Römer nicht mehr furchtbar waren, suchten sie fürchterliche Thiere hervor, wie Drachen, daher ein Herr Fähndrich Draconarius hieß. Die meisten Redensarten in der Armee waren von Fahnen entlehnt; Aufbrechen hieß signa efferre, vorrücken, signa proferre, angreifen, signa inferre, Halt machen, signa statuere, die Fronte ändern, signa convertere etc. Die Fahnen waren heilig, und wollte man den Soldaten recht ins Feuer bringen, so warf man die Fahnen unter den Feind, wie ein gewisser Marschall seinen Marschallstab!

Im Mittelalter war das Fahnenträgeramt ein angesehenes Hofamt, und nach dem großen Reichssturmfahne-Amt, das Württemberg mit Kraft geltend machte, als Hannover, neben seiner neuen Kurwürde, das Erzpannerherrn-Amt erhalten sollte, so, daß die bekannte Thätigkeit des Regensburger Reichstages darüber stockte, führten die Herzoge und Fürsten ihre eigenen langen und breiten Fahnen, die Grafen und Dynasten gevierte und abgestumpfte, die eigentlichen Banner, die Ritter und der niedere Adel aber nur Wimpel. Die rothe Fahne bezeichnete den Blutbann, und die schwarze war die Begräbnißfahne oder das Klagfähnlein. Städte und Zünfte mußten ihre eigene Fahne haben, und wer kennt nicht die Fahnen der Kirche und selbst der Klöster, unter welchen einst die verschiedenen Kutten einherstolzirten, in feyerlichen Processionen und Wallfahrten, und unter Liedergeplärre und Glockengebrause, schreck=

licher als der Barritus der alten Deutschen, und der Elephanten Hannibals!

Eine alte Regimentsfahne aber ist etwas Ehrwürdiges, je durchgeschossener, desto respectabler, zerrissen wie eine alte Thronlehnfahne, die man nach der Lehns-Empfängniß dem Volke preis zu geben pflegte, wie das Tuch, worauf der Krönungszug zu Frankfurt in Dom gieng; so eine zerfezte und durchlöcherte Fahne beweist, daß sie tapfer gefochten, und überall dabey gewesen war, wie der durchlöcherte Hut der alten Renommisten. Die ritterlichste Fahne aber, die am sichersten zum Siege leitet, ist die, welche Henri IV. in der Schlacht von Jvri führte: „Mes Enfans, ralliez vous à mon panache blanc, vous le trouverez toujours au chemin de l'honneur et de la gloire!"

Unsere schwäbischen Ritter wählten S. Görgen-Panner, und behaupteten, daß die Schwaben das Vorrecht von Carl dem Großen schon erhalten hätten, die Ersten beym Angriff zu seyn. Lambert von Aschaffenburg ad A. 1075, und auch der Schwabenspiegel c. 273 sprechen: „weil Carl Rom gewonnen mit der Schwaben Hülfe, sollen sie den Vorstreit haben vor aller Sprach, und ihr Hauptmann seyn der Herzog von Schwaben, und wenn er nicht da ist, des Reiches Marschall." — Unstreitig standen die Schwaben oben an, und die oben angeführte Rede K. Rudolphs, „daß er sich mit 40,000 Deutschen vor Niemand fürchte," beschränken mehrere auf Schwahen, die Rudolph auch zunächst kannte. Damals galt ohnehin noch:

> Wer im Krieg will Unglück han,
> Der fang es mit den Deutschen an. —

Die Schwaben behaupteten also auch in der Türkenschlacht von Nicopolis das Vorrecht ihres S. Georgen-Panners; Kaiser Sigismund mit seinen Ungern behauptete Gleiches; darüber ennuyirten sich die Franzosen, griffen zur Unzeit an, und die Schlacht war verloren. Etwas Aehnliches geschahe auch in dem Kriege gegen die Schweizer, wo ein Rechberg Anführer der Schwaben war. Hiezu noch die Affaire von Lüken (1307 unter K. Albrecht I.), die das Sprüchwort erzeugte:

> Es wird dir glüken,
> wie den Schwaben bey Lüken! (zwischen Altenburg und Pegau)

und ich begreife, woher der spätere so ungerechte Unglaube an Schwabenmuth rühren mag, und die vielen Sagen von Schwabenstreichen! Der ungerechte Spott gegen Schwaben datiret sich schon von den Händeln der Hohenstauffen mit den Päpsten, und aus der Factionen-Zeit der Gibellinen und Guelfen; Neid und Mißgunst über die hohe Macht der Stauffen scheinen die Grundlage zu seyn. Der Schwabe hat noch heute vor andern deutschen Völkern einen gewißen Nationalstolz, der höchst löblich ist, aber auch komisch werden kann, wenn er ihn über seine beschränkte Gränze führet, und zu allzu fester Anhänglichkeit an veraltete Anstalten, und selbst an seine breite

Sprache. Mußte aber der Schwabe nicht stolz werden, wenn er bey Cäsar (IV, 7.) las, daß Deutsche die Schwaben mehr fürchteten als Römer — Suevos, quibus ne Dii immortales pares esse possint! Lucan erwähnet (II, 51, 52.) rühmlichst der Flavos Suevos, und hieraus machte man (nächst der alten gelben Hoffarbe) Gelbfüßler!

Nirgendswo spricht man lieber von Schwabenstreichen, als am Rhein, wo doch in unserer Zeit so arge Streiche vorgefallen sind; zu Wien heißt alles, was die Donau herabschwimmt, Schwabe, nicht ohne Seitenblicke; aber die Schwaben verzeihen recht gerne dem Wiener, jovialisch, gutmüthig und liberal wie sie, und sind auch viel zu höflich, in Wien oder Oestreich von — östreichischen Streichen zu sprechen. Die Franken, d. h. Bewohner des ehemaligen fränkischen Kreises, wollen durchaus nicht Schwaben seyn, selbst nicht an der Gränze Schwabens, wie die Hohenloher, und weiterhin begreiflich noch weniger, daher sie denn auch Bayern geworden sind. In Hessen sprechen sie auch von Schwabenstreichen, ob wir gleich schon lange nicht mehr von blinden Hessen sprechen mögen, und selbst der Norddeutsche macht sich bey Bier, Schnaps und Kneller, bey Butterbemme und Knackwurst lustig über Schwaben, — er, dem die Natur selbst den größten — Schwabenstreich gespielet hat!

Und doch siehet man allerwärts Schwaben? Sie müssen doch nicht so übel seyn, so wie ihre

Auswanderung nicht gerade von Uebelseyn herrühret, sondern vielmehr von Ueberzahl. Schwabenstreiche lassen sich allerdings nicht in Abrede stellen, aber sie rühren in der Regel von nicht geregelten Tugenden her, von Offenheit, Lebendigkeit, Gutmüthigkeit und Redseligkeit; diese ungeregelten Tugenden führten zu dem Sprüchworte: Kein Schwabe wird vor dem 40. Jahre klug! Jetzt ist vieles nicht mehr, wie es weiland war, aber das XIX. Jahrhundert sahe doch noch einige Streiche, die unter die stärksten und folgereichsten gerechnet werden mögen, und Recht hat noch immer der alte Chroniker Frank, der das Wort Germania von germino ableitet, wenn er sagt: „Es ist nichts denn Kind über Kind in Deutschland, sonderlich in Schwaben, und ein Wunder, wenn jemand eine unfruchtbare Schwäbin finde, sie kommen zweymal im Jahr nieder, daher das Sprüchwort: „Schwaben und böß Geld führt der Teufel in alle Welt!" Aber eben so auch Franzosen und Juden, und ist Deutschland nicht sogar der Werbplatz für Soldaten und die Pflanzschule der Prinzessinnen für die Thronen Europas und Amerikas? Vor dem 40. Jahr, sagt man, wird kein Schwabe klug. Dies gilt wohl überhaupt von allen Homuncionibus, die aber nicht alle so bescheiden sind, es selbst einzubekennen. Die Zahl 40 ist eine der heiligen Zahlen, und hier hatte man vielleicht die Quarantaine-Anstalten gegen die Pest im Auge, wo man 40 Tage ausharren muß, und 40 Lebensjahre schienen nicht zuviel gegen die moralische Pest, die im Finstern schleicht, und gegen allen Ansteckungsstoff in ihrem Gefolge!

Mit der Reformation kam S. Görgenpanner in Abgang, weil die Schwaben arge Ketzer geworden waren, was einmal gewiß kein Schwabenstreich war. Ein ritterlicher Bundesbrief (S. Müllers Werke XV, 213.) liefert den naivsten Beweis in dem Artikel: „Item die Pfaffen fleischliche Buben zu nennen, den Bann zu achten, wie das Schnattern einer Gans, und den Papst wie eine Eidechse, die Cardinäle für Teufelsapostel, und den römischen Hof für die Vorhölle; item wenn die Bettelmönche Käse fordern, ihnen einen 4 Pfundstein nachzuwerfen, den Pedellen, die den Bannbrief bringen, die Ohren abzuhauen, und wenn man einem geitzigen Pfaffen etwas nimmt, es zu achten, als träte man auf einen Würfel.“ — Solche aufgeklärte Leute glaubten wohl gar an den heiligen Ritter Görg selbst nicht mehr?

Es wäre Unrecht, wenn wir in einem Werke über das Ritterwesen der himmlischen Ritter S. Martin, S. Michael, S. Georg und S. Mauritius nicht mit einigen Worten erwähnten, wozu hier der schicklichste Platz seyn möchte. Vom heiligen Moritz wissen wir nur so viel, daß er unter K. Maximian zu S. Moritz im Wallisserland als Hauptmann mit 70 seiner Soldaten, da sie sich weigerten, den Götzen zu opfern, weil sie im Oriente heimliche Christen geworden waren, hingerichtet wurde. Man könnte ihn also chikani-

12 *

ren, ob er unter die Ritter gehöre, ja selbst sein Daseyn streitig machen. Das Merkwürdigste ist allenfalls, daß er unter die — schwarzen Heiligen gehöret, und als Mohr gemahlet wird. S. Martin ist aber stets unter die Heiligen zu Pferde gezählet worden. Er lebte in Pannonien im 4. Jahrh., brachte es bis zum Kriegs-Obersten, und führte dann in Italien und Frankreich ein solches ascetisches Leben, daß er Bischof zu Tours wurde, und Vater vieler Mönche. Die Kunst bildet ihn zu Pferde ab, wie er seinen Reiter-Mantel mit einem Nackenden theilet, und mit seinen Wundern könnte ein Mahler ganze Kirchen tapeziren, denn Gregor von Tours zählt deren 206. Sein Gewand (Cappa, Cappella) wurde lange als heilige Reliquie vor den Fahnen hergetragen. Er ist Patron der Trinker, folglich wie gemacht zum Patron der Ritter, und auch Patron der Gänsebraten, die sein eigenes Fest am 11. Nov. jedes Jahrs verherrlichen, und vieler Kirchweihen, an denen das Land wimmelt mit S. Martins-Rittern! Wie kommt aber der drolligte linkische Bär zum Spitznamen Martin?

Der Erzengel Michael, genannt der Feldmarschall der himmlischen Heerschaaren, warf bekanntlich Lucifer kämpfend aus dem Himmel, geleitete den armen gefallenen Urvater Adam nach unserm Jammerthale, und spielt überhaupt eine weit bedeutendere Rolle als die Erzengel Gabriel und Raphael, daher wir auch weit weniger Raphaele und Gabriele aufzuweisen haben, als Michel. Mit

Recht wurde er Patron der Ritterschaft, da er nicht nur, wie es in den Statuten des französischen Michelsorden heißt: le premier Chevalier de l'Ordre de Paradis ist, sondern auch, wie wir aus der Epistel S. Judä wissen, über Mosis Leichnam selbst mit dem Teufel gekämpfet hat, und zwar so ritterlich, daß er nicht schimpfte, sondern bloß sagte: „der Herr strafe dich!" der ritterliche Erzengel Michel muß auch kein Feind von Gelagen seyn, denn er legt so viele Kirchweihen und Märkte als S. Martinus, selbst die große Michaelismesse, das zweyte Jubilate der Herren Buchhändler! Der Michels-Orden in Frankreich ist zwar von so wenig Bedeutung mehr, als die Banner des geflügelten S. Marcus-Löwen, woraus der Narr Pantalon geworden ist (Pianta Leone); ja selbst der Name Michel ist beynahe Spottname wie Hans und Jörg, aber die Spötter wissen nicht, daß Michel groß und stark bedeutet, daher es öfters in den Niebelungen heißt:

> Do wart von Denkwart viel Michel-Wunder getan,
> do ward ein Michel dringen, und großer Schwerter Klang,
> und die lieben Möhre, die in do waren kommen,
> do ward von edlen Frauen viel Michel Fragen vernommen!

Der vierte und beliebteste Ritterschafts-Patron war aber S. Görgen, von dem leider! noch bis heute nicht ausgemacht ist, ob er gelebt habe? ob doppelt als Ritter und Martyrer? oder ob er blos symbolisch genommen werden müsse, vom Siege der Kirche über den höllischen Drachen? Die Legende sagt: Georg aus Cappadocien sey unter Diocletian tribunus militum, Christ u. Martyrer gewesen, die Geschichte aber streitet über sein Daseyn, wie die Naturgeschichte über das Daseyn der Drachen, Meermänner und Meerweiber. Die Mönche hatten David und Simson, vielleicht auch Theseus, Perseus, Hercules oder Apollo Pythius vor Augen, und wollten auch einen christlichen Horribilicribrifax haben. Die Kunst stellt ihn dar, als stattlichen Ritter im glänzenden Harnisch, der einen Drachen mit seinem Speere erlegt im Augenblick, wo solcher eine bittende Jungfrau verschlingen will, gleich dem See-Ungeheuer, von dem Perseus die Andromeda befreyte:

Lob dem Ritter, der vorlängst
rascher als ein Windsturm,
sich erhob auf seinen Hengst,
und erstach den Lindwurm.
Für ein wakres Mädchen stritt
Er auf seinem Schimmel,
und darob von dannen ritt
sporenstreichs zum Himmel!

Gar vielfach hat sich die Kunst an unsern Ritterheiligen versündiget, in und außerhalb der Klöster, dafür hat ihn aber der Fürst der Mahler, Raphael, auch wieder gemahlt voll Leben und Poesie, in der schönsten Rüstung, auf dem schönsten Schimmel, den sich ein Ritter wünschen kann, und mit einer Lanze, die den kühn sich windenden Lindwurm trifft auf den rechten Fleck. Es ist bekannt, daß S. Georg viel bey den griechischen Kaisern gegolten hat, wo er den Titel Trophaeopherus

(Siegprangender) führte, und von da mag er in das russische Wappen gekommen, und Patron der Hosenband-Ritter und Großbritanniens geworden seyn. Ich halte wenigstens unsern apocryphischen Ritter für Eine und dieselbe Person mit dem heiligen Gregorius, den man fast in allen griechischen Kirchen findet, abgebildet zu Pferde, und hinter ihm ein Knabe, der ohne Arges aus des Pferdes Hintern Wein zapft, und seinem Herrn darreichet! Hier ist der refrein der alt-englischen komischen Ballade, die S. Georg mit andern Helden vergleicht, ganz an Ort und Stelle:

S. George war for England, S. Denis for France
sing: Honny soit qui mal y pense!

Bekanntlich stellte sich auch der Höchstselige als Fähndrich vor das Heer der Kreuzfahrer, das Antiochien belagerte, und fesselte den Sieg an ihre Fahnen. Georgien hat seinen Namen von unserm Ritter, und Prinz Heraclius, der zu Ende des vorigen Jahrhunderts alle Zeitungen mit seinen Thaten füllte, und mitten in Deutschland politische Partheyungen erregte, wie Friedrich, Joseph und Napoleon — machte dem Patron alle Ehre. In unsern Calendern steht der Heilige noch festen Fußes, Georgii-Quartal wird von vielen sehnlichst erwartet, und von manchem Rechner verwünscht, der letzte Stuart lebte unter dem Namen Ritter S. Georg, wie der Ritter selbst noch lebt in unsern S. Georgs-Ritterorden, und im Fort S. George in Ost-Indien, der erste feste Punct der englischen Kaufmannsgilde (1643), die jetzt über 120 Millionen Menschen gebietet. Das Evangelium ruft jedem zu: γρηγορεῖτε Wachet!

In Frankreich finden wir ähnliche Ritterverbindungen, z. B. des H. von Burgund gegen das Gesindel in Lyonnais, des Saintré gegen die heidnischen Preußen, des du Guesclin gegen Peter den Grausamen, und Boucicauts-Orden von der weissen Dame mit dem grünen Schilde. Der Beschluß deutscher Einigungen der Art macht der kaiserliche Neunjährige Bund 1534—44, da sich der schwäbische Bund seinem Ende nahete. Die Stände hatten ihren Schmalkaldischen, Rheinischen und Elchstädtischen Bund, und so schloß der Kaiser mit Bayern, Salzburg, Augsburg, Brandenburg, Bamberg, Aichstädt, Pfalz, Nürnberg rc. einen ähnlichen, und Pappenheim ward Bundeshauptmann. Der Bund war von keiner Bedeutung, und wurde daher auch nach abgelaufener Frist nicht wieder erneuert. Spieß hat einen besondern Quartanten über den Bund geschrieben, dessen keine Reichsgeschichte erwähnte, jedoch nicht so schwärmerisch, als manche über den Fürstenbund schrieben, wie unser Schubart!

Der Landfriede war jezt erstarkt, die Zeiten und Sitten hatten sich geändert, und die Erbtheilungen machten den Adel immer unbedeutender. Unter allen Theilungen zersplitterte wohl keine so sehr, als die nicht unbedeutende Grafschaft Limpurg von etwa 20,000 Seelen; der Mannesstamm erlosch 1713, und nun gings in so unendliche Brüche, daß die deutsche Welt leicht noch regierende Grafen über Ein halb Dutzend Unterthanen hätte erleben können! Der Landfriede war erstarkt, die Bündnisse wurden überflüssig, der Landfriede verwandelte das Faustrecht in ein — Regale!

---

# X.

## Die Städte-Bündnisse.

Weit und unendlich mehr als der Adel leisteten die Städte für öffentliche Wohlfart, Sicherheit und Cultur, die guten, fleißigen und gewerbsamen Städte mit ihren mäßigen achtbaren Bürgern, die der Ritter nur als Leute ohne Ehre zu behandeln gewohnt war, wie noch in der Mitte des vorigen Jahrhunderts der Soldat den Bürger. Die Bürger schützten gegen die Hunnen und gegen den räuberischen Landadel, und doch sahe dieser nur stolz herab auf die Patricier, und beschloß noch 1480 — 85 den Stadtadel nur bey Turnieren zuzulassen, wenn er seinem Bürgerrechte entsagen würde! Die Fürsten aber dachten vernünftiger, und die Geschlechter wurden bald so stolz als die Ritter. Von ihnen mag das Sprüchwort kommen, das man sich bey unsern Stadträthen merken sollte:

Wo der Bürgermeister schenket Wein,
die Fleischer mit im Rathe seyn
und der Becker wiegt das Brod
da leidet die Gemeinde Noth!

Die Deutschen zur Zeit der Römer sahen Städte als der Freyheit gefährlich an, als große Gefängnisse und mit Garn umstellte Höhlen; aber gerade die Städte des Mittelalters brachten die Freyheit, um die der Ritter das Volk betrogen hatte. So wie dem Griechen seine πολις Stadt und Staat gleichbedeutend war, so im Mittelalter Stadt und Bürger-Verein. Von den Städten ging unsere Cultur aus, die bürgerlichen Gewerbe, die Gesetzgebung, Rechtswissenschaft, Verfassungen und Ordnung! Viel thaten die Dalberge, Stadion, Stein, Hutten ꝛc. für Wissenschaften, weit mehr noch aber die reichen Städter, namentl. Augsburg und Nürnberg! Das Sprüchwort: „Bürger und Bauer scheidet nichts als die Mauer," scheint mir hochadelichen Ursprungs zu seyn, es kann sich aber auch auf Freye beziehen, da keine Henne über die Mauer flog, d. h. kein Bürger eine Leibeigene ehelichte, denn wem die Henne gehörte, dem gehörten auch die Eyer!

Aus Mißmuth über ihr drückendes Geschicke geriethen die Städter zuerst auf den Gedanken, sich zu bewaffnen, und setzten sich hinweg über das Vorurtheil und die herrschende Sitte, daß nur der Adel Krieger seyn könne und dürfe. Die achtbaren Bürger wagten sich auch zu Pferde zu setzen, nahmen ritterliche Waffen, die sonst dem Unadelichen Prügel und Entmannung vom Adel zugezogen hatten, und errichteten Schützengilden und Schützenfeste. Damals war es von Wichtigkeit richtig zu zielen und Sonne u. Wind im Rücken zu haben, denn bey der Langsamkeit des Feuers und des Ladens war der Feind auf dem Leibe, bevor man wieder laden konnte, und so war es auch im Handgemenge nicht gleichviel. Daher ist bey den Taktikern des 16ten Jahrhunderts die erste Regel der Stellungskunst, dem Feinde nicht den Vortheil des Windes und der Sonne zu lassen, was gegenwärtig vollkommen gleichgültig ist, wo man mehr auf die Bewegungen und Manövers des Feindes zu achten hat; doch hielt Napoleon noch viel auf — Wind! wie seine Franzosen.

Wahrscheinlich war es adelicher Spott, daß diese Schützen Chevaliers d'Arquebuse genannt wurden, was durch Chevalier d'Industrie wieder heimgegeben wurde . . Diese Schützen waren bald vom Ritter gefürchtet, wie der Ferntreffer Appollo! der Adel glich den schwerbewaffneten Hopliten der Griechen, die Städter den Peltasten, die nur leichte Schilde führten, aber desto längere Spieße; der Bürger schoß mit seiner Donnerbüchse, die der Adel „unritterliche Mordgewehre" nannte, besser als der Ritter. Das erste Scheibenschießen war zu Nürnberg 1429, und Augsburg folgte 1430 nach. In unsern Zeiten sollte man billig jene Schützengilden wieder einführen, um den Bürger wenigstens mit dem Feuergewehr wieder vertrauter zu machen, vor dem sich viele fürchten, wie die Juden!

Der verarmte und verfolgte Raubadel ließ sich

zulezt so weit herab, daß er Söldner des verachteten Bürgers wurde, und die Städter besoldeten ihn gerne, um Handel, Gewerben und den Geschäften des Friedens desto ungestörter nachzugehen; manche waren so gnädig, sich mit reichen Kaufmannstöchtern sogar zu mesalliiren! ihre vertrockneten Edelmannsgüter blüheten von neuem auf, und sie wurden so glücklich, als das Haus Löwenstein werden kann, wenn das Königl. Haus Pfalzbayern ausstirbt, Dank dem schönen Clärchen von Tettingen! Die guten wie die ausgearteten Ritter stiegen jezt herab aus ihren Felsenburgen in die Ebenen, und suchten, wie andere ehrliche Leute, ihren Wohlstand und ihre Würde im häuslichen Frieden und bürgerlicher Ordnung. Hätten sie solches nur früher gethan! Der Wohlstand der Städter war jezt so groß, daß der Landadel sie wohl beneiden durfte. Die Cölner z. B. lebten, wie Lambert erzählt, in allen deliciis urbanis, und Fürsten und Adel kamen nach den Städten, wenn sie sich einen guten Tag machen wollten. Im Ritterverein von 1485 war man so human geworden, daß man beschloß: „Wer aus altem Turniergeschlecht eines ehrbaren Burgers unbescholtene Tochter nehme um Nahrung und Aufkommens seines Stammes, die ihm 4000 Gülden zubrächt, dem soll man es nicht verargen, und ihn und seine Kinder reiten lassen!“ und troz aller hochadelichen Antipathie näherte man sich, wenn es Geld und Vergnügen galt, wie bis auf den heutigen Tag!

Die Städte der Lombardey gaben das erste Signal, und schon vor den Kreuzzügen mochte der feinere Italiener sich freyer gefühlt, und freyer denken gelernt haben über das göttliche Recht des Adels. In Italien gab es größere, reichere und mehrere Städte, die frühzeitig ihr Heil und ihre Freyheit in republikanischen Verfassungen suchten, vielleicht ein Abglanz griechischer und römischer Municipalitäten. Sie schloßen ihren Lombarden-Bund, den Jurist Pütter Parteygeist nennt, den Freyheitskampf, aus dem so viel Gutes und Großes hervorgegangen ist!! der Haupt-Reichs-Geschichtler! — Der Adel oder die Ritter hörten auf, die achtbaren Bürger als Philister anzusehen und zu behandeln, wie unser junger gelehrter Adel auf Universitäten, wo noch vor 50 Jahren jeder studierende Gelbschnabel in seinem Compendium Simsons Esels-Kinnbacken zu besitzen glaubte! Mit dem Harnisch sind wir nun fertig, und so werden wir auch noch fertig werden mit dem Esels-Kinnbacken! Während anderwärts der Adel in ununterbrochenen Fehden und Turnieren Geräusch machte, das Volk damit betäubte und herrschte, sahe sich der Adel Italiens gezwungen, um Stadtrecht nachzusuchen, und der Italiener bildete sich, nicht in der Schule des Soldaten, sondern des Bürgers; daher die schnellere Bevölkerung, der größere Wohlstand, und die höhere Cultur in Sitten, Wissenschaften und Künsten. Der Handel flößt ein Gefühl von Gleichheit ein, und daher hielt der Bürger dem Adel, der in Italien auch handelte, das Gleichgewicht. Zu Genua, als der Adel anfing Dolche zu tragen mit den Worten: „Castiga Villano,“ gab die Erbitterung den Plebejern leicht Uebergewicht (1506). Die Meynungen der Gelehrten, die sonst immer die herrschende Meynung des Zeitalters werden, waren zwar alle ächt römisch (das römische Recht fing gerade an aufzublühen) oder zu Gunsten der Kaiser und des Adels: aber diesesmal siegte das Volks-Gefühl und die Volks-Meynung, denn sie war gegründet auf das gesellschaftliche Bedürfniß. Vor den Grundsätzen der Städter mußten die Grundsätze der Roncalischen Felder die Segel streichen!

Am frühesten hatten die Städte Italiens eingesehen, daß sie dem Handel und dem Kunstfleiß besser obliegen könnten, wenn sie Söldner bezahlten, und Deutsche konnten sie im Ueberfluß haben, die in hellen Haufen dahin strömten, sich gut bezahlen ließen, und nebenher plünderten und raubten. Diese Horden behandelten den Krieg wie ein förmliches Handwerk. Mit dem Ruhm der Schweizer schlug man in Italien die Fußgänger höher an, und die Hussiten erzeugten gleiche Wirkung in Deutschland. Fußvölker schlugen jezt umgekehrt die Ritter, wie Cäsars deutsche Cohorten in den Pharsalischen Feldern Pompejus Reuter!

Kaufmannsgeist und Rittersinn scheinen einmal unverträglich, und daher gab es auch in dem kaufmännischen Italien nur Condottieri und Söldner, wie in dem kaufmännischen Holland und

England. Der Italiener wurde darüber so unkriegerisch, daß es ihm noch nachgehet. Wenn die Anführer auch Italiener waren, so waren ihre Leute doch meist Ausländer und Deutsche. Mit dem Wohlstande mußte in Italien Freyheitssinn erwachen, denn der Adelsdruck war da arg, und die Visconti, Sforza und Borgia wahre Ungeheuer. Cosmo und Lorenzo di Medicis, Bürger von Florenz, aber versöhnen wieder die Menschheit!

In Deutschland waffneten sich zuerst die Wormser und Cölner, und boten dem bedrängten K. Heinrich IV. ihre Hülfe. Wormser Bürger empfingen feyerlichst den von allen Fürsten verlassenen Kaiser, verjagten des Bischofs Vasallen, und den Bischof selbst würden sie in Ketten und Banden Heinrichen überliefert haben, hätte sich derselbe nicht aus dem Staube gemacht. Andere Städte folgten diesem ungeheures Aufsehen in der Adelswelt erregenden Beyspiel. Die Anzahl wuchs, und das Jahr 1254 sahe den Rheinischen Bund von ohngefähr 70 Städten, den ein Mainzer Bürger Arnold von Thurn zu Stande brachte. Straßburg und Speyer gingen mit männlicher Entschlossenheit, aber auch mit der weisesten Mäßigung ihren Patriziern zu Leibe, die es ärger gemacht hatten, als die Nürnberger. Der edlere Theil des Adels, der nicht vom Stegreif lebte, selbst die vier Kurfürsten am Rhein waren so klug, sich dem Bunde anzuschliessen, und so räumte dieser Bund trefflich auf am Rheine, wo Burgen an Burgen standen, deren Ruinen der Reisende anstaunt; und die in der That der lebendigen, herrlichen und einzigen Gemälde-Gallerie von Speyer bis Cöln so hohen Werth geben. . . . Viele Ruinen dieser Burgen fallen in Rudolphs segensreiche, kräftige Regierung, der die adelichen Räuber aufknüpfen ließ ohne auf Vorbitten zu hören: „Räuber schütze ich nicht!"

Noch schöner als der Rheinische Bund ist die sogenannte Hansa, deren eigentliche Entstehung im Dunkeln liegt, weil sie nach und nach entstand, wahrscheinlich erst gegen das Ende des 13. Jahrhunderts. Die 77 Hänse, die K. Woldemar nur Gänse nannte, hießen nicht wenig die Ritter, und waren unendlich nützlicher. Die Hansa bleibt die schönste Blume des Mittelalters, und übertrifft weit die Don Quixotterie der so bewunderten Blume der Ritterschaft. Die Hansen hielten kräftig und muthig zusammen, schlugen sich tapfer wie Ritter, und begünstigten, neben ihrem Handel, Wissenschaften, Künste, Gewerbfleiß, und jede nützliche Erfindung. Unsere drey Hansestädte Hamburg, Lübeck und Bremen spielten Rollen, wie Staaten, und sind noch lebendige Beweise dieses mächtigen Bundes. Der Freund der Geschichte auf Reisen weilet mit Nachdenken in diesen alten Städten, vor den beyden Hanse-Antiquitäten des Auslandes, dem Osterlingischen Hause zu Antwerpen, und dem Stalhofe zu London, die jezt Magazine sind, wie vor dem deutschen Hause zu Venedig, diesem Denkmal des blühenden Handels der germanischen Nation, und der süddeutschen Reichsstädte!

Auf den Rheinischen Bund und die Hansa folgte

der Schweizerbund. Als die drey Biedermänner im Rütli sich verbanden (1307), galt es bloß die Vertheidigung ihrer Rechte gegen Habspurg, und gegen den Uebermuth des Adels und der Vögte, selbst noch nach dem Siege von Morgarten. Erst nach dem sogenannten Schwabenkrieg riß sich die Schweiz ganz los von Kaiser und Reich. In der Schlacht von Sempach fochten 1400 Schweizer-Bauren gegen 4000 wohlgeharnischte edle Ritter; Leopold, Herzog von Oestreich, genannt der Ritter Ehre, ließ absitzen; als die Schweizer keilförmig angriefen und wankten vor der geschlossenen eisernen Ritterschaar, da rief Winkelried: „Ich will euch eine Gasse machen, denkt der Meinigen!" ergrief mit starker Hand eine Zahl ihm entgegen starrender Ritterspieße, vergrub sie in seine Brust, und über seinen Leichnam hin drangen die Schweizer in die gebrochene Ordnung der Ritter. Viele Ritter erstickten im Handgemenge in ihrer schweren Rüstung. Leopold, der Ritter Ehre, mochte diesen Tag nicht überleben, und neben ihm fielen 656 Ritter, im Ganzen 2000 Streiter. Die Schweizer scheinen zuerst den Schild abgelegt zu haben, der ihnen nur bey ihrem mit beyden Händen geführten Gewehre hinderlich gewesen wäre, gegen die Pique nur wenig schützte, und noch weniger gegen Kugeln. Die Ritter sahen, daß sich die Kriegsmanier verändert habe, die Städter staunten, und bekamen frischen Muth, als sie bemerkten, wie Schweizerbauren die Macht Oestreichs brachen, und die Kriegskunst des stolzen Ritters.

Sehr treffend nannten die Schweizer ihre Edelleute Zwingherren!

Das Pulver, oder eigentlicher die Muskete und Donnerbüchse, die auf Stützen ruhte, wie Canonen auf der Lavette, und mit der Lunte angezündet wurde, wirkte anfangs, so wie selbst die Canonen, nur wenig auf das Kriegswesen der Ritter, denn man brauchte Viertelstunden und länger noch, um zu laden und abzufeuern. Die Stücke waren von so ungeheurer und daher unbehülfener Größe, wie die Canone der Genter bey der Belagerung von Oudenarde 1381; diese hatte 50 Fuß und ihren Knall hörte man 10 Stunden weit, von dem Froissart sagte: „il sembloit, que tous les Diables de l'Enfer fussent au chemin!“ Die Türken brachten vor Constantinopel gar Bombarden, die 500 Pfund schoßen, aber beym 2. oder 3. Schuß — zersprangen! Weit mehr wirkten die Picken und Bajonette des Fußvolks, womit zwey freye Völker die übermüthigen Ritterschaaren bezwangen, Schweizer und Hußiten oder Böhmen, welche leztere auch noch mit dem Dreschflegel manövrirten, der stets geladen ist, und nie versagt. Der Vorzug des Fußvolks vor der Reuterey war jezt entschieden, und damit auch der Sturz der Ritterschaft.

Die Anwendung des Pulvers machte die bisherige Taktik überflüßig, und persönliche Tapferkeit weniger wichtig; mancher geharnischte Ritter erlag jezt den kräftigen Streichen des Fußgängers. Die großen Handelsstädte Nürnberg, Augsburg, Ulm,

Lübeck, Straßburg ꝛc. waren durch Handel und Reichthümer weit eher, als die Fürsten selbst, im Stande, sich die neuen Donnerbüchsen anzuschaffen, früher und in größerer Menge, und 1372 schoßen schon die Augsburger aus 20 metallenen Steinbüchsen auf H. Johanns von Bayern Belagerungsheer! (früher hatten sie Franzosen nicht, und kaum Italiener.) Mit des Hrn. v. Stetten Canone im Amberger Zeughaus, mit der Jahrzahl MCCCIII ist es aber nichts, der Stückgießer hat offenbar ein C im Sinn behalten!

Bey einem Reichsheer v. J. 1492 zählte man 18,000 Fußknechte und nur 2150 Ritter oder Reuter. .... Hannibal schlug mit seiner Reuterey die Römer, weil sie eigensinnig bey ihrem Legionen-System (neben 6200 Mann Fußvolk 400 Reuter) beharrten. Scipio der Sohn verbesserte diesen Fehler, daher verließ sich Hannibal in der Entscheidungsschlacht von Zama auf seine 80 Elephanten, und wären diese aber Scipios abscheulicher Feld-Musik nicht scheu geworden, vielleicht hätten schon Carthager Amerika entdeckt und Afrika kultiviret; wenigstens hätte dann Hannibal ganz anders auf die Frage Scipios: „Wen er für den größten Feldherrn halte?“ geantwortet: „Alexander, Pyrrhus — Hannibal. „Wie aber, wenn du mich besiegt hättest und ich nicht dich?“ „Dann hätte ich mich zuerst genannt!“ Die Anwendung des Pulvers wirkte, wie ein neuer Archimedes auf unsere jetzige Taktik wirken müßte. Was würde aus unsern besten Armeen und Flotten, mit Napoleon und Nelson an der Spitze, gegenüber einem Archimedes in weiter Ferne mit seinen großen Brennspiegeln?

Am allermeisten aber verdanken wir dem Schwäbischen Bunde, der stärkste und kräftigste von Allen (1488). Oestreich und Brandenburg, Mainz und Trier, Würtemberg und Baden, Rheinpfalz und Hessen, und selbst der Löwenbund vereinten sich; mit ihnen die Ritterschaft am Bodensee und Hegau, an der Donau, am Neckar und Kocher, und 30 Reichsstädte: Nürnberg, Augsburg, Ulm, Eßlingen, Reutlingen, Lindau, Nördlingen, Memmingen, Hall, Gmünd, Biberach, Kempten, Heilbronn, Ueberlingen, Ravensburg, Kaufbeuren, Dünkelspiel, Wimpfen, Wimsheim rc. Früher schon hatten diese Städte (1384) 37 an der Zahl ein Bündniß geschlossen mit Graf Ulrich v. Hohenlohe auf 10 Jahre.

Der Bund wirkte höchst wohlthätig für Aufrechthaltung der Ruhe, vereinte sich nachmals auf neue 10 Jahre, und erlosch endlich gegen 1533 über armseligen — Religionsstreitigkeiten. Die Protestanten wollten nicht in Einem Bunde seyn mit den Katholiken, so wie man es ohngefähr K. Franz von Frankreich ungemein übel nahm, und für Freygeisterey auslegte, daß er es mit den Türken hielt. Das heilige römische Reich glaubte sogar keine vollkommene Religions-Gleichheit zu genießen, so lange es nicht katholische und protestantische Reichs-Generale hatte mit vollkommen gleichen Rechten, gleiche Talente schien man stillschweigends vorauszusetzen! Es war in Zeiten, wo hohe Geburt und langer Dienst noch die Anführer machten — Federhut, Stern und rothe Hosen!

Die schwäbischen und fränkischen Ritter mußten es am schlimmsten getrieben haben, weil hier der Baurenkrieg in helle Flammen ausbrach, die sich dann weiter verbreiteten; aber dieser Baurenkrieg wirkte auch viel Gutes. Indessen scheint es, die Ritter des 16ten Jahrhunderts hätten solchen nicht ganz ungerne gesehen, obgleich Schlösser dabey in Brand aufgingen, da mehrere Ritter die Anführer machten, und in Klöstern was zu holen war. In diesen Zeiten war der gespornte Stiefel Zeichen des Adels, die Bauren aber trugen nur Schuhe, (noch in meiner Jugendzeit sahe man Stiefel höchstens an Schulzen und fetten Wirthen) daher führten sie einen Schuh auf ihren Fahnen, und die Verbindung selbst hieß der Bundschuh!

Der Landfriede, das Kammergericht und der Gemeine-Pfennig waren dem Adel lange ein Greuel, die Fürsten verlangten für ihre Lehen — Ritterdienste, und die Doctoren und Schreiber verdrängten den Adel aus dem Fürstenrathe und den Gerichten, folglich waren Hauptmannstellen bey den Baurenhaufen gar nicht übel, sie konnten weiter führen, und Edelmann und Bauer, wenn es ging, sich wenigstens in Klostergüter theilen, wozu es aber die Fürsten nicht kommen ließen. Die meisten der sogenannten XII Bauren-Artikel wazen den Rechten der Menschheit und dem Zwecke des Staats so wenig zuwider, daß sie jezt jeder freysinnige edle Regent meist unterschreiben würde. Luther sagte in seiner Friedens-Ermahnung auf die XII Artikel: „Es sind nicht Bauren, liebe Herren! die sich wider Euch setzen, Gott selbst setzt sich wider Euch, heimzusuchen Eure Wüthereyen." — Sie sind noch heute nicht so recht erfüllt diese XII Artikel des 14ten Jahrhunderts, das sie natürlich ganz verkannte, daher dem armen Conrad kein anderer Rath blieb als — zu rebelliren. War es ja selbst noch so zu Ende des 18ten Jahrhunderts! Deutschlands Geschichte darf desto stolzer auf seine Städter hinblicken und ihre Vereine. Sie belebten ganz Deutschland mit ungewohnter Thätigkeit, und deutsche Waaren und deutsche Kunstsachen galten durch ganz Europa für die besten, wie jezt englische Waaren, wenn solche gleich eigends „for the Continent" fabrizirt werden, folglich oft schlechter sind, als deutsche. In allen Ländern hatten die Deutschen Waarenlager, die Britten selbst sagten in einem neidischen Sprüchworte: the German's wit is in his fingers, und die Städter warden endlich solche Großhansen, daß die Fürsten erschraken, und an die Möglichkeit dachten, daß der Städtebund am Ende ihre Regierung entbehrlich machen könnte. So entstanden die Gegenbündnisse, von denen wir sprachen. K. Wenzel z. B. hielt es mit den Städtern, auf dem Reichstage zu Eger aber (1389) erklärte er sie für Friedensstörer und Reichsfeinde. Sie waren aber nur Adelsfeinde und wahre Patrioten, welche Ruhe im Staate wollten. Kurf. Friedrich I. von Brandenburg konnte nicht Herr werden über die ihm zu mächtigen wilden Ritter v. Quitzow, Rochow, und die Gänse v. Puttliz, da wandte er sich an die Macht der Städter, und es ward Ruhe 1415. Nürnberg aber mußte noch im Jahre 1558 seine lezten Placker hinrichten, v. Grumbach und v. Hausen, Märtyrer des Teufels und nicht Gottes, wie die Chronik sagt. Die Städte verbanden sich früher als der Adel, hielten besser zusammen, und ihre Bündnisse gingen auf die Erhaltung und Wiederherstellung der öffentlichen Sicherheit, im geraden Gegensatz mit denen des Adels! Non placuit eos, sagt Albert von Stade, principibus nec militibus, neque praedonibus, qui habebant semper manus pendulas ad rapinam, dicentes esse sordidum mercatores habere dominatum super Nobiles." Städter wären belebt von Gemeinsinn, wie Britten von ihrem public spirit, während der Adel im besten Falle dachte und handelte, wie Landgraf Philipp der Großmüthige, der den Frankfurtern, nach Zerstreuung des protestantischen Heeres, sagte: „Jeder Fuchs sorge für seinen Schwanz!" Wenn wahrer Adel auf Tugend beruhet, so ruhte im 13ten, 14ten und 15ten Jahrhundert der wahre Adel weit mehr auf den Städtern, als auf den edelgestrengen Geschlechtern. Städter erwarben ihre Reichthümer nicht durch Unterdrückung der Freyen, nicht durch Krieg, Raub und Beute, sondern durch Handel, Kunstfleiß und Sparsamkeit. Alle schönen und nützlichen Künste und Gewerbe sind Erfindungen der Städte. Die Bürger, weit entfernt, Andern das Ihrige zu nehmen, widersetzten sich, wenn es der Adel that, und ohne ihren Muth und ihre Beharrlichkeit hätte der Ritter Handel, Gewerbe, Wissenschaft und Kunst, ja selbst den Ackerbau zu Grunde gerichtet. Mußten sich die Städter nicht fühlen? Es gibt nur Ein Frankfurt, wenn gleich in N. Amerika noch drey Frankfurte liegen, und daher verarge man es keinem Frankfurter, wenn er das Wort Fremder ausspricht, wie der Britte sein Stranger! Eich sein å Borger! Διὸς Κόρινθος!

Städter erbaueten Armen-, Kranken- und Waisenhäuser für Leute, die der Adel oft zu Armen, Kranken und Waisen gemacht hatte. Bürger krochen nicht an den Höfen der Großen um Sold und Gnaden, denn ihr Fleiß und Wohlstand war so groß, als ihre Genügsamkeit, und sie konnten der Höfe entbehren; der verarmte Ritter beneidete sie, und sie griffen ihm unter die Arme, und gaben ihm Brod. Reichsstädter, über die man in spätern Zeiten erst gelacht hat, und nicht immer mit Unrecht, (denn sie hiengen eigensinnig an Formen und Herkommen, die längst zwecklos geworden waren, und die Rathsherren fuhren fort, die veralteten Statuten-Bücher im Beutel mit aufs Rathhaus zu nehmen vor wie nach — daher Bocksbeuteleyen — wie Mäntel, Perücken und Hanswurst-Kragen) waren freyere

Menschen als der Adel, den sie zulezt in Sold nahmen; sie übten sich in den Waffen, und standen bald auf gleicher Linie in den Künsten des Krieges, ja ihre Rüstungen und Geschütze waren weit kostbarer und stattlicher. Unsere Fugger, Welser, Pirkheimer ꝛc. würden für Wissenschaft und Kunst die Medizäer Deutschlands, und mit Begeisterung stritten oft diese Städter für Freyheit und Vaterland! Die Sitten des Adels waren verdorben, wie in Juvenals Rom; die Sitten der Städter rein, schlicht und einfach:

> Non capit has nugas humilis domus, Alea turpis, turpe et adulterium mediocribus, haec eadem illi omnia cum faciant, hilares nitidique vocantur!

Große Erinnerungen herrlicher Bürgertugenden knüpfen sich an die alten Stadt-Banner, verewigt durch Sinnbilder. Jeder Bürger hatte seine Rüstung zur Vertheidigung seiner Stadt, zur Romfahrt und zum Reichsdienst aber zahlte er Söldner. Die Blüthenzeit unserer Reichsstädte ist mit wahren Heldenthaten bezeichnet, und mit Opfern für das Höchste und das Gemeinwohl, die sich kühn neben die Thaten der Griechen und Römer stellen dürfen. Leonidas mit seinen 300 Spartern zu Thermopylä, Quintus Cäcidius mit seinen 400 Römern im ersten punischen Kriege auf Sicilien, leben in der Geschichte, sie starben freywillig den schönen Tod fürs Vaterland, und diesen starben auch in der Schlacht von Wimpfen 1622 die 400 Pforzheimer mit ihrem Bürgermeister Deimling! Diese Bürgertugenden und Thaten der Städter liegen zum Theil begraben in alten Stadt-Chroniken, die man kaum in dem Städtchen selbst kennet, und verdienten überzugehen in die Allgemeine Geschichte des Vaterlands, als wahre Muster zur Belebung des Gemeinsinns, der uns Noth thut, und doch fehlet! Wo lebt der deutsche Sismondi, der uns die Geschichte der deutschen Städte des Mittelalters gibt?

# XI.

## Die lezten deutschen Fehderitter und Raufbolde. Sickingen und Berlichingen.

In dem Scheidepunkt des Mittelalters von der neuern Zeit, erzogen im Geiste der alten Ritterwelt, kriegerisch, hart und rauh lebten die berühmten Männer, die wir als unsere lezten Ritter in diesem Werke nicht übergehen dürfen. Wer verzeihet nicht gerne, was er an ihnen tadeln muß, wenn er jene Zeiten und Umstände erwäget? Ihre Zeit war eine Epoche der Umwandlung der Dinge, so gut als die unsrige, und die alten freyen Reichsritter konnten sich so wenig in den Landfrieden finden, als manche ihrer Nachkömmlinge in die jetzige Ordnung der Dinge! Es ist in vielfacher Beziehung ein Unglück, in solchen Perioden zu leben!

Franz Sickingen steht mit Recht obenan *).

*) Kriege und Pfedschaften des Edlen von Sickingen. Mannheim 1787, aus einer gleichzeitigen Handschrift von Würdtwein. Bellum Sickingianum, d. i. kurze Erzählung ꝛc. Strasburg 1626. 4. Historischer Almanach für den Adel von C. Lang. 1792. (das Beste). Franz v. Sickingen. Frankf. 1798. 8. Verhältniß F.

Er wurde 1481 zu Sickingen, unweit Bretten, gebohren, und muß in Wissenschaften weniger vernachläßigt worden seyn, denn andere seiner Genossen, weil er solche liebte, und Gelehrte, wie unsern Reuchlin, zu schätzen wußte. Er war auch eine Zeitlang Oberamtmann zu Kreuznach, in der Nähe seiner Ebernburg, scheint aber doch, im Geiste der Ritterschaft, Selbsthülfe besser, wenigstens kürzer gefunden zu haben, als den langweiligen Rechtsweg; höchstens gab er sich einem ehrlichen ritterbürtigen Schiedsrichter hin, statt den gelehrten römischen Doctoren, und so dachte mit ihm die ganze Adelswelt. Sickingen hielt sich im Geiste der Ritterzeit für den Verfechter jedes Bedrängten, und wo ein Schwächerer gegen einen Mächtigern, oder noch besser gegen Pfaffen und Städter zu klagen hatte, stand Schwert und Lanze zu Diensten, ob er gleich wegen seiner kleinen Körpergestalt nur das Fränzchen genannt wurde. Sein Motto: „Haß allen geistlichen und weltlichen Despoten" war — schön, wenn Er nur seine Ritter nicht davon ausgenommen hätte!

Er scheint seinen ersten Feldzug mit K. Max I. nach Venedig gemacht zu haben, Max liebte ihn,

v. S. zum deutschen Orden, und Hochmeister Albrecht von Voigt in den Beyträgen zur Kunst Preußens. II. 5. n. 19. F. v. S verdiente eher als Götz v. B. auf unsern Theatern zu glänzen, und die tragische Bühne, die das Gemüth erheben soll, erreicht diesen Zweck auch durch Darstellung noch unbenützter histor. Charactere, wie Shakspeare und Schiller sie zu benützen wußten.

und schlug ihn auch damals zum Ritter. Seine erste Fehde war 1515 gegen Worms, wobey ihm sein Schwager, Götz von Berlichingen, mit andern „guten Gesellen“ 70—80 Pferde zuführte „uf eigene Kosten, Franz wollte uns Geld „geben, aber wir waren nit do dergestalt, „sondern wollten ihm vergebens dienen.“ Schön! und noch schöner von Sickingen war es, daß er die gefangenen Wormser „wohl mit Essen und Trinken versahe, „die Gemeinen zwar in Rübenkeller steckte, die vom Rathe aber in Thurm, und dann in Stuben und etliche sogar an Tisch nahm.“ — Die Fehde war einträglich, und sein Vater Schweiker hatte sich schon einen Namen gemacht gegen die Edlne- und „gut Glück gehabt“ d. h. Beute davon getragen. Worms und das Kammergericht drangen auf Reichsacht, und als der Ritter auch noch Frankfurter Kaufmannsgüter wegnahm, so war das Geschrey so arg, daß K. Max. I. wohl wieder ausgerufen haben mag: „Wie gehts zu! wenn ein Kaufmann einen Pfeffersak verleurt, soll man das ganze Reich aufmahnen, gilts aber das Reich, so kann sie kein Mensch zusammenbringen!“

In der Fehde der Geroldseck mit Lothringen 1516 war Sickingen schon wieder dabey, zumal seine Ehefrau, Hedwig von Flörsheim, die allein den Ebernburger Bau besorgte, und oft den wilden Rittermuth gemildert haben mag, gestorben war. Er brachte ein bedeutendes Heer von 6000 Fußgänger und 800 Reiter leicht auf die Beine, befehligte 1200 Reiter und 10,000 Fußgänger, und der Herzog mußte sich fügen. Sodann ging es vor Metz, das einen seiner Freunde beleidigt hatte, und Metz erkaufte den Frieden, wie Lothringen, mit 30,000 Gülden. — Lauter wurden jezt seine Feinde, die Reichsacht 1517 erkannt, Sickingen aber ging zu seinem ritterlichen Kaiser nach Inspruck, und kam zurück — mit dem Character eines K. Hauptmanns und Kämmerers nebst jährlichem Gnadengehalt! Die Reichsacht wurde aufgehoben, und Max zahlte den Wormsern eine Entschädigung von 40,000 Gülden, wenigstens — versprach er die Summe. Glorreich hatte sich der Ritter aus einem schlimmen Handel gezogen, aber Ruhe kannte er nicht, ob er gleich des Zipperleins wegen sich in der Sänfte tragen lassen mußte. Schon 1518 befehdete er wieder Hessen, das seine Cronberge beleidigt hatte, und der Landgraf fügte sich. Hochmeister Albrecht in seinen Händeln mit Pohlen rechnete vorzüglich auf die Hülfe der deutschen Ritterschaft und Sickingens, versteht sich gegen Sold; unser Franz versprach 1000 Reuter, jeden zu 10 Goldgülden des Monaths. Der ritterliche Franz K. v. Frankreich lud den berühmten Ritter nach Amboise, er kam mit 12 Rittern, erhielt eine goldene Ehrenkette von 3000 Thlr. nebst Jahrgehalt, seine Ritter Ketten von 500—1000 Thlr., aber keiner ließ sich an Frankreich ketten. Sickingen nahm sogar bald darauf den Mayländern wegen einer Schuldforderung Waaren hinweg, und auf die Verwendung des Königs gab er die Antwort d'un vrai Allemand: „In Rechtssachen kümmere ich mich außer Deutschland um Niemand!" H. Ulrich von Würtemberg hatte Reutlingen überfallen, das einen seiner Jäger aufgeknüpft hatte, und zur Landstadt gemacht, worüber der Schwäbische Bund zu den Waffen grief. Sickingen, Fronsberg, Hutten rc. waren im Bundesheer, und hier schloßen sie auch ihren Freundschaftsbund. Huttens Eifer für Wissenschaften mochte sich hier dem Ritter mitgetheilt haben, denn er mußte ihm sein Büchlein de Aula übersetzen, und daher schätzte er auch Reuchlins Haus zu Stuttgart, als das Bundesheer einzog. Er nahm sich Berlichingens an, dem die Heilbronner kein ritterliches Gefängniß gaben, setzte den Dominikanern zu Cöln wegen Reuchlin schriftlich die Köpfe zurecht, und die Carthäuser zu Schlettstadt, die mit seines Huttens Bildniß schmuzigen Unfug getrieben hatten, mußten 2000 Gold-Gülden erlegen. Man erräth die Art des Unfuges aus dem Nahmen der Sickingischen Forderung — 2000 Gülden A.... Geld!

Der landflüchtige Hutten fand Schutz in Ebernberg, und Luther mag da oft Gegenstand der Unterhaltung gewesen seyn. Hutten schrieb kräftig gegen das Papstthum, und Sickingen machte Bucer, der aus dem Kloster entsprungen war, zu seinem Prediger in Landstuhl. Oecolampadius und andere Verfolgte genoßen des Ritters Schutz, und bey der Vorlesung von Luthers Schriften rief er: „Wer vermag dies Gebäude zu zerträmmern?“ Er bot Luthern Zuflucht an in seinen Burgen, und sie machten zu Landstuhl „allerley Aenderungen in der Messe, schafften das Salve ab, und Fasten, und andere Dinge; auch wurden böse Bücher (protestantische) gedruckt, zu welchen Sachen Franz zustimmte.“ Auch andere Ritter stimmten zu, denn am Wormser Rathhause fand sich ein Zettel: „Wenn man Luther nicht Wort hält, so werden sich 400 von Adel, die ob 8000 zu Roß und Fuß vermögen, seiner annehmen, Bundschuh! Bundschuh! Bundschuh! Sylvester von Schaumberg zu Münnerstadt schrieb 1520 an Luther: „Er und 100 vom fränkischen Adel würden ihn schützen, und ehrlich unterhalten, er solle bleiben.“ Spangenberg, der dieses erzählt, setzte an den Rand: Novem ubi nunc?

Deutschland sahe leider! die schönen Hoffnungen nicht erfüllt, wozu es die in seinem Schoose gereifte kirchliche Reformation berechtigte, es war noch eine kräftige Zeit, der Verstand und das Gemüth von Millionen Deutscher aufgeregt; aber dem großen religiösen Reformator fehlte ein gleich großer und kräftiger politisch-militärischer Geistesbruder! Es war geschehen um National-Einheit, folglich auch um alle National-Größe, Macht und Ehre! Die Hof-Theologen betrachteten Luthers begonnene Reformation als geschlossen, denn sie befanden sich ja ganz wohl dabey! Man konnte aber Deutschlands pohlnisches Schicksal dem grossen Reformator eben so gut in die Schuhe schieben, als Gregor VII.

Sickingen zog mit Carls V. Heer 1521 nach den Niederlanden und Frankreich, kam aber bald wieder zurück, forderte eine engere Adels-Verbrüderung zu Landau zum Besten der Reformation, und wagte dann seine grosse Fehde gegen Trier. Der Kurfürst war für Frankreich, und hatte sich auf dem Reichstage stark gegen den Ritter ausgesprochen, und Sickingen konnte einmal Pfaffen-Fürsten und Mönche, die den allzu frommen Rittern so viele Güter abgeschwazt hatten, nicht leiden. Vor Trier erhielt er vom Reichs-Regimente einen Abmahnungs-Brief, und sagte dem Bothen: „Das sind alte Geigen! Befehle genug, und niemand gehorcht!“ Er legte S. Wendel und die reiche Abtey S. Maximin in die Asche, und zog sich, als Hessen und Pfalz zur Hülfe eilten, nach seiner Ebernburg. Die Verbündeten rückten vor Landstuhl, und forderten es auf. Er ließ ihnen aber sagen: „Sie hätten neues Geschütz, er neue Mauren, sie wollten eins wagen.“ Sickingen ärgerte sich, daß man ihm nicht, nach Rittersitte, zuvor abgesagt habe, und daher ließ er ins Lager wissen: „Er habe vor Trier mit Freuden sein Pulver verschossen, und seine Kugeln, aber mit Unlust abziehen müßen, er hoffe, es werde Ihrer Kurfürstl. und Fürstl. Gnaden nicht baß gehen!“

Aber das Schicksal hatte es anders beschlossen,

Sickingen wurde von einem Mauerstein hart verwundet, kein Ersatz ließ sich sehen, und so mußte er sich ergeben. Die drey Fürsten traten vor das Krankenbett im Gewölbe, in einem Felsen und feuchten Loche. Ehrerbietig empfing der Ritter den Pfalzgrafen, indem er sich aufrichtete, und sein rothes Barretlein zog. „Franz bleib liegen und setze auf," sagte der Pfalzgraf. Dem von Trier begegnete er nicht so, und auf dessen Vorwürfe sagte Franz: „Hab jezt mit einem größern Herrn zu reden," und der hochherzige Pfalzgraf sagte dem geistlichen Herrn zürnend: „Seht ihr nicht, wie seine Sachen stehen?" und fragte den Kaplan: „Ob Franz gebeichtet habe und versehen sey?" Die drey Fürsten gingen in ein anderes Gemach, wo die Gefangenen von Adel waren, und als der Kaplan meldete, Sickingen sey verschieden, so beteten sie, und zogen ab vor die Burgen Drachenfels, Hohenburg und Ebernburg, die sie zerstörten. Trotzig erwiederte der Hauptmann der leztern Burg dem Herold: „Hier sind keine Schurken, den Pfalzgrafen achten wir, dem jungen Hessen wollen wir den Krieg lehren, und der Bischof von Trier mag heimziehen, und seine Fladen weihen!" Der ganze deutsche Adel bedauerte den Fall des Tapfern, denn in ihm sahe er einen Brutus und Fechter für alte ritterliche Vorrechte und Freyheiten. Nach vielen Bitten und erst nach dem Tode der alten Feinde bekamen Franzens Hinterbliebene einen Theil seiner Güter wieder. „Hätte der kühne Held, sagt die Chronik, seine Mannheit recht angelegt, hätte sich die ganze Freundschaft eines Achilles und Weisen rühmen können." Sickingen schläft zu Landstuhl (zwischen Lautern und Zweybrücken), und lebt noch heute im Andenken der Ueber-Rheiner. Drohet ein Krieg, so hört der Landmann rauhe Kriegsmusik in der Burgruine, lächelt der Friede wieder, so entzücken sein Ohr die sanftesten Flötentöne!

Eine der schönsten Arbeiten A. Dürers ist sein sogenannter Todesritter. Ein ernster deutscher Ritter in voller Rüstung und mit offenem Visier, reitet, begleitet von seinen Hunden, im Schritt auf einem stolzen Hengste durch ein Thal, wo seltsam verzerrte Baumwurzeln, wie Teufels-Larven ihn angrinzen, Schlangen kriechen auf seinem Pfade, der Tod reitet neben ihm auf einem dürren Klepper, und ein Teufel streckt rückwärts nach ihm seine Krallen. Der Ritter achtet nichts, was neben und hinter ihm vorgeht — Vorwärts! Unverzagt! Dieser ernste großblickende Ritter Dürers ist — Sickingen.

Curtius sprengte in voller Rüstung hinab in den Abgrund zur Ehre der römischen Waffen und Tapferkeit, wie Decius in das Heer der Lateiner zum Sühnopfer den Göttern (Devotio); sie sind die Todesritter der Alten, Sickingen der des Mittelalters, und wir haben Todesritter in Südamerika. Die indianischen Christen, wenn sie nicht weiter als 20 Stunden zu ihrem Pfarrer haben, bringen ihre

Todten, aufrecht auf das Pferd gebunden, nach ihrer Ruhestätte, und der Todte galoppiret so gut als die Lebendigen zum Grabe. Der Tod ist der ächte Ritter von der traurigen Gestalt, der ächte Ritter des heiligen Grabes, er hat alle Drachen des Lebens überwunden, sein Leib erobert das heilige Grab, während sein Geist einziehet in das himmlische Jerusalem!

Sickingens Zeitgenosse war Götz von Berlichingen mit der Eisenhand, geboren in demselben Jahre (1481) zu Jagsthausen *). Dieser gefiel sich noch weit mehr in urväterlicher Wildheit und Fehden, stand aber jenem weit nach an Gaben, Thaten und Einfluß. Die Schule zu Niedernhall, wohin ihn im 9ten Jahre ein alter Knappe begleitete, verließ er schon im ersten Jahre, und ging lieber an den Ansbacher Hof, wo er einen Vetter hatte. Dieser nahm ihn mit sich auf den Wormser Reichstag 1495, wo der Landfriede gemacht wurde, aber Götz scheint noch zu jung gewesen zu seyn, um hier zu lernen, daß Ordnung und Gesetz besser und nöthiger sey, als mißverstandene Ritterfreyheit; er that späterhin gerade das Gegentheil. Dem Bubenzuchtmeister am Ansbacher

*) Lebensbeschreibung Hrn. Götzens v. Berlichingen, von ihm selbst. Nürnb. 1731. 8. III. Ausg. 1775. Briefe und Urkunden aus dem Heilbronner Archiv. Fürth, 1792. 8. Historischer Almanach für den Adel von C. Lang f. d. Jahre 1793 u. 94. m. Kpfrn. Das Beste. Ch. v. Mechel, die eiserne Hand des Ritters G. v. B. nebst Denkschrift. Berlin, 1822. Fol. m. Kupfern.

Hofe mag er manchen Seufzer ausgepreßt haben, indessen handelte er so unrecht nicht, als er den Polaken, der wegen seines zerstörten schönen Lockenbaues das Messer nach ihm zuckte, gehörig durchfuchtelte, und dann sich ruhig der Strafe des gestörten Burgfriedens unterwarf.

Seinen ersten Zug that er mit K. Max gegen Frankreich und die Schweiz. Das Heer stand in Schlachtordnung. Max „in einem alten grünen Röcklein, grünen Stutzkäpplein und großen grünen Hut darüber,“ ritt die Frönte herauf, und Götz, der auf seinem Helm große weiße und schwarze Federn führte, und einen großen langen Spieß mit einer großen Fahne, auch schwarz und weiß (die Farben von Zollern) fiel dem Kaiser auf. „Wem stehst du zu?“ dem Markgrafen Friedrich. „Nun! du hast einen langen Spieß mit langer Fahne, reite dort zu jenem Haufen, bis daß des Reichs Fahnen aus Costanz kommen.“ Diese kaiserlichen Worte schlug Götz hoch an, und bewegte sie wie Maria in seinem Herzen! Aber aus der Schlacht wurde nichts und das Heer zog sich unter Costanz Mauren.

Nach seines Vaters Tod verließ Götz den Hof, und nun beginnen seine Fehden auf eigene Faust. Hans von Massenbach, genannt Thalaker, sprach ihn um einen Reuterdienst an gegen Würtemberg; sie hatten zusammen 6 Reuter, und damit befehdeten sie den mächtigen Gegner, d. h. sie raubten, plünderten und schleppten benachbarte Bauren nach ihren Burgen. Oheim von Thüngen stellte dem angehenden Raufbolde das Bedenkliche solcher Thaten vor. Götz trat wieder in Anspacher Dienste, und Herr und Diener zogen gegen die Nürnberger. Es gab einen heissen Kampf, und der Anführer von Absberg sagte: „Wir hatten willige Leute, aber so seyn zwey Berlinger do gewesst, do hab ich nit zwey williger gesehen,“ wobey Götz bemerkt: „Das ist mein und meines Bruders seel. Besoldung geweßt, war uns aber lieber dann hätt uns der Markgraf 2000 Gülden geschenkt, wie wol wir warlich arme Gesellen waren!“

Aber schon 1503 finden wir Götz wieder mit seinem Thalaker über neuen Plackereyen. Er besaß Dörfer und Schlösser, war geliebt von den Seinen, und seinen Kriegsdurst konnte er löschen auf dem Felde der Ehre im Dienste großer Fürsten; aber er verabscheuete den Dienst, als unverträglich mit seinen reichsfreyherrlichen Ideen, und Kolben- und Faustrecht, Auflauren in Wäldern Wochenlange bey Käse und Brod, unter Gefahren aller Art, und Beute waren ihm lieber. Den Landfrieden betrachtete er mit seinen Rittergenossen als ein verhaßtes Mittel der Fürsten, den niedern Adel um seine Freyheit zu bringen, und ewiger Landfriede schien ihm noch als Mann und Greis lächerlicher als S. Pierres ewiger Friede!

Zum zweytenmal gelang es dem wackern Oheim von Thüngen, den jungen Mann für eine bessere Sache zu gewinnen, er schickte ihn 1504 in den bayrischen Krieg, und da verlor Götz vor Landshut durch einen Schuß aus einer Nürnberger Feldschlange seine rechte Hand! Lieber hätte er einen Fuß, ja das Leben selbst verloren, vergebens suchte ihn sein Freund Christoph von Giech zu trösten, endlich erinnerte er sich schlaflos auf seinem Schmerzenslager von einem hohenlohischen Reuter gehört zu haben, der troz seiner verlornen Hand den Krieg mitgemacht habe, schickte nach einem Waffenschmidt, der ihm eine Hand von Eisen machte, und damit zog er froh nach Hause.

Diese interessante und kunstreiche Eisenhand ist ganz hohl, und kleiner, als die gewöhnlichen Panzerhandschuhe; jedes Fingergelenk hat seine Feder, und knacket, wie der Hahn einer Pistole, ein wahres Meisterstück alter Kunst. Es gibt noch eine zweyte Eisenhand, schlechter gearbeitet, und mit Fleischfarbe bemahlet, vielleicht der erste Versuch des Landshuter Meisters, die vermuthlich Götz zu Hause trug — eine Neglige-Hand. Jene aber, sonst zu Wien, ist jezt wieder zu Jagsthausen, im Besitze eines seiner Nachkömmlinge, bieder wie Götz, bey welchem unser Held, ohne Jagsthausen zu verlassen, weit mehr lernen könnte, als zu Niedernhall, selbst die schönsten lateinischen Hexameter. Bey der Eisenhand befindet sich ein sogenanntes Stamm- oder Erinnerungsbuch der ehemaligen Besitzerin, und das Schönste, was ich darinnen fand, schrieb Prandstetter:

Ruhe! eiserne Hand! es ruh'
jede eiserne Hand, wie du!

Aber was sollte Götz mit der Eisenhand zu Jagsthausen? Er heurathete zwar, aber was waren die Rosenfesseln der schüchternen Hausfrau dem rauhen Eheherrn mit der eisernen Hand? Ein schlimmer Geselle zu Rothenburg, genannt Menteter, der bald darauf enthauptet wurde, warb unsern Götz 1506; sodann ging es mit einem von Balbach gegen Leuchtenberg, wo Götz zwar gefangen, aber bald wieder losgegeben wurde ohne Lösegeld und Urphede, um mit Selbiz, dem Ritter mit Einem Fuße, auf einen Fang auszuziehen, der aber mißlang. Sodann befehdete er die Cölner, den Bischof von Bamberg, Hanau, die Hutten und die Waldströmer. Bey des Pfalzgrafen Beylager zu Heidelberg bot der Bischof von Bamberg ihm nebst andern Unbekannten die Hand, und wurde zornig, als er hörte, wem er sie geboten habe. „Ihr habt mich nit gekannt, sagte Götz, da habt ihr die Hand wieder!" Die Umstehenden lachten, „da lief das Männlein hinweg, und war roth wie ein Krebs, so zornig war es!"

Im Jahr 1512 sehen wir unsern Götz schon wieder in neuer Fehde mit Nürnberg, das stolz die vorgeschlagenen Schiedsrichter verschmähet hatte. Er legte also die Kaufleute gefangen, erbeutete ihre Waaren, und verbrannte, was er nicht fortbringen konnte, forderte Brandschatzung und Lösegeld. Da erhob sich das Geschrey bis zum Kaiserthron über den Landfriedensstörer. — „Pfaffen und Mönche erlaubten mich, sagt der Ritter, den Vögeln in den Lüften, die sollten mich fressen, und schoßen mit dem schwarzen Lichte nach mir." (Bey der

Excommunication pflegte man eine schwarze Kerze zu schleudern, wie nach Ablesung der Bulle in coena Domini.) Kaiser Max I. rief: „Heiliger Gott! was ists? wenn der Berlinger erst zwey Händ hätt' und der Selbiz zwey Füß, wie sollt es dann thun?" Wobey Götz ausruft: „Diese Rede Kaiserl. Majestät gefiel mir so wohl, daß es mir im Herze Freude machte!"

Das Reich sprach die Acht und erkannte Commission, was dem Ritter „mehr denn 200,000 Gülden Schaden brachte, die er von Nürnberg wollt hinweggebracht haben, und all ihr Kriegsvolk, und den Bürgermeister selbst mit der großen goldenen Kette am Hals, mit Gotteshülfe." Dafür machte er sich aber den Spaß, und warf im Spessart sechs Nürnberger nieder, stellte sich, als ob er allen Köpfe und Hände abhauen wolle, ließ sie niederknieen, die Hände auf den Stock legen, und dann gab er jedem einen Tritt auf den Hintern und eine Ohrfeige. Dies war schlimmer als das jugum ignominiosum der alten Römer, und wenn der Ritter vollends die Ohrfeigen mit der Eisenhand austheilte, der Spaß auf jeden Fall stärker als der, den sich auf dem Hundsrücken — Schinderhannes mit den Juden machte! Im Jahr 1515 hatten Mainzer Bauren zu Buchen ein Berlingisches Fruchtfeld abgeweidet, und Götz, den man mit seiner Entschädigungs-Klage stolz abwieß: „er habe keine Nürnberger vor sich," sandte

Mainz einen Absagebrief, grief rasch mit 150 Reutern bey Aschaffenburg an, haschte einige Kaufleute, und zog ab mit einer Beute von 8000 Gulden. Er verheerte noch mehrere Dörfer mit Feuer und Schwert, und hatte gute Lust, sechs Mainzer Domherren mit 34,000 Gulden bey Amöneburg in Empfang zu nehmen, wenn seine Knechte den Handel nicht verdorben hätten. Dafür machte er bey Haina einen Grafen Waldeck gefangen, der sich mit 8000 Dukaten lösen mußte. Mainz rief Kaiser und Reich oder den Schwäbischen Bund an, aber vergebens, und mußte sich vergleichen. In dieser Mainzer Fehde war es, wo Götz unter Krautheim sengte und brennte, der Beamte vom Schlosse herab, und der Ritter von unten hinauf schrie: „Er soll ihn hinten lecken." Göthe machte von diesen ritterlichen Worten ästhetischen Gebrauch, folglich glaube ich auch historischen davon machen zu dürfen.

Götz hatte nun mit Gottes Hülfe Geld genug, das Schloß Hornberg zu kaufen, wo er seine Wohnung nahm, seinem Schwager Sickingen Hülfe nach Worms führte, und dann für Pfalz gegen den schlimmen Schott von Schottenstein auszog, der bald darauf zu Cadolzburg enthauptet wurde. Bey diesem Zuge wollte man ihm auf der Heidelberger Kanzley Verhaltungs-Befehle zustellen, Götz aber gab sie zurück: „Nach eurem Zettel kann ich nicht reuten, muß selbst die Augen aufthun, und sehen, was ich zu schaffen habe." — Hätte der alte K. K. Hofkriegsrath zu

Wien diese Worte zu Herzen genommen, wie ganz anders sähe es aus in der Geschichte!

Götz wurde darauf als Lehenmann, dem die Burg Möckmühl anvertraut war, in die Händel H. Ulrichs von Württemberg verwickelt, und vom Bundesheer daselbst belagert. Mangel an Allem nöthigte ihn zu capituliren, man führte aber ihn dennoch gefangen nach Heilbronn, und legte ihm eine harte Urphede vor in der Heerberge, deren Beschwörung er verweigerte, und nun sollte er in den Thurm. Da rieß er einem Nebenstehenden den Degen aus der Scheide, und rief: „Wer kein ungerischer Ochs ist, komme mir nicht zu nahe!" Im ersten Schrecken hätte er sich wohl eigenmächtig frey machen können, aber man versicherte ihn, daß er bloß auf das Rathhaus gebracht werden sollte, sie brachten ihn aber in Thurm. (Die höflichen Heilbronner thaten es wegen der gefährlichen Nachbarschaft und Verwandtschaft nur ungerne, aber der Schwäbische Bund wollte es.) Götz ließ seine Gattin wissen, daß sie hinaufreiten sollte zu Sickingen und Fronsberg ins Lager, die sich als Redliche von Adel und Hauptleute wohl zu halten wissen würden, und irrte sich auch nicht. Die wackern Ritter halfen ihm aus dem Thurm in die Heerberge, wo sie ritterlich zechten, Götz aber die Zeche bezahlen mußte, die er „eine gefährliche Rechnung" nennt, nebst 2000 fl. Binnen 3 Jahren hatte er nicht mehr denn 300 fl. verzehrt, und fand übertrieben, daß der Wirth für 3/4 Jahre, wo seine Hausfrau mit ihm gewesen und Wochen gehalten hatte, 380 fl. ansetzte! Götz deponirte 552 fl. baar, da der Wirth einen Capitalbrief von 1000 fl. anzunehmen sich weigerte.

Kaum hatte Götz 2 Jährchen Ruhe genossen, so tobte der Baurenkrieg, tobte in Schönthal und um seine Güter, und da er als Volksfreund bekannt war, so hoffte man viel von seiner Verwendung. Götz ritt nach Schönthal, und fand mehr als Gehör. Die Bauren verlangten ihn zum Anführer, und da ihn selbst der Adel und die Freunde baten, die Stelle anzunehmen, so nahm er sie für Einen Monat an, hielt strenge über Zucht, verbot Mord, Raub und Brand, und strafte mit Ernst. Kein Wunder! wenn er bald verdächtig wurde, an Entweichung dachte, und auch dem tobenden Haufen glücklich entwischte unweit Adolzfurt.

Götz widerspricht der Behauptung der Amorbacher Mönche, daß er viel Silber u. Kelche mitgenommen; der Annalist der Prälatur, Gropp, aber erzählt S. 22 ausdrücklich, daß Götz den Abt, der einen silbernen Kelch zurückbehalten, auf die Brust gestoßen, und gesagt habe: „Lieber Abt! ihr habt lange genug aus silbernen Bechern getrunken, trinkt einmal aus den Kraußen" (Birkheimer? oder von Kreißen?) und da der Abt den Kelch auslieferte, und zu den 16 Kelchen, aus denen sie wacker zechten, noch drey versteckte beyschaffte, so wurde er zur Tafel gezogen. Götz tröstete den laut Auffseufzenden: „Lieber Abt! seyd wohlgemuth, ich bin dreymal verdorben geweßt, und dennoch da, ihr seyds nur ungewohnt." So legte Brennus, der Anführer der Gallier, welche Italiens feurige Weine über die Appenninen lockten, wie die Theologen-Weine die Ritter in die Klosterkeller, zu den Brandschatzungs-Geldern Roms, als die Römer klagten, daß nicht ehrlich gewogen werde, noch sein Schwert und Waffengehänge und sprach hohnlächelnd: „Vae victis!“ Camillus aber kam über ihn, wie ein Deus ex machina, dem armen Abt aber verhalf kein Heiliger wieder zu seinen Kelchen, ihm blieben nichts, als — leere Fässer!

Götz stellte sich dem Bundestag zu Augsburg, troz der Warnung des Grafen von Werthheim, im Gefühle seiner Unschuld, wurde aber eingekerkert, und sollte mit dem Leben büßen. Zwey Jahre saß er, und seine Leiden versüßte der Umgang mit dem Stadthauptmann Wolf von Freyberg. Endlich entließ man ihn mit dem Schwur, daß er Hornberg niemals verlassen, nie mehr ein Pferd besteigen, keine Nacht außer der Burg zubringen und an niemand sich rächen wolle, selbst oder durch Freunde, im entgegengesetzten Falle aber 25,000 Goldgülden erlegen solle. Götz schwur, und lebte in ruhiger Einsamkeit sich, den Seinigen und der Jagd, bis ihn Carl V. seines Schwurs entband, wofür er 100 Reuter gegen die Türken führen sollte (1541). Der graue Ritter kam bis Wien, wo er von der verlornen Schlacht hörte, ohne Lorbeeren heimkehrte, und gegen Franz I. zog. Aber auch da kam er nur bis Chateau Thierry, da der Friede von Crespy 1544 die Fehde endete. Nun hieng Göz für immer die Waffen an die Wand, dictirte seine Lebensgeschichte, und legte sein graues Haupt nieder 1562, alt 81 Jahre!

Göz verdankt seinen Ruf weniger seinen Thaten, als seiner Selbstbiographie, und auch dieser weniger als Göthens Schauspiel. Was wäre Hector und Achilles ohne Homer, ohne Spielkarten und ohne Hunde=Nahmen, die Melac und Trenk verewigen, wie Davoust und Vandame? Göz war in der Ritterwelt nach dem Landfrieden ohngefähr das, was in der Studentenwelt meiner Zeit ein alter Jenaischer oder Hallischer Renommist in Leipzig oder Göttingen. Göz war nicht mit seiner Zeit fortgegangen, und daher konnte er sich in die neuen Ideen so wenig finden, als viele unserer heutigen Mediatisirten sammt ihren Räthen, obgleich selbst die Juden aufgehört haben, auf den Messias zu warten. Seine altväterischen Fehden und Händel sind keine Großthaten, und selbst seine Selbstbiographie, für die wir dem rohen wohlmeynenden Selbsthelfer Dank schulden, weil er sich und den Geist seiner Adels= und Ritterwelt so naiv schildert, war nur wenig gekannt, bis Göthes Schauspiel (1773) sie und den Helden wieder ins Leben rief. Reisende fingen jezt an, Jagsthausen und Götzens Grab zu Schönthal zu besuchen, wo derselbe im Erbbegräbniß seiner Väter, neben 17 Rittern seines Geschlechts ruhet, und martialisch genug vor dem Kreutze kniеet; ja Kotzebue besuchte sogar den Gefängniß=Thurm zu

Heilbronn, wunderte sich, daß nicht jedes Kind diesen Thurm kenne, und noch mehr, daß der Kerker noch gebraucht, und nicht als interessantes Denkmal des Mittelalters geheiliget sey! Kotzebue, der den ganzen deutschen Ritterorden in Preußen mit den schwärzesten Farben besudeln konnte!! So sind Dichter!!

Verzeihlicher ist es, wenn in den weiland Ritterkreisen und zu Jagsthausen unser Götz, dessen altritterliche Biederkeit alle Achtung verdient, (Berlich hieß auch im Altdeutschen offen, manifeste) für einen Großen Mann gilt, für l'Idole de Berlichingen, wie Thiebaud das Wort Götz übersetzte in seinen Souvenirs, bey deren Recension sich jedoch Joh. v. Müller so sehr an den Manen des ehrlichen Sprachmeisters versündigte, als dieser an den Manen des großen Friedrichs! Es pflegt dies noch an ganz andern Orten der Fall zu seyn, und man kann nicht immer daran denken, daß Jagsthausen, die Ritterkreise, und der Geburts- oder Aufenthaltsort des Großen Mannes — nicht die Welt sind. Wer auf recht leichte Manier für einen Großen Mann gelten will, muß durchaus in ein kleines Oertchen ziehen!

# XII.

## Die Fortsetzung. Georg Truchseß und Grumbach. — Andenken an Zrink und Scanderbeg.

Weit merkwürdiger und ausgezeichneter als Göz, im Krieg und Frieden, vorzüglich aber im Baurenkriege, ist Georg III. Truchseß Waldburg, von dem aber kein Göthe, sondern nur Pappenheims Chronik der Truchsesse spricht. Er half als Diener H. Ulrichs mit 100 Pferden, 600 Fußknechten, gutem Geschüz, und 6000 fl. baar gegen den armen Conrad, so wie dem K. Max I. gegen Venedig mit 200 Pferden. Ein gewißer v. Absberg erschlug seinen Schwager, Grafen Joachim v. Oettingen (1520), und Georg zog gegen die Thäter, sezte den schwäbischen Bund in Bewegung, und so brachen sie gegen 20 Raubburgen! Die Fehde dauerte lange, und da viele Raubritter verbunden waren, so bestand das Bundesheer gegen sie aus 1552 Pferden, 10,500 Fußvölkern nebst 40 Haken und 2 Mörsern. Truchseß hatte den größten Jammer dabey, denn ein Rosenberg, dessen Burg Boxberg er zerstört hatte, stahl ihm aus Rache seinen ältesten Sohn zu Dole in Burgund, und der arme Vater erfuhr nie etwas von dessen Schicksalen!

Truchseß spielte eine große Rolle auf Reichstagen, und beym Reichs-Regiment, war Statthalter von Baiern und Württemberg, und endlich Feldhauptmann des Schwäbischen Bundes. Er schlug die Bauren bey Laibheim und auf dem Ried, und noch mehr wirkte er durch gütliche Unterhandlung und kluges Benehmen. Er schlug sie bey Böblingen, und fieng da den Pfeiffer, der zu Weinsperg, wo sie den Adel durch die Spieße jagten, seinem ehemaligen Brodherrn, dem Grafen v. Helfenstein, mit dessen Hut auf dem Kopf, gesagt hatte: „Ich habe Euch oft zur Tafel gepfiffen, nun will ich Euch zu einem andern Tanze pfeiffen.“ Da kamen die Grafen von Hohenlohe noch besser ab, wenn sie auch gleich bey Beschwörung der Artikel ihre Handschuhe ausziehen mußten, und die Bauren die ihrigen anbehielten, und der Kellner Sizinger, der gespießt werden sollte, wenn er nicht Braten esse (es war vor Ostern) aß Braten, und durfte nach Haus! Truchseß ließ diesen sanseulottischen Pfeiffer mit einer langen Kette an einen Baum schließen, dann Holz um den Baum legen und anzünden, und der Pfeiffer sprang halbgebraten wohl ¼ Stunde im Feuer herum! Truchseß verfolgte die Bauren bis nach Königshofen, wo ein Haufen von 10,000 Mann stand mit 42 Canonen, er schlug deren 6000, und einem andern um Würzburg her ziehenden Haufen ging es nicht besser. Auf dem Bundestag zu Nördlingen forderte er den 10. Theil der Brandschatzung, begnügte sich aber mit 5000 Gülden, und von Carl V. erhielt er die Herrschaft Zeil. Georg vergrößerte sein Ländchen bedeutend, und starb 1531 zu Stuttgart. Sein Nahme war so furchtbar unter dem Volke, daß man ihn nur den Bauren-Görgen nannte, und sprüchwörtlich zu sagen pflegte: „Ich will dir den Herrn Görgen singen!"

Wilhelm v. Grumbach *) aus einem altfränkischen Geschlechte, Erbschenken und Lehnmänner des Hochstifts Würzburg, deren Stammsitz unweit Arnstein lag, mag für den allerlezten Fehderitter gelten, der am unglücklichsten endete; voll Talente und unbesiegtem Rittermuthe, der ihn auch auf dem Blutgerüste nicht verließ. Einst die rechte Hand des Fürstbischofs von Würzburg, Conrads von Bibra, mit dem er und sein schönes Weib machten, was sie wollten, konnte es ihm nicht an heimlichen Feinden fehlen. Der Bischof starb, und das Legat von 8000 fl., das er Grumbachs Frau hinterließ, war die erste Ursache alles Unglücks des Ritters und seiner ganzen Familie. Melchior v. Zobel folgte im Fürstbißthum,

*) Wilhelm von Grumbach, Landfriedensstörer, Fürsten-Mörder und Aechter. Leipzig, 1795. 8. Pahls Hertha. 3. u. 4. St.

15 *

sahe aber gerne mit eigenen Augen, und entließ Grumbach, auf den er einen Zahn hatte. . . Ruhig schien der Mann sein Schicksal hinzunehmen, bloß die Auszahlung jenes Legats forderte er, und Zobel verlangte spöttisch: „daß seine Frau die dem Bischof Conrad geleisteten Dienste benennen solle.“ Diesen Spott vergaß Grumbach schwerer, als die Entlassung von seiner Geheimeraths- und Hofmarschall-Stelle!

Rache kochte in seiner Brust. Er ging an den Hof Albrechts von Brandenburg, wo er erzogen war, und war willkommen. Albrecht war der größte Pfaffenfeind, namentlich der Bischöfe von Würzburg und Bamberg, denen er in gedruckten Deductionen erklärte: „daß ein Pfaffe mit Waffen nicht regular sey, und der Himmel gewiß nicht einfalle, wenn sie weniger Pferde, Hunde und Mädchen halten könnten,“ worauf von Seite Bambergs erwiedert wurde: „daß Moses und Elias auch mehrere todtgeschlagen, und doch regulares gewesen seyen!“ Grumbach wußte sich bald unentbehrlich zu machen, und Gelegenheit, sich an Zobel zu reiben, führte der Schmalkaldische Krieg herbey. Man sahe sich genöthigt, den Beleidigten durch Geschenke und Verheissungen zu einem Vergleiche zu bringen, den aber der Bischof wieder vom Kaiser für nichtig erklären ließ. Hart büßten nun die stiftischen Lande unter Albrechts Kriegsschaaren, wenn auch gleich der bey Schwarzach geschlagene Fürst geächtet sein Leben zu Pforzheim endigte. Grumbach verlor Alles, verzweifelnd sandte er einige seiner Gesellen

(1558), die den Bischof, als er über die Mainbrücke nach seiner Marienburg ritt — meuchelmordeten!

Allgemein nannte das Gerücht Grumbach als Anstifter der Unthat, und nach zwey Jahren entdeckte man auch den Anführer der Banditen, Kräger, in Lothringen, der sich aber unterwegs erhenkte. Man entdeckte noch mehrere Spuren, die Tortur that das Ihrige, man legte die Aussagen Grumbach vor, aber er behauptete bis an sein Ende seine Unschuld, daher noch jezt diese Begebenheit in historischer Dunkelheit liegt. Der Ritter galt indessen für den eigentlichen Mörder, und alle Hoffnungen, wieder in Besiz seiner Güter zu kommen, die ihm das Kammergericht zusprach, verloren sich abermals. Diese Güter müßen nicht unbedeutend gewesen seyn, wenn ein altes fränkisches Adels-Sprüchwort nicht träget:

Seinsheimer die ältesten,
Einheimer die stolzesten,
Grumbacher die weichsten (mollissimi),
Seckendörfer die meisten!

Grumbach schwur, „daß die Pfaffen seine Güter nicht umsonst verprassen sollten,“ und verband sich mit denen von Mandelslohe, Stein, Rosenberg, Zedwitz ꝛc., Feinde des Stifts, immer enger. Sie warben Soldaten, worüber man zu Würzburg lachte, aber plözlich standen sie mit 800 Reutern und 500 Mann zu Fuß innerhalb der Mauren der Stadt! Der Fürst flüchtete nach Mergentheim, und ohne den Domherrn Andreas von Thüngen wäre vielleicht die Stadt im Rauch aufgegangen. Er brachte einen Vergleich mit Grumbach zu Stande, der weiter nichts verlangte, als seine Güter und Entschädigung, aber auch dieser Vergleich wurde wieder umgestoßen! Grumbach hatte mit 10,000 Thlr. auf Abschlag Stadt und Hochstift verlassen.

Neuerdings geächtet und hoffnungslos warf sich Grumbach mit seinen Freunden in die Arme Johann Fried. H. v. Gotha, eines schwachen Fürsten, dem er glauben machte, daß er ihm die Kurwürde wieder verschaffen könne, der Adel würde auf seine Seite treten, und selbst die K. Elisabeth sich mit ihm vermählen, und englische Truppen senden; ja, er ließ ihn sogar die Kaiserkrone im Hintergrunde erblicken! Grumbach hatte einen so anschlägigen Kopf, daß auch der Plan die Fürstenstühle Deutschlands zu stürzen, und eine adeliche Republik (ein Polen aus Deutschland zu machen), darauf zu gründen, ihm gar wohl zuzutrauen ist. Diese Idee scheint im 16. Jahrhundert in vielen Ritterköpfen, glühend voll Hasses gegen die sie beschränkende Fürsten, gespuckt zu haben!

Johann waffnete, befestigte Grimmenstein, versahe es mit allen Vorräthen, kehrte sich an keine Abmahnungen, und so wurde dann 1566 die Acht erkannt gegen den schwachglaubigen Fürsten, den Grumbach Kurhut, Krone, Scepter, und Alles, was er wollte, in Crystall hatte sehen lassen. Kurfürst August rückte mit einer Executions-Armee von 50,000 Mann vor Gotha, die Bürger selbst zwangen ihren Herzog zur Capitulation, schleppten den kranken Grumbach und die Räthe vom Schloß auf das Rathhaus, und der Gothaische Krieg war zu Ende. Grimmenstein wurde geschleift, der Herzog gefangen nach Wien geführt, (er lebte noch 28 Jahre im Gefängniß zu Neustadt im Umgange seiner Gemahlin) Grumbach aber als Landfriedensbrecher, Fürstenmörder, treuloser Vasall und Zauberer (man beschuldigte ihn selbst eines Mord-Anschlags auf den Kurfürsten August) vor Gericht gestellt.

Er leugnete Alles. Man brachte den Greis auf die Folter, er lächelte, und versprach Alles zu gestehen, was man wolle. Er lächelte, als man den Stab über ihn brach, und das schreckliche Urtheil verkündigte, daß ihm sein Herz lebendig aus dem Leibe gerissen, und er sodann geviertheilet und aufs Rad geflochten werden solle, und eben so ruhig betrat er auch das Blutgerüste 1567. Er legte sich so gelassen auf das Brett, als wie auf sein Bette, sagte lächelnd dem Nachrichter: „Du schindest einen alten dürren Geyer!" und starb unter der schrecklichsten Marter ohne einen Laut von sich zu geben. Kanzler Burk, der auch geviertheilt wurde, benahm sich wie ein Weib, und auch die andern, die theils gehangen, theils enthauptet wurden. Mit ihnen starb auch Grumbachs Bedienter Tausendschön, genannt der Engelseher, denn er hatte stets Umgang mit Geistern, die ihm als Kinder erschienen, im aschfarbigen Kleidchen, schwarzen Hütchen und mit weißen Stäbchen, womit sie ihm die Schätze zeigten. Der Henker schlug dem grauen

Ritter sein Herz um den Kopf mit den Worten: „Siehe Grumbach dein falsches Herz!“ Aber die Nachwelt urtheilet milder. Der Mann handelte im Geiste seiner Zeit, und man hatte ihn wahrlich schwer mißhandelt!

Es sey mir erlaubt, am Schlusse der deutschen Ritterwelt meinen lezten Rittern noch zwey ausländische Helden, Zeitgenossen derselben, beyzufügen, deren Andenken ich nirgendswo schicklicher zu erneuern wußte, und deren Waffenthaten sie würdig machen, unter den Rittern zu glänzen — Zrini und Scanderbeg. Zrini hatte schon als Jüngling bey Wiens Belagerung von Carl V. die Ritterwürde, Streitroß und goldene Kette erhalten, und als Mann wahrte er Sigeth, wie Leonidas die Thermopylen gegen Xerxes Soliman. Mit 65,000 Mann rückte der Türke 1566 vor Sigeth, lange schlug Zrini die fürchterlichsten Stürme ab, Alles um ihn her stürzte und brannte, die kühnsten Kämpfer waren gefallen, Berge von türkischen Leichen lagen um die Veste, die Luft verpestend, nur im Innern der Burg hielt sich noch Zrini mit einer Handvoll Tapfern, aber es fehlte an Lebensmitteln! Zrini legte sein schönstes Kleid an, seinen Reiherbusch zierte sein schönster Diamant, in seine Tasche steckte er, nebst dem Schlüssel der Burg, 100 Dukaten: „die Hunde, die mich ausziehen, müßen doch Etwas finden,“ und so stürzte er mit etwa 600 der Seinigen aus der Burg. Einige Kartätschen machten Platz dem aus seiner brennenden Höhle getriebenen Löwen, und Alle starben den Heldentod unter reichen Türken-Opfern, die sie ihren Manen selbst schlachteten. Hinter ihnen krachte die Pulverkammer, und siegtrunkene Osmannen sprengten mit den Trümmern der Burg in die glühenden Lüfte. Das kleine Sigeth kostete 20,000 Türken, und Zrinis edles Geschlecht erlosch 1703, aber der Nahme Zrini lebt in der Geschichte!

Georg Castriotto oder Scanderbeg (d. h. Herr Alexander) (1404 † 1467), den die deutschen Kaiser den lebendigen Adler der Christenheit nannten, als man sich noch vor den Türken fürchtete, und dessen Vorfahren Albanien, das alte Epirus beherrschten, kam als Knabe mit seinen drey Brüdern als Geißeln in die Hand Amuraths II., der seine Brüder vergiften, ihn aber wegen Geistes- und Körper-Vorzüge erziehen ließ. Castriotto lernte die türkische, arabische, griechische, slavonische, italienische und lateinische Sprache, und alle ritterlichen Uebungen. In seinem 18ten Jahre schlug er sich mit einem tatarischen Riesen, und erlegte ihn, und so auch zwey Perser, die ihn gefordert hatten. Amurath liebte ihn wie einen Sohn, gab ihm ein Commando in Asien, wo er seine ersten Thaten verrichtete, in Servien holte er gleiche Lorbeere, und nun zog er auch gegen die Ungarn. Amurath aber hatte das Erbtheil seiner Väter sich angemaßet, der Erbe dachte nur darauf, sein Albanien wieder zu erhalten, und so setzte er sich in Verbindung mit Corvinus, nach dem Verlust einer Schlacht, mit 300 Albanern in Marsch nach Croia, der Hauptstadt seines Erblandes. Troz der zahlreichen Armeen, die Amurath und Muhamed gegen ihn sandten, behauptete er sich, schlug mit 10,000 Mann 100,000, und wenn 20 — 30,000 Türken blieben, so blieben höchstens 20 — 30 Albaner, was der Chroniker Barleti, dem ich nacherzähle, verantworten mag! Mehr als einmal drohete der Meuchelmörder Dolch Castriottos Leben; er schlug sich nebenher mit Venedig und in Italien gegen Franzosen, und alle Großen Europens huldigten dem berühmtesten Manne der Zeit, der sicherlich die Türken schon jenseits des Hellespontes gejagt hätte, wäre er von christlichen Mächten gehörig unterstützet worden. Scanderbeg wallfahrtete zu Fuß nach Rom als Schäfer; sechs Räuber fielen über ihn her, er vertheidigte sich bloß mit seinem Dolch, und gelangte nach Rom. Der heilige Vater gab ihm, statt der Hülfe, einige Reliquien und etwas Geld, was er verschmähete, er küßte den Statthalter Christi auf die Stirne, und ging traurig über Loretto nach seinem Albanien, wo er sich, vor wie nach, allein herumschlagen mußte, bis an sein Ende. Ganz Europa zitterte vor Muhamed, nur nicht Scanderbeg, und ohne ihn hätte dieser kräftige Sultan, wie er selbst sagte: „sich vermählt mit dem Adriatischen Meere und Venedig, den Halbmond auf die Peterskirche gepflanzt, und einen Turban auf das heilige Haupt des Vaters der Christenheit!“

Scanderbeg wünschte mit dem Säbel in der

sanft zu sterben; starb aber auf dem Bette zu Lyssa auch als Held. Nach seinem Tode kam Albanien wieder unter das türkische Joch. . . . . Er war von der Größe und Stärke eines Riesen, und Säbel und Dolch kamen nie von seiner Seite. Sein türkisches Gewand war grün, seine Stiefel gelb; zu Hause ging er im bloßen Haupte, im Felde aber trug er das Malthesser-Kreuz und eine hohe Mütze mit reichen Federn, um seinen Soldaten zu zeigen, „daß da, wo sein Kopf sey, auch der Feind stehe." Er soll mit eigener Hand 2000 Türken niedergesäbelt, und in 22 Schlachten nur eine leichte Wunde am Fuß erhalten haben. Scanderbeg war die Seele seines kleinen Staates, edel, großmüthig und freygebig wie ein alter Ritter; selbst Meuchelmörder schickte er frey zurück ins türkische Lager. Er war munter, beredt, liebte Bücher, Griechen und Römer, vorzüglich Cäsar, haßte aber alle Romanen. In der Schlacht pflegte er sich auf die Lippen zu beissen, daß Bart und Kleid blutig wurden. Er war mäßig, keusch, religiös und so freygebig, daß er die reichste Beute gewöhnlich vertheilte, daher starb er auch arm. Papst Nicolaus V. wollte ihn seelig und heilig sprechen, aber seine Erben wußten 100,000 Thlr. besser anzuwenden. Im Himmel gibt es der Heiligen schon so viele, daß es allerdings besser war, wenn Scanderbeg ein Heiliger auf Erden blieb, d. h. ein großer Mann, deren wir nicht zu viele haben!

Muhamed erbat sich Scanderbegs Säbel, mit

dem dieser einem Ochsen den Kopf abhauen und einen Mann bis auf den Nabel spalten konnte, was der Sultan nicht vermochte, worauf ihm der Held die bekannte Antwort gab: „Meinen Säbel hast du, aber meinen Arm kann ich dir nicht geben.“ Lange war Scanderbegs Grab den Türken ein Heiligthum, eine Reliquie von ihm machte unverwundbar, und die Moslems wetzten ihre Säbel an seinem Grabsteine, wie die Neufranken die ihrigen am Grabmahle des Marschalls von Sachsen in der Thomaskirche zu Straßburg. Im Zeughause zu Wien siehet man diesen zweyten Alexander im Harnisch, wie er lebte und webte, zwischen dem rothen Sammthute Gottfrieds von Bouillon und dem Hute und Koller Gustavs Adolphs. Marschall Keith hatte Scanderbegs Bildniß aufgehängt zwischen Cäsar und Friedrich. In demselben Lande, wo Scanderbeg 20 Jahre lang kämpfte und siegte, kämpfte in unserer Zeit Ali Bascha von Janina gegen die Oßmannen, und seine Albaner haben noch heute den Ruf der Schweizer. Man erwartete so viel von ihm, als einst von Catharinens Lieblingsplan, den griechischen Thron wieder aufzurichten, vereint mit Joseph! Schon Voltaire machte damals alle Gebildeten zu Bundsgenossen der Hellenen! Bey dem Ausbruche der großen Revolution, die nun bald ihre tour de l'Europe vollendet hat, erwartete man mit noch sanguinischern Hoffnungen die Freyheit der armen Griechen, deren Anfang man in der Sieben-Insel-Republik erblickte. Man sahe bereits

Europäer sich in diesen Götter-Gegenden ansiedeln, statt in Caucasien und Amerika, ihre Cultur mit Wucher denjenigen wieder geben, von denen wir sie einst erhielten, neue Wege für den Handel, neuen Stoff für die Gelehrten, neue seit 2000 Jahren begrabene Kunstschätze, vielleicht gar die verlornen Classiker, kurz, noch einmal das alte Griechenland; man täuschte sich, — aber Hoffnung läßt nicht zu Schanden werden!

Die Griechen haben sich, ohne Hülfe von aussen, ermannet, sie, die seit 1453 (ja schon weit früher) in geistiger Erstarrung lagen, aus der sie erst in der Mitte des 18ten Jahrhunderts zwey Bücher geweckt zu haben scheinen: Fenelons Telemaque und Rollins alte Geschichte, ins Neugriechische übersetzt und gedruckt zu Venedig. Von Chios, dem Vaterlande Corais ging die neuere Bildung aus, und Jonien, Homers Vaterland, ward zum zweytenmal die Wiege griechischer Cultur; altgriechische Literatur wurde das heilige Feuer, an dem sich die Neugriechen erwärmten, und zum alten Nationalgefühle begeisterten. Hellas, das tief gesunkene und entartete Hellas erhob unter der heiligen Fahne des heiligen Kreutzes seine seit 4 Jahrhunderten und länger schon in Staub gebeugte Stirne, begeistert von den Thaten griechischer Vorzeit, wie 1812 die Preußen von den Thaten Friedrichs! Tod oder Freyheit! ist ihr Feldgeschrey, sie fechten wie Spartaner! Die Idee griechischer Gesammtheit ist lebendiger, denn je, Volksmenge, Erziehung und Kenntnisse haben sich auffallend vermehrt, sie sind Europäer, und ihren Tyrannen in Vielem überlegen. Unwandelbarkeit ist der Character der Orientaler, und so auch der Osmanli; selbst ihr Handel thut vieles, was sonst der Handel eben nicht zu thun gewohnt ist. Vielleicht finden sie einen zweyten Scanderbeg. Wer dachte an die Perser, die freylich keinen Cyrus zu haben scheinen? Zeit bringt Rosen. Die Britten mögen Schwierigkeiten machen im Kaufmanns-Geiste, Nordamerikanische Scenen werden vielleicht der Freyheit vorausgehen, wie bereits mehr als türkische Scenen vorangegangen sind, aber — Zeit bringt Rosen! Nord- und Südamerika wurden frey nach den Gesetzen der Natur, so wird es auch Griechenland werden — ein europäisches Amerika, und ein neues lebendiges Glied am europäischen Staatskörper, brauchbarer gegen die gefürchtete Uebermacht Rußlands, als das Todtengerippe der Türkey! Krug konnte kein schöneres Programm zum Auferstehungsfeste wählen, als die „Wieder-Geburt Griechenlands," er sammelte patriotische Geldbeyträge für die gute Sache der Griechen, und Württemberg blieb nicht zurück. Dieser Krieg gegen die schrecklichsten Unterdrücker ist ein heiliger Krieg, folglich mit der heiligen Allianz in keinem Widerspruch, wäre es auch nur wegen der Pest, mit der die sorglosen Barbaren, voll Glauben an das Fatum, stets das cultivirte Europa bedrohen. War je ein Strafkrieg naturrechtlich, so wäre es dieser. Wer in angebauten Ländern wilde Thiere ausrottet, ist ein Wohlthäter der Menschen, und hausen die Barbaren nicht toller als wilde Bestien in Lybiens Wüste, in dem schönsten Theile Europens? Die Russen glühen ihren Mitchristen zu helfen, und an ihrer Spitze steht der Menschenfreund Alexander, aber auch der Weise, der langsam und vorsichtig gehet, um Europa nicht in einen neuen Brand zu stecken. Mit bloßen Handels-Cabalen soll es sich wohl geben, und ein Gott scheint den Divan mit Blindheit geschlagen zu haben. — Die Griechen, an deren Nahmen sich große Erinnerungen knüpfen, haben sich ermannet, sie suchen sich selst zu helfen, wie wackere Männer; mag Europa neutral bleiben, — Gott hilft dem, der sich selbst hilft!

Glück auf Hellenen! Mögen die großen Tage von Marathon, Thermopylä und Platea euch begeistern, und die Helden, die bereits gefallen sind im schönen Kampfe für Freyheit und Vaterland! Der Alexander des Nordens ist mehr als euer Landsmann gleiches Nahmens, und seine Humanität Bürge, daß seine Siege, weit entfernt die Ruhe Europens zu stören, der Civilisation zu gute kommen werden. Der Genius Griechenlands bewahre Euch nur vor der Uneinigkeit eurer Väter! — vor Uneinigkeit unter Euch selbst und vor Verrath! Ich beneide die kommende Generation, die so leicht nach Griechenland wird reisen können, als wir nach Italien — welche Fundgruben erwarten sie hier! Welcher Genuß, die Classiker zu lesen auf ihrem heimischen Boden, und mit Vater Homer hinüber zu segeln zu den Ruinen Ilions!

Schließlich muß ich noch eines Ritters erwähnen, der 1552 — 1616 lebte, und sich mir gleichsam, indem ich dieses schreibe, aufdringt, denn zum erstenmale lese ich von seinem Daseyn in dessen Selbstbiographie, die Büsching herausgibt. Sie ist nicht uninteressant, wenn man das Leben, Lust und Lieben des Adels im 16. Jahrhundert näher will kennen lernen, gehört aber doch eigentlich nicht hieher, weil es kein Ritterleben war, sondern bloßes Hofleben zu Liegnitz. Es ist das Leben eines schlesischen Edelmanns, der einen sehr ominösen Nahmen führet, und dessen Familie vielleicht noch zahlreicher ist, als wir wissen, das Leben des Ritters Hans von Schweinichen!

Jenen eigentlichen Rittern aber am Ende des Mittelalters sey die Grabschrift gewidmet, die auf Trivulcios Grabe zu Mailand stehet, der unter Sforza in 17 Schlachten seinen Rittermuth bewieß, am heiligen Grabe sich noch das Ritterkreuz holte, in der Schlacht von Marignano, 70 Jahr alt, wie ein Jüngling focht, und 1518 begraben wurde. Auf seinem Denkmahle stehen die Worte:

Joh. Jac. Magnus Trivultius,
Antonii filius,
qui nunquam quievit, quiescit.
Tace!

---

# XIII.

## Von den Ursachen des Verfalles der Ritterschaft. Etwas von italienischen Rittern. Sforza und Castruccio.

Ohngefähr dreyhundert Jahre (1100 — 1400) dauerte die Blüthe der Ritterschaft. Die meisten Könige Europens hingen ihr mit dem größten Eifer an, noch mehr der Adel; in Spanien alle Könige bis auf Ferdinand; in Deutschland die Hohenstauffen bis Max I., und selbst noch Carl V.; in England die Nachkömmlinge Wilhelms des Eroberers bis auf Heinrich VI., und die Könige von Frankreich von Louis VI. an bis auf Franz I. Französische Ritter waren die Blumen der Ritterschaft, und K. Friedrich I., der Frankreich gerade nicht liebte, sagte dennoch: Plas mi Cavalier Francès. Den ächtesten Rittergeist athmete K. Franz I., als er vom Schlachtfelde von Pavia aus nach Hause schrieb: Tout est perdu, sauf l'honneur!

Das ganze Ritterwesen war ein Kind der Zeit und der Noth, ein Uebergang von der Barbarey zur Cultur, folglich mußte es mit dieser Zeit und Noth aufhören. Das Ritterwesen gründete sich zum Theil auf das Lehenssystem, aber hellere und veränderte Zeiten mußten die Nachtheile davon einsehen. Die Lehen waren zulezt so ins Unendliche getheilet und zersplittert, daß die Vasallen die Kosten des Dienstes nicht mehr aufbringen konnten, viel Brüder, schmale Güter, und nur auf die Lehen in todter Hand, auf die drey geistlichen Ritterorden ließ sich noch rechnen, wenn es ihren Großmeistern beliebte. Aber gerade diese drey Orden trugen gar viel zum Verfalle des Ritterwesens bey. Jede angesehene Familie fand eine Ehre darin, Mitglieder dieser Orden unter die Ihrigen zu zählen, und so nahmen sie dem Adel noch seine letzte Blüthe, und viele der ersten Häuser verschwanden am Ende des 13ten Jahrhunderts; an ihre Stelle traten neue unbekannte Nahmen. Diese reichen, müßigen Ritter-Mönche, die in den Kreuzzügen verwilderten, verbreiteten noch überdieß eine grobe Unsittlichkeit, der das ursprüngliche Ritterwesen zu begegnen gesucht hatte! Mächtig unterminirten die Kreuzzüge das gothische Gebäude der Feudalität. Die Ritter, wenn sie das Kreuz nahmen, verkauften leichtweg Besitzungen, die sie nicht besteuern durften, oder schenkten sie den Kirchen und Klöstern; viele Familien starben ganz aus; der Geldwerth erhob sich, nach Einführung des römischen Rechts, zu gleichem Range mit dem Güterwerth, und diese Geld-Revolution verwandelte zulezt die Grundrechte in — Menschenrechte. Es war eine schleichende Aqua tofana für den Adel, zubereitet von Italienern. Der ächtritterliche Kreuzfahrer vertauschte Grundeigenthum, das erste und wesentliche Bestandtheil des Adels, gegen das ideale Kreuz, und gab sein Zu auf, um ein Von zu werden. So stifteten und verkauften die einst bedeutenden Grafen von Tübingen so viel, daß sie zulezt kein Fleckchen Land mehr hatten, und der lezte wilde Zweig Hans Jörg starb als bloßer Schloßhauptmann 1663. Wer dem Adel am schnellsten vom Brode half, war die Clerisey, die der Ritter stets neckte und verspottete, die sich aber dafür bezahlt zu machen wußte, wie in spätern Zeiten die Juden!

Armuth nöthigte den Adel, seinen Hörigen Freyheiten zu bewilligen, und so hob sich der Mittelstand. Die alte hohe abgestandene Eiche fiel, und die kleinen von ihr niedergehaltenen Pflänzchen um sie her gewannen Luft, Sonne und nahrhaften Boden. Bürger und Städte hoben sich durch Handel und Gewerbe, wurden reich, wohlgemuthet und selbstständig, und dadurch erhielt auch der König die wohlthätige Kraft, den ordnungslosen verwilderten Lehnadel in seinen Anmaßungen zu beschränken. Man fand, daß Söldner gegen Feinde von außen besser zu gebrauchen seyen, als Ritter- und Lehns-Miliz, wo jeder Bannerherr die Seinigen befehligte, und wieder nach Hause zog, wie es ihm einfiel. Und so wie man gegen Lehn-Miliz und Lehensverbindung gleichgültiger wurde, brauchte der Lehnherr auch keine kostbaren Ritter mehr in seinem Gefolge, und der Adel selbst drängte sich wenig mehr zur Ehre des Ritterthums. Bald fand man auch die leichten Reuter, deutsche Reuter, selbst von Franzosen Reitrers genannt, brauchbarer, und welchen Werth man auf Dragoner legte, beweist ihr Nahme. Vielleicht fand man Aehnlichkeit mit jenen eingebildeten Ungeheuern in ihrer Schnelligkeit und der brennenden Lunte! Beym Aufgebot legte also der Ritter kalt und mürrisch die Rüstung an, weil er mußte, und so glich vollends der Lehns-Aufsitz unsern weiland Kreis-Contingenten, oder der polnischen Pospolite rosszjenne, und die Ritterpferde den Pferden des Hippolitus von einem Ungeheuer erschreckt, oder den Sonnen-Pferden unter Phätons Leitung!

Die Annahme von Söldnern (Banden) aus allen Ständen löste die Lehnmiliz auf noch vor der eigentlichen stehenden Armee. Man nannte diese Söldner in Frankreich Brabançons, Routiers, Cottereaux etc. (meist niederer Adel), am bekanntesten aber ist der Nahme — Landsknechte (aus allen Ländern) im Gegensatz einheimischer Lehns-Miliz, und sie führten nur kurze Waffen; Max I. aber gab seinen Fußvölkern lange Lanzen von 18 Fuß, womit er außerordentlich wirkte, und diese hießen eigentlich Lanzknechte. „Wenn der Teufel Sold ausschrieb, sagt der Chroniker Frank, so schneyete es Deutsche zu, wie Fliegen im Sommer!" Diese Banden führten auch schwere Hakenbüchsen, woraus die Franzosen Arquebuses machten, und Maximilian hatte zwey große Stücke, die man „Weck' auf" und Burlebaus nannte:

> Wenn ihr ist voll der Kragen,
> so kehrt sie unsauber aus
> die Burlebaus!

Es gab aber auch wieder Geschütze mit sehr lieblichen Nahmen: Die Singerin, die Nachtigall, die Orgel, und dann wieder schreckliche: Die Natter, der Basilik, die große Schlange, der Drache! Der Marschall von Sachsen war sehr für die kleinen leichten Kanonen, genannt Amusettes!

Jene neuen Legionen der Lanz- oder Lands-Knechte (Coterelli, Banditti), welche Frunsberg zu ordnen suchte, waren disciplinirter wenigstens und brauchbarer, als die veraltete Lehn-Miliz, zulezt aber verwilderten sie, namentlich in Italien und Frankreich so sehr, daß man sich alle Mühe geben mußte, sie wieder fortzuschaffen. In Frankreich hießen diese Deutschen auch die schwarzen Banden (von ihren Fahnen), und wurden der Stamm des hier entstandenen regelmäßigen Heeres. Diese Lands- oder Lanzenknechte (Lansquenets), deren Nahme von der Garonne bis zur Tiber mit ehrfurchtsvollem Schauder genannt wurde, meist Deutsche, zogen von einem Lande in das andere, wie z. B. die Große Garde (Magna Guardia), die in Ungarn diente, dann, nach ihrer

Abdankung, Schlesien durchstreifte, in Geldern, Jülich, Dännemark und Diethmarsen Krieg führte, dann sich zerstreute, und was nicht aufgerieben war, vereinte sich mit der weißen Garde der Britten, um mit Carl VIII. nach Italien zu ziehen. Dieses Soldatengesindel hieß mit Recht auch Brigands und Ecorcheurs, und in der Liste dieser Räuber findet man sehr — erlauchte Nahmen!

Der Chroniker Seb. Frank characterisirt sie hinreichend, wenn er sagt: „In Max I. Zeiten sind zwey Plagen aufgekommen, die grausame Krankheit, so man die Franzosen nennt, und die verderblichen Landsknechte." In Deutschland waren im Grunde selbst noch im 30jährigen Kriege die Christiane von Braunschweig, die Mansfelde und Waldsteine nicht viel besser, als Condottieri und Anführer solcher Banden. Zahlte man sie nicht, oder dankte sie ab, so lebten sie auf eigene Faust, raubten und plünderten in Haufen. Und eben so sahe es auch noch im 17ten Jahrhundert in Frankreich aus, wo im Süden die sogenannten Bandouliers herumzogen; alle waren unendlich schlimmer, als unsere Freycorps. Von dem im 7jährigen Krieg berüchtigten Fischerischen Freycorps sagte ihr eigener Anführer: „Es würde mir leid thun, wenn auch nur Einer darunter wäre, der nicht den Galgen verdient hätte." Schon Iphicrates vergleicht den Anführer mit dem Kopf, die Linien-Infanterie mit der Brust, die Reuterey mit den Füßen, die leichten Truppen aber mit den — Händen!

Diese Miethlinge sahen bald ein, daß der Sieger nicht besser bezahlt werde, als der Besiegte, und so spielten sie nur mit einander — unter der Decke. In einem Treffen zwischen Pisanern und Florentinern vom frühen Morgen bis an den späten Abend fiel nur — Ein Mann, weil er — vom Pferde gefallen war, und in einem andern halbtägigen Gefecht zwischen den Florentinern und Venedigern blieb gar keiner, und nur einige Pferde wurden verwundet! darum galten auch Carls VIII. Franzosen in Italien für Hölle, Tod und Teufel; zum Theil jedoch auch durch ihre leichtere Artillerie, und geschickteren Gebrauch derselben, ein Verdienst der Franzosen Carls VIII. Ohne allen Widerstand gelangten sie nach Neapel, die Cürassire ritten in Jaken und Pantoffeln, woran hölzerne Stifte waren, und die Quartiermacher hatten mit ihrer Kreide die meiste Arbeit. P. Alexander sagte daher: „Carl hat Neapel erobert mit hölzernen Sporn und Kreide!"

Komisch lassen die beyden Armeen Venedigs und des Franz Sforza, der sich vom Condottiere zum Herzog von Mayland emporschwang. Sie standen 1452 sich gegenüber nach großen Zurüstungen, Sforza forderte den Gegner zur Schlacht auf in den Ebenen von Monte chiaro, beyde Heere rückten aus, ein starker Nebel verhüllte beyde; Trompeter von beyden Seiten ließen vor den Vorposten ihre Stückchen hören, der Nebel lösete sich auf in Regen, und beyde Heere rückten — ins Quartier! Zur Vollendung dieser Scene fehlte weiter nichts, als daß beyde Armeen, gleich den Schneidern, die auf den Löchern ihrer Werkstatt Schillers Räuberlied „Ein freyes Leben führen wir“ singen, desselben Dichters Schlachtlied angestimmt hätten:

Die Sonne löscht aus,
heiß brennt die Schlacht,
schwarz brütet auf dem Heer die Nacht —
Gott befohlen Brüder!
in einer andern Welt wieder!

Blutigere Schlachten folgten aber schon nach, und für die erste mag die Schlacht von Aignadel an der Adda gelten vom Jahr 1509 zwischen den Franzosen und Venedigern, wo 6000 Mann Fußvolk, eine bisher unerhörte Sache, und etwa 3000 Franzosen blieben. Das Kriegssystem hatte sich geändert!

Franz Sforza († 1466) war einer der wenigen ausgezeichneten Ritter Italiens, in allen kriegerischen Uebungen erfahren, tapfer und geistreich. Er war eines Bauren Sohn aus Cotignola, daher ihn die Römer auch nur den Bauren von Cotignola nannten; wegen seiner Gewaltthätigkeiten aber hieß er Sforza (Force). Nach der Sage warf er, wie Hercules am Scheideweg stehend, unschlüssig, ob er Soldat werden, oder Bauer bleiben sollte? seine Hacke auf einen Baum mit dem Entschluß, Bauer zu bleiben, wenn solche herunter fiele — sie fiel aber nicht, und so ging er in Krieg, und wurde bald Anführer einer Bande. Mit unbedecktem Haupte zog er vor ihr her, im

Winter wie im Sommer, ertrug Durst und Hunger, und war mäßig, bis auf einen Punct. Er war großmüthig und verschwenderisch sogar, daher er auf Cosmo Medicis ökonomischen Rath erwiederte: „Ich bin kein Kaufmann." Sollte sein in Italien nicht gewöhnlicher Rittergeist auf P. Sixtus IV. eingewirkt haben, daß derselbe nicht nur Italien in stetem Kriege erhielt, sondern auch die Zweykämpfe so sehr liebte (nämlich zwischen andern), daß er noch im letzten Augenblicke seines Lebens, auf die Nachricht, daß sich einige seiner Schweizer auf Leben und Tod schlagen wollten (à steccato chiuso) Befehl ertheilte, daß solches vor seinem Pallaste geschehen sollte, wozu er selbst das Zeichen gab, zuvor aber seinen Seegen?

Sforza erhob sich vom Condottiere zum Souverain, wie Osmann in Asien, und es ist auffallend, wie ähnlich unsere Militär-Einrichtungen des Mittelalters mit denen des Morgenlandes sind. Die Anführer der größern Banden oder Compagnien hießen nur Capitanei, die jetzt Generale heißen würden, und daher mag noch das hohe Ansehen rühren, in dem der Capitainstitel bey amerikanischen Wilden, unter Negern und in Asien stehet. Zur Zeit der Gibellinen und Welfen wurde genug gekämpft in Italien, und selten fehlte es an Fehden zwischen den kleinen zahllosen Staaten, so wenig als an Burgen. Einzelne Edelleute, die nur mit wenig Leuten in Sold traten, hießen im Gegensatz der Banden — gebrochene Lanzen! Ganz eigen aber war die Sitte, daß sich das Heer um den Carroccio oder Streitwagen sammlete, der stets im Mittelpunkte hielt, wie die Kinder Israel um ihre Bundeslade, die Römer um ihre Adler, und die Deutschen um das Panier des Reichs. Dieser Carroccio war ein schwerer roth bemahlter Wagen mit hoher Fahne und vielen Zierräthen, bespannt mit vier Ochsen. Der Verlust desselben war das Zeichen der Niederlage, und K. Fried. II. sahe es als einen hohen Triumph an, den Carroccio der verhaßten Mailänder nach Rom senden zu können.

Die Blüthe unserer Ritter zog mit den Stauffen über die Alpen, und die Damen Italiens betrachteten mit Wohlgefallen die großen, starken, weißen und gelblockigten kühnen Ritter. Wir sind längst nicht mehr diese Deutsche, aber noch heute sind die Signori Tedeschi nicht unwillkommen, wenn sie nur ein Bischen da Milordo leben können. In Italien herrschte stets, statt des Rittergeistes, Handels- und Manufactur-Geist vor, wenn wir einige Familien ausnehmen, und jene Compagnien, die noch überdieß meist aus Ausländern, abgedankten Soldaten und Räubern bestanden, und den Krieg als Handwerk und als Miethlinge trieben. — Diese Leute unter die Ritter zählen zu wollen, hieße den abgeschiedenen edlen Geist des Ritterwesens unverantwortlich beleidigen *)!

*) Eine Geschichte dieser Banden und Compagnien, die den Uebergang vom Ritter-Militär zur

Gerade weil die Cultur in Italien weiter, die Städte sich so frühzeitig und in solcher Menge bildeten, die Kaiser lieber in Italien waren, als in Deutschland, die Päpste eine gewisse Einheit in dem getheilten Lande hervorbrachten, gerade darum konnte die Ritterwelt hier weniger gedeihen. Simon de Sismondi hat daher in seiner berühmten nur allzu weitläuftigen Geschichte der italienischen Freystaaten im Mittelalter so wenig vom eigentlichen Ritterwesen, als der so fleißige und genaue Forscher Muratori. Selbst die eigene Abhandlung des wackern Sammlers über Ritterwesen und Wappen (Antiquitat. IV. 53.) beweiset durch ihre Magerkeit, daß in Italien die Ritterschaft nie glänzend gewesen ist. Man angelte zwar nach der Ritterwürde, vorzüglich wenn die Kaiser dahin kamen, daher solche auch hier zuerst Nichtadelichen ertheilt wurde, aber dem Ganzen scheint die characteristische Filzigkeit der Nation im Weg gestanden zu haben. Muratori führt aus Villani ein Beyspiel vom Jahr 1355 an, wo acht reiche aber geizige Bürger von Sienna K. Carl IV. um den Ritterschlag angingen „per cessare la debita spesa alla Cavalleria," der Kaiser aber verwies die Sache spottend an den Patriarchen! Bettinelli's

disciplinirten stehenden Armee machen, und in Frankreich und Italien geschichtliche Rollen spielen, kenne ich nicht, und der Gegenstand wäre eine herrliche Aufgabe für einen Krieger, der, neben seinem Degen, auch die Feder zu führen wüßte.

Abhandlung: Cavalieri erranti o Paladini e Romanze (Opere IV. 261—90.) ist eben so mager. Wenn aber auch die einmal unkriegerischen Italiener nur wenige eigentliche Ritter aufzuweisen haben, so haben sie dafür desto glänzendere — Rittergedichte!

Leider! spielten aber ihre Banden, von den ihnen die Banditen blieben, desto größere Rollen, und von ihnen weiß Muratori in seiner Geschichte Italiens genug zu erzählen.

Die erste Rotte stiftete Visconte Lodrisio 1339. Sie bestand aus 3590 Reitern nebst viel Fußvolk, und führte den Namen Gesellschaft des heiligen Georgs. Sodann sammlete ein Deutscher, Werner 1342 seine gran Campagna, von der sich überall die Städte, selbst nach starken Requisitionen, noch mit baar Geld loskaufen mußten, und dann folgte die Bande des Landi 1355, die auch meist Deutsche hatte, die sich überall hinzogen, wie Raubvögel nach dem Aas. Es gab ähnliche Banden, die aus Engländern, Bretagnern und Catalonern bestanden, und selbst ein Maltheserritter Morialis hatte eine solche Bande, die nach dessen Enthauptung zu Rom, von Rienzo verfügt, von Lando, einem schwäbischen Grafen, angeführt wurde. Italien war unter solchen Banden oder Banditen weit übler daran, als Deutschland mit seinen Fehderittern! Noch heute gewähren die wüsten Ebenen Roms Denkmahle der alten Fehden der Colonna und Orsini! und in Burchards berühmten Tagebuche mag man die erotischen Turniere im Vatican lesen, wo Papst Alexander VI., Cäsar, Borgia und Lucretia die Kampfrichter waren, und den Dank bestimmten!

Große Namen machten sich die Cane della Scala, Carmagnola, Tartaglia, Malateste, Braccio — aber wer möchte sie, Sferza und Castruccio etwa ausgenommen, an die Seite der ächten Ritter stellen und Helden nennen? Italiener scheinen mir nie große Helden gewesen zu seyn. Napoleon machte ihnen zwar das Compliment: „er kenne keinen Unterschied zwischen seinen französischen und italienischen Soldaten;" wer aber unter Oestreichern gelebt hat, kennet den Jammer der Hauptleute, wenn sie Italiener in ihre Compagnien bekamen, die sie mit den pohlnischen Juden in gleiche Linie stellten. Und welche Rolle im 19ten Jahrhunderte der Farnesische Hercules spielte, ist jedem Zeitungsleser noch im frischen Gedächtniß! Omnia prius experiri, quam armis, sapientem decet!

Castruccio mag indessen als Symbol des italienischen Ritters hier stehen, damit Italien nicht so ganz kahl ausgehe. Castruccio Castracani, dessen Namen ominös genug klingt (von Castris, oder gar „quod Florentinos castraturos esset") war ein Findelkind, und balgte sich als Häuptling im Knabenspiel, bevor er gegen die Guelfen zog, und als Heerführer von Lucca Florentiner schlug. Lucca wählte ihn 1327 zu seinem Fürsten, K. Ludwig der Bayer übergab ihm das

Reichspanner, und machte ihn zum Hofpfalzgrafen. Castruccio war das erste sonderbare Wesen dieses Namens, das jetzt zur publicistischen Antiquität geworden ist, einst aber viel Unfug stiftete durch das Recht zu adeln, meßliche Kinder zu legitimiren, Volljährigkeit zu ertheilen, die befleckte Ehre wieder herzustellen, und Doctores und Notarien zu machen, so viel sie wollten, und diese sonderbaren Machthaber trieben ihr Unwesen bis auf die neuesten Zeiten noch in unsern — Reichsstädten!

Castruccio hauste ziemlich despotisch und oft unmenschlich, wobey man jedoch den schrecklichen Parthey haß zwischen Gibellinen und Guelfen im Auge behalten muß. Als er die Würde eines Senators zu Rom erhielt, erschien er in einer goldenen Toga, vorne die Worte: „dieser ist's, den Gott will," und hinten „und wird es seyn, den Gott wird haben wollen." Mit 12,000 Mann schlug er 30,000 Florentiner, und Pistoja öffnete seine Thore. Im Angesicht des Feindes feyerte er Siegesspiele, wo Rosse und Lustdirnen Goldstoffe als Preise des Wettlaufs erhielten, und in Lucca zog er ein, wie ein römischer Triumphator, reiche Beute zur Schau tragend, und 30,000 Menschen um seinen Triumphwagen. Nochmals schlug er 40,000 Florentiner mit 24,000 Mann, und war nahe daran, Beherrscher Toscanas zu werden, hätte er sich nicht am Abend der heißen Schlacht, bedeckt mit Schweiß und Staub, unter das Stadtthor gestellt, um den Einzug seiner Tapfern zu sehen, und ihnen zu danken; ohnehin gewohnt, der Erste beym Aufsitzen, und der Letzte beym Absitzen zu seyn. Er verkältete sich, und starb 1328 am Fieber, alt 44 Jahre.

Castruccio, stolz und kühn, starb als ächter Gibelline, obgleich der Fluch des heiligen Vaters auf ihm lastete. Groß und schön von Gestalt, ging er stets unbedeckten Hauptes, und war voll Witz und Laune. Ein Freund warf ihm einst seinen großen Aufwand vor, und er erwiederte: „wäre es eine Sünde, würde man an den Festen der Heiligen so viel Aufwand machen?“ Er wünschte sich Cäsars Tod, und wollte mit dem Gesicht nach unten gekehrt begraben seyn, weil nach seinem Tode doch alles oberst unterst gehen würde. Er bewahrte die Ketten auf, die er in seinem Gefängnisse getragen hatte, ehe er noch Herr von Lucca, Pisa, Pistoja, vom größten Theil der Riviera, und von mehr denn 300 Schlössern geworden war. Machiavelli, dessen bekanntes Gemälde mehr politischer Roman, als historisches Denkmal zu seyn scheint, stellt seinen Helden neben Philipp von Macedonien, und neben Scipio! Und wer will was dagegen haben, wenn Castruccio, statt des kleinen Lucca, Macedonien oder Rom zum Vaterlande gehabt hätte? Der Begriff groß ist durchaus relativ. Das kleine Insect, Ameisenlöwe, dessen Name uns noch lächerlicher dünkt, als daß der Löwe eine Katze seyn soll, ist für Ameisen wohl ein Löwe, wie die Katze der Maus, und uns ein Tiger. Alles auf Erden ist klein, verglichen mit der Gottheit oder dem Weltall, und wir nennen das am wenigsten Kleine — groß!

Wenn diese Söldner und Miethlingsbanden schon das Ritterwesen in Verfall brachten, so sprengte es das Pulver zuletzt ganz in die Luft, so wie es die Auerochsen, Elendthiere und Falken aus deutschen Wäldern verjagte nach dem höhern Norden. So siegte Jupiter über die gegen jede Oberherrschaft sich auflehnenden Titanen, als er den Blitz und Donner der Cyclopen in seine Gewalt bekam, und die hundertarmigen Riesen (die stehende Armee) bewachen den Eingang des Tartarus, der die Titanen gefangen hält. Pulver war der Ritterschaft, was dem Hercules Ortäus das mit dem vergifteten Blute des Centauren Nessus getränkte Gewand der Dejanira, es verbrannte ihn bey lebendigem Leibe!

Pulver war längst in China erfunden, ehe man davon kriegerischen Gebrauch machte, und das Schießgewehr erfand, so wie der Magnet vorhanden war vor der Magnetnadel. In der großen Mongolenschlacht von Liegnitz 1241 war der große schwarze Kopf auf einer Stange, der so viel Feuer und Flamme spie, und so vielen Schrecken verbreitete, weil man an Zauber dachte, vielleicht mit Pulver gefüllt, das selbst Antheil an dem berühmten griechischen Feuer zu haben scheint. Durch die Araber, die das Pulver chinesischen Schnee, die Perser aber noch besser chinesisches Salz nennen, wurde es im Abendlande bekannt, und Michel Schwarz, der Franciscaner, wenn er auch das Pulver nicht zum zweytenmal erfunden haben sollte, wie vor ihm der engl. Franciscaner Roger Bacon, erfand wahrscheinlich das Schießgewehr. Von der Erfindung der Büchsen — nicht des Pulvers — sprechen auch eigentlich die Chroniker Frank, Carion und Aventin. Die Ritter haben einmal bestimmt — das Pulver nicht erfunden!

Minerva ging als vollständige Ritterin aus Jupiters Haupte. — Die Ritter aber haben mit Minerva nie besonders viel zu schaffen gehabt, Bellona war ihnen lieber, und Prometheuse sind sie auch so wenig gewesen, daß ihnen vielmehr Feuer- und Donnerbüchsen der unritterlichste Greuel war. Aber die hohe Wichtigkeit der Erfindung beweist gerade, daß man von einem Schwachkopf sprüchwörtlich zu sagen pflegt: „der hat das Pulver nicht erfunden," und ein ähnliches Sprüchwort verdiente die reitende Artillerie. Duc d'Enghien hatte die erste Cavallerie-Artillerie in der Schlacht von Cerisolles 1544 (man findet sie wieder unter Gustav Adolph, und Friedrich machte sie allgemein), und auf dem Schlachtfelde schlug er auch den Obristen der Schweizer, Frölich, bürgerlichen Standes — zum Ritter! Vor der reitenden Artillerie müssen sich Archimedes berühmte Maschinen verkriechen, wie die Ritter vor dem Pulver oder dem Schießgewehr. Polybius, Livius und Plutarch wissen gar große Wunder von diesen Maschinen zu erzählen, keiner aber gedenkt der noch berühmtern

Brennspiegel, die ein späteres Mährchen seyn müssen.

Die großen Steinbüchsen oder Canonen waren früher als die Handröhre, und die Pistolen sind die ersten Handröhre, erfunden zu Pistoja (1364). Dann kamen die längern Bombardelle nach — (Sclopeta) — Musketen, deren Namen von dem Passe Moschetta unweit Feltri herrühren soll, wo sie zuerst gebraucht wurden. Noch später kommen die Flinten (von dem Feuerstein, Flint), und die Bomben thaten bessere Dienste in Belagerungen, als die alten Feuerpfeile, oder gar die eingefangenen Tauben und Sperlinge, denen man brennbare Dinge an die Schwänze band, und fliegen ließ. Das kaiserl. Heer, welches die Hussiten zu Saaz belagerte, bediente sich dieser Kriegslist, aber die dummen Vögel steckten das kaiserliche Lager selbst in Brand, und die Belagerung mußte aufgehoben werden! Wie kommt aber die heil. Barbara dazu, Schutzgöttin des Geschützes zu seyn? etwa weil solches so barbarisch niederschmettert? Noch heute heißt auf französischen Schiffen die Pulverkammer la S. Barbe!

Das Pulver, dieser Weihrauch des Mars, hat schon schreckliche Wirkungen hervorgebracht, aber auch viel, sehr viel dazu beygetragen, der Kunst über rohe Faustkraft, und Königen und Oberhäuptern der Völker das Uebergewicht zu verschaffen über den unbändigen Lehnsadel und die kleinen Barone. Nur durch dieses Uebergewicht entwickelten sich der menschliche Geist, und die Künste des

Friedens. Gesegnet seyen die Erfinder des Pulvers und der Gewehre! Sie steuerten dem blinden Metzlen persönlich erbitterter Krieger; durch das Pulver vermag der Schwache soviel als der Starke, der Bauer soviel als der Ritter — zum Beweise und Fingerzeig, daß es nicht für Unterdrücker erfunden sey, und für Napoleonische Pulvergötter, sondern zur Aufrechthaltung des Rechts, gesetzlicher Freyheit, und Ruhe der Staaten!

Das Pulver steuerte vielen Barbareyen, die die Kriegsmanier des Mittelalters veranlaßte. In Belagerungen z. B. warfen Weiber und Kinder, während die Männer mit den Waffen fochten, Steine und Balken auf die Stürmenden, heißes Pech, heißes Wasser, und ungelöschten Kalch; daher die Wuth der Sieger gegen Alles, gegen Weiber und Kinder! Mit den Wurfmaschinen schleuderten aber auch die Belagerer faulende Leichname und eine Menge stinkende, die Luft verpestende Dinge in die belagerte Stadt! Muggensturm bey Rastatt war einst fest, und die Bewohner sollen einen Sturm abgeschlagen haben, indem sie Bienenkörbe auf die Belagerer warfen. Wahrscheinlich aber rührt der Nahme von den vielen Mücken her, die da noch heute in der heißen Jahreszeit quälen, Rheinschnacken genannt, und auch den Rastadter Congreß quälten trotz Republicanern!

Ob wir aber nicht zu viel knallen? Im Kriege läßt sich wohl nichts bestimmen, noch weniger sparen, ob ich gleich des K. K. Feldzeug-

17 *

meisters Fürsten von Hohenlohe gedenken muß, der im lezten Türkenkriege gleich entgegenrücken, und ohne weiteres einhauen ließ, was Laudon „die Hohenlohische Manier" nannte. Diese Hohenlohische Manier hat viel für sich, wenn man eine Armee Oestreicher — hinter sich hat! Aber im Frieden und zu Hause? Ehemals klagte man, daß unsere Fürsten so viel Geld in Rauch aufgehen ließen in Feuerwerken, und man sieht selten Feuerwerke mehr; vielleicht wird man auch ökonomischer mit dem Verschießen des theuren Pulvers, da ohnehin unsere Finanzkünstler sich lieber an Abzwackungen im Kleinen halten, als an Ersparnisse ins Große. Mir scheint es ein sehr nachahmungswerthes Rafinement der Etiquette am Hofe zu Minangkabo auf Sumatra, daß man den Sultan nur mit Einem Schuß begrüßt, weil dennoch keine Zahl hinreichte, seine Größe vollkommen auszudrücken; also nur Ein Schuß statt 101. Und nun erst bey Taufen, Beylagern, Beysetzungen, Willkomm und andern Hoffeyerlichkeiten? Jene Sitte aber ersparte viel Pulver, und Ein Schuß sagt er nicht eben so viel als 1000? Die Franzosen, denen Pulver, Staub und Haarpuder gleich viel sind, sagen dennoch: il ne faut pas jetter sa poudre aux moineaux!

Genug! Aus den Pulverwolken der Schlachtfelder traten die Götterbilder — bürgerliche Freyheit und liberale Verfassung hervor, die der Harnisch nie kannte! Mit Recht steiget der heutige Sohn des Mars unter Pulverwolken hinab in das Grab selbst im Frieden. Gesegnet seyen selbst die excentrischen Albernheiten des Ritterwesens, die seinen Untergang mit befördern halfen, nachdem es die Geister aufgereget und ausgedienet hatte, wie die Scholastik. Längst war das ganze Ritterwesen ein Leib ohne Geist, leere Form, und über alle ausgediente Formen wölbt die Natur selbst die Puppenhülle des Todes!!

---

# XIV.

## Die Fortsetzung. Frundsberg und Schertel.

In der Mitte zwischen den Rittern der Vorzeit, und den Anführern von Söldnern, schweben zwey wackere deutsche Männer, die zwar noch in die Zeiten fielen, wo die Fehden und Rohheiten der Ritterwelt mit dem Landfrieden, den Gesetzen und feinern Cultur kämpften, dennoch aber unendlich besser waren, als die Condottiere jenseits der Alpen — wir meynen Georg v. Frundsberg und Schärtlin v. Burtenbach, die in einem Werke über das Ritterwesen, wie mir scheint, so wenig fehlen dürfen, als die Sickingen, Berlichingen und Grumbache.

Georg von Frundsberg (geb. Mündelheim 1475 † 1528 *) zeichnete sich zuerst in der Schlacht

*) Historia Herrn Georgen und Herrn Caspar v. Frundsberg, Vaters und Sohns, Herren von Mündelheim rc. K. K. Oberste, Feldherrn, ritterliche und löbliche Kriegsthaten. Frft. 1568. Fol.

von Regensburg (1504) aus gegen Böhmen und Pfalz, und wurde von Max I. zum Ritter geschlagen, mit dem er gegen Venedig zog. Zwischen Verona und Vicenza glaubte der Feind Frundsbergs Deutsche eingeschlossen zu haben, und ließ ihm sagen: „wenn er mit seinen nackten Landsknechten die Wehr von sich lege, wolle man sie mit weißen Stäben ziehen lassen.“ Frundsberg aber ließ ihnen wissen: „Wenn seine nackten Knaben einen Pokal Wein im Leibe hätten, wären sie ihm lieber, als alle feindliche Geharnischte. Viel Feind! viel Ehre!“ Er grief die Großsprecher an, und schlug sie. Gleiche Dienste leistete er im schwäbischen Kriege, und den Sieg von Pavia verdankt man ihm zunächst. Die aufrührerischen Bauernhaufen bey Kempten und Salzburg zertheilte er ohne Blutvergießen, durch kluge Unterhandlung mit deren Anführern, und zog 1526 gegen die heilige Ligue. Alle Schwierigkeiten und alle Abmahnungen seiner Freunde wies er zurück mit seinem ritterlichen Sprüchworte: Viel Feind, viel Ehre! Der edle Ritter, den wir den deutschen Bayard nennen dürfen, versetzte seine Güter, und selbst das Geschmeide seiner Frau an Kaufleute, und mit den erhaltenen 38,000 Gülden musterte er in Tyrol 12,000 Fußknechte. Der Ritter hielt dafür, daß es vor Gott und der Welt löblich sey, den Anstifter des Kriegs und den höchsten Feind seines Kaysers, „den Papst gestraft und gehenkt zu sehen, und sollt' er's mit eigener Hand thun." Schöner sind wohl die Worte, die er Luthern auf die Achsel klopfend sagte, als dieser in den Reichssaal zu Worms trat: „Münchlein! Münchlein! du gehst einen Gang, dergleichen ich und mehr Obersten in der ernstesten Schlacht nicht gegangen, bist du auf rechtem Wege, so fahre fort in Gottes Nahmen, Er wird dich nicht verlassen." Frundbergs zusammengelesene Mannschaft empörte sich bald wegen mangelnden Soldes, er vermahnte und tröstete sie, sie schrien aber Geld! Geld! und darüber ärgerte er sich so, daß er vor Zorn stumm und blaß ward, und man ihn auf eine Trommel niedersetzen mußte. Er lag ein ganzes Jahr krank zu Ferrara, ging endlich ganz nach Hause, und starb aus Unmuth und Gram. Seine Güter hatte er versetzet, die Gläubiger plagten ihn, und so verfluchte er den Krieg. „Drey Dinge, sagte er, sollten vom Kriege abschrecken, das Verderben unschuldiger Leute, das Luderleben der Kriegsleute, und der Undank der Fürsten." Nicht alle, die Söldner warben, und deren Obristen machten, waren so glücklich als die Hohenlohe. Günther Graf von Schwarzburg führte 1578 3300 Reuter den Holländern zu, die den Sold schuldig blieben, aber eine Verbriefung ausstellten, die durch Cession an Hohenloh kam, und Hohenlohe machte die Forderung geltend im preußischen Feldzug 1787!

An des kranken Frundsbergs Stelle befehligte ein weniger bekannter, aber darum nicht unbedeutender Deutscher, Conrad v. Boyneburg, genannt der Kleine Heß, der im Felde, wie im geheimen Rathe brauchbar war. Auch er mußte einen Aufruhr seiner Landsknechte erleben, denen er alle Plünderung verboten hatte, während die Spanier plündern durften. Boyneburg mußte vor den Wüthenden fliehen, und legte das Commando nieder; sie baten ihn um die Wiederannahme, und er übernahm es wieder unter der Bedingung bessern Gehorsams. Mit der Subordination stand es damals schlecht, aber das Ehrgefühl trat oft an die Stelle, die Reuterey war von Adel, und selbst die Lanzknechte scheinen geachteter gewesen zu seyn, als unsere spätern Soldaten; der Hauptmann hörte die Meinung der ältern und versuchtern Leute. Daher waren Prügel nicht gewöhnlich, höchstens ein Schlag in der Hitze zum Vorwärts, und gelinde Vergehungen wurden mit Arrest, größere aber mit dem Tode bestraft. Immer aber zeichneten sich die Deutschen vor andern, namentlich vor Italiern und Spaniern aus durch ihre Mannszucht, und daß sie länger in Reihe und Glied blieben, als alle andere. Boyneburg starb, nach mehreren Feldzügen in Italien, Ungarn und den Niederlanden, auf seinen Gütern in Schwaben, und seine ritterliche Geradheit spricht sich in der Gegenrede aus an einer fürstl. Tafel, wo jemand äußerte: „Die Fürsten hätten auch im Himmel eigene Stühle." „Ja wohl! die Sessel sollen da seyn, aber der Staub Spannen dick darauf liegen!"

Nach der Schlacht von Pavia machte Frundsberg nachstehendes Liedlein, das an seinem Tische öfters von seinen Gästen und Hauptleuten, die ihn ihren Hannibal nannten, gesungen und gespielt wurde:

Mein Fleiß und Müh, ich nie hab g'spart, und allzeit
g'wart, dem Herrn mein, zum Besten sein, mich
g'schikt hab' drein, Gnad' Gunst verhoft, doch G'müt
zu Hof, verkehrt sich oft!

Wer sich zukauft, der lauft, weit vor, und komt
empor, doch wer lang Zeit, nach Ehrenstreit,
muß davon weit, das thut mir ant, mein
treuer Dienst, bleibt unerkannt!

Kein Dank noch Lohn, davon, ich bring, man wiegt
mich ring, und ist mein gar, vergessen zwar, groß
Noth und G'fahr, ich b'standen hab, was Freud' soll
ich haben d'rob?

Und lange noch nach seinem Tode sangen die Freunde und Kriegskameraden Frundsbergs ein Liedchen nach jener Melodie:

Georg v. Frundsberg, von großer Stärk, ein theurer
Held, behielt das Feld, im Streit und Krieg, den Feind
niederschlieg, in aller Schlacht, und legt Gott zu die
Ehr' und Macht!

Er überwand, mit eigener Hand, Venedigs Macht,
der Schweizer Pracht, französisch Schaar, legt
nieder gar, mit großer Schlacht, die päpstlich
Bündniß z'Schanden macht!

Der Kayser Ehr', hat er g'macht mehr, ihr Land
und Leut, beschüzt allzeit, mit großer G'fahr,

er sieghaft war, ganz Ehrenreich, man findt
nicht bald, der ihm geleich!

G. v. Frundsberg war der Erste, der die österr. Truppen in Regimenter ordnete, und auf dem Schlosse zu Ambras, unweit Innsbruck, sind beyder Frundsberge Waffenrüstungen, wie auch Schertels, (zu Memmingen zeigte man auch einen fürchterlich großen Harnisch, der Schertel gehört haben soll) und andere Ritter, die den Uebergang aus dem Mittelalter in die Neuere Zeit machen. Es ist einer der interessantesten Waffensäle, und wer sanftern Gefühlen huldigen will, kann auch der schönen Augsburgerin Philippine Welser gedenken, die hier, belohnt durch die zärtliche 30jährige Liebe ihres Ferdinands, sanft verschieden ist 1580, (nicht im Bade getödtet wurde) sanft, wie sie gelebt hatte!

Frundsbergs Zeitgenosse war Schertel von Burtenbach, geboren zu Schorndorf 1496 † 1577 *). Er studirte zu Tübingen, magistrirte sogar 1516, und diente dann im kaiserlichen Heere in Italien, Frankreich und gegen die Türken. Nach Italien zog er 1524 noch auf eigene Kosten, wurde zu Pavia zum Ritter geschlagen, und brachte 1500 Gülden mit nach Hause. Damals mag es gewesen seyn, daß ihn Marquard v. Stein mit seinem neuen Adel aufzog, worauf

*) Lebensbeschreibung des Ritters Sebastian Schärtlin von Burtenbach, aus dessen eigenen Papieren mit Anmerkungen und Beylagen (von Holzschuher und Hummel). Frft. u. Leipz. 1778. 8. II. Th. Nürnberg, 1782. 8.

er erwiederte: „Ich bin so gut, als der Erste der Gültlingen, und weit besser als Marquard v. Stein!" In Deutschland zog er im Bundesheere gegen die aufrührerischen Bauren, und diente noch mehrern Ehrlichen von Adel im Gesellen-Ritten, deren Beschaffenheit man sich leicht denken mag, weil unser Ritter „von den Reichsstädtern unsicher gemacht," daher er nach Rom zu Frundsberg eilte, „wo sie seltsam hausgehalten, und alle reich wurden." Seine sonderbarste Beute war wohl der 12 Schuhe lange und ungeheuer dicke Strick, womit sich Judas erhängt hatte! Wenn unser Ritter in Einer Stunde zu Neapel 6000 Dukaten im Spiel verlieren konnte, so mußte er allerdings „mit Gotteshülfe und Gnade," wie er sich immer ausdrückt, viel überkommen haben. Im Jahr 1529 kehrte er zu Weib und Kind nach Schorndorf zurück, und hatte „15000 Gülden überkommen, gut Kleid und Kleinod, dem Allmächtigen sey Lob! habs wohl erarnet" (geärndtet). Schertel gehörte noch zu den Rittern, die nichts von Senecas Ermahnung wußten: „ne pecorum ritu sequamur antecedentium gregem pergentes non qua eundum est, sed qua itur!

Im Jahr 1530 sehen wir Schertel als Söldner der Reichsstadt Augsburg gegen ein Gehalt von 200 fl., jedoch gewann er 4000 fl. im Spiel, und durch eine Wette von den Fugger auch „drey seidene Wambs." Er konnte sein Burtenbach kaufen um 17000 fl., und in der Augsburger Reichshülfe gegen die Türken legte er große Ehre ein „gegen die Hunde," außer 4000 fl. und Geschenken, die er mit heimbrachte. In seinem Burtenbach ließ er seine Türkenschlacht von 1532 in der Kirche abmalen. Sodann gab es wieder Fehden und Gesellen-Ritte gegen einen v. Stein, dem er Schwert, Sporn und Handschuhe abnehmen ließ. Augsburg fand jezt räthlicher, sich Carl V. zu unterwerfen, folglich mußte der Ritter weichen, der sein Latein zusammen nahm, und ausrief: „Qui servit Communitati, servit Diabolo!"

Im französischen Feldzuge 1536 schlug er sich zu Frejus mit einem Spanier, dem er drey Wunden in Kopf gab: „Gott genade der Seele!" und brachte 5000 fl. nach Hause. Sodann zog er als hessischer Obrister gegen Braunschweig, wo ihm eine engl. Dogge in Schenkel 7 Löcher biß, dafür brachte er 4000 fl. davon, aus einem neuen Zuge nach Frankreich 7000, und im Schmalkaldischen Kriege an die 30,000 fl. an Besoldung, Geschenke und Beute, „dem Allmächtigen sey Lob und Dank in Ewigkeit." Schertel wußte es immer so einzurichten, daß er Lob und Dank zu sagen hatte; aber noch weiter mit der Zeit schritt der im 30jährigen Kriege berühmt gewordene General Holzapfel fort, (Mehreres von ihm in Arnoldis Denkwürdigkeiten) der seinen baaren Erwerb von 1638 — 45 berechnete auf 768,474 fl. Aber was ist wieder dieser deutsche Holzapfel gegen das veredelte französische Obst, die Maréchaux de France? Im Schmalkaldischen Kriege machte sich Schertel als Obrister den Städten Ober-Schwabens nicht wenig furchtbar, eroberte die Clause Ehrenberg, und mußte sich zulezt vor Carl flüchten in die Schweiz mit Verlust seiner Güter. Er trat in französische Dienste, und wurde nun auch noch in die Acht erklärt. Er eroberte wieder mit Gotteshülfe 12,000 Cronen, und gelangte zur Aussöhnung und zu seinen Gütern. Frankreich gab ihm ehrenvolle Entlassung, und Hohe und Niedere empfingen den Ritter lobend, daß er nicht gebrannt, des Adels und der armen Leute möglichst geschont, und allein — „den Pfaffen das Haar durch den weiten Strael (Kammzahn, Strahl) laufen lassen!" Augsburg versprach ihn mit 60,000 fl. wegen Burtenbach zu entschädigen, das Carl V. dem Buonacorso geschenkt hatte, der indessen gestorben war „jämmerlich vor Metz, der Teufel hohle ihn!"

Schertel übernahm nun mit guter Bestallung die Obristenstelle von den Ständen des Rheinbundes, kaufte sich Hohenburg und Bißingen um 65,000 fl., und zog 1557 abermals gegen die Türken. Im Jahr 1560 aber sehen wir ihn in eine Privatfehde gegen Oettingen mit 32 Pferden. Man schleppte sich wechselseitig arme Bauren nach den Schlössern, scharmutzirte vor dem Schlosse Harburg, das mit Doppelhaken darein schoß; zulezt ließen die Grafen 300 Mann Fußvolk und 40 Reuter marschiren, wobey mehrere blieben, und in das Schloß zu Bißingen geschahen 30 Schuß mit starken Büchsen auf Rädern! Solcher Auftritte gab es noch mehrere zwischen beyden feindlichen Mächten — 65 Jahre nach dem ewigen Landfrieden!! unter Sengen und Brennen, Morden und Gefangenlegungen und frischen Werbungen. Die Oettinger und Schärtinger Nationen sangen Spottlieder auf einander, wie im siebenjährigen Kriege die Preußen und Oestreicher, ob sie gleich keinen Gleim hatten!

Schertel fühlte jezt die Last der Jahre, und lebte ruhig in seinem Burtenbach und Augsburg. Ein Schlag rührte ihn über einem Buche, er kam zwar wieder zu sich, ritt nach Augsburg hin und her, starb aber noch im nämlichen Jahre, alt 82 Jahre. Schertels Leibfluch, den wohl seine Leute nachfluchten, war Potz blau Feuer! denn Fluchen war in der Ritterwelt guter Ton, der sich in unsern Armeen erhalten hatte bis auf unsere gebildeten Zeiten, neben dem Systeme der Prügel. Wohl schwerlich gibt es jezt noch Generale, wie Scheele, dessen Zimmermann gedenkt, der in seiner lezten Krankheit die Regimentsärzte mit nichts als 24sylbigen Flüchen commandirte, wie in gesunden Tagen sein Regiment; in seinem Testamente legirte er jedem, wenn sich bey der Section nicht alles so fände, wie die tausendsacermentische Feldscherer ihm vorgeplaudert hätten — 50 Prügel!

Im Mittelalter hatte jeder bedeutende Mann, und jeder Ritter seinen Leibfluch, der in der Regel so wenig Sinn hatte, als Henri IV. Ventre S. Gris, der Schweizer bym Kätzli! und überhaupt fast alle Flüche. In der Ritterwelt, die viel mit Hunden Umgang pflegte, war das höchste Zorn- und Schimpfwort: Hundsfott, es mag nun eine Uebersetzung des Cynädus seyn, veredelt, wie das altfranzösische Chien foutre durch Jeanf.. oder von Hannus fuit, und Hundefüttern herrühren, oder den Hund noch unmittelbarer angehen; jezt aber scheint man sich weniger daraus zu machen, und manche nehmen es so gleichgültig hin, als in der Schwabenwelt ein Potz Blitz (weniger sündhaft als Gottes Blitz) und Potz Herr Gott Sakerment! In Schwaben fuhr ein Vater seinen kleinen Hundertsakerment zornig an: „Wart du Tausendsakerment! ich will dich lernen Hundertsakerment fluchen!"

Wenn auch die Betheurung „bey meiner Ehre" nicht aus den Ritterzeiten stammen sollte, denn zu Zeiten Carls V. schwuren Deutsche „by Gott!" indem sie dabey den Schnurrbart oder Knebelbart (vom Knebel oder kurzen dicken Querholz) strichen, daher die Spanier den Schnurrbart (noch heute) Bigote nennen, unbekannt mit der deutschen Sprache; so geht doch sicher auf Ritterrechnung: „Hohl mich der Teufel!" genannt das Soldaten-Gebet. Wenn es der liebe Gott erhören wollte, wären wir mit dem Soldaten-Jammer auf einmal im Reinen, wie die Engländer mit ihrer Nationalschuld, wenn die vielfluchenden Britten jedesmal die Strafe erlegen müßten, die ihre Gesetze auf das Fluchen gesetzt haben. Aber es scheint, der Teufel nimmt so wenig Kenntniß davon, als der liebe Gott von dem eben so häufigen

„Weiß Gott!“ Ein rechter Teufelskerl muß fluchen, und verdient Respect, denn in der Armee kann ein solcher, wenn er am rechten Ort steht, Wunder thun, am unrechten Orte aber endet er mit Zuchthaus, oder wird aufgeknüpft, wie 1806 zu Neapel Fra Diavolo!

Schertel hatte sich einmal Potz blau Feuer zum Leibfluch erwählet, und da ich der Meynung bin, daß Fluchen — sonst Helden- und Ritter-Tugend, jezt wenigstens Nothtugend — das ist, was Donner und Blitz in der Natur zur Abkühlung im Großen, überhaupt aber Flüche weiter nichts sind, als Unsitte, bloße Ausfüllungsworte, Verwunderungen, zierliche Redensarten oder Fuhrmannsseufzer, ohne alles Arge, so wünschte ich, daß die Herren Theologen jedem seinen Hausfluch in Gottes Nahmen nachzulassen belieben möchten, ohne Sünde. „Bey meiner armen Seele“ möchte einer der wahrsten, unschuldigsten und consequentesten Flüche seyn; „bey meiner Ehre“ muß dem Soldaten, dessen Religion die Ehre ist, ohnehin nachgelassen werden, und wer wollte nicht gerne das „Gott straf mir Herr Bruder!“ auf sich beruhen lassen, da es manche vergessen macht, daß sie bereits hinlänglich gestraft sind. Der schönste, gebildetste militärische Fluch scheint mir der „Ihn soll ja — Diese majestätische Kürze bey hinlänglicher Verständlichkeit, verbunden mit starrem Blick, barschem Ton und Schweigen — erhebt ihn hoch, und das Beste dabey ist noch — der, den er trifft, darf dabey — denken, was er will!

Wir ehrliche Deutsche haben auch nicht einmal einen recht eigentlichen Nationalfluch, der, neben wichtigern Dingen, noch vom deutschen Bunde oder unserer National-Einheit zu erwarten, folglich in Gottes Hand steht, und daher erlaube ich mir einstweilen den Nationalfluch vorzuschlagen: „Potz Franzosen!“ neben dem auch Schertels Potz blau Feuer! nicht übel läßt. Noch mehr Sinn und viele Erfahrung verrathen aber andere Lieblingsphrasen meines Helden: Dulce bellum inexpertis, ungleiche Schüsseln machen schielende Augen, und der Zorn ist ein Narr!

Meine Ritter folgten ihrem Zorn, verließen im Verdruß über die veränderten Zeiten und Kriegs-Manieren ihre ritterliche Uebungen, nahmen Hofdienste, oder verbargen sich und ihre durch Turniere, Gelage und abentheuerliche Ritterzüge entstandene Armuth in die Dunkelheit ihrer Dörfer. So wie sie aber von ihren Burgen und vom Lande sich an die Höfe zogen, zogen sie in ihre — Gräber. Der Krieg kümmerte sie wenig mehr, von Abhärtung war keine Rede mehr, und so konnten sie auch nichts mehr vertragen, wie der alte Ritter, der Hitze und Kälte, Hunger und Durst ertrug, wenn es seyn mußte, und dennoch zufrieden blieb und drein schlug. Der Himmel war sein Zelt, wie Dio von Viriathus sagt, jede Speise behagte ihm, wie er sie fand, und jeder Trank, wenn er nur — naß war. An des Adels Stelle trat nun das *Volk*, mit dem auch Mars besser gebienet war —

— rusticorum *mascula* militum
*proles*, sabellis docta ligonibus
versare glebas, et severae
matris ad arbitrium recisos
portare fustes.

Laut klagte, schon Graf Solms in seinem bekannten Buche vom Adel (1564) über *die Ablegung der Rüstung*: „Also wird der Adel und gut Rüstung zergehen, was will denn aus dem Reich werden? der Adel begiebt sich in die losen liederlichen Rüstungen, die allein auf das Mausen gerichtet sind, und wenn man nicht Einsicht thut, den Adel straft, und zu adelichen Dingen hält, so wird er vergehen, und ein *Schweizerwerk* werden!“ — Aber Schomberg nannte die Schweizer im Heere, „*was die Knochen im menschlichen Körper*?“ — H. Julius von Braunschweig that Etwas den Wünschen des Hrn. Grafen Solms gemäß, und verbot 1588 seiner Ritterschaft, nicht mehr *im Wagen* nach Hofe zu kommen, sondern im *reisigen Zeuge*, damit sie das *Reiten* nicht verlerne. Aber wenn auch Julius mit dieser Verordnung wieder neue *Philippe*, d. h. Pferdeliebhaber erzeugt hätte, und Reuter wie Masinissa, der noch im 88. Jahre auf ungesatteltem Pferde vor seinen Numidiern einherritt, mit den Reutern wäre jetzt so wenig mehr auszurichten gewesen, als mit den Reichstruppen in der unsterblichen Schlacht von Roßbach, wo laut der deutschen Kriegskanzley (B. 1. l. n. 22.) unter 100 Flinten kaum 20 Feuer gaben, daher sie solche mit Recht wegwarfen, und sich die retrograde Bewegung leichter machten.

Die Ritterwürde wurde jezt an Höflinge verschwendet als bloßer Ehrentitel; — sie, die bisher nur eine Reihe rittermäßiger Ahnen, tapfere Thaten und Muth hatten verschaffen können nach langen Uebungen und Gefahren, war jezt feil um Geld, und man schlug selbst Kinder zu Rittern. Aechte Ritter waren Frankreichs Könige Carl VI. und VII. und Franz, aber gerade sie trugen zum Sturze der Ritterschaft vieles bey. Carl VI. schlug Ritter ohne alle Auswahl, selbst Knaben, so wie Jacob I. von England, der keinen bloßen Degen sehen konnte, einst binnen 6 Wochen 300 Ritter machte. Unsere Hohenstauffen waren die edelsten Ritter, aber Friedrich I. machte gemeine Soldaten zu Rittern, und K. Friedrich III. gab gar das Gesetz, daß jeder Bürgerliche Ritter werden zu können das Recht haben soll. So wollte endlich jeder an den Rittern zum Ritter werden! Carl VII. schuf seine Gensd'armes, die gehorsamer waren, als die Ritter, und Franz I. erhob die Gesetzesritter, wie Sigismund. Mit diesen gelehrten Pandecten-Rittern wollte der Adel noch weniger theilen, und wer möchte es ihm verübeln? Seit dem unglücklichen Stoß, den Henri II. im Turnier erhalten hatte, verabscheuete man die Turniere, und mit dem Ende derselben war auch das Ende der Ritterschaft vor der Thüre. Franz I.

und Carl V. hatten zwar noch so viel Ritterliches als Maximilian I., den jedoch sein durchlöcherter Beutel stets abhängig machte, und stets nöthigte, statt des Geldes gute Worte zu geben, und selbst diese wieder zurückzunehmen — für neue Summen! — aber Philipp II. war ein häßlicher Despote, der in der Finsterniß herrschte. In Frankreich und Deutschland füllten jezt die Stunden der Langweile theologische Klopffechter und Religionskrieg, in England bürgerliche Kriege, in Spanien Stiergefechte und kindische Carousssels, und in Italien Intriguen, genannt Politik. Statt glänzender Turniere gab es allerwarts Duelle, die, neben den bürgerlichen Kriegen, den Adel mächtig verdünnten. Turniere verschwanden ganz, und der Schriftsteller über das Ritterwesen muß innigst bedauren, daß wir keinen Pindar hatten, der diese glänzende Kriegsspiele des Mittelalters so reizend verewigt hätte, wie der Grieche die Olympischen, Pythischen, Nemeischen und Isthmischen Spiele seiner Zeitgenossen!

Der Enthusiasmus der alten Ritter mußte erkalten, und vergebens suchte man sich dadurch zu retten, daß nun die Ahnenprobe in den Stiftern strenger genommen wurde. Man verfiel auf neue Ritterorden, nach dem Muster der Ritterorden der Kreuzzüge. Es läßt sich zwar nicht historisch bestimmen, in wie ferne große, edle Handlungen dadurch erzeuget worden sind, was offenbar der Fall war bey jenen geistlich-weltlichen Innungen; aber wesentlich scheinen sie doch zur Belebung des Ehrgefühls gewirkt zu haben, das nach Montesquieu das Princip der Monarchie seyn soll, und so waren sie nicht ohne Verdienst. Die Ritterschaft im Sinken vermochten sie freylich nicht wieder aufzurichten, denn neuere Orden sind zu wesentlich verschieden vom Geiste der ursprünglichen Ritterschaft!

Die Ritter der Rechte, oder die gelehrten Ritter waren dem alten Adel ein noch grösserer Dorn im Auge, denn sie stürzten die alten Mannengerichte, und der Ritter, der bisher nach Herkommen und einfachen deutschen Gesetzen seine Rechtsfälle entschieden hatte, verlor die Kunst Urtheile zu finden in den Labyrinthen und Chicanen-Gängen der römischen und canonischen Rechts-Gelahrtheit, was ja selbst manchem Juristen ex professo schwer fällt. Kein Wunder, wenn sie die Söhne des Bartolus haßten, die nach 10jährigen Vorlesungen ipso jure — Ritter seyn wollten, und nach 20jährigen gar Grafen! So konnte sich ehemals der Scharfrichter, wenn er 1000 gerichtet hatte, ehrlich richten, und schon mit 900 Malefikanten ein Doctor seyn, wie man sich dann auch eigentlich nur selbst zum Doctor machen machen kann, sintemalen das academische Majestäts-Siegel nicht mehr sagen will, als die abgelebten Reuter-Siegel, und billig zerschlagen in das Grab gelegt werden sollte, wie die Wappen und Waffen ausgestorbener Geschlechter. Der arme wirkliche Gelehrte hat gar oft keine 200 Thlr. wegzuwerfen für einen leeren Titel, und der reiche Unwissende kauft sich ihn, und so müßen auch noch selbst Universitäten beytragen zur Vermehrung der Titel-Thorheit der Deutschen, und zur Verewigung des Sprüchworts der Weltkinder: „Sey der Herr kein Doctor!“

Die Städte Griechenlands stritten sich um die Ehre, Homers Geburtsort zu seyn, und wir wissen ihn nicht. — Paris und Bologna stritten sich um die Ehre, das erste Wunder-Geschöpf Doctor genannt, erzeugt zu haben. Nach Conring gebührt die Ehre Paris, und Aegidius Columna war der Erste Herr Doctor im 12. Jahrhunderte. Päpste unterstützten die Herren offenbar gegen den Adel, sie galten gleich dem Adel, mehr als der Adel, und kamen in alle Stifter. Ulpianus schon heißt l. 4. §. 1. C. de postul. Nobilissimus, und hielt sich nicht jeder für einen Ulpian? Die schönste Benennung der Equites LL. aber hat die englische Sprache: Sergeant at Law!

Mit dem Westphälischen Frieden verschwand die Doctor-Glorie, wie weit früher die Ritter-Glorie mit dem Pulver. Man ließ die hochgelahrten Herren an ihrem Schreibpulte oder auf ihrem Catheder, und es schien besser zu gehen mit den Geschäften. Ein Scandal ohne Gleichen aber war es für die Doctoren-Welt, als die Hannöverische Kopfsteuer einen graduirten Kopf nicht höher als 6 Thlr. schätzte, und eben so hoch den Scharfrichter und Schweinschneider. Dafür nahmen sie aber die Universitäten und Reichsstädte in Schutz, wie die Perrücken, wo sie auch am besten gedeihen. Die Gesetzes-Ritter, nun selbst Edelleute, rånbeten das Adels-Recht so ab, daß sie es zur Wissenschaft erhoben, wie Handwerks-Juden-Wechsel ꝛc. Recht, worüber eigene Vorlesungen zu Dienste standen. Was haben nicht die Sacrosancti, und die Icti zur Wissenschaft erhoben? wie viel nicht de eo quod sacrum, justum gesalbadert? Stryck schrieb sogar ein Gespenster-Recht, und noch heute ist in der Doctoren-Welt alles perillustris, illustris, und wenigstens celeberrimus!

Unsere Ritter waren doch immer nåher der Natur, einfacher als der gelehrte Ritter, zu dem nun noch der Brief-Adel und Kaufmanns-Adel hinzukam, und nun drehten sich dem alten Ritter die Eingeweide ganz im Leibe herum. Es wimmelte mit Rittern des heil. R. Reichs — nicht durchs Schwert — sondern durch erkaufte Diplome. Die Kånige Ungarns schlugen Ritter mit dem Schwerte S. Stephans, die Kånige Bőhmens mit dem des heil. Wenzels, die Kånige Pohlens mit ihrem pohlnischen Reichsschwerte, und selbst der heilige Vater machte Ritter vom goldenen Sporn! Die Iron Barons of old und die Silken Barons of this day, wie Pitt den alten und neuen Adel nannte, waren durchaus verschiedene Wesen, und so schåmte sich dann mit Recht der alte zu Helm und Schild geborne Ritter der Ehre mit solchen Rittern die einst so hohe Ritterwürde zu theilen. Bekanntlich war in der Reichskanzley ein Adelsdiplom zu haben für 386 fl. 30 kr., hőhere Grade zahlten billig mehr, und noch Etwas pro jure Saltus — Saute Marquis! Wir machen jezt aber lieber Geldeintragende als Geldkostende Capriolen!

Der steigenden Prachtliebe der Höfe genügten die alten Dienstmänner nicht mehr, die nur bey feyerlichen Gelegenheiten ihre Erbämter versahen; man besoldete lieber ständige Höflinge, und gerade so fiel auch der Ritterdienst durch den geschmeidigen Miles perpetuus. Graf Craft von Hohenlohe erließ noch 1621 an sämmtliche adeliche Vasallen (53 an der Zahl) ein Ausschreiben, sich wegen gefährlicher Zeitläufte „mit zum Ernst gehöriger Rüstung bereit zu halten," es kam aber wenig heraus, und mehrere entschuldigten sich mit Leibesschwachheit, bereitwilliger waren sie, der Beysetzung des hohen Senioris beyzuwohnen (1702) unter Anwünschung sanfter Ruhe und fröhlicher Auferstehung. Im Gerichte konnte man die Vasallen auch nicht mehr gebrauchen, man mußte Kenntnisse des römischen und canonischen Rechts haben, und des Schreibens wurde immer mehr, den Rittern aber ging es wie dem tapfern Gothen-König Theoderich, der in 10 Jahren nicht einmal seine Unterschrift von 4 Buchstaben schreiben lernte, sondern solche nachmahlte, wie der Unbekannte hinter Ammianus Mercellinus erzählt, durch ein vergoldetes Blech, in das sie geschnitten waren! Die Großen verlangten nun von den Besitzern der Rittergüter ein Aequivalent für die ehemals persönliche geleistete Dienste, die sogenannten

Ritterpferde, über deren Anschlag es so viele Streitigkeiten gab, daß es am kürzesten war, den Adel überhaupt zu besteuren, wie andere ehrliche Leute!

Der Adel vernachläßigte jezt selbst die Beweise seiner Ahnen, die für Stifter und Orden so wichtig waren, die alten Diplome, Lehnbriefe, Matrikel, Wappen, Leichensteine, Gemählde, Leichen- und Hochzeitgedichte, Predigten mit den Personalien ꝛc., ja selbst die noble Wissenschaft der Genealogie und Heraldik lief Gefahr verloren zu gehen. Selbst die Glaubwürdigkeit einer unbeschwornenen Aussage „bey adelichen Worten und Ehren,“ oder die Cavaliers-Parole wurde zur Antiquität, wie die Adelswürde der Doctorum utriusque, und die Zusage „bey jungfräulichen Worten und Ehren,“ ja selbst Kerners reichsritterschaftl. Staatsrecht. Mit dem stehenden Heere sank die Macht des Adels ganz, während die Macht der Könige wuchs. Das stehende Heer war leider! oft Werkzeug des Despotismus, und mit ihm die Last der Abgaben stehend, und doch wurden im Ganzen die Völker dadurch freyer, als sie unter Ritter- und Pfaffendruck gewesen waren, Leben, Eigenthum und Ehre sicherer denn zuvor, Wohlstand und Cultur allgemeiner, als selbst in den alten von der Schule so sehr bewunderten Freystaaten, wo gar oft der Pöbel das war, was im Mittelalter der Adel, und gar viele Dinge nichts weniger als klassisch, wie Kinder-Aussetzen und die

Sclaven. Es sey mir erlaubt, ein vergessenes Buch: Die Republiken des Alterthums, waren sie glücklicher als die heutigen Staaten? Lpz. 1798, ins Gedächtniß zu rufen, weil es in manchem Hause, wo republikanische Geister spucken, selbst in Weiber-Köpfchen, nützlich seyn kann. Jupiter Stator verdient seinen Tempel!

Das zählreichste stehende Heer sammt allen Auflagen ist und bleibt ein geringeres Uebel, als die Feudal- und Faustrechtszeit, und wer verkümmerte nicht lieber, wenn es seyn soll, unter der mächtigen Kralle des Löwen mit Einemmale, als unter den tausendfachen Stichen eines Insecten-Schwarms? Unter allen Rittersagen finde ich keine, die dem ächten Rittermährchen von Telephus gliche, der von Achilles Speer zwar verwundet, aber von demselben Speere auch wieder heil wurde. Mit der Macht der Könige bekam man erst richtige Ansichten vom Wesen des Staates, und mit dem Mittelstande, den die Könige begünstigten, erhob sich erst Wohlstand und geistige Cultur, die nicht nur Willkühr und Gesetzlosigkeit nach und nach von selbst beschränkt, sondern auch einsehen lehrt, daß Glück und vernünftige Freyheit der Bürger gerade die wahre Macht des Regenten ausmachet. Das Ritterthum ist und bleibt eine schöne Erscheinung, aber noch schöner ist Staats-Bürgerthum, und erhabener als die Glorie des allein freyen Ritters die Glorie des Vaterlandes und des wahren Patrioten!

# XV.

## Die Fortsetzung.

Die Ritterschaft, deren Zweck anfangs so löblich war, sank herab zu einem förmlichen Stand von Räubern, die ihren Stand unter die Lebensarten zählte, wie Aristoles die Seeräuberey der Griechen unter die ehrenvolle Erwerbszweige, geübt an Natursclaven, eine Unterart der Jagd! Weiberraub stand oben an, und die Ritter nannten ihren Raub, wie die Beduinen den ihrigen Fadl Allah, d. h. Geschenk Gottes, wofür Schertel stets den Herrn preiset. Jener Erzbischof von Cöln, den sein neuangenommener Schloßvogt fragte: „Wovon er mit den Seinigen leben solle?" zeigte stillschweigend die vier Landstraßen, der alte Graf Wolf von Hohenlohe aber den neuangehenden Beamten, statt der Eidesabnahme — den Galgen!

Die ersten ächten Ritter folgten, wie Hercules am Scheidewege, der Dame Arete, die spätern aber der trügerischen καλα, und hörten auf, Herculesse zu seyn. Sie wurden liederlich, wie ihr Held Alexander; nachdem er Asien erobert, und nichts mehr zu thun hatte. Nur wenige dachten wie Pfalzgraf Friedrich, der nach dem Siege bey Seckenheim die Fürsten, die ihn befehdet, und sein Land schrecklich verheeret hatten, Ulrich v. Würtemberg, Carl v. Baden, Bischof Georg v. Metz rc. als Gefangene zu Heidelberg zwar sehr gut bewirthete, ihnen aber kein Brod vorsetzte: „Ihr habt durch eure unritterliche Verwüstungen das Brod verwürket!"

Die Entdeckung Ost- und Westindiens schuf neue Zweige des Handels und Kunstfleißes, erhöhete den Wohlstand der Städte und des Bürgerstandes, begünstigte die Freyheit und Toleranz, und wurde für alle Unglückliche und Bedrückte ein neues Gosen jenseits der großen Wasser. Amerika gab Europa ein großes Beyspiel, wie Staaten sich bilden können ohne Krieg, Eroberung, Raub, Pfaffen- und Adelsdruck! Frankreich ahmte dieses Beyspiel nach, aber mit Unverstand, und vergaß, daß alte Staaten Rücksicht zu nehmen haben auf das, was Gerechtigkeit und Billigkeit erfordert gegen früher bestandene Verhältnisse. Amerika gab vielen Emigranten und selbst den Napoleoniden Asyle, und sie sollen da eine Stadt Aigle ville gründen, deren Straßen die Nahmen ihrer ehemaligen Siege tragen werden. Sie haben demnach mehr Straßen zu gründen, als zu Washington, zumal wenn sie auch die zweifelhaften Erfolge (zu deutsch Niederlagen) verewigen wollen, und bis sie zur Straße von Lipzic kommen, fehlen vielleicht die Steine oder das Geld, wie dorten das Pulver! Es wird gehen wie mit dem Café aux mille Colonnes im Palais royal — man bringt kein Hundert heraus, selbst wenn man die Säulen in allen Spiegeln mitzählt! Noch im Jahr 1620 wird in einem reichsritterschaftlichen Bedenken vom alten Faustrecht mit Wehmuth gesprochen: „wie es noch das Beste gethan, da man wacker zusammengehalten, und so wie die alten redlichen Fehden, etlicher Misbräuche halber, durch den Landfrieden aufgehoben seyen, habe es angefangen zu hinken —!" Nicht viel besser sind die heutigen frommen Seufzer nach der alten ehrwürdigen Reichsverfassung! Mit dem Landfrieden und der Bestellung öffentlicher Gerichte verlor der Adel immer mehr sein Ansehen, verschuldet war er durch seine Schwelgereyen, und die Hofämter oder Officiersstellen, die ihm zu leben gaben, machten ihn abhängig vom Fürsten, und daher jene komische Klagen: „die Fehden sind aufgehoben, wir müssen uns, um Sold und Amt zu haben, der Vernunfthändel befleißen." Wenn solches nur wirklich, und etwas früher geschehen wäre! Bildung ist der Stab des Lebens (βακτηρία ἐςι παιδεία βίυ), sagte schon der alte Simonides, der Stab des Ritters aber war das Schwert, und das Schwert kann nur herrschen in wilden barbarischen Zeiten!

Der 30jährige Krieg räumte noch mehr, als Bauernkrieg, Fehden und Zeit in den alten Burgen auf, und Ritter und Ritterwesen näherten sich immer mehr dem Ende aller Dinge. Der Plan des K. Rudolph II. bey Anfang der böhmischen Unruhen, der Plan eines Ordens der Friedensritter kam nicht zu Stande, vielmehr war die bekannte unritterliche Ohrfeige in der Jülich-Clevischen Sache das traurige Vorspiel des langen Krieges, der folgte. Die kaiserlichen Statthalter zu Prag wurden sogar — zum Fenster hinausgeworfen, und man berief sich auf den Tarpeischen Felsen der Römer, und auf Jesabel, der es selbst in der Bibel nicht besser ergangen sey!

Zur Beschleunigung des Verfalls wirkte die ritterliche ungeheure Sittenlosigkeit und Schlemmerey vielleicht eben so viel als Pulver, stehendes Heer und Mittelstand. Nie gab es mehr fahrende Frauen, als zur Zeit der fahrenden Ritter — nie mehr nackend getanzte Tänze, Ehebrüche, Nothzucht, Schändung, Weiberraub, Beyschläferinnen, Kindermord und Todtschäge, wozu nach den Kreuzzügen noch orientalische Sünden kamen. Die Minstrels sangen nicht mehr Waffenthaten, sondern erotische Lieder, und Minstrel de Prades verlangt gar nicht nach dem Paradiese, wenn er da nicht lieben darf, die er anbetet." Die Ritter waren die stärksten Säufer, und im Gefolge des Bacchus dürfen Faunen und Satyren nicht fehlen, Pan, Priap und andere Geschöpfe thierischer Natur und der Wälder!

Im Zeitalter der Ritter waren die Nonnenklöster förmliche Bordelle, den Hoflagern folgten Huren so ungescheut, daß es ein eigenes Huren-Marschallamt gab, eigene Hurenstraßen, und beym sogenannten Einlager bewilligte der Gläubiger, ausser den Atzungskosten, zweymal in der Woche — Frauengeld! In K. Carl V. Armee hieß der, der die Aufsicht über den Troß und die Soldatenweiber des Regiments hatte, Huren-Waibel! Ehemänner trieben ungescheut Handel mit den Reizen ihrer Weiber, folglich durften auch wohl Ihro Heiligkeit von privilegirten Huren den sogenannten Milchzins einstreichen. Ritter Hutten, dessen Hauptfehler Salacitas gewesen zu seyn scheint, die auch sein Leben trübte und kürzte, schrieb ganz unbefangen über seine eckelhafte Krankheit, widmete die Schrift einem deutschen Erzbischof, und ein Dr. Theologiae verdeutschte sie. Frischlin, der Hurerey und des Ehebruchs angeklagt, antwortet mit bitterem Lachen: „bringt mir zuvor eure Hurenkinder, daß ich sie als Pfalzgraf ehrlich mache." Graf Ulrich von Würtemberg jammert über die Orgien seines Sohnes in Nonnenklöstern, und seine Klagen enden damit: „Wer eine Klosterfrau umhalset, begeht eine größere Sünde, als wenn er seine eigene Schwester umarmte, und — Frauenfleisch ist ja leichter zu haben, als Kalbfleisch, Gott erbarm's!" Byrons Don Juan wurde ganz ritterlich erzogen:

He learn'd the arts of riding, fencing, gunnery,
and how to scale a fortress, or a — Nunnery!

Bey ſolchen Sitten mußte nothwendig Verſchwendung herrſchen, und Bayard recht behalten, „ce que le gantelet ramasse le gorgerin depense." Wie gewonnen, ſo zerronnen, und ſo ging das, was man mit dem Stegreif leicht verdiente, auch leicht wieder auf in Völlerey, Spiel und Unzucht. Die eitle Verſchwendung der Ritter ging ſo weit, daß einſt bey einem Turniere zu Beaucaire 1174 der Graf von Toulouſe einem tapfern Ritter 100,000 Gold- oder Silberſtücke ſchenkte, welche dieſer ſogleich wieder unter hundert andere Ritter vertheilte. Ein anderer ließ 30 ſeiner ſchönſten Pferde verbrennen, ein dritter Gros de Martel bewirthete 300 Ritter, und befahl, daß die Speiſen nur gekocht werden ſollten über der Flamme von Wachskerzen, und Ritter Bertrand Raibaux ließ das Feld, worauf das Turnier gehalten werden ſollte, umpflügen, und mit 30,000 Silberſtücken beſäen. Die Redensart semer de l'argent hat ſich in der Sprache erhalten, und jene Sage iſt ſo drolligt, als die Sage von dem pohlniſchen Fürſten Sulkowsky, Liebling K. Auguſts III., der mitten im Sommer dem König eine Schlittenfahrt verſprach, und auch gab, der Weg von Reußen bis Tiſſa, eine deutſche Meile, war überſtreuet mit geſtoßenem Zucker! Bey ſolchen ritterlichen Verſchwendungen hatte man nie Geld genug, und daher ſuchte ſich das Zeitalter auch zu helfen durch — Goldmacherkunſt, bis man endlich ſo viele Alchymiſten aufknüpfte, daß die Welt ſich überzeugen mußte, die eigentliche Goldmacherkunſt beſtehe nur in Arbeit und Fleiß, in weiser Sparsamkeit, und daß man seinen Sak zu behalten wisse in Heiligung und Ehren, der daher auch fast in allen Sprachen gleichlautend Sak heißt, wie das Wort Salz . . . Man schwur Treue der Religion und den Dienern der Kirche, und verfiel in die frechste Irreligion, plünderte Kirchen und Klöster, entführte gottgeheiligte Jungfrauen, oder bordellirte binnen ihren frommen Mauren, und Ehrengeistlichkeit war stets die Zielscheibe des Ritterwitzes: Man schwur, bedrängten Wittwen und Waisen beyzustehen, und raubte sie nicht selten auf die festen Burgen, man spielte mit Meinevden, und meuchelmordete Große und Kleine; die ewigen Fehden hießen Freyheit, und verbarg sich der Befehdete hinter seine Mauren, so sengte und brennte man in seinen Dörfern, und erholte sich an seinen armen Leuten. Saufen, Fressen, Huren und Buben fiel keinem Ritter auf, die Tapferkeit selbst erlösch in elenden Zweykämpfen, und vergiftete Hostien reichte die Ehrengeistlichkeit! Dies war die hohe Sitten-Einfalt der Ritterzeiten! Leider! ist sich der Mensch überall gleich. Damals that man mit Gewalt, was man jezt heimlich und auf Umwegen thut, oder zu erhalten sucht; damals schändete oder entführte man das Weib, das man suchte, geradezu, jezt sucht man sie durch Kunst zu gewinnen; damals mordete man seinen Feind, jezt legt man ihm Schlingen und Fallstricke; damals fraß und sof man unter Sang und Klang, jezt im Stillen und liebt Leckereyen; damals nahm man des andern Eigenthum mit Gewalt, jezt betrügt man den lieben Nächsten darum, entlehnet es, und falliret &c. Ich bin noch heute nicht recht mit mir einig, in welchem Zeitalter die Summe des Guten die Summe des Bösen übertroffen habe? Vor groben Lastern scheint man sich aber eher hüten zu können, als vor den feinen —

Pro superi! quantum mortalia pectora caecae
Noctis habent!

Kostbare Kleidung und Schmuck, Turniere und Stiftungen, Hoflager und Hoffeste richteten den hohen Adel vielleicht weniger zu Grunde, als die übertriebene Zahl von Rittern und Knappen im Gefolge. Man war stolzer auf großes Gefolge, als auf jedes andere Zeichen von Reichthum und Macht. Wenigstens 100 — 200 Menschen mußten Nahrung und Kleidung gereicht werden, nebst Geschenken, und davon findet man noch Spuren in Spanien und Italien, ja selbst zu Wien. Freygebigkeit (μεγαλοπρεπέια, magnificentia) war Rittergesetz, denn Leute, die ihr Vermögen geerbt, sind stets freygebiger, als die es mühsam erworben haben; diese lieben es wie Eltern ihre Kinder, und Gelehrte ihre Bücher. Aber diese löbliche ελευθέριοτης des ächten Ritters überschritt Maaß und Ziel, und wurde zur förmlichen ασωτεια, die Cicero Insolentia nennt, woraus nothwendig Insolventia folgte. Geben ist seliger denn nehmen, aber die Verschwender nehmen gerne an Orten, wo sie nicht sollten, wie S. Crispinus. Horatius kannte unsere Ritter nicht, sonst hätte er schwerlich gesagt: Post equitem sedet atra Cura, diese haben sie stets dem Volke

19*

überlassen, und ihren allzugutmüthigen Gläubigern, die sich täuschen ließen von ihrer Artigkeit und Herablassung! Alle Herren, die Geld brauchen, sind wie Henri IV.

la main au bonnet
ne coute rien et bon est!

Und noch zahlreicher als das Menschengefolge war die Zahl der Pferde, Hunde und Falken. Diese Thiere waren so unzertrennlich vom Adel, daß man die Falken selbst mit in die Kirche nahm, auf Reisen und nach Palästina. Sie mögen den Ritter schöne Summen gekostet haben, das theuerste Thier aber blieb der Schlachthengst, der hoch über dem Leibeigenen stand. Zahlt ja der reiche Britte noch heute für einen Neger 4—5 Pf., für einen Araber aber 4 — 500 Pf.! Bucephal kostete 16 Talente = 16,000 Thlr. Gastfreyheit war Gesez der Ritterschaft, daher wimmelten auch noch die Burgen stets voller Gäste, fahrende Ritter versäumten nicht einzukehren, wo sie einen gastlichen Helm über den Thoren erblickten, und kein Ritter, Knappe, oder Herold wurde entlassen ohne Geschenke an Geld, Kleidung, Waffen und Pferden! Man hat bekannte Rechnungen, wie ungeheuer viel aufging bey Rittergelagen, und so auch bey Hochzeit- und Leichenschmausen. Wir machen jezt alles stiller ab, genießen selbst, was Gott bescheret hat, und haben sogar stille Leichen, um desto trauriger seyn zu können, und auch stille Hochzeiten, denn erst in der Ehe gibt es — Lärmen!

Es läßt sich wohl annehmen, daß die Ritter-Damen, obgleich Damen geborne Zusammenhalterinnen sind, wenigstens in der Kleiderpracht nicht werden zurückgeblieben seyn, wäre es auch nur gewesen, um den Glanz der Turniere gehörig zu erhöhen. Sollten sie allein den Splendor familiae außer Augen setzen? Die Gemahlin des Phocions aber hatte ihrer jonischen Freundin durchaus nichts von Geschmeide vorzuzeigen. „Mein Schmuck ist Phocion, sagte sie, seit 20 Jahren General der Athener," und die Römerin Cornelia zeigte bey ähnlicher Gelegenheit ihre — Kinder!

Eine der glänzendsten und lezten Ritterversammlungen war die Zusammenkunft K. Fried. III. mit dem prächtigen Herzog von Burgund Carl dem Kühnen 1473 zu Trier, wo der Lehenherr dem Lehenmann entgegenreiste. Dem Kaiser galt alles die reiche Erbtochter Maria, und der ehrgeizige Lehenmann that alles, um König von Burgund zu heissen, was er war. Im kaiserlichen Gefolge waren 2500 Pferde, Carl aber kam ihm entgegen mit 3000 Rittern, die von Gold, Silber und Edelsteinen strozten, nebst noch 5000 andern Reisigen und 6000 Schützen!! Carls Harnisch war ganz vergoldet, und der kleine goldstoffene Mantel darüber reich besezt mit Edelsteinen und Perlen. An den Pferdedecken der Ritter waren silberne Schellen, deren anmuthiges Geklingel abwechselte mit dem kriegerischen Geschmetter der Trompeten. Man speiste an 18 Tafeln, jede Tafel hatte 3

Gänge, und jeder Gang bestand aus 42 Schüsseln. Dann gab es ein Turnier. Der Hof von Burgund war schon unter Carls Vorfahren höchst glänzend und reicher gewesen, als der von Frankreich, und ein Turnier, wozu Gent 30,000 Pf. vorstrecken sollte, solches aber verweigerte (1379), worauf ihre Nebenbuhlerin Brugge die Summe hergab, veranlaßte einen blutigen Bürgerkrieg!

Carl der Kühne mag mit zu den lezten Rittern gerechnet werden. Er war voll feurigen Geistes und Muthes, Feind aller Lüste, abgehärtet wie ein Spartaner, und freygebig und prächtig wie ein König. Ehrgeiz war seine einzige Leidenschaft, und daher glaubte er bey einem weit schönern Königreich, als Alexander hatte, nicht glücklich zu seyn, wie dieser, wenn er nicht erst noch mehr zusammen erobert hätte. Der Kaiser und Frankreich konnten ihm nichts anhaben, Louis XI. haßte er, wie Hannibal die Römer, und mit S. Görgen, sein Leibschwur, wollte er sich ein Reich erobern vom deutschen bis an das Mittelmeer; aber Schweizerbauren und ein kleiner Herzog von Lothringen demüthigten seinen Stolz, und wahrscheinlich suchte sein hoher Sinn im Treffen von Metz geflissentlich den Tod, wie Griechen und Römer!

Den Verfall des niedern Adels vollendeten Böllerey und Flottleben. D. Luther, ein würdiger Zeuge, sagt in seiner Auslegung des 101. Psalms: „Mit Jammer habe ich oft gesehen, wie Junker gleich den schönen jungen Bäumlein, weil kein Gärtner da war, von Säuen zerwühlet und im Saft verdorret sind, sie sagen selbst: Hofleben, Säuleben. Es muß jedes Land seinen eigenen Teufel haben, und unser deutscher Teufel ist der Weinschlauch, und solcher ewiger Durst wird Deutschlands Plage bleiben, habe ich Sorge, bis an den jüngsten Tag." — Markgraf Albrecht von Brandenburg, Alcibiades genannt († 1557), war ganz wild ohne alle Erziehung aufgewachsen, und sein Hofmeister Beck klagte stets, daß der Prinz nichts lernen, und nur herumreiten wolle; aber dieser Hofmeister selbst soff sich bey dem Beylager der Schwester Albrechts zu Crailsheim, nebst noch Einigen, zu todte (1537), der Prinz war mehrere Tage besoffen und von Sinnen, so, daß man gleichfalls an seinem Aufkommen zweifelte; und sogar die Kammerjungfern wurden todtkrank nach Hause geliefert!

Spangenberg in seinem bekannten halbtheologischen Adelsspiegel commentirt obige Stelle Luthers sehr naiv: „Des Auf- und Zureitens unter dem „Adel ist kein Ende noch Maaß, täglich kommen „sie zusammen zu zechen, bis man den Wirth zu „Bette bringen, und den Gast auf den Gaul heben muß; oder sie nehmen, wenn der Wein dem „Zapfen nicht mehr folgen will, den Wirth mit „sich, und rücken zu einem andern. Der Pfarrer „selbst muß mitsaufen, und über dem Zutrinken „kommen sie in Unfrieden. Manche saufen aus „Kübeln und Gelten, aus Schuhen und Kammerscherben, knüpfen sich bey den Ohren zusammen, „und verschwören sich, in 24 Stunden nicht wie-

„der aufzustehen; saufen, schreyen, jauchzen, als „wie von tausend Teufeln besessen, speyen, seichen, „und lassen unter sich gehen, was sie nicht halten „können, schlagen Ofen und Fenster ein, schneiden „einander Haare und Bärte ab, kehren Tisch und „Bänke um, und rennen im Hemde und geschwärzt „auf ihren Gaulen durch Stadt, Dorf und Fleck, „und wollen bey solchen unmenschlichen Wesen noch „gar adeliche löbliche Helden und Ritter seyn.“ — So Spangenberg im Jahr 1594. In noch rohern Zeiten folgten den Ritter-Gelagen gar oft Mord, Todtschlag und Scenen, wie zwischen Alexander und Clitus. Sie tafelten, als ob ihnen ein Leonidas zugerufen hätte: „Esset zu Mittag, als ob euch der Abendtisch der Hölle erwartete“ — und riefen mit Sirach: „Was ist das Leben ohne Wein?“ Die heiligen Bücher haben nur sechs Reden der Maria aufgezeichnet, und darunter ist die sechste und schönste: Sohn! sie haben nicht Wein.“ — Speisen und Getränke, die uns verleiten, ohne Hunger zu essen und ohne Durst zu trinken, waren aber nach Socrates die Mittel, wodurch Circe die Gefährten des Ulysses umwandelte in — Schweine!

Mir sind noch ähnliche Scenen aus Franken gegen Ende der 1770r Jahre bekannt, wo Landjunker aus Stelfstiefeln soffen, und sich nicht begnügten, wie die Alten, mit Bier oder Landwein, sondern in Burgunder und Champagner schwelgten. Bey einem Wettschießen mit Pistolen wurde der Lauf mit Wein gefüllt, der Hahn gespannt, und der Wein ausgeschlürft, den Finger am Drücker, und dann abgeschossen! Welches ritterliche Wagestück! Abends im Rittersaale, wo die ehrlichen Campagnards erst die schönsten Verstandesblitze leuchten ließen entre deux, galt es zuletzt Gläser und Fensterscheiben, durch welche leztere sie sich vom Redner Zimmermann unterschieden, wenn dieser vom neuaufgeschlagenen Bau die Gläser schleudert, als seine stärksten fulmina Orationis!

> Natis in usum laetitiae scyphis
> pugnare Thracum est!

Die alten Ritter hingen an ihrem Humpen, wie an ihrem Schwert, und da der Reichsabschied von 1500 das Saufen ausdrücklich verbot, und der edle v. Schwarzenberg in seinem Epoche machenden Büchlein gegen das Zutrinken (1534) eifrigst beistimmte, so tranken sie einander zu: „Es gilt dir den Reichsabschied! Nichts drückt die Denkart der alten ritterlichen Zecher besser aus, als die vielen Pokale, die Zierde ihrer Burgen, der Kernspruch auf dem berühmten Oldenburger Wunderhorn: „drink al ut!“ und das alte Basrelief über den Kellern der schönen Burgruine zu Mansfeld: Zwey Knappen trinken aus großen Humpen, ein dritter schenkt ein, ein vierter gibt das Genossene von sich, und ein Hund nimmt es wieder gierig zu sich; oben stehen die Worte: Quid est? Bapsi!

Die alten Ritterdamen scheinen mitgemacht,

oder doch nicht Gewalt genug über die rohen Eheherrn gehabt zu haben, aber *Ausländerinnen*, die die Ritter mit sich heim führten, fingen an zu reformiren, und vielleicht wirksamer als der Reichsabschied und Schwarzenberg. Eine Italienerin rieth ihrem Gemahl bey einem Saufgelage, den Wein heimlich auszugießen, und löschte listig das Licht — der gewissenhafte Ritter aber meinte: „*der liebe Gott sieht's doch!*" und leerte den Humpen. Ein gewisser Graf Poppo († 1574) trug stets ein klein subtil hären lang Schnürlein in den Hosen, um es sämmtlichen Zechern durch die Ringlein in den Ohren zu ziehen, hatte er keins, so stach er es ihm auf der Stelle, denn das Böhrlein trug er immer bey sich (statt der l'Ombre Karten) und waren nun alle angeschnüret, so trank man, und so konnte keiner entweichen." — Der lezte Graf von Görz stand oft des Nachts auf, um seinen Kindern trinken zu geben, wollten sie aber lieber schlafen, denn trinken, so jammerte er: „*Ach Gott! das sind meine Kinder nicht! nicht meine Kinder!*" Wenn diese Ritter erst *Hüons-Becher* gehabt hätten, der sich von selbst füllte! Sie hatten dafür den *unauslöschlichen Durst des Tantalus!*

In diesen Zeiten fällt die Hohenlohische Lehns-Urkunde, die von den Vasallen fordert: „mit dem großen Lehnsbecher eine Oehringer Maaß haltend, Bescheid, und damit vel quasi Probe zu machen, daß man ein deutsch Geborner von Adel, und dem Vaterland ersprießliche Dienste zu leisten vermöge." — Wahrscheinlich that man auch ohne Schwierigkeit Bescheid, denn noch trinken die Hohenloher den Wein aus — Schoppen-Gläsern. Die Kocher- und Jagstweine gehen selten auswärts, wofür die Trinker nichts können; — da sind sie einmal, und der Groschen gilt da am meisten, wo er gepräget ist! Nach der Comburger Chronik Wjedmanns tranken 1532 sogar drey Schwestern zu Münkheim 32 halbe Maaße Wein, und gingen noch vor Nacht nach dem eine starke Stunde entfernten Hall, ohne Lärmen! Solchen Wein nennt der Italiener Vino pisciarello!

Sonderbar, und nur aus der Trinklust der Ritter erklärbar, war das Einlager (obstagium) oder das Versprechen des Schuldners oder Bürgen, im Nichtbezahlungsfalle, eine bestimmte Herberge mit so und soviel Leuten zu beziehen, bis zur Befriedigung des Gläubigers. Gewöhnlich bestimmen die Urkunden zwey Knechte mit drey Pferden; bey wichtigen Pfandbriefen und hohen Schuldnern aber kommen auch 30 Reisige vor, und in einem Briefe eines Kurfürsten v. Cöln 1472 gar 50! Man wollte durch den Aufwand den Schuldner bewegen, eher an Zahlung zu denken, und der Gläubiger konnte selbst mitzechen, aber gerade dieses sonderbare Mittel, und die kostbaren Mahle (Giesel-Mahle, Geißel) führten ab vom Zweck und in neue Schulden, woran die Nachkömmlinge mancher Ritter noch zu zahlen haben*). Der Reichsabschied von 1577 verbot daher das Einlager, aber man findet in Norddeutschland noch Spuren im Jahr 1617. Starb der Einlagerer, der versprochen hatte, vor der Zahlung nicht über die Schwelle zu gehen, so wurde sein Leichnam, zu Ehren seines Wortes, unter der Schwelle herausgeschoben, und Gläubiger und Wirth hatten das — Nachsehen, oder nahmen zuletzt gerne einen Batzen für einen Gulden!

Unser Luther eiferte nicht wenig über dieses Einreiten. „Was soll dies schändlich Schinden, Rauben und Placken in öffentlicher Herberge, wo der Adel sich verderbet, frisset und verschlinget. Es haben jezt vier Edelleute auf M. List um 20 fl. willen 300 fl. verprasset, wäre es nicht besser, jeder hätte 5 fl. erleget, und den armen List gelöset? Will uns der Türke nicht fressen, die Pestilenz nicht aufreiben, Kaiser nit dämpfen, fressen wir uns selbst durch Geiz und Wucher. Gott erbarm es, oder wo das nicht hilft, schlage der jüngste Tag drein! Amen!" Wem fielen bey diesem adelichen Saufleben nicht die Wilden Nordamerikas, oder die Negern-Könige ein, die alles hingeben für ein Fäßchen Brannntwein? Jetzt gehören viele adeliche Familien zur Familie des Persius:

Tecum habita: noris quam sit tibi curta supellex!

*) Einzig ist wohl ein Bremisches Einlager v. J. 1351 (Cassel Bremensia II, 30.) ad immacendum d. i. selbst uns mager to maken!

Von jeher wurde den Deutschen, vorzüglich vom Italiener, Völlerey vorgeworfen; die zum Theil übertrieben vorgestellt wurde, zum Theil aber durch Clima, starke Körperübungen, und stärkere Naturen entschuldigt werden mag; selbst die Kaiser mußten einst vor der Krönung zu Rom versprechen, mit Gottes Hülfe nüchtern zu leben. Man verfiel auf sogenannte Mäßigkeits-Orden, und der Hessische Orden dieses Nahmens glaubte sehr viel zu thun, daß er keinem Mitgliede mehr denn XIV Ordensbecher (schwerlich klein) täglich erlaubte, den Schlaftrunk nicht mitgerechnet, der für Nachdurst galt ... Nachdurst ist eine natürliche Folge des Vordurstes, und nichts stillet beyde besser als — frisches Wasser, aber die Ritter scheinen alle die Wasserschen gehabt zu haben. Diese Orden halfen also dem Uebel nicht ab, und nun verfiel man auf Reverse. So kennt man den Revers eines Andreas v. Röbell (1577) zu Havelberg, „daß er seines Bartes, samt Grundboden, verlustig seyn wolle, wenn er sich vollsaufen, und bey jedem Mahle nicht mit zwey zimblichen Bechern Bier oder Wein sich begnügen wolle bey Strafe von 40 Ruthenstreichen in der Küche und Verlust seines Canonicats zu Havelberg." Ein Brandenstein zu Gotha machte sich (1652) anheischig, auf 6 Wochen nicht zu saufen bey Strafe von ein „Paar guten Maulschellen von seinem gnädigen Herrn!"

Es war die Zeit der Pokale, daher machte man auch mit Pokalen Geschenke, wie jezt mit Dosen und Orden. Der würtembergische Baumeister Schikard († 1634) hinterließ weder silberne Leuchter, noch Löffel, weder Messer noch Gabel, aber — achtzig silberne Pokale! Das Zeitalter muß die Stelle in Cicero officiis wörtlich genommen haben, der da lehret, daß man aus dem Leben scheiden solle non tanquam ex domo, sed tanquam ex hospitio et deversorio (Wirthshause)!

# XVI.

## Der Beschluß.

Das Jahrhundert Louis XIV. brachte andere Sitten . . . jedoch nur allmählig. Der engl. Gesandte W. Temple zu Münster mußte noch einem General, der die Gesundheit seines Königs ausbrachte, Bescheid thun aus einer vergoldeten Glocke, zwey Maaß haltend, deren Klöppel man herausnahm, nach geleerter Glocke aber wieder einhängte und damit klingelte, zum Beweise, daß man ehrliches Spiel gespielet habe. Temple führte aber einen Cavalier mit sich, der für ihn trinken mußte. Noch am westphälischen Friedens-Congresse hieß es manchmal von dem trefflichen Oxenstiern' und andern: „man habe mit Sr. Excellenz diesen Tag nichts richten können, weil Sie ziemlich bezecht gewesen." In jenen Gegenden, wo unsere Altvordern Varus' Legionen aufs Haupt schlugen, wurden jetzt die Deutschen des 15ten Jahrhunderts diplomatisch geschlagen von Franzosen und Schweden, und moralisch von französischen Sitten. Tilly war einer der letzten Deutschen, der mit deutschem Stolze Grammont sagte: „Mein Aufzug scheint Ihnen sonderbar? er ist nicht nach französischer Mode, aber nach der Meinigen!“

Im Norden dauerte die Unsitte des Saufens länger als im Süden, am längsten aber an geistlichen Höfen, Prälaturen und Klöstern, unter Landadel, Soldaten, Postilions, gelehrten Burschen und Handwerksburschen. Wir sind jezt mäßiger — Geldmangel und Mißjahre erleichterten mächtig die Tugend der Mäßigkeit, und selbst in Kneipen herrscht Friede, so daß die Aemter wenig Schlägereyen abzumachen haben, die Kirchweihen ausgenommen. Wir haben weniger, und können auch weniger vertragen, als die ehrlichen Zecher der Vorzeit!

Schade! daß mit diesen Zechern auch die altdeutsche Offenherzigkeit, Redlichkeit und Einfachheit verschwunden ist, die ehedem in dem Herzen stammelnder Urältern, hinter Bärengraben und Zugbrücken, hinter Thürmen und den schmalen Gukerchen gewohnt haben vor französischer Artigkeit und Ueppigkeit aller Art! Man hatte bis dahin alles kurz, leicht und mit einer gewissen Herzlichkeit inter pocula geschlichtet, und geglaubt in Einfalt des Herzens, schlecht gegessen, schlecht gewohnt, sich in der Kleidung beholfen (alle Säufer halten noch jezt nicht viel darauf), und der Zecher seiner jungen Frau, die ihm wegen seiner Flecken an Wäsche und Kleidern Vorwürfe machte, versichert, „daß dies nicht vom Trinken herkomme, sondern vom Verschütten.“ Mit den Sitten des Auslandes aber kamen nun warme Getränke und verfeinerte Laster, während sonst ein wackerer Zecher und ehrlicher Kerl auf gleicher Linie stand, und der Deutsche alle Laster zu bezeichnen pflegte mit dem Wort: „wälsche Praktiken!“

Jeder Stand hat seine Tugenden und Laster, und es gehet damit, wie mit Pflanzen, deren einige besser auf gebautem, andere besser auf ungebautem Boden fortkommen. Die Pferde und das Hornvieh der Deutschen waren zu Tacitus Zeiten klein und unansehnlich, die Menschen aber halbe Riesen; jezt ist der Fall umgekehrt, und hiezu haben die warmen Getränke, Caffe und Thee neben Taback, und Gewürze, das sich nicht mehr auf Pfeffer und Pfeffer-Lehen beschränkte, das Ihrige redlich beygetragen. Man fing jezt an viel von Nerven zu sprechen — die Ritter aber hatten sie ... Das ewige Theetrinken macht die Sinesen offenbar so feige und unterthänig, daß es mich in der That wundert, wie noch kein Ultra-Genie auf den Einfall gekommen ist, den Thee eben so allgemein unter uns zu machen, um die anstößigen Grillen von Freyheit, Rechten, Verfassungen und Menschenwürde im Gehirne der unruhigen Köpfe, wie sie die Gemeinheit zu nennen pflegt — niederzudrücken wie in Sina — Thee zu schenken, statt Constitutionen! Die Natur selbst scheint uns einen Wink zu geben, da sie kein rechtes Weinjahr mehr werden läßt!

Noch zweckmäßiger aber wäre die Sitte der Wilden, die Köpfe neugeborner Kinder platt, rund, oder in die Länge zu drücken. Der Druck auf das Gehirn erregt bey Erwachsenen Schläfrigkeit, bey neugebornen Kindern aber offenbar Stumpfsinn, den wir an jenen Wilden bemerken. Man könnte mit Einem Steine zwey Würfe machen, und jenen Stumpfsinn nicht blos in politischer, sondern auch in religiöser Beziehung hervorbringen zur Beförderung des Mysticismus und Wunderglaubens, der ohnehin nicht recht weiß, wie er seinen Esel aufzäumen soll. Seit wir uns so wenig mehr um den Teufel bekümmern, thut er offenbar was er will, und fischet im Trüben, daher man bey der Taufe auch wieder den Exorcismus einführen sollte, wobey gelegentheitlich jener Gehirndruck gratis vorgenommen, und ganz passend der Glaubens- und Gnadendruck oder Druck der Liebe genannt werden könnte!

Zu den warmen Getränken kamen zuletzt noch die Franzosen, die jezt an Höfen in die Stelle der Ritter traten! Diese liebenswürdige Leutchen machten unsere Fürsten glauben, daß sie lauter Louis XIV. wären, folglich auch à la Louis XIV. leben müßten, und so vermehrte sich der Glanz der Höfe, die Armee vermehrte sich, man hielt sich Maitressen, trank französische Weine, und kleidete sich in französische Moden und Tücher, nur französische Waaren galten, französische Galanteriewaare und Parfüms. Der deutsche Adel hörte zwar auf so barbarisch zu seyn, wie seine Ahnen waren, wurde aber vielleicht nur desto schlimmer. Er schmeichelte jezt dem Despotismus der Großen, bestätigte sie in der Meinung, daß das Volk nur um Ihrentwillen geschaffen sey, verdarb ihren Verstand, verhärtete ihr Herz, und brachte sie um die Liebe und Achtung ihres Volks à la française. — Nirgendswo wollten nun die Einkünfte mehr hinreichen, man machte Schulden und die armen Unterthanen mußten das französische Bad austrinken. Selbst unsere herrliche Muttersprache mußte der Franzosensprache weichen, und doch hängt Liebe zur Muttersprache genau zusammen mit der Liebe zum Vaterlande. Am Ende wußten wir selbst nicht mehr, ob wir uns Deutsche oder Teutsche schreiben sollen? Ich hoffe, unsere herrliche kräftige Sprache soll wohl bald ganz tafelmäßig werden? Graeculus esuriens in coelum, jusseris, ibit! —

Noch viel Ritterliches aber finden wir in den Helden der Union im 30jährigen Kriege. Graf Mansfeld, dessen ganzer Reichthum sein Degen war, warf sich bey herannahendem Tode in seine volle Uniform, ließ sich den Degen umschnallen, und starb stehend gestützt auf zwey seiner Officiere. Napoleon soll etwas ähnliches gethan, und Feldmarschalls-Uniform, Degen und Sporn verlangt, sichs aber etwas bequemer gemacht, und auf das

Bette gelegt haben. Carl XII. starb gleichfalls stehend gelehnt an eine Schanze, die Hand am Degen. — Carl XII., mit dem sich Napoleon nicht gerne vergleichen ließ, geleitet von einem dunklen Gefühle, und doch war Carl XII. wenigstens moralisch größer! Noch viel Ritterliches hatte der treffliche Bernhard Herzog von Weimar, der Markgraf von Baden, und H. Christian von Braunschweig. Dieser, voll ritterlicher Schwärmerey für die schöne Pfalzgräfin führte ihren Handschuh auf seinem Huthe, auf seinen Fahnen die Devise: „Alles für Gott und Sie“ und seinen zerschmetterten Arm ließ er sich abnehmen vor der Fronte seines Heeres, unter Trompeten und Pauken! Gustav Adolph war beseelet vom edelsten Rittergeist, und Waldstein starb wenigstens groß wie Cäsar!

Ritterlich rauchte Moreau ein Cigarro, als man ihm die Beine abnahm, und ritterlich tröstete la Tour Maubourg seinen bey einer ähnlichen Operation um ihn weinenden Diener: „Weine nicht! du hast künftig nur Einen Stiefel zu wichsen!“ Er nannte seinen Stelzfuß sein Jambe illegitime. Mit der Pfeiffe im Munde, und einem Fuß oder Arm weniger sahe ich in dem langen Kriege manchen wackern Oestreicher aus dem Gefechte ins Quartier kehren, und die Worte der halbverfrornen und halbverhungerten französischen Garden in Rußland: „Laßt uns hier sterben, so ersparen wir uns den weiten Marsch“ sind so ritterliche Worte, als das unsterbliche Wort in der Schlacht von Waterloo: La garde meurt, mais ne se rends pas!"

Der Rittergeist wirkte hie und da über die eigentliche Ritterzeit hinaus in bessern Seelen, aber im Grunde und im Ganzen war er mit Ende der Kreuzzüge bereits verflogen! Das heilige Grab, das die Ritter erobern wollten, wurde auch ihr Grab. Das Ritterthum war nur noch ein Castrum doloris, wie viele alte Burgen; die Ritterpferde verwandelten sich in todtes Metall; Ritter erschienen nur noch auf den Theatern und Maskenbällen; die Burgen und Schlösser hörten auf zu bergen und zu schließen vor dem Feinde; der alte und neue Ritter verhielten sich, wie Hamlets alter und neuer König, oder wie die Veteranen Cäsars zu des Pompejus jungen römischen Herrchen, die Reißaus nahmen, und die Pharsalischen Felder dem Imperator preisgaben, der seinen alten Reutern befohlen hatte, den jungen Rittern zu hauen nach ihren schönen Milch-Gesichtern!

Die Ritter hatten längst aufgehöret, sich nach dem edlen Codex der Rittergesetze zu richten, längst aufgehöret, in den Burgen ihrer Väter frey, auf den Landtagen groß, und der Schrecken ungerechter Fürsten zu seyn. Mit den Bärten, Helmen, Schilden, Harnischen und Lanzen verschwand auch die alte Kraft, und statt der Niederwerfung der Reisenden und Kaufleute, plagten sie jezt ihre Bauern, oder prügelten sie auf den Paradeplätzen, lungerten in ihren halbverfallenen Schlössern, oder spickten sich den Beutel ruhig an Höfen und in Staatsämtern, oder machten Schulden über Schulden, und der Bürger mußte sich bücken vor seinem eigenen Hute oder Rock! Aber sie sprachen dennoch von den alten Vorrechten, oder wohl hergebrachter Reichs-Unmittelbarkeit, und von deutscher Gesammtheit hatten sie noch weit sonderbarere Begriffe, als manche Fürsten, die weder Kammer-Zieler zahlten, noch Contingente stellten. Zu Güstrow setzte man den kaiserlichen Gesandten von Königseck auf einen Sessel, und ließ ihn von Grenadieren hinaustragen, und Se. kurfürstl. Durchlaucht von der Pfalz zu Düsseldorf fertigten 1699 zwey Kammerboten ab mit — Stockprügeln! Wie die zweyte Sonne am germanischen Himmel, die entweder nie hätte aufgehen, oder allein leuchten sollen, Germanien betrachtete und verspottete, ist bekannt!

In allen Reichen, wo Germanen hinkamen, sahe es zwar nicht besser aus, als noch vor der Revolution im Vaterlande bey der publicistischen Libertas germanica, aber die Monarchen anderer Staaten wußten als Erbkönige nach und nach ihre Vasallen zu zügeln, und dem Staate und Gesammtwohl unterzuordnen. — Deutschland aber blieb vielherrischer als Italien, weil es ein Wahlreich blieb! Das deutsche Reich als Gesammtstaat existirte nur in den Köpfen der Publicisten auf Universitäten, wenig bekannt mit „cursibus mundi“ und bey den Beysitzern des Reichsgerichts, und deren Advocaten und

Prokuratoren, die sich nicht überzeugen konnten, daß sie sich mit Etwas beschäftigten, das längst nicht mehr vorhanden war — die alte ehrwürdige Reichsverfassung! Dem politischen Erdbeben unserer Zeit verdankt Deutschland seine gegenwärtige bessere Gestalt, und was noch nicht ist, kann werden. Die Revolution, so viele Opfer sie auch kostete, und so traurig sie auch in mancherley Beziehungen gewesen ist, brachte dem mitten in Europa unter den Ueberresten der Feudalzeiten seufzenden Deutschland die Morgenröthe eines neuen Lebens. Der Jammer des Feudalismus war recht eigentlich aus Frankreich ausgegangen, folglich billig, daß Frankreich ihn auch wieder zernichtete!

Lehens-Anarchie im Staate, öffentliche Unsicherheit und daher Selbstschutz, ewige Fehden, Rohheit der Sitten und der Vergnügungen, Aberglauben und Sclaverey des Geistes unter dem Druck der Pfaffen, Elend des Volks unter dem Druck des Adels, das waren die Gebrechen des Mittelalters. Die Sünden und Laster dieses Zeitalters mögen sich ausgleichen mit den bloß leiser und feiner auftretenden Sünden und Lastern der jetzigen Menschheit, blieben also noch für die neuere Welt. Stehende Armee und Last der Abgaben. Man wähle! Adel und Geistlichkeit, welcher das Volk die Weiber und Mägde aufziehen und ernähren mußte, wie dem Junker Wild und Jagdhunde, werden das Mittelalter wählen, und die Damen an dieser partie de plaisir Theil nehmen, aber das Volk wählt sicher die neuere Zeit, trotz aller Abgaben und Soldaten, das Volk oder der 3te Stand, der zu den rechten Adels- und Pfaffenzeiten gar nicht einmal genannt wurde! Qu'est ce que le tiers Etat? Sieyes antwortete: „C'est tout!“ Ob wir wohl wieder Rescripte erleben, wie das herzogl. Weimarische v. J. 1736 gewesen ist, als man wegen eines neuerrichteten Cavallerie-Regiments Unzufriedenheit äußerte? Ein Cabinetsbefehl verbot „alles Raisonniren bey halbjähriger Zuchthausstrafe, maaßen das Regiment von Uns, nicht von den Bauren dependiret, und wir keine Raisonneurs zu Unterthanen haben wollen.“ Les Raisons ne sont pas la Raison!

Die Ritter oder der Adel machten die stehende Armee des Mittelalters, und in der stehenden Armee unserer Zeit findet man noch am ersten, was einst das Ritterthum Schönes und Gutes hatte. Pulver und Bley regieren die Welt, daher ist der Soldatenstand der geehrteste Stand und mit Recht, darum aber nicht der Erste, das ist der Stand des Landbauers. Im Weltspiel wie im Schachspiel stehen noch heute die Herren hinter den Bauren, immer hält man sich zuerst an die Bauren. Der Soldatenstand ist der geehrteste Stand, die erste Hülfsquelle des Adels, und adelt. Der Soldat ist dem Paradiese am nächsten, im Leben und Sterben, und das Bett der Ehre das größte und breiteste Bett der Erde, wo Tausende ruhig neben einander schlafen. Wenn der

Soldat seinen Dienst verrichtet hat, so kann er noch am ehesten seinem natürlichen Character folgen, so frey, gerade und kühn, als die Natur es wollte, und hat er das Glück, auf den rechten Fleck getroffen zu werden, so geht er unter dem hohen blauen Zelte des Himmels so frey kurz und gut aus der Welt, als er in ihr gelebt hat, ohne Arzt, Notar und Priester!

Was Horatius mit römischer Kürze sagt:

Militia est potior. Quid enim? concurritur, horae momento cita mors venit, aut victoria laeta.

reimet ein altdeutsches Kriegslied folgendermaßen:

Kein seel'ger Tod ist in der Welt,
als wer vom Feind erschlagen
auf grüner Heid', im freyen Feld,
darf nicht hören Wehklagen
im engen Bett, da ein'r allein
muß an des Todes Reihen –
hier findet er Gesellschaft fein,
fall'n mit, wie Kraut im May'n
unter Trommeln Klang
und Pfeiffen G'sang!

Die Dichter machen Sterben zur Lust, Paddy aber, den man damit tröstete: „Müßen wir denn nicht alle sterben?“ erwiederte: „Das ists! stürbe man öfters, wollte ich mir das Erstemal nichts daraus machen!“

Schon Vater Homer hat über den Soldatenstand einen solchen Nimbus verbreitet, daß der Krieg bis auf unsere Zeiten für das eigentliche Metier des Großen gegolten hat, und

Alexander fast mit einem jeden seinen Ruhm theilen mußte. Der Krieg war des Adels Muse (σχολή), und zugleich sein Muß (ανάγκη), wie bey Cyrus Persern — die Reuter geflügelte Männer, daher sie auch bey den Römern Celeres hießen. Alle Achtung vor dem Wehrstande und den Vertheidigern des Vaterlandes, die durch Ordnungs-Geist, Strenge gegen sich selbst, möglichste Verminderung des Jammers in Ausübung ihres Berufes, und durch Character, Geradheit, Offenheit und Einfachheit demjenigen, den ein verweichlichtes überfeines Zeitalter aneckelt, so willkommen sind, als ihr herzlicher Brudersinn, der mit der kalten Höflichkeit der feinern Welt so angenehm absticht, wie ihre Kraftsprache mit der Fadheit des bon ton. Mögen sie auch gegenwärtig sich wie Mädchen die Brust ausstopfen — immer besser, als wenn sich die Gemeinen noch — den Hintern ausstopfen müßten!

Ich denke einmal zunächst an Ritter, wenn ich mit Soldaten umgehe, unter denen ich manche Freunde zähle (leider! meist verewigte!), denn ich bin in meinem Leben viel und gerne mit ihnen umgegangen, zumal seit sie angefangen haben, auch andere Leute etwas gelten zu lassen, was sicher daher rühret, daß nicht mehr der Adel allein zum Soldaten stempelt, und die affectirten Zierbengel und Carricatur-Chevaliers voll Unnatur, die gerade am widrigsten in der Soldaten-Welt erscheinen, findet man kaum noch im kleinen Dienst, selten in großen Armeen, wohl aber die originellsten Charactere, Männer von den sonderbarsten Schicksalen, gediegensten Erfahrungen und Tugenden der alten Welt! Ich liebe zunächst die soldatische Geradheit und das Kurz und Gut. Während andere nicht wissen, woher Schmeichel-Nahmen genug nehmen, nennt der Soldat seinen Friedrich Fritz, und seinen Blücher Vorwärts, ja selbst der Franzose seinen Napoleon „notre petit Caporal!" Auf gleichem Fuße standen Cäsar und Antonius. Jener Soldat, der im Gefechte seine Hände verloren hatte, und dem der Hauptmann einen Thaler bot, sagte: „Glauben Ew. Gnaden, daß ich ein paar Handschuhe verloren habe?" und jener Matrose noch naiver oder gröber (wenn man will), den sein ziemlich selbst benebelter Capitain auf dem Wege liegend antraf, und ihm zurief: „Schwein! warum liegst du besoffen mitten im Wege?" erwiederte: „Ich habe keine Kutsche." Die Rede jenes Commandeurs bey der Fahnenweihe: „Es ist Gewohnheit, Meine Herren! bey dieser Feyerlichkeit eine Rede zu halten, und ich will hiemit auch eine gehalten haben — Meister Sattler schlag er die Nägel ein!" oder jenes Generals: „Vorwärts, Freunde! der König zahlt uns das ganze Jahr für Einen Tag, wie heute!" und darauf los — das sind mir Reden!

Mit der stehenden Armee entstand allerdings unsere ganze Finanznoth, und ihr wird mit allen Tabellen, mit allen ständischen Nachrechnungen und mit allen Ersparnissen im Kleinen nicht eher abgeholfen werden, als bis eine allgemeine Verminderung der Heere beliebt wird, was gar wohl einen eigenen Congreß und ein Te Deum verdiente, wo auch das Volk mit einfallen würde aus vollen Kehlen und Herzen, denn alle bisherige Te Deums waren mehr de Profundis, und ein Te Diabolum für die Völker. Eine gute Mauer um einen Garten ist wohl gut, aber die Mauer ist doch nur um des Gartens willen, und der Garten selbst und die Gärtner wichtiger als die Mauer? Cracau ist gegenwärtig der einzige Staat, der mehr einnimmt, als ausgibt, und keine Schulden hat, und wenn es nicht mehrere solcher Staaten gibt, so ist nichts daran Schuld, als das stehende Heer. In der Kammer der franz. Abgeordneten machte 1822 General Brun de Villard dem Kriegsministerium den Vorwurf, daß man so viele Staabsofficiere habe, wie man kaum für eine Armee von 800,000 Mann bedürfe — einem Prinzen in der Wiege seyen zwölf Generale oder doch Staabs-Offiziere als Adjutanten beygegeben!! — Xerxes weinte, als er sein zahlloses Heer in den Ebenen von Abydos überblickte, weil nach 100 Jahren auch nicht Einer mehr davon übrig seyn würde, Artaban machte ihn aber aufmerksam, daß es Umstände gäbe, die des Mitleids noch weit würdiger wären, worunter Artaban vermuthlich auch große Heere verstand, die das Volk durch Abgaben erdrücken, und selbst die Staats-Schulden mit veranlaßt haben, wie unnöthige Staabsofficiere zu Begünstigung der Adels-

Kaste. — Aber es blieb Alles beym Alten. Nur eine Reduction der bewaffneten Macht durch ganz Europa kann aus der Noth helfen!

In früheren Zeiten war nur im Kriege Geld-Noth, um die Söldner zu zahlen, und der Friede heilte die Wunden; das stehende Heer aber wurde zur neuen Kriegerkaste, wie zur Zeit des Ritterthums, geschieden vom Volk und hochherabsehend auf seine Ernährer, die daher auch die Regierung selbst als einen Feind ansahen und allen Gemeingeist verloren. Da brach die große Revolution aus, die bewaffnete Nation der Franzosen schlug die Söldner, die ohne moralische Kraft waren, ungeübte Nationalgarden schlugen die geübtesten Soldaten, wie die Niederländer früher die Spanier, die besten Truppen ihrer Zeit, im Freyheitskampfe; — nun standen bald nicht mehr Heere allein, sondern Nationen einander gegenüber, eine förmliche Soldaten-Herrschaft bedrohete die Cultur Europens! Da leuchtete das Jahr 1813 herauf am trüben Horizonte, und der Tag der großen Völkerschlacht, der Deutschland wieder frey machte. Wenn, auch die October-Feuer nicht mehr lodern auf deutschen Höhen, so sollte man wenigstens in den Kirchen auf die Zerstörung Jerusalems, die wir nun lange genug haben verlesen hören, die 3tägige Völkerschlacht von Leipzig folgen lassen, damit nicht, wie Scipio auf Catos ewiges delenda Carthago bemerkte, metu ablato luxuriari felicitas inciperet!

Unvergeßlich sollte jedem Deutschen die Begeisterung jenes Jahres bleiben, wo Wir zum Erstenmale wieder, seit den Kreuzzügen, Eine Nation zu seyn schienen, ergriffen von der Idee des Vaterlandes, seiner Erniedrigung, und unserer langen Mißhandlung, unvergeßlich die Freude, mit der man im deutschen Sina wieder die unbedeutendste freye Broschüre las nach aufgehobener Maul- und Gedankensperre des scheußlichen Despoten, der da sagte: „un peu de Latin et de Mathematique ça suffit, — unvergeßlich jedem das große Hauptquartier der Verbündeten zu Frankfurt, wo es nur noch eines kleinen Umstandes bedurfte, daß selbst ich, troz meiner Jahre, den Degen mit der Feder vertauscht hätte, es kam aber nur bis zum Schnurrbärtchen. Man sprach damals von einem deutschen Nationalkleide, wozu das Schnurrbärtchen kommen sollte, es blieb aber auch hier beym Alten!

Mehr Ritterliches, als die aufgeblasenen Helden jenseits des Rheins, die nicht besiegt seyn wollten, sondern nur die Waffen hatten ruhen lassen, und selbst auf die grünen Feldzeichen der Oesterreicher eifersüchtig waren, mehr Ritterliches, als sie zu schätzen wußten, zeigten die verbündeten Monarchen — die Pairs von Europa, und viele deutsche Fürstensöhne und Anführer, an deren Spitze der Württemberger seinen Wilhelm mit Stolz nennet. Ihr ganzes Benehmen und Ihre Persönlichkeit erweckten unwillkührlich das Andenken an die Ritterzeit. Ritterlich zogen sie aus mit den Ihrigen gegen das Böse und die Uebergewalt, im offenen Kampfe warfen sie den Gegner nieder, so unedel er auch war, und gaben ihm dann großmüthig Helm und Schwert wieder!

Welcher Contrast mit dem Corsen, dem Manne vom großen Geiste und kleinlichter Seele, den das Glück vom armen Lieutenant auf den schönsten Kaiserthron erhoben, und die Hand geboten hatte, größer als Alexander, Cäsar und Friedrich, als der größte Mann in der Geschichte da zu stehen, wenn er seinen Ehrgeiz darauf hätte beschränken können, das weite herrliche Reich zwischen Pyrenäen und Alpen, Ocean und Rhein, mit einer Nation, deren König Friedrich zu seyn wünschte, wenn er schön träumen wollte — glücklich zu machen, und zum Musterstaate des neuern Europa. Alea jacta est — Cäsar sagte zwar auch im Seesturme dem Steuermann: „Nur zu! du fährst Cäsar und sein Glück!" ließ aber doch zu rechter Zeit — umkehren. — Der Corse aber stürmte fort mit dem Eigensinne eines Carl XII., und Waterloo wurde sein — Pultawa! Viele edle Gemüther trauten ihm lange das Höchste und Edelste zu; viele gute Menschen, die nicht verlangten, daß er wie Monk handle zu Gunsten der Bourbons, oder gar im Geiste des Römers Otto, der nach dem Siege seines Gegners Vitellius, troz der Anhänglichkeit seines Heeres, sich selbst entleibte, um Rom einen Bürgerkrieg zu ersparen — desto schmerzlicher war die Täuschung! Gar viele sahen in seinem Ehrgeiz und seiner Kriegslust hohe

Plane, die sich schon noch entwickeln würden zum Seegen der Menschheit, und glaubten ihm selbst da noch, wo er bereits sich selbst nicht mehr verstanden zu haben scheint, geblendet von seinem Glücke, und von seinem eigenen Stern! Der Mann von Genie, der sich von den untersten Stufen der Gesellschaft so hoch geschwungen, und hundert Schwierigkeiten weniger zu besiegen hatte, als die Porphyrogeniti, wurde der schrecklichste Despote und wildeste Eroberer, herzlos, selten oder nie Regent, immer Soldat, und zulezt ein wahrer Jupiter Casperle! Er scheint keinen Cineas gefunden, der ihm die Wahrheit sagte, oder so wenig gefolgt zu haben, als Pyrrhus. Anhaltendes Glück und Macht verdarben ihn, wie einen gewöhnlichen rohen Glückspilz, und geborne Monarchen mußten der Welt wieder Freyheit erobern und Frieden!

Mars war den sinnigen Griechen der personificirte Krieg, der sich blos im Schlachtgetümmel gefällt, in Blutströmen wadet, im Glanze brennender Hütten, und auf Leichenhaufen ruhet unter Geheul, Geschrey und Kriegsmusik, wie in Rubens Meistergemälde, vor dem der Mars der Franzosen oft vorübergegangen seyn muß ohne allen Nutzen, wie hätte er sonst, zumal als Regent „die grandes consommations" so lieben können, l'autorité du quartier général, et l'emotion du champ de bataille? Minerva oder Pallas Athène aber war das Bild des mit Weisheit und Mäßigung geführten Nothkrieges, mit dem Oelzweige des Friedens in der Hand, des einzigen gerechten, und daher heiligen Krieges. — Minerva strecket Mars zu Boden, wie die Verbündeten Mars Napoleon zu Boden warfen, der alle Greuel mit dem Laconismus zu beseitigen glaubte: C'est la Guerre! und spöttisch den edlern Moreau nur le Général de Retraite nannte! Der freymüthige Kleber, der, wie Desaix, sein bitterster Ankläger geworden wäre, wenn sie nicht beyde geblieben wären, nannte ihn nur Général a dix mille par semaine. Suetonius würde vielleicht von dieser Geißel Gottes des 19. Jahrhunderts sagen, was er von Tiberius sagte: „Lutum sanguine mixtum, wir aber lebten dem glänzenden schrecklichen Meteor, nun ohne Aufsehen verloschen auf dem kleinen Basalt-Felsen im Aethiopischen Meere, viel zu nahe, um es schon jetzo ganz zu würdigen. Sein unmittelbarer Einfluß war für die Mitwelt verderblich und zerrüttend, gränzenlos sein Ehrgeiz, seine Verachtung der Menschheit, und sein Vertrauen auf sein Genie und sein Heer, wahrhaft eckelhaft der Uebermuth, mit dem er alle Nationalität der Völker und alle Heiligkeit der Verträge in Staub trat, daher ward auch sein Temple de la Gloire noch vor seiner Vollendung Ruine. Der Nachwelt erscheint dieses Meteor aber wahrscheinlich im mildern, vielleicht blendenden Lichte! in der Glorie der Ritterschaft!

Paulus Aemilius besiegte den lezten König Macedoniens Perseus, und hielt einen dreytägigen Triumph. Gegen 3000 Wagen mit Waffen und andern Geräthen zogen durch die Straßen, neben

und der bürgerlichste Gedanke, der die Scheidewand zwischen Civil und Militär nationell aufhebet. Wehrhaftigkeit ist die Weyhe der Freyheit, und wer frey seyn will, muß einmal leider! wehrhaft seyn. Wir lernen schon in der Cyropädie, daß man Gott um keinen Sieg zu Pferde anflehen müße, wenn man nicht reiten gelernt habe, und Maréchal de la Ferte pflegte zu sagen: La Dieu des Armées est pour les gros bataillons! Man soll Gott nie versuchen, sich an Ihn wenden, und Ihm vertrauen, aber dann auch wieder, als ob man von Ihm nichts hoffte, an die gros bataillons!

Die Römer nannten die Armee nicht umsonst Exercitus — Uebung; diese fehlte uns in dem denkwürdigsten aller Kriege, wenn es gleich nicht an Handgriffen und Bewegungen auf dem Paradeplatze fehlte, deren das alte preußische Reglement über Hundert aufzählet, und so holten unsere nur in der Diät geübte Soldaten, da Gott neutral blieb, nichts als Schläge, und Cypressen statt Lorbeeren. Die Coalition war, wie Rivarol sagte, stets „um Ein Jahr zurück, um Eine Armee und um Eine Idee." — Mancher Anführer führte — an, nur geübt im kleinen Kriege, der vor der Zeit alt machet, bis endlich die Monarchen selbst zur Armee gingen, und die moralische Kraft des Volks sich entwickelte, niedergehalten vom alten Adels- und Stocksystem, das nur schnellfeurende Schießmaschinen kannte. — Deutsche sind die

21 *

300 Stangen, an denen vollständige Rüstungen hingen, am 2ten Tage kamen die Wagen mit Gold und Silber, mit Büchern, Gemälden und Statuen aus den Tempeln, am 3ten Tage erschienen 120 Rinder, kostbare Gefäße, 2000 Elephanten-Zähne, jeder 3 Ellen lang, kostbare Wagen und Pferde, und endlich der unglückliche Perseus mit seinen Kindern und 250 Officieren. Sodann folgten noch 400 Kronen, und der Triumphator selbst auf einem Wagen von Elfenbein. Vor diesem Zuge hatte man Perseus mit seinen Kindern in ein stinkendes Loch geworfen, bestimmt für Missethäter, und erst da Aemilius Lepidus den Senat an die Nemesis erinnerte, wurden die Unglücklichen in ein leidentlicheres Gefängniß gebracht, wo Perseus noch 2 Jahre lebte. So Diodor. — Wie ganz anders handelten die Alliirten zu Paris? wie ganz anders lebte und starb Attila — Napoleon? und welch ein Zwergsünder war Perseus gegen den Riesen Lucifer Napoleon?

Es war eine schreckliche und lange Periode, die wir durchleben mußten, aber aus dieser schrecklichen Zeit ging das System der successiven Wehrhaftmachung aller jungen Männer hervor, das ein großer und kühner Gedanke der Revolution, und auch von meinem Vaterlande adoptiret ist. Die Conscription in ihrer vollen Bedeutung macht auf die einzige gegenwärtig mögliche Weise das stehende Heer entbehrlich, oder am wenigsten drückend und kostbar, begründet die Selbstständigkeit der Völker, und ist eine der konstitutionellsten Ideen, die ich kenne, und der bürgerlichste Gedanke, der die Scheidewand zwischen Civil und Militär nationell aufhebet. Wehrhaftigkeit ist die Weyhe der Freyheit, und wer frey seyn will, muß einmal leider! wehrhaft seyn. Wir lernen schon in der Cyropädie, daß man Gott um keinen Sieg zu Pferde anflehen müße, wenn man nicht reiten gelernt habe, und Marechal de la Ferte pflegte zu sagen: Le Dieu des Armées est pour les gros bataillons! Man soll Gott nie versuchen, sich an Ihn wenden, und Ihm vertrauen, aber dann auch wieder, als ob man von Ihm nichts hoffte, an die gros bataillons!

Die Römer nannten die Armee nicht umsonst Exercitus — Uebung; diese fehlte uns in dem denkwürdigsten aller Kriege, wenn es gleich nicht an Handgriffen und Bewegungen auf dem Paradeplatze fehlte, deren das alte preußische Reglement über Hundert aufzählet, und so holten unsere nur in der Diät geübte Soldaten, da Gott neutral blieb, nichts als Schläge, und Cypressen statt Lorbeeren. Die Coalition war, wie Rivarol sagte, stets „um Ein Jahr zurück, um Eine Armee und um Eine Idee.“ — Mancher Anführer führte — an, nur geübt im kleinen Kriege, der vor der Zeit alt machet, bis endlich die Monarchen selbst zur Armee gingen, und die moralische Kraft des Volks sich entwickelte, niedergehalten vom alten Adels- und Stocksystem, das nur schnellfeurende Schießmaschinen kannte. — Deutsche sind die besten Soldaten caet. paribus, und Krieg leider! der Bildner und Erzieher Deutschlands von jeher gewesen, und unser Vaterland der Tummelplatz der Armeen! Eine gute athlographische oder Schlachtenkarte von Deutschland gliche dem furchtbarsten Gottesacker — Schwertkreuz an Schwertkreuz!

Unser Sonntagskleid sollte daher das Soldatenkleid seyn, wie in der Schweiz, und noch niemand hat, meines Wissens, die Schweizer darum der Irreligiosität bezüchtiget, ob sie gleich so orthodoxe Dominés haben, als wir — in Holland sehen. Nirgendswo ist die Sonntagsfeyer heiliger und strenger beobachtet, als in England, und dennoch gehen die meisten See-Expeditionen der Britten Sonntags los, und daher ist der Marine die Sonnabendsnacht so wichtig, und Saturday Night! ein ständiger Toast, den selbst der finstere Cook nicht vergaß! Ist nicht der Sabbat um des Menschen willen, nicht umgekehrt, und der Menschensohn Herr des Sabbats? Wäre es irreligiös, wenn der Sonntags-Vormittag der Gottheit, der Nachmittag aber dem Untergott Mars geheiligt würde durch Waffenübungen in jeder Ober-Amtsstadt? Mars, der eine so große Rolle in unserer Zeit spielte, ist, so viel ich weiß, der heiligen Allianz noch nicht beygetreten, und wir müßen wieder Germanen werden, d. h. Wehrmänner, unsere Gränzen geschützt seyn, wie zu Tacitus Zeit, mutuo metu, nicht durch Flüsse, Berge oder Festungen, die erst zu erbauen sind. Wir müßen im Worte Germanicus einen Ehrentitel finden, wie einst Roms Cäsaren!

Zwanzig Jahr und drüber hat gewährt das Kriegen,
währt der Friede 20 Jahr, laß ich mir genügen —
und darum:
Wachet und Exerciret!

Die Welt bleibt sich immer gleich, der Feudal-Adel sank, wie der Adel Roms, und so auch der Armee-Adel Friedrichs vor constitutionellen Ideen. Dem Genius der Zeit muß Alles weichen. Die Ritterschaft starb nicht, wie viele wähnten, unter der Geißel des Cervantes, sondern an ihren eigenen Schwächen, und am Alter, wie alle Anstalten der Menschen. So war es nicht Jesus, der die Orakel der Alten verstummen machte, wie die Herren Theologen lehrten, sondern Chronos, und sie verstummten, wie die Orakel Roms und unsere Universitäten! Das Plus Ultra gelang selbst einem Carl V. nicht, so wenig als Napoleon, diesem Non-plus ultra κατ' ἐξοχήν! Im schönen Süden des Vaterlandes tritt öffentliches Leben an die Stelle finsterer Willkühr, Selbstgefühl und Gemeingeist fangen an, die Brust des gemüthlichen Franken, Schwaben, Bayern und Rheinländers zu erwärmen: wird eine Handvoll Ultra — das Rad der Zeit hemmen, und den geistigen Aufschwung des 19ten Jahrhunderts? Sie möchten das Licht wieder unter den Scheffel setzen, und unter ihr Bett; aber es ist da, um auf dem Leuchter zu leuchten, und lange genug haben wir geopfert dem Moloch Herkoman! Dem Genius der Zeit muß alles weichen. Milo von Crotona wollte noch im Alter seine Stärke versuchen, und eine Eiche von einander reissen, die Hände blieben aber eingeklemmt, und er ward von wilden Thieren gefressen! Gott bewahre uns nur vor dem politischen Pöbel, der in jedem höhern Geschäftsmanne einen Aristokraten erblickt, und auch vor Volksrepräsentanten, die nicht wissen, daß die Kunst schwer, Tadel leicht ist, die Praxis aber tausend Schwierigkeiten hat, und daß man nicht auf die Spitze des Staates klettert so leicht wie auf einen Kirschenbaum, und der würdige Staatsdiener seine Besoldung ehrlich verdienet! — Dem Genius der Zeit muß Alles weichen, und alle Gegenstrebungen gleichen den verrosteten Donnerkeilen des Vaticans, und dem kraftlosen Lanzenwurfe des alten Priamos mitten unter Trojas krachenden Trümmern. Horaz ruft den Starken zu:

— — — Quocirca vivite fortes
fortiaque adversis opposite pectora rebus!

## XVII.

## Die Templer, ihre Entstehung und Verfassung.

Sonderbar ist der Streit der Gelehrten über das Alter der drey berühmtesten Ritterorden, es gibt aber wichtigere Dinge auszumachen. Gemeiniglich gilt der Johanniterorden für den ältesten, dann kommen die Templer, und zuletzt die Marianer oder Deutsch-Ordens-Ritter. Andere wollen wieder die Templer, und andere wieder die deutschen Ritter zu den ältesten machen. Sie alle verwechseln die anfängliche Bestimmung dieser Orden mit den Zeiten der päpstlichen Bestätigungsbullen, die ihren schon veränderten Zweck aussprechen. Krankenpflege war der ursprüngliche Zweck der Johanniter und der Brüder des deutschen Hauses; sie waren fromme Hospitäler, und in so ferne beyde älter als die Templer, die sich gleich anfangs zu einem Kriegerorden (1118) bildeten, ohne alle Krankenpflege. Die Johanniter verwandelten sich erst in einen Ritterorden 1128, und

Unvergeßlich sollte jedem Deutschen die Begeisterung jenes Jahres bleiben, wo Wir zum Erstenmale wieder, seit den Kreuzzügen, Eine Nation zu seyn schienen, ergriffen von der Idee des Vaterlandes, seiner Erniedrigung, und unserer langen Mißhandlung, unvergeßlich die Freude, mit der man im deutschen Sina wieder die unbedeutendste freye Broschüre las nach aufgehobener Maul- und Gedankensperre des scheußlichen Despoten, der da sagte: „un peu de Latin et de Mathematique ça suffit, — unvergeßlich jedem das große Hauptquartier der Verbündeten zu Frankfurt, wo es nur noch eines kleinen Umstandes bedurfte, daß selbst ich, troz meiner Jahre, den Degen mit der Feder vertauscht hätte, es kam aber nur bis zum Schnurrbärtchen. Man sprach damals von einem deutschen Nationalkleide, wozu das Schnurrbärtchen kommen sollte, es blieb aber auch hier beym Alten!

Mehr Ritterliches, als die aufgeblasenen Helden jenseits des Rheins, die nicht besiegt seyn wollten, sondern nur die Waffen hatten ruhen lassen, und selbst auf die grünen Feldzeichen der Oesterreicher eifersüchtig waren, mehr Ritterliches, als sie zu schätzen wußten, zeigten die verbündeten Monarchen — die Pairs von Europa, und viele deutsche Fürstensöhne und Anführer, an deren Spitze der Württemberger seinen Wilhelm mit Stolz nennet. Ihr ganzes Benehmen und Ihre Persönlichkeit erweckten unwillkührlich das Andenken an die Ritterzeit. Ritterlich zogen sie aus mit den Ihrigen gegen das Böse und die Uebergewalt; im offenen Kampfe warfen sie den Gegner nieder, so unedel er auch war, und gaben ihm dann großmüthig Helm und Schwert wieder!

Welcher Contrast mit dem Corsen, dem Manne vom großen Geiste und kleinlichter Seele, den das Glück vom armen Lieutenant auf den schönsten Kaiserthron erhoben, und die Hand geboten hatte, größer als Alexander, Cäsar und Friedrich, als der größte Mann in der Geschichte da zu stehen, wenn er seinen Ehrgeiz darauf hätte beschränken können, das weite herrliche Reich zwischen Pyrenäen und Alpen, Ocean und Rhein, mit einer Nation, deren König Friedrich zu seyn wünschte, wenn er schön träumen wollte — glücklich zu machen, und zum Musterstaate des neuern Europa. Alea jacta est — Cäsar sagte zwar auch im Seesturme dem Steuermann: „Nur zu! du fährst Cäsar und sein Glück!" ließ aber doch zu rechter Zeit — umkehren. — Der Corse aber stürmte fort mit dem Eigensinne eines Carl XII., und Waterloo wurde sein — Pultawa! Viele edle Gemüther trauten ihm lange das Höchste und Edelste zu; viele gute Menschen, die nicht verlangten, daß er wie Monk handle zu Gunsten der Bourbons, oder gar im Geiste des Römers Otto, der nach dem Siege seines Gegners Vitellius, troz der Anhänglichkeit seines Heeres, sich selbst entleibte, um Rom einen Bürgerkrieg zu ersparen — desto schmerzlicher war die Täuschung! Gar viele sahen in seinem Ehrgeiz und seiner Kriegslust hohe

Plane, die sich schon noch entwickeln würden zum Seegen der Menschheit, und glaubten ihm selbst da noch, wo er bereits sich selbst nicht mehr verstanden zu haben scheint, geblendet von seinem Glücke, und von seinem eigenen Stern! Der Mann von Genie, der sich von den untersten Stufen der Gesellschaft so hoch geschwungen, und hundert Schwierigkeiten weniger zu besiegen hatte, als die Porphyrogeniti, wurde der schrecklichste Despote und wildeste Eroberer, herzlos, selten oder nie Regent, immer Soldat, und zulezt ein wahrer Jupiter Casperle! Er scheint keinen Cineas gefunden, der ihm die Wahrheit sagte, oder so wenig gefolgt zu haben, als Pyrrhus. Anhaltendes Glück und Macht verdarben ihn, wie einen gewöhnlichen rohen Glückspilz, und geborne Monarchen mußten der Welt wieder Freyheit erobern und Frieden!

Mars war den sinnigen Griechen der personificirte Krieg, der sich blos im Schlachtgetümmel gefällt, in Blutströmen wadet, im Glanze brennender Hütten, und auf Leichenhaufen ruhet unter Geheul, Geschrey und Kriegsmusik, wie in Rubens Meistergemälde, vor dem der Mars der Franzosen oft vorübergegangen seyn muß ohne allen Nutzen, wie hätte er sonst, zumal als Regent „die grandes consommations" so lieben können, l'autorité du quartier général, et l'emotion du champ de bataille? Minerva oder Pallas Athène aber war das Bild des mit Weisheit und Mäßigung geführten Nothkrieges, mit dem Oelzweige des Friedens in der Hand, des einzigen gerechten, und daher heiligen Krieges. — Minerva strecket Mars zu Boden, wie die Verbündeten Mars Napoleon zu Boden warfen, der alle Greuel mit dem Laconismus zu beseitigen glaubte: C'est la Guerre! und spöttisch den edlern Moreau nur le Général de Retraite nannte! Der freymüthige Kleber, der, wie Desaix, sein bitterster Ankläger geworden wäre, wenn sie nicht beyde geblieben wären, nannte ihn nur Général a dix mille par semaine. Suetonius würde vielleicht von dieser Geißel Gottes des 19. Jahrhunderts sagen, was er von Tiberius sagte: „Lutum sanguine mixtum, wir aber lebten dem glänzenden schrecklichen Meteor, nun ohne Aufsehen verloschen auf dem kleinen Basalt-Felsen im Aethiopischen Meere, viel zu nahe, um es schon jetzo ganz zu würdigen. Sein unmittelbarer Einfluß war für die Mitwelt verderblich und zerrüttend, gränzenlos sein Ehrgeiz, seine Verachtung der Menschheit, und sein Vertrauen auf sein Genie und sein Heer, wahrhaft eckelhaft der Uebermuth, mit dem er alle Nationalität der Völker und alle Heiligkeit der Verträge in Staub trat, daher ward auch sein Temple de la Gloire noch vor seiner Vollendung Ruine. Der Nachwelt erscheint dieses Meteor aber wahrscheinlich im mildern, vielleicht blendenden Lichte! in der Glorie der Ritterschaft!

Paulus Aemilius besiegte den lezten König Macedoniens Perseus, und hielt einen dreytägigen Triumph. Gegen 3000 Wagen mit Waffen und andern Geräthen zogen durch die Straßen, neben

300 Stangen, an denen vollständige Rüstungen hingen, am 2ten Tage kamen die Wagen mit Gold und Silber, mit Büchern, Gemälden und Statuen aus den Tempeln, am 3ten Tage erschienen 120 Rinder, kostbare Gefäße, 2000 Elephanten-Zähne, jeder 3 Ellen lang, kostbare Wagen und Pferde, und endlich der unglückliche Perseus mit seinen Kindern und 250 Officieren. Sodann folgten noch 400 Kronen, und der Triumphator selbst auf einem Wagen von Elfenbein. Vor diesem Zuge hatte man Perseus mit seinen Kindern in ein stinkendes Loch geworfen, bestimmt für Missethäter, und erst da Aemilius Lepidus den Senat an die Nemesis erinnerte, wurden die Unglücklichen in ein leidentlicheres Gefängniß gebracht, wo Perseus noch 2 Jahre lebte. So Diodor. — Wie ganz anders handelten die Alliirten zu Paris? wie ganz anders lebte und starb Attila — Napoleon? und welch ein Zwergsünder war Perseus gegen den Riesen Lucifer Napoleon?

Es war eine schreckliche und lange Periode, die wir durchleben mußten, aber aus dieser schrecklichen Zeit ging das System der successiven Wehrhaftmachung aller jungen Männer hervor, das ein großer und kühner Gedanke der Revolution, und auch von meinem Vaterlande adoptiret ist. Die Conscription in ihrer vollen Bedeutung macht auf die einzige gegenwärtig mögliche Weise das stehende Heer entbehrlich, oder am wenigsten drückend und kostbar, begründet die Selbstständigkeit der Völker, und ist eine der konstitutionellsten Ideen, die ich kenne, und der bürgerlichste Gedanke, der die Scheidewand zwischen Civil und Militär nationell aufhebet. Wehrhaftigkeit ist die Weyhe der Freyheit, und wer frey seyn will, muß einmal leider! wehrhaft seyn. Wir lernen schon in der Cyropädie, daß man Gott um keinen Sieg zu Pferde anflehen müße, wenn man nicht reiten gelernt habe, und Maréchal de la Ferte pflegte zu sagen: Le Dieu des Armées est pour les gros bataillons! Man soll Gott nie versuchen, sich an Ihn wenden, und Ihm vertrauen, aber dann auch wieder, als ob man von Ihm nichts hoffte, an die gros bataillons!

Die Römer nannten die Armee nicht umsonst Exercitus — Uebung; diese fehlte uns in dem denkwürdigsten aller Kriege, wenn es gleich nicht an Handgriffen und Bewegungen auf dem Paradeplatze fehlte, deren das alte preußische Reglement über Hundert aufzählet, und so holten unsere nur in der Diät geübte Soldaten, da Gott neutral blieb, nichts als Schläge, und Cypressen statt Lorbeeren. Die Coalition war, wie Rivarol sagte, stets „um Ein Jahr zurück, um Eine Armee und um Eine Idee.“ — Mancher Anführer führte — an, nur geübt im kleinen Kriege, der vor der Zeit alt machet, bis endlich die Monarchen selbst zur Armee gingen, und die moralische Kraft des Volks sich entwickelte, niedergehalten vom alten Adels= und Stocksystem, das nur schnellfeurende Schießmaschinen kannte. — Deutsche sind die

21 *

besten Soldaten caet. paribus, und Krieg leider! der Bildner und Erzieher Deutschlands von jeher gewesen, und unser Vaterland der Tummelplatz der Armeen! Eine gute athlographische oder Schlachtenkarte von Deutschland gliche dem furchtbarsten Gottesacker — Schwertkreuz an Schwertkreuz!

Unser Sonntagskleid sollte daher das Soldatenkleid seyn, wie in der Schweiz, und noch niemand hat, meines Wissens, die Schweizer darum der Irreligiosität bezüchtiget, ob sie gleich so orthodoxe Dominés haben, als wir — in Holland sehen. Nirgendswo ist die Sonntagsfeyer heiliger und strenger beobachtet, als in England, und dennoch gehen die meisten See-Expeditionen der Britten Sonntags los, und daher ist der Marine die Sonnabendsnacht so wichtig, und Saturday Night! ein ständiger Toast, den selbst der finstere Cook nicht vergaß! Ist nicht der Sabbat um des Menschen willen, nicht umgekehrt, und der Menschensohn Herr des Sabbats? Wäre es irreligiös, wenn der Sonntags-Vormittag der Gottheit, der Nachmittag aber dem Untergott Mars geheiligt würde durch Waffenübungen in jeder Ober-Amtsstadt? Mars, der eine so große Rolle in unserer Zeit spielte, ist, so viel ich weiß, der heiligen Allianz noch nicht beygetreten, und wir müßen wieder Germanen werden, d. h. Wehrmänner, unsere Gränzen geschützt seyn, wie zu Tacitus Zeit, mutuo metu, nicht durch Flüsse, Berge oder Festungen, die erst zu erbauen sind. Wir müssen im Worte Germanicus einen Ehrentitel finden, wie einst Roms Cäsaren!

Zwanzig Jahr und drüber hat gewährt das Kriegen,
währt der Friede 20 Jahr, laß ich mir genügen —
und darum:
Wachet und Exerciret!

Die Welt bleibt sich immer gleich, der Feudal-Adel sank, wie der Adel Roms, und so auch der Armee-Adel Friedrichs vor constitutionellen Ideen. Dem Genius der Zeit muß Alles weichen. Die Ritterschaft starb nicht, wie viele wähnten, unter der Geißel des Cervantes, sondern an ihren eigenen Schwächen, und am Alter, wie alle Anstalten der Menschen. So war es nicht Jesus, der die Orakel der Alten verstummen machte, wie die Herren Theologen lehrten, sondern Chronos, und sie verstummten, wie die Orakel Roms und unsere Universitäten! Das Plus Ultra gelang selbst einem Carl V. nicht, so wenig als Napoleon, diesem Non-plus ultra κατ' ἐξοχήν! Im schönen Süden des Vaterlandes tritt öffentliches Leben an die Stelle finsterer Willkühr, Selbstgefühl und Gemeingeist fangen an, die Brust des gemüthlichen Franken, Schwaben, Bayern und Rheinländers zu erwärmen: wird eine Handvoll Ultra — das Rad der Zeit hemmen, und den geistigen Aufschwung des 19ten Jahrhunderts? Sie möchten das Licht wieder unter den Scheffel setzen, und unter ihr Bett; aber es ist da, um auf dem Leuchter zu leuchten, und lange genug haben wir geopfert dem Moloch Herkoman! Dem Genius der Zeit muß alles weichen. Milo von Crotona wollte noch im Alter seine Stärke versuchen, und eine Eiche von einander reissen, die Hände blieben aber eingeklemmt, und er ward von wilden Thieren gefressen! Gott bewahre uns nur vor dem politischen Pöbel, der in jedem höhern Geschäftsmanne einen Aristokraten erblickt, und auch vor Volksrepräsentanten, die nicht wissen, daß die Kunst schwer, Tadel leicht ist, die Praxis aber tausend Schwierigkeiten hat, und daß man nicht auf die Spitze des Staates klettert so leicht wie auf einen Kirschenbaum, und der würdige Staatsdiener seine Besoldung ehrlich verdienet! — Dem Genius der Zeit muß Alles weichen, und alle Gegenstrebungen gleichen den verrosteten Donnerkeilen des Vaticans, und dem kraftlosen Lanzenwurfe des alten Priamos mitten unter Trojas krachenden Trümmern. Horaz ruft den Starken zu:

— — — Quocirca vivite fortes
fortiaque adversis opposite pectora rebus!

# XVII.

## Die Templer, ihre Entstehung und Verfassung.

Sonderbar ist der Streit der Gelehrten über das Alter der drey berühmtesten Ritterorden, es gibt aber wichtigere Dinge auszumachen. Gemeiniglich gilt der Johanniterorden für den ältesten, dann kommen die Templer, und zuletzt die Marianer oder Deutsch-Ordens-Ritter. Andere wollen wieder die Templer, und andere wieder die deutschen Ritter zu den ältesten machen. Sie alle verwechseln die anfängliche Bestimmung dieser Orden mit den Zeiten der päpstlichen Bestätigungsbullen, die ihren schon veränderten Zweck aussprechen. Krankenpflege war der ursprüngliche Zweck der Johanniter und der Brüder des deutschen Hauses; sie waren fromme Hospitäler, und in so ferne beyde älter als die Templer, die sich gleich anfangs zu einem Kriegerorden (1118) bildeten, ohne alle Krankenpflege. Die Johanniter verwandelten sich erst in einen Ritterorden 1128, und die deutschen Brüder gar erst 1190, folglich sind die Templer die ersten geistlichen Ritter!

Die Templer stehen daher mit Recht oben an, ihr Großmeister ging bey feyerlichen Umgängen zu Jerusalem stets dem Johanniter-Meister vor, der Vorrang ist noch heute in Deutschland keine Kleinigkeit — Ehre dem Ehre gebühret — und daher geben auch wir den Tempelherren den Vorrang. Vertot und andere Schriftsteller des Johanniter-Ordens übersahen aus Vorliebe für ihren Orden die so sprechende Stelle bey Cardinal Vitri: „Praedicti Hospitalis fratres ad imitationem fratrum militum Templi, armis materialibus utentes, milites cum servientibus in suo collegio receperunt." Neun edle französische Ritter, Hugo de Payens, Godefroy de S. Omer, Roral, Bisol, Payens de Monte desiderio (Mont Dizier), S. Anian, André und Gundemar (der Nahme des Neunten ist vergessen), die alle mit Gottfried von Bouillon nach dem heiligen Lande gezogen waren, verbanden sich 1118 zum Schutze frommer Pilgrime, die häufig von den herumstreifenden Sarazenen ermordet wurden; sie hatten ihre Wohnung neben dem Tempel Salomons, und daher nannte man sie Tempelherrn, milites Christi, Templarii, und auch in einigen engl. Urkunden Milites Templi Salomonis. Ihr Oberhaupt war Hugo de Payens oder de Paganis, sie lebten nach eigenen Gesetzen, von Almosen, und waren anfangs so arm, daß ihrer zwey auf Einem Pferde sitten! Sie legten dem Patriarchen die drey Gelübde der regulären Chorherren ab, und ihr viertes und eigenes Gelübde war Schutz der Pilgrime. Balduin, die Kirche und der Adel gaben ihnen Einkünfte, Kleider und Nahrung. So lebten sie 10 Jahre. Zum Andenken ihrer ersten Armuth führten sie als Sinnbild in ihrem Siegel „zwey Ritter auf Einem Pferde, mit der Unterschrift: Sigillum Militum Christi, und auf ihrer Fahne, genannt Beaucéant, standen die Worte, die jezt die Russen auf ihren Münzen führen: Non nobis, Domine, sed Nomini tuo Gloria!

Im Jahr 1128 kam Hugo mit fünf seiner Brüder nach Europa, als gerade die Synode von Troyes in Champagne versammlet war, und P. Honorius II. bestätigte den Orden. Er gab ihm das weiße Ordenskleid (das rothe Kreuz kam später 1146), und der heil. Bernard entwarf die Regel. Wenn die bewaffneten frommen Züge nach Palästina ganz im Geiste des Ritterwesens lagen — Religion, Minne und Krieg, — so lag es auch im Geiste schwärmerischer Zeiten, Verbrüderungen zu stiften, die Mönch und Ritter in einander schmolzen, und geistliche Ritterorden zu bilden, zur Beschützung und Pflege frommer Waller. Tief in die Geschichte des Mittelalters verflochten bleiben diese mächtigen Verbindungen, und stets ein ehrwürdiger Beweis des Einflusses, den Religion und Gemeingeist erzeugen, erhaben über das Gewöhnliche und über alle Hindernisse.

Ritter und Mönch war das Ehrwürdigste, was

jene Zeiten kannten, und nun Rittermönch in Einer Person? Wenn schon der weltliche Ritter auf der höchsten Ehrenstufe stand, wie hoch nun erst der geistliche Ritter, der Ritter Christi? Der weltliche genoß nach geendeter Fehde der Ruhe auf seiner Burg, im Schooße seiner Familie, vergnügte sich an Jagd, Turnier, an Höfen und im Umgange der Damen, am Gesange der Minnesänger, den Späßen der Hofnarren und den Pokalen der Rittergenossen. — Der Geistliche mußte allen diesem entsagen, und mit den Waffen wechselten die finstern Gelübde des Mönches, Einsamkeit, Stille und Gebet. Welcher Nimbus mußte den geistlichen Ritter umstrahlen!

Die geistlichen Ritterorden entstanden in der Feudalzeit, und waren die erste stehende Armee, auf die man mehr zählen durfte, als auf Lehnsmiliz und Landwehr. Wenn es nicht der liebe Zufall war, der sie schuf, so macht die Erfindung oder Begünstigung den Päpsten und Fürsten alle Ehre. Diese Ritter waren die beste Stütze der Könige von Jerusalem, besser als das größte stets undisciplinirte Heer der Kreuzzügler. Sie unterhielten stets den kleinen Krieg, bis wieder ein großer Haufen abendländischer Schwärmer ankam, und förmliche Schlachten erlaubte . . . Und was konnte in der Wildheit der Zeiten dem wilden Ritter besser Mannszucht und Sitte lehren, als die Religion, die Fesseln der Kutte und ihre stoische Regeln? Der Regel des heiligen Bernhard folgte der Rittermönch leichter und gewissenhafter, als dem Befehl des mächtigsten Königs. Adeliche Räuber des Abendlandes verwandelten sich im Morgenlande in öffentliche Wächter der Freyheit und Sicherheit, und aus der Bande Mandrins wurde die beste Marechaussée und die brauchbarste Gensd'armerie!

Der heilige Bernhard war der gefeiertste Nahme des 12ten Jahrhunderts, und sicher verdankt der Templerorden sein schnelles Wachsthum der Verbindung mit diesem angebeteten Orakel der Christenheit. So unglaublich schnell sich Bernhards Mönchsorden ausbreitete, eben so schnell stieg auch der mit ihm verbrüderte Ritterorden. Der Adel kannte bald nichts Höheres als diesem Orden anzugehören, und welcher Stand konnte ihn auch besser decken? Der Adel kannte nichts Beruhigenderes, als im Ritterordenskleide zu sterben, wie der gemeine Mann in der Kutte des Bettelmönchs. Nichts trug zu seiner Ausbreitung aber mehr bey, als des Heiligen feurige Rede zum Lobe des neuen Ritterthums, die er um das Jahr 1132 auf Verlangen des Meister Hugo schrieb. (S. Bernhardi Opera ed. Venet. 1750. II. 547—63.)

„Unerschrocken ist der Soldat, der seinen Leib „mit Eisen, seine Seele aber mit dem Panzer des „Glaubens bedeckt — er fürchtet weder Menschen „noch Teufel! Was hat der zu fürchten, lebendig „oder todt, dem in Christo leben und Sterben Gewinn ist? Sicher tretet also herbey, ihr Kämpfer, geht los auf die Feinde des Kreutzes, und „sprecht in der Gefahr: So wir leben oder sterben, sind wir des Herrn! Seelig sind die in dem

„Herrn sterben, doppelt seelig aber, die für ihn „sterben! Der weltliche Ritter begehet eine Tod„sünde, wenn er tödtet, und der Getödtete ist „gleichfalls ewig verlohren; — nicht Militia sollte „man sie nennen, sondern Malitia. Sie bedecken „ihre Pferde und Waffen mit Tüchern und Seide, „bemahlen Spieße, Schilde und Sättel, führen „Zäume und Sporn von Gold, Silber und Edel„stein — weibische Zierrathen, die des Feindes „Schwert wenig achtet: — aber die Soldaten Chri„sti sind Streiter Gottes!“ Der Heilige muß Macrobius nicht gekannt haben, sonst hätte er gewiß die so stolzen und prächtigen weltlichen Ritter, verglichen mit seinen einfachen geistlichen Ordensrittern, auf das prächtig geschmückte Heer des Antiochus hingewiesen, der solches stolz vor Hannibal defiliren ließ, und noch stolzer fragte: Putasne satis esse Romanis haec omnia? Der einfache kriegserfahrne große Carthager antwortete spitzig: plane satis et si avarissimi!

„Freue dich Jerusalem! fährt der Heilige fort, „freue dich Tochter Zions! siehe deine Hülfe kommt! „diese Ritter, die Gott und nicht dem Teufel „dienen, wie die andern, folgen auf den „Wink des Führers, Kost und Kleidung ist nur „nothdürftig, und sie wohnen in Einem Hause, „ohne Weib und Kinder, Ein Herz und Eine Seele. „Nie sind sie müßig, und wenn sie nicht streiten so „fertigen, bessern und reinigen sie ihre Waffen und „Kleider. Kein Ansehen der Person, kein Vorrang, „kein stolzes Wort, Murren oder Gelächter. Schach

„und Würfel verabscheuen sie, sie verabscheuen „Jagd, Federspiel, Mimen, Zauberer, Mährchen„erzähler und Spielleute; sie beschneiden ihr Haar, „und gehen einher ungeputzt, ungewaschen, „häßlich von Staub, und verbrannt von „der Sonne. — Kommt es zur Schlacht, so „erregen sie, innen mit Glauben, außen bloß mit „Eisen bewaffnet, Furcht; aber nie die Habsucht „des Feindes. Ihre Pferde sind stark und hurtig, „aber nicht herausgeschmückt, denn sie wollen die „Schlacht, nicht Pomp, Sieg, nicht Ruhm, Furcht „nicht Bewunderung. Die Feinde sind ihnen eine „Heerde Schafe, sie fragen nie nach ihrer Menge, „denn sie hoffen auf Zebaoth. Sie wohnen im „Tempel Salomons, und die Zierden dieses Tem„pels sind ihre Frömmigkeit und Tugenden; nicht „Gold und Edelsteine, sondern Waffen und Schil„de, nicht goldene oder silberne Gefäße, sondern „Zäume, Sättel und Lanzen!“

„Jerusalem, Betlehem und Nazaret, der Oel„berg und das Thal Josaphat, der Jordan und „die Schädelstätte, das heilige Grab, Berphage „und Bethania, alle diese Ergötzlichkeiten (Deliciae) „der Erde, dieser himmlische Schatz und das Erb„theil der Glaubigen sind Eurer Treue und Tapfer„keit anvertrauet, und stets werdet Ihr dieses hei„lige Pfand zu wahren im Stande seyn, wenn „Ihr stets mit dem Psalmisten sprechen werdet: „Herr! rette mich vom Feinde, zu Dir „habe ich Zuflucht, Dein guter Geist führe „mich auf ebener Bahn. — Die Gottlo-

„sen werden vergehen wie Wasser, sie „zielen mit ihren Pfeilen, aber sie zerbrechen, sie vergehen wie eine Schnecke, „wie die unzeitige Geburt eines Weibes „sehen sie die Sonne nicht, Dein Zorn „reißt sie hinweg. Herr! Du prüfest mein „Herz, und läuterst mich, und findest „nichts. — Behüte mich, wie Deinen Aug„apfel, beschirme mich unter dem Schat„ten Deiner Flügel, und ich will schauen „Dein Antlitz in Gerechtigkeit, und satt „werden, wenn ich erwache, nach Deinem „Bilde, Sela!" So der feurige Redner Sanctus Bernardus!

Natürlich hielt der Heilige die Regel Vater Benedicts oder seine Regel für die beste aller Regeln, und so gab er sie auch den Templern mit einigen für Ritter nothwendigen Abänderungen. Miräus, Gürtler und Du Puy haben in ihren bekannten Werken diese sogenannte Regula pauperum commilitonum Templi Salomonis als Bernhards Regel aufgenommen, aber schon Alex. Natalis und Mabillon haben bewiesen, daß es unmöglich die seyn kann, die aus Bernhards Feder floß, wenn sie auch gleich aus 72 Capitel bestehet, und jene zur Grundlage haben kann. So wie der Orden reich und mächtig wurde, brauchte er eine ganz andere Regel, und Statuten, wie diejenigen sind, welche in der Provenzalsprache 1251—91 gesammlet, und von Münter wieder aufgefunden worden sind. Sie entstanden aus den Beschlüssen der General-Capitel, genannt Retraits.

Diese Statuten gewähren uns den richtigsten Blick in die Verfassung des berühmten Ordens; und sind ein Beleg weiter für die Unschuld der unglücklichen Templer, daher auch die Inquisition nie davon Gebrauch gemacht, oder ihrer erwähnt hat, wie gewiß geschehen wäre, wenn sie die Templer mit ihren eigenen Waffen hätte schlagen können, wie die Jesuiten mit ihren Constitutionen. Der Orden hielt zwar diese Statuten geheimer, als die auf einer Kirchen-Versammlung gegebene Regel, aber keineswegs wegen unmoralischer Grundsätze, das Geheime hat einmal eigene Reize, erhöhet den Gemeingeist einer Verbrüderung, und auf jeden Fall macht man sich wichtiger, wenn man Geheimnisse zu haben vorgibt, geheim thut, und sogar geheim blos heißet!

Regel und Statuten ermahnen die Brüder zum herkömmlichen täglichen Gottesdienst und zum Abendmahle, damit sie desto unerschrockener in die Schlacht und der ewigen Krone entgegen gehen. In Verhinderungsfällen legt sie eine gewisse Anzahl Gebete auf, und für verstorbene Brüder eine Woche lang 100 Paternoster. Der Orden ist seinen Gliedern nichts schuldig als victum und amictum . . Am gemeinschaftlichen Tisch soll vorgelesen und Stillschweigen beobachtet werden. Nur dreymal in der Woche Fleisch, am Sonntag aber zwey Fleischspeisen (fercula) für die Ritter, Knappen und Geistliche, für die Diener aber nur Eine. In den Wochentagen 2—3 Schüsseln Hülsenfrüchte und Gemüse. Die Portionen mußten, so wie das Weinmaaß, reichlich seyn, daß man den Armen davon abgeben konnte, denen ohnehin der zehnte Theil des Brodes täglich gehörte. Zur Fasten bekamen die Brüder, je zwey, 4 Maaß, sonsten 5 Maaß Wein. Die Collation hängt von der Willkühr des Meisters ab, der Wasser geben kann, aber auch Wein, quando jubebit misericorditer!

Hat ein Bruder vor Schlafengehen (ad stratum) und nach der Complete noch etwas dem Knappen zu sagen, so soll es leise geschehen. Ermüdete Krieger brauchen nicht zur Mette aufzustehen, dafür sollen sie aber 13 Psalmen singen. Ihre Kleidung sey einfach und nicht zu lang (die der Diener schwarzes grobes Tuch, burella), die Pelze aber nur von Schaf= oder Ziegenfellen. Alte abgetragene Kleider gehören den Dienern und Armen. Die Haare sollen vorne und hinten abgeschnitten, und auch der Bart gehörig im Schnitt gehalten werden. Keine Schnabelschuhe und große Schleifen (rostra et laquea). Jedem Ritter gehören 3 Pferde, und die Knappen, die umsonst dienen (in caritate), dürfen nicht geschlagen werden. Verlorne Pferde werden vom Hause ersetzt. Der strengste Gehorsam gegen die Obern, kein Gang in die Stadt allein und ohne Erlaubniß, kein Silber und Gold, weder am Mann noch Pferde, kein Ueberzug über Lanze und Schild, keine verschlossene Behälter oder Mantelsäcke. Es ist verboten Briefe zu schreiben oder zu empfangen ohne Erlaubniß, verboten alle muthwillige Erzählungen von den Thorheiten dieser Welt, oder gar von carnis delectationibus miserrimarum mulierum!

Ohne Erlaubniß der Obern darf man keine Geschenke nehmen, und 4 Deniers sind die höchste Summe, die ein Bruder in der Tasche führen darf (früher gar nichts). Kein Handel oder Tausch, kein Vogelfang oder Jagd — Leo vero semper feriatur, denn es heißt: „Er gehet umher, wie ein Löwe, und suchet, welchen er verschlinge." Land, Häuser, Zehnten und Leute darf der Orden besitzen, nur nicht der Einzelne. Genaue Obsorge für Kranke, keiner reize den andern zum Zorn, oder schimpfe ihn Verräther, Abtrünniger, Hurensohn, Stinker (ore foetentem). Verheirathete Brüder sind erlaubt, nur dürfen sie das weisse Kleid und den weißen Mantel nicht tragen, Schwestern aber verboten (anfangs gab es verheirathete Ritter, und die unverheiratheten hatten canonische Schwestern, wie die Apostel). Denn der alte Feind hat im weiblichen Umgange schon viele abgeleitet vom Pfade des Paradieses. Kein Umgang mit Excommunicirten, keine Aufnahme von Knaben (es ist besser, daß der Knabe ein Gelübde nicht ablege, als nachher als Mann es bereue,) und Verehrung des Alters. Schwere Vergehungen werden gestraft mit der Geissel, Gefängniß in Ketten, Verlust des Kleides und Ausstoßung. Im Morgenlande ist wegen der Hitze von Ostern bis Allerheiligen ein linnenes Hemd erlaubt, sonst aber müssen alle von Wolle seyn, und beym Schlafengehen Hemde und Beinkleider beybehalten werden, und in der Laterne ein Licht seyn. — Kein Neid, keine Verläumdung, kein Gemurmel im Volke, sondern liebreiche Vermahnung. Die lezten §§. und die 72ste Regel ist: Fugiat Christi Militia foeminea Oscula!

Man sieht, ein Mönch machte die Regel, der aber doch einige Rücksicht auf Ritter nahm, das Gebet zwar ernstlich befahl, aber doch dem Handlen nachsetzte, das Fasten beschränkte, und für nahrhafte Speise sorgte, ohne Schwelgereyen, und für ermüdete Krieger. Die Strafen waren im Ganzen gelinde, und ein Bruder scheint im Capitel mit der Geissel oder dem Gürtel nur drey Hiebe auf den entblößten Rücken erhalten zu haben. (Magister eum flagellavit ter corrigio dicendo: In nomine patris, filii et Spiritus sanctus, Deus remittat tibi et nos remittimus. Dupuy p. 310.) Aber gerade diese Gelindigkeit mag zum Sittenverfall des Ordens beygetragen haben. Und doch will man in Tempelhäusern, wie in Klöstern, Gerippe in Ketten gefunden haben, kenntlich am Mantel mit dem rothen Kreuze? Ein Templer mußte ritterbürtig seyn, aus gesetzmäßiger Ehe, unverheirathet, unverschuldet, ohne Leibesgebrechen (Aussatz), und frey, d. h. keinem Orden angehörig. Wollte ein Ritter aufgenommen seyn, so versammlete sich das Capitel zu Nacht in der Kirche, und zwey Brüder fragten den vor der Thüre stehenden Kandidaten dreymal: Ob er aufgenommen seyn wolle? und dreymal bat er auf den Knieen um Brod, Wasser und die Ehre des Ordenskleides. Sodann sagte ihm der Vorsitzende:

„Lieber Bruder! Ihr verlangt eine große Sache, und sehet nur die äußere Schaale, schöne Pferde, schöne Waffen, stattliche Kleidung, gut Essen und Trinken, kennet aber nicht die Strenge im Innern. Ihr seyd euer eigener Herr, und wollt Knecht werden? Ihr geht große Verbindlichkeiten ein, viel Mühe und Gefahr entgegen, Ihr werdet wachen müssen, wo Ihr lieber schliefet, arbeiten, wenn Ihr der Ruhe pflegen wolltet, dursten und hungern, wo Ihr zu essen und zu trinken wünschet, in fremde Lande und übers Meer ziehen müssen, wo Ihr lieber zu Hause wäret. Seyd Ihr Ritter? gesund, ledig, ohne Schulden und frey?“ Erst nach solchen Fragen und Vermahnungen in alter ehrlicher Offenheit erfolgte die Annahme, der Schwur, der Ordensmantel und Bruderkuß, unter nochmaliger Warnung, sich vor Vergehungen zu hüten, worauf Verlust des Mantels oder Ordens und andere Züchtigungen stehen, mit dem Wunsche: „Nun gehet mit Gott, der Euch zum bessern Menschen mache!“ Der Ritterschlag geschahe im Nahmen der heil. Jungfrau, und des Ritters S. Georgen: „Besser Ritter, denn Knecht, thue dem Orden Recht, vertrage diesen Schlag, und fortan keinen!“

Anfangs brauchte der Kandidat keine sogenannte Aussteuer, späterhin aber mußte die Aufnahme durch eine Summe Geld oder Schenkung liegender Güter erkauft werden, Zuschuß (subvention) genannt, und der Orden trieb damit Handel und wahre Simonie. Späterhin wurden auch Kinder aufgenommen, und die Ritter machten es um kein Haar besser als die Mönche. Jeder Ritter mußte mit voller Rüstung, drey Pferden und einem Knappen versehen seyn. Dem Großmeister waren vier Pferde, ein Kaplan und Schreiber verstattet, ferner ein Knappe mit drey Pferden, ein Hufschmidt, ein saracenischer Schreiber, ein Turkopel, zwey Fußknechte, und ein Turkoman, den aber ein Knappe hinter sich gebunden aufs Pferd nahm, so wenig traute man. Auf Reisen hatte der Meister auch noch zwey Lastthiere, und zwey Gesellschafter, die er im Kriege bis auf zehen vermehren konnte. Die ganze Garderobe eines Templers bestand, außer der Rüstung, in zwey weißen Waffenröcken, vorne und hinten mit dem rothen Kreuze, zwey Mäntel, zwey Hemden, zwey Paar Beinkleider und Strümpfen, und einem Gürtel!

Nachdem sich der Orden vom Patriarchen und Bischof, gleich den Johannitern, losgemacht hatte, etwa 40 Jahre nach seiner Entstehung, kamen zu den Rittern noch Ordenspriester und Kapläne hinzu, wie schon früher dienende Brüder oder Layen; ja, als den Rittern der bloße Knappe nicht mehr genügte, und auch ihre Knappen stolzer wurden, noch die frêres servans d'armes zum Unterschiede von den frêres servans de métiers oder den Handwerkern, unter denen natürlich die Waffenschmiede die vornehmsten waren. Die Templer scheinen recht eigentlich über leichtere Bewaffnung studiert zu haben, denn gegenüber den leichten Sarazenen, mußten sie täglich wahrnehmen, wie unbeholfen sie die schwere Rüstung des Abendlandes mache, zwar unverwundbar, aber darum nicht unüberwindlich. Diese Frères servants waren auch ihre Amtleute, Schaffner und Aufwärter, selbst der Schatzmeister war nur ein dienender Bruder. Es gab Praeceptores vaccarum, equorum, ovium, porcorum, ohne daß darum die Präceptoren der Schulen den Titel verächtlich gefunden, und Professoren genannt hätten seyn wollen!

Die Ritter hatten so gut als die Bettelmönche ihre Tertiarier, oder Weltleute beyderley Geschlechts, affiliiret dem mächtigen Orden; sie hatten ihre Donati, Oblati und auch Ordensschwestern. Diese Tertiarier, die stets wenigstens in articulo mortis den Orden mit frommen Gaben bedachten, verbanden sich zwar zunächst darum mit solchem, um dessen heiliger Verdienste, guter Werke und Fürbitte bey Gott theilhaftig zu werden, hatten doch aber auch zeitliche Vortheile davon. Das hohe Ansehen des Ordens schützte sie gegen die Anmaßungen des Adels und der Clerisey, die Genossenschaft wirkte selbst auf Sittlichkeit, da man groben Verbrechern, lasterhaften und schlechten Menschen die Annahme verweigerte, und so war denn wirklich der Orden eine Zeitlang, wie sich ihn der heilige Bernhard gedacht hatte, der Hort und Bewahrer des Bessern im Menschen!

Mit dem erstaunlichen Wachsthum des Ordens theilte sich derselbe in Provinzen, wie der Johanniter-Orden in Zungen, und der deutsche in

Balleyen. Seine Provinzen in Asien waren: 1) Jerusalem, die Mutter- und Haupt-Provinz mit ihren Vesten, 2) Tripoli, 3) Antiochien, 4) Limisso auf Cypern, das den Untergang des Ordens überlebte, und erst 1425 vom Sultan Aegyptens zerstöret wurde, Nicosia und Gustira auf Paphos. Im Abendlande waren die Provinzen: Portugall, Castilien, Leon, Arragonien und Majorka; Frankreich, Auvergne, Provence und Normandie mit Inbegriff der Niederlande; England, Schottland und Irland; Deutschland mit Pohlen, Ungarn und Dalmatien; Italien, Apulien und Sicilien. In unserem Vaterlande hatten die Templer Häuser in Oestreich, vorzüglich aber in Böhmen, wo der Hauptsiz Prag war, nebst 19 Häusern, worunter 3 Burgen; in Franken Bamberg, in Schwaben Hall ꝛc. in Bayern, Elsaß, Lothringen, hatten sie Güter, die ältesten aber am Rhein; sodann in Brandenburg, Pommern, Mecklenburg, Braunschweig, Thüringen, Lausniz ꝛc. Im höhern Norden scheinen nie Templer gewesen zu seyn. Der Großmeister hatte den Rang eines Fürsten, gleich nach den Königen, und saß unter den Bischöfen. Bis zur Wahl eines neuen Meisters trat der Groß-Commthur an die Stelle. Nach ihnen kamen die Würdeträger: Groß-Prior, Seneschall, Marschall, Schatzmeister, Gewandmeister, Turcopolier (General der leichten Reuter) der Amtmann von Jerusalem, die Visitatoren der Provinzen, Provinzialmeister und Prioren; für einzelne Bezirke waren die Baillifs und die Haus-Commthure in jedem Hause. Der

Großmeister saß an Gottes Statt, wie S. Heiligkeit zu Rom, war aber dem Groß-Capitel unterworfen, und die Würdeträger mit ihren Beyständen machten seinen Ordensrath. Groß-Capitel scheinen nicht häufig gewesen zu seyn, theils wegen der Kosten, theils weil die Großmeister solche fürchteten, wie Päpste die Concilien!

Stattlich hatte der heilige Vater den Orden mit Privilegien ausgestattet. Der Orden konnte, trotz eines Interdictes, in seinen Häusern Messe lesen lassen, und Ordenspriester absolviren, gleich den Bischöfen. Er war frey von allen Abgaben, selbst von den Steuern zum heil. Kriege, und nur der Papst konnte dessen Mitglieder richten. Die Ordenshäuser waren Asyle, die Ritter konnten in ihren eigenen Angelegenheiten Zeugen seyn, und waren frey von Zeugnissen vor weltlichen Gerichten. Sie durften allerwärts collectiren, und hatten die ausgedehnteste Gerichtsbarkeit in ihren Besitzungen. Sie hatten so große Vorrechte diese Templer, daß gerade diese Vorrechte eben so viel zu ihrem Untergange beygetragen zu haben scheinen, als zu ihrer Größe. Ihr Glück erweckte den Neid, Neid Feinde, und die größten Feinde des Ordens, wie dessen schwärzeste Verläumder, wurden gerade die Bischöfe und Mönche. Wir lesen von keinem Ritter, den der heil. Vater excommuniciret hätte, aber auch von keinem, der canonisirt worden wäre!

Gegen das Jahr 1244 zählte der Orden über 9000 Häuser (Maneria, Manoir) im Abendlande, und sehr bedeutend waren auch dessen Besitzungen im Orient, aber 40,000 Commenden anzunehmen, wie Anton, möchte doch übertrieben seyn, man müßte denn jede Capelle, jeden Pachthof und jede Mühle rechnen wollen. Zählt man nur für jedes Haus oder Commende Einen Ritter, so haben wir 9000 Ritter. Der Orden zählte aber in seinem höchsten Glanze auch noch 7050 Capellen, folglich wird man immer, mit dem Oriente, 20,000 Ritter zählen dürfen, mit Knappen und dienenden Brüdern ein stehendes Heer von wenigstens 50,000 Mann! Welche furchtbare Macht im Mittelalter! Welche furchtbare, gewaffnete, geübte und disciplinirte stehende Macht, gehorsam dem Winke des Meisters mitten in den Zeiten der Lehns-Verwirrung! und hiezu noch etwa 60 Millionen Pf. unseres Geldes Einkünfte, und einen stets gefüllten Ordens-Schatz! Hinc illae lacrymae!

---

# XVIII.

## Schnelles Wachsthum des Ordens und Thaten im heiligen Lande.

Großmeister Hugo erschien mit fünf seiner Brüder vor der Kirchen-Versammlung zu Troyes in aller Armuth, und nannte sich pauperis militiae Templi Magister humilis, und seine Gefährten pauperes Commilitones. Er machte seine Sachen trefflich, und verfügte sich von da nach der Normandie und England. Bouillon und Balduin hatten seinem Orden schon Güter in Palästina und den Niederlanden geschenkt, und K. Heinrich I. stiftete jezt 1130 den Tempelhof zu London, woselbst er auch beerdigt seyn wollte. Zur nämlichen Zeit erhielten sie von K. Lothar Supplinburg, Berenger Graf von Provence und Barcellona stiftete den Tempelhof zu Barcellona, und trat in den Orden. Die Könige Frankreichs Louis VII. und Philipp II. begünstigten ungemein die Templer und lezterer vermachte ihnen noch 40,000 Pf., zu Befons I. K. von Arragonien und Navarra setzte sie gar zu Erben seines Reiches! Die Ritter, die so tapfer gegen die Mauren kämpften, verdienten die in Spanien und Portugall erhaltenen Güter, wenn ihnen auch gleich Alphonsens Reich entging, und alle Großen und Edlen, die das Kreuz nahmen, bedachten den Orden. Kein Edelmann starb jezt mehr ohne Legat für die Templer, oder ohne Vermahnung an einen Sohn, den Ordensmantel umzuhängen. Die Ritter verdienten alles weit eher, als die Kutten, was auch der große Feind des Ordens, Wilhelm von Tyrus, sagen mag. Sie lebten anfangs einfach, ganz ihrem Berufe, gaben den Armen von ihrem Ueberfluß, waren die Hauptkraft des Heeres, Muster für jeden Krieger, und wahre Helden!

Hugo kehrte mit viel Geld nach Syrien zurück, und bald zählte sein Orden an 300 Ritter, ohne die zahlreichern dienenden Brüder. Er dehnte seine Besitzungen von Portugall bis nach Pohlen aus, und von Sicilien bis nach Pommern. Wenn die Templer in Deutschland weniger besaßen, als im Süden Europens, in Frankreich oder England, so war bloß die spätere Theilnahme der Deutschen an den Kreuzzügen Schuld, und die Errichtung des eigenen deutschen Ordens der Marianer. Templer und Johanniter waren die eigentlichen Helden im Kreuzzugsheere, und wenn es nicht immer ging, wie es hätte gehen können und sollen, so war nichts Schuld, als gegenseitige Eifersucht, wovon ja die neuesten Kriegsgeschichten Beyspiele genug aufzuweisen haben. Die Templer waren bey den Königen Jerusalems besser angeschrieben, als die Johanniter, fochten stets im Vordertreffen, und führten das aufgefundene heilige Kreuz in ihrer Mitte. Aus Verdruß über den mißlungenen zweyten Zug, das Werk des heiligen Bernhards, legte Großmeister Barris seine Würde nieder, und wurde Mönch zu Clairvaux. Odo aber, der in Saladins Hände fiel, und gegen dessen Neffen ausgewechselt werden sollte, schlug das Anerbieten aus, weil ein Templer, der nie vor drey Feinden weichen, auch in der Gefangenschaft nicht mehr für seine Freyheit geben dürfe, als Messer und Gürtel; Odo starb im Gefängniß, größer als Regulus. Jeder beweinte den Tod des großen Mannes, den die Geschichtschreiber der Kreuzzüge den zweyten Judas Maccabäus nannten, nur nicht der fromme Bischof von Tyrus Wilhelm!

Vor Ascalon baueten die Templer einen Wandelthurm (1153), den die Belagerten zu verbrennen suchten, der Wind trieb aber das Feuer nach der Stadt, und so entstand eine Oeffnung, durch welche 40 Ritter eindrangen. Der Großmeister soll aus Geiz andern den Eingang verwehrt, und so die 40 Ritter aufgeopfert haben! Es könnte eben so gut auch Tollkühnheit die Schuld tragen. Genug der Feind bekam Muth, die Belagerten fielen über die Belagerer her, die übrigen Templer, unterstützt von Johannitern, schlugen sie aber, und Ascalon fiel in ihre Hände. Die Scharte war ausgewetzet, desto mehr aber wüthete K. Amalrich, als die Templer eine für unüberwindlich geltende Veste an Arabiens Gränze gerade in dem Augenblicke übergaben, wo er zur Hülfe eilte; er ließ zwölf Templer aufknüpfen! Vielleicht war dies eine Ursache mit, daß der Orden sich weigerte, sich dem Zuge nach Aegypten anzuschliessen.

Im Jahre 1171 ging der Templer Melier zu Saladin über, und man sprach von Verrath, aber kann die That eines abtrünnigen Gliedes auf Rechnung des Ordens gehen? Bedenklicher war der Vorwurf, daß der Orden mit den Assassinen unter der Decke spiele. Die Templer hatten den Muth gehabt, diesen Staat, nach dessen Nahmen noch heute Meuchelmörder Assassins genannt werden, zu bekriegen, und einen jährlichen Tribut von 3000 Byzantinen aufzulegen; der berüchtigte und furchtbare Alte vom Berge ließ sich nun taufen, wollte als Christ nicht mehr zahlen, was K. Amalrich genehmigte, und nun zerfiel er mit dem Orden. Die That des Ritters Maisnil, der den Gesandten des Alten mordete, ist abermals Sache eines Einzeln, und Großmeister Odo legte ja den Ritter in Ketten und Banden! Der Orden soll auch treulos an K. Fried. II. gehandelt haben, und wahr ist, daß die Templer nicht auf seiner Seite standen, aber auch die Johanniter waren nicht auf des Kaisers Seite, denn der heilige Vater selbst wollte es ja so, und stand an der Spitze der Gegenpartey des großen Kaisers!

Templer und Johanniter waren stets Nebenbuhler, und ihr Haß zeigte sich in der Schlacht, wie in Zweykämpfen. Die Templer waren reicher, mächtiger und geehrter, und Papst Alexander glaubte viel gethan zu haben, als er den Frieden unter ihnen zu Stande brachte, dessen erster Artikel die Hauptursache ihres Zwistes deutlich genug machet: „Aller Streit, es betreffe nun Güter, Geld oder andere Sachen, soll aufgehoben seyn," aber diese Hauptsache wollte nicht aufhören, folglich auch nie Zwist und Neid! Nun kam gar Veit von Lusignan auf den Thron, ein erbärmlicher Regent, und eine Creatur des Großmeisters Gerhard und des berüchtigten Patriarchen Heraclius, der es, nächst der Concubine, die man öffentlich Frau Patriarchin nannte, auch mit Lusignans Dame hielt, was ihrem Manne den Thron recht eigentlich verschaffte. Veits eigener Bruder, als er von der Erhöhung hörte, äußerte: Nein! die ihn zum König machten, hätten mich, wenn sie mich kennten, zu Gott machen müssen!"

Das armselige Reich der Lateiner mußte zu Grunde gehen, als Saladin losbrach, mit dem es Graf Raimund hielt, wenn auch gleich vor Accon die beyden Orden Wunder der Tapferkeit thaten. Die Templer büßten 60 Ritter ein, die Johanniter nicht weniger neben ihrem Großmeister Mulinis — und nun erst die mörderische Schlacht von Tabaria! Lusignan, Gerhard, Chatillon rc. gefangen, und was den Muth der Christen am meisten niederschlug, das heilige Kreuz verloren! Saladin hatte sich vorgenommen, vorzüglich die Orden auszurotten, namentlich die Templer, ein Beweis ihrer Wichtigkeit und ihres Rittermuthes. Er ließ den Gefangenen keine andere Wahl als Beschneidung oder Tod, und sie wählten die Martyrer-Krone. Viele gaben sich aus Schwärmerey für Templer aus, und das Zudringen zum Blutgerüste war so stark, daß der Templer Nicolaus gar nicht durchkommen konnte! Es starben 230 Templer! Lusignan fand Gnade vor Saladins Augen, nicht so der kühne Chatillon, dessen freye Reden den Sultan so aufbrachten, daß er ihm den Kopf vor die Füße legte! Der sonst so edle Saladin vergäß sich leicht, wenn es die verhaßten Templer galt, und hatte schon früher alle Ritter in einer eroberten Veste am Jordan — mitten von einander sägen lassen!

Vor Damiette hatten die Ritter bereits 1218 viele sitzen lassen; ein großes Schiff mit Templern sank durchbohrt in den Abgrund, aber sie retteten die ganze Armee. Die Schlacht von Joppe 1244 war der entsetzlichste Schlag für die Orden. Der Großmeister der Templer, Perigord, blieb mit 300 Rittern, von 200 Johannitern entkamen nur 26; ihr Großmeister Guarin war gefangen, und die deutschen Ritter hatten nur noch drey Brüder. Sonst galt ein gefangener Ritter so gut als todt; jezt, da der heil. Louis sich zu einem neuen Kreuzzug rüstete, und man waffenkundige Leute brauchte, unterhandelte man wegen der Auslösung; der Sultan aber erwiederte: „Gott hat sie in meine Hand gegeben, ich betrachte sie für todt, wie vormals die Ritter selbst!". Alle Geschenke an die Höflinge waren verloren, und man schob die Schuld auf ein Einverständniß K. Fried. II. mit dem Sultan!

Die Sachen standen schlimm, und dennoch lieferten sich die Templer und Johanniter selbst eine Schlacht 1259, aus der nur ein Templer gekommen seyn soll! Sie vergaßen ihren großen Verlust in Aegypten vor Mansura, wo 280 Templer geblieben waren, als wahre Opfer des jungen, stolzen und unerfahrenen Grafen von Artois, der nie noch Morgenländer in der Nähe gesehen hatte, noch weniger ihre Weise zu fechten kannte. Die grauen Ritter stürzten sich in einen gewissen Tod, weil sie den Vorwurf von Verrath nicht ertragen konnten. Wenn Templer und Johanniter Louis dem Heiligen zum Frieden und zu Bündnissen mit dem Sultan riethen, so war dies von den Rittern staatsklug und vernünftig, aber der Fanatismus erlaubte nicht so weit zu blicken, und die Orden, vertrauter mit den Verhältnissen des Orients, erschienen als Verräther der Christenheit!

Im Jahr 1265 vertheidigten etwa 100 Johanniter Assur, und der Sultan bekam erst den Platz, als kein Ritter mehr übrig war. Saphet vertheidigten die Templer und kapitulirten, aber der Sultan hielt sein Wort nicht, und 600 Templer zogen den Tod der Beschneidung vor. Der Prior des Tempels und zwey Franciscaner ermahnten die Ritter zur Martyrerkrone, und daher wurden diese drey lebendig geschunden, dann gegeisselt, und zulezt enthauptet! Lange sahe man Lichter über den Gräbern! Nun war noch Accon übrig. Der Sultan lagerte sich mit 160,000 Mann Fußvolk und 60,000 Reutern vor die Veste, vertheidigt von 12,000 Mann, meist Angehörigen der drey Ritterorden unter Beaujeu, denn die andern hatten für räthlicher gehalten, sich nach Cypern, Italien und Griechenland zu flüchten. Sieg oder Tod war die Losung beyder Theile, da aber Beaujeu von einem vergifteten Pfeile getödtet wurde, so sank der Muth der Belagerten. Dreyhundert Brüder suchten den Hafen zu gewinnen, wurden aber abgeschnitten, und flüchteten in einen Thurm; der untergrabene Thurm stürzte ein, und begrub sie, nebst vielen dahin geflüchteten Frauen und Mädchen, unter seine Trümmer. Und so stürzte mit Accon 1291 auch das ganze einfältige Christenreich in Syrien zusammen, das sich so kümmerlich 190 Jahre erhalten, und vielleicht 6 Millionen Christen und 4 Millionen Moslems das Leben gekostet hatte!

Mit Accon, wo die drey geistlichen Ritterörden noch zulezt eben so ritterlich geschwelget, als gefochten hatten, stürzten auch die übrigen kleineren Besitzungen. Das sogenannte Pilgerschloß, in der Nähe Carmels, auf einem hohen weit in das Meer hinausspringenden Vorgebürge, wo die Pilgrime am liebsten zu landen pflegten, war die allerlezte Besitzung der Templer im heiligen Lande. Von 500 Tempelrittern retteten sich aus Accon 10 nach Cypern, und so auch der Großmeister der Johanniter mit sieben Brüdern, etwas Geld und

Reliquien. Cypern hatten früher die Templer dem König Richard um 300,000 Pfd. abgekauft, aber nicht behaupten können, weil die griechischen Bewohner stets gegen die stolzen Lateiner rebellirten. Der König nahm indessen die Ritter willig auf, und verbot ihnen bloß aus gerechter Furcht den Ankauf liegender Güter. Bald darauf wollte er sie einer Kopfsteuer unterwerfen, da begünstigten sie einen Aufruhr gegen ihn, der ihm beynahe den Thron gekostet hätte. So hatten bereits 1280 die stolzen Ritter die empörten Croaten unterstützet, und waren um kein Haar besser, als Jesuiten, die stets die Parthey des Papstes nahmen, so lange es ihr Vortheil erheischte, und dann wieder gegen ihn standen, wenn der umgekehrte Fall eintrat!

Die Templer hielten es in Palästina stets mit Frankreich, denn sie waren meist Franzosen, und hatten da die meisten Güter; die Johanniter hielten es mit den Engländern, vielleicht aus bloßem Haß gegen die Nebenbuhler, und die Deutschen, die nie besonders zahlreich waren und etwas Besseres wußten, hielten es vermuthlich mit Deutschland, und so konnte nie ein Ganzes herauskommen, nie Zusammensicht eintreten, wie im Revolutionskrieg unserer Zeit, und bey jeder fehlgeschlagenen Unternehmung durch falsche oder halbe Maaßregeln und Uneinigkeit schrie man über Verrath und Bestechung! Man hätte sämmtliche Orden am allerbesten im Abendlande selbst brauchen können, als Gensd'armes gegen den heillosen Unfug des Kreuzzugsgesindels!

Johanniter und Templer konnten sich einmal nicht vertragen, die meisten waren Franzosen, aber mit den bescheidenern deutschen Brüdern scheinen sich beyde Orden vertragen zu haben. Nur einen Streit hatten sie wegen des weißen Mantels, welchen aber der Papst beylegte, und hatten die Deutschen das Glück, ihre weißen bekreuzten Mäntel 500 Jahre länger zu tragen, als die Templer, ihre Väter. In Spanien waren wohl die Mauren Ursache, daß man sich mit den spanischen Orden vertrug, 1216 sogar ein Schutz- und Trutzbündniß mit S. Jago-Orden errichtete, und selbst mit den Johannitern in Castilien in Eintracht lebte. Die erste und natürlichste Verbindung des Ordens war mit dem mächtigen Cisterzienser-Orden, dessen Söhne sie ja recht eigentlich waren, daher auch viele Templer am Abend ihres kriegerischen Lebens in eine stille Cisterze sich zurückzogen. Aber auch mit den Dominikanern standen sie in genauer Verbindung, und die Mönche beschlossen 1243 großgünstigst, daß die Beichtväter sich bemühen sollten, stets auch ein kleines Neben-Vermächtniß für die Templer den Sterbenden abzuängstigen!

Es ist nur Eine Stimme über den Stolz dieser Ritter, und dieser Stolz gründete sich nicht bloß auf Macht und Reichthum, sondern auch auf wohlerworbenen Waffenruhm, und war also zum Theil verzeihlich. Schon die Schriftsteller der Kreuzzüge sprechen lange vor K. Philipps Zeiten von diesem Stolze. Wilhelm von Tyrus, und nach ihm Matth. Paris sagen: Neglecta humilitate se Patriarchae substraxerunt, ecclesiis Dei Decimas et primitias subtrahentes, et turbando possessiones facti sunt valde molesti. — Schon 1208 beschweret sich Papst Innocens III. eben so bitter, und spricht von ihrer Superbia, excessibus, insolentia, enormi et pestifera foeditate. — Die Hauptsache scheint aber immer der Zehnte gewesen zu seyn, und der Geistlichkeit in den Zehnten greifen, hieß ja noch in neuern Zeiten — die Religion angreifen!

K. Friedr. II. wirft den Rittern Stolz und Weichlichkeit vor, und Einverständniß mit den Sultanen, ist aber kein ganz gültiger Zeuge. K. Heinrichs III. von England Klagen aber mögen begründeter seyn, von denen Matth. Paris spricht: Libertates et possessiones vos faciunt superbire et superbientes insanire, revocanda sunt igitur prudenter, quae imprudenter sunt concessa! Selbst die Anecdote von K. Richard, der aber bekanntlich die Templer durchaus nicht leiden konnte wegen ihrer Anhänglichkeit an Frankreich, und weil sie am wenigsten die Leute waren, die sich seinen Anglicismen fügten, deutet auf des Ordens Stolz. Der Beichtvater vermahnte den König, drey sündhafte Töchter von sich zu entfernen, die Herrschsucht, Habsucht und Schwelgerey. „Gut, sagte Richard, ich will sie verheirathen, ehe ich sterbe; die Herrschsucht gebe ich den Templern (und Hospitalitern setzen andere hinzu), die Habsucht den Mönchen, und die Schwelgerey den Prälaten und

Geistlichen." Du Puy, der diese Anecdote anführt, nennt nur die Templer, und bey den übrigen Lastern sagt er vorsichtig: „und die beyden andern an zwey andere Orden!"

Wir haben oben die Templer zu 20,000 Rittern angeschlagen, und ihre Einkünfte nach Honoré de S. Marthe zu zwey Millionen Thlr. = 50 Millionen Pfd., und mehr hatte damals der König von Frankreich nicht. Wenn wir die ausgedehnten Besitzungen, weit ansehnlicher als die Domainen des Königs, nehmen, die vielen und reichen Vermächtnisse, da kein anderer Orden so viele Mitglieder aus hohen Familien zählte, vorzüglich aber den Tempelschatz zu Paris, der ein volles Jahrhundert hindurch die Bank von Europa war, so erscheint auch jene Angabe nicht zu hoch. Jedes Tempelhaus scheint Wechselgeschäfte gemacht zu haben zur Bequemlichkeit der Kreuzfahrer, und nebenbey noch starke Anleihen an Große. K. Philipp war dem Orden ½ Million Pfd. schuldig, und der Orden hatte dem Papst Bonifacius VIII. seine französische Gelder überwechselt, und dadurch die Absichten des Königs vereitelt. Der Orden schrie am lautesten, als der König seine schädlichen Münz-Operationen vornahm, denn ihn trafen sie am empfindlichsten. Bey der Uebergabe der Ordensgüter in Cypern an die Johanniter fand man im Schatz 26,000 Byzantinen und 15,000 Mark verarbeitetes Silber. Traditionen von den großen Reichthümern des Ordens haben sich bis auf unsere Tage erhalten, denn der Aberglaube gräbt am liebsten nach Schätzen in den Burgruinen, die Templern angehört haben sollten!

Wenn man diese Umstände ins Auge faßt, die Zahl der Ritter und ihrer dienenden Brüder als stehendes Heer, ihren Reichthum, ihren Ehrgeiz und Stolz, wie ihre Klugheit, ihre Ausbreitung und Familien-Verbindungen, die angeführten Beyspiele von Intriguen und Aufruhrs-Begünstigungen, kann man es Philipp verdenken, wenn er einen Orden fürchtete, der seine meisten Güter in Frankreich hatte, und in der That furchtbar war? Hatten nicht die Nebenbuhler sich Rhodus erobert, und die deutschen Brüder einen noch schönern Staat an der Ostsee? Mußten nicht schon 1134 allerley Ideen in den Großmeistern rege werden, als K. Alphons I. ihnen eine Krone vermachte? Es ist wahrscheinlich, daß schon Philipp geheime politische Umtriebe fürchtete, so gut als unsere Zeiten, und die strenge Subordination des Ordens, selbst die dem Meister zustehende Absolution konnte wenigstens den Orden so gefährlich machen, als es der Jesuitenorden wirklich geworden ist, ja noch gefährlicher, da man es hier mit einem Orden eigentlicher Krieger zu thun hatte. Wer möchte Philipp in der Hauptsache Unrecht geben?

Nur die Art und Weise, mit der sich der König sicher zu stellen suchte, verdient den Tadel und den Abscheu menschlicherer Zeiten. Man hatte mit Kriegern zu thun, die wohl schwerlich über Religion nachgedacht hatten, und in der Regel nicht einmal schreiben und lesen konnten, und man steckte sich hinter Ketzereyen, man wüthete gegen sie mit Tortur, Schwert und Scheiterhaufen im Geiste der heillosen Pfaffenzeit! Sie mögen wohl sittenlos gewesen seyn diese Ritter, in ihrer Habsucht nie satt geworden seyn, und dann mit Recht oder Unrecht genommen haben; selbst Mezeray, immer noch der beste und partheyloseste Geschichtschreiber der Franzosen, gibt es zu, jedoch nur als Scheingrund, aber lag damals nicht die gesammte Ehrengeistlichkeit in demselben Spitale krank? war sie nicht eben so sittenlos, ehrgeizig und habsüchtig? Müßte man nicht das Christenthum selbst verabscheuen, wenn man nur an das dächte, was sich Päpste, Regular- und Secular-Geistlichkeit erlaubten? Und war Rittern, die von Adel waren, und ein Soldatenleben führten, nicht weit eher zu verzeihen 70mal 7mal?

Man wüthete gegen die Templer als Ketzer, und daher mag es kommen, daß man sich so vieles von ihren Freygeistereyen, Geheimnissen und Mysterien zu sagen weiß! Hatten die Templer Mysterien? und worinne bestanden sie? Ich glaube ja, weiter weiß ich aber nichts! Mysterien waren ja nur für Eingeweihete, und die Eingeweiheten machten es, wie Vater Herodot, der stets bey seinen Erzählungen von Göttern und Religion ungemein spröde thut, und stets beysetzt: „den Grund weiß ich, aber es schickt sich nicht ihn anzugeben;" er thut spröde, selbst wenn er vom Phallus spricht, der in der Procession der Frauen herumgetragen, und hin- und her bewegt wurde an Seilchen — die ersten Marionetten! Und ist nicht auch Plato ausser der Schule so dunkel, daß ihn Oedipus selbst nicht verstanden hätte, und schon Cicero, wenn er etwas Unbegreifliches ausdrücken wollte, an Freund Atticus schreibt: Numero Platonis obscurius? Es scheint, den alten Metaphysikern ging es nicht besser als den Neuern — sie verstanden sich selbsten nicht!

Aus den Mysterien der Alten, von deren Daseyn wir näher unterrichtet sind, als von den Mysterien der Templer, scheint mit vieler Wahrscheinlichkeit das Christenthum hervorgegangen zu seyn. Es ist unendlich viel darüber geschrieben worden, aber im Ganzen wissen wir nichts, und haben nur Muthmaßungen, daß der Hauptgegenstand Monotheismus war, statt des im Volke herrschenden Polytheismus, und dann Hinleitung auf Moralität im Leben, statt des bloßen werklosen Glaubens. Und so mögen die Mysterien der Templer gleichfalls, statt eines durch die Pfaffheit verdorbenen Christenthums, auf eine gereinigtere Religion hingedeutet haben. Aber wer will nach einem so langen finstern Zeitraum und ohne Schrift etwas wissen? Mir ist in der Mysteriensache das Interessanteste das, daß schon Socrates, Diogenes, Epaminondas, Agesilaus rc. nicht in die Mysterien aufgenommen seyn wollten, und also ungefähr so dachten, wie Neuere denken von gewissen — geheimen Gesellschaften unferer Zeiten! Wir wollen uns ans Wort halten. Mysterion — Geheimniß, das auf der Stirne des Thieres der Offenbarung geschrieben stand, wie auf der Stirne manches Geheimen oder Diplomaten!

Genug! nicht Mysterien, sondern allzu sehr am Tage liegende Reichthümer machten das Unglück der Templer . . Mit Reichthümern ging es den Ritterorden gerade wie den Mönchsorden und fast allen Menschenkindern — sie wurden stolz schwelgerisch und verdorben. Längst begleiteten nur dienende Brüder die Pilgrime, und die Ritter fochten höchstens noch in der Schlacht, noch lieber aber saßen sie müßig auf ihren reichen Commenden. Wenn die hochherzigen Heiden Nureddin und Saladin uns Memoires hinterlassen hätten? Wie würden die christlichen Schwärmer im Orient dastehen, die jene Barbaren schimpften? Weit schlimmer noch als Römer, wenn wir ihren Classikern auch punische Classiker entgegen zu stellen hätten! Könige, Fürsten und Geistlichkeit klagten längst über die Ritter, und Papst Nicolaus IV., bestürmt von allen Seiten, wollte 1289 reformiren, aber vergebens! — an Vereinigung mit den andern Orden war noch weniger zu denken! Oft wurde alles laut gegen den Uebermuth des Ordens, und wer am meisten Oel ins Feuer gegossen zu haben scheint, waren die Brüder mit dem weißen Kreuze. Ob das schwarze Kreuz Gleiches gethan habe? bleibt ungewiß wegen des unbestimmten Ausdruckes Hospitalarii. Die Johanniter aber warteten offenbar nur auf eine Gelegenheit, das rothe Kreuz zu demüthigen, und Philipp der Schöne war ihr Mann! Und nun beginnt einer der scheußlichsten Auftritte in der ganzen Menschengeschichte, und eine Inquisition gegen die armen Templer vom Ebro und Tajo bis an die Donau und Oder, vom Canal an bis nach Asien hinüber. — Der Menschenfreund verhüllet sein Haupt, und trauert!

# XIX.

## Der Prozeß gegen die Templer, der scheußlichste Justizmord in der Geschichte.

Mächtig, reich und gefürchtet war der Orden der Templer, verflochten in alle Welthändel, und doppelt gefährlich im wilden Mittelalter bey der Schwäche der Könige durch Lehnsverfassung, und bey dem Muthe und der Kriegskunst der Ritter. Die Ausrottung eines solchen Ordens konnte nicht das Werk eines Augenblicks oder einer Aufhebungsbulle seyn; Vorbereitung, List und Unterhandlungen gehörten dazu von 1303 — 1307, und ein Proceß von 1308 — 1314! Zwischen Papst Clemens und König Philipp war die Sache längst abgemacht, die Concilien sollten die Formen liefern, und so gab es nun, neben dem großen allgemeinen Concil von Vienne, eine Menge Provinzial-Concilien, wo es Templer gab. Eine so herrliche Zeit für die Prälaten der Kirche, wie die

Zeit Constantins, wovon Ammianus (XXI, 16.) spricht: „die Heerstraßen wimmeln mit Bischöfen und Geistlichen, die nach den Synoden fahren, das Publicum kann kaum mehr Pferde haben!“ Der erste Synodus der Zeit und Materie nach bleibt aber immer der Synodus, den Maria, ihre Baase Elisabeth und Zacharias abhielten!

Stolz hatte die Ritter verhaßt gemacht, und ihre Reichthümer erregten die Habgierde Philipps des Schönen, dessen Geiz erwiesen ist, wie die Bösartigkeit seines Characters. Er, der schon die Juden verjaget hatte, um sich ihres Vermögens zu bemächtigen; Er, der die Münze um ⅔ erhöhte, wodurch so viel Jammer entstand — Er mußte noch weit lüsterner nach den Schätzen eines Ordens blicken, die meist in Frankreich zu finden waren. Bonifacius VIII. hatte ihn in Bann gethan, und die Templer standen auf der Seite des heiligen Vaters; sie hatten sich seinen schädlichen Münzoperationen möglichst widersetzet, dies reizte sein rachsüchtiges Gemüth, sie waren mächtig genug, ihm gegen einen Aufruhr zu Paris in ihrem Tempel Schutz zu geben, man beschuldigte sie, den Aufruhr veranlaßt zu haben, und fürchtete sie, wie Jesuiten!

Papst Clemens V. war ganz in K. Philipps Hand, und der Kanzler Nogaret, den gleichfalls Rache belebte, da der Orden seinen Vater wegen Ketzereyen verbannt hatte, war gerade der Mann, wie ihn der König brauchte. P. Clemens war recht eigentlich die Creatur Philipps, als Erzbischof von Bourdeaux hatte er sich ihm dankbar zu Füßen geworfen; da er ihm die Dreykrone versprach, unter Verbindlichkeit, ihn mit der Kirche wieder zu versöhnen, den Bann aufzuheben, P. Bonifacens Andenken zu verdammen, den Colonna den Cardinalshut wiederzugeben, den Zehnten auf 5 Jahre durch ganz Frankreich der Krone zu überlassen, und dann noch Etwas, wovon zu seiner Zeit die Rede seyn sollte. Dieses Etwas in petto betraf unsere Templer. Der Prior von Montfaucon und ein italienischer Ritter Noffodei, beyde wegen Vergehungen vom Großmeister gefangen gelegt, versprachen wichtige Entdeckungen, wenn sie frey würden — ob aus eigenem Antriebe, oder auf fremde Veranlassung? ist unbekannt — sie wurden frey, und nun erfolgten ihre Denunciationen! Denunciationen zweyer Verbrecher, und bitterer Feinde des Ordens begründeten den Proceß!!

Plötzlich sahe man jezt eine Gesellschaft Männer, mächtig durch Reichthum, Ansehen, Kriegsruhm und Anzahl seit 180 Jahren — entehret, beraubt und aufgelöset, ihre Mitglieder durch einen Federstrich eingekerkert, gefoltert, lebendig verbrannt oder ein verächtliches Leben erkaufend durch Geständnisse seltsamer und eckelhafter Vergehungen! Die Geschichte dieses Trauerspiels erzählen die Geschichtschreiber so ziemlich gleichförmig, aber über die Ursachen herrscht solche Meinungs-Verschiedenheit, daß der schreckliche Vorgang, troz der in neuern Zeiten aufgefundenen vollständigern Acten, wohl stets eines der geschichtlichen Proble- me bleiben wird. Am wenigsten aufgeklärt ist noch der schändliche Antheil, den der tödtliche Haß des Johanniter-Ordens an dem Sturze der Templer gehabt zu haben scheint, in deren Güter sie sich theilten, und solcher genossen, bis die Revolution auch über diesen Orden ein Gericht gehalten hat, wie leider! den Templern nicht zu Theil geworden ist!

Lange war die Mehrzahl der Schriftsteller Ankläger, und nur die Minderzahl Vertheidiger des unglücklichen Ordens. Gleichzeitige Schriftsteller (bey Muratori IX.) sprechen schon ganz leise von Ungerechtigkeiten, die meisten aber sprachen dem Königl. Rath und Bibliothekar Dupuy nach, wie Natalis, Daniel, Belly ꝛc. Jesuit Daniel hätte sicher ganz anders gesprochen, wenn er die Aufhebung seines eigenen Ordens erlebt hätte, und welche Bekenntnisse würden wir haben, wenn das 18te Jahrhundert so gegen Jesuiten gewüthet hätte, wie das barbarische 14te Jahrhundert gegen die Ritter? Protestanten, Leibnitz, Thomasius, Gürtler sprachen lauter, am lautesten aber der als Geschichtschreiber so oft verachtete Voltaire, der doch erst der Welt lehrte, daß Nahmen der Könige, Krieg und Frieden nicht die Hauptmomente der Geschichte ausmachen. Er sprach vom Geiz und der Rachsucht des Königs, von der niederträchtigen und bestochenen Rolle eines Papstes, von eifersüchtigen fanatischen Mönchen und Inquisitoren, ganz wie ein ächter Philosoph. Voltaire nannte mit Recht diesem scheußlichen Justizmord die heilige Bartholomäi-Nacht der Templer!

Nicolai machte den Gegenstand noch reger, und durch die darüber entstandene Controverse scheint die Wahrheit gewonnen zu haben, vorzüglich aber durch Moldenhauer und Münters gelehrte Funde, an die sich neuere französische Schriften anschließen. Die Wahrheit liegt auch wohl hier in der Mitte. Der Orden war ausgeartet, nicht so schuldig als man ihn machte aus Ränksucht, Bosheit und Vorurtheil der Zeit, aber auch nicht unschuldig, in keinem Falle aber schuldig eines so schmähligen und schrecklichen Endes! Wir wissen jezt, was wir wissen können, und so möchte denn räthlich seyn, dieses historische Problem zu belassen, wie mehrere dieser Art, oder es zu behandeln, wie Ferguson die Könige Roms behandelt hat. Die Wahrheit ist zwar angenehm, aber alles hat seine Zeit, und bey so alten Geschichten verdient auch Erwägung: Ars longa, vita brevis!

König Philipp verfügte sich zum Papste nach Lyon, meldete ihm die Denunciationen, die Grundlage des Anklags-Processes, und erinnerte wahrscheinlich an die sechs Puncte, die derselbe bey seiner Wahl zugestanden habe, wovon der sechste die Abschaffung der Templer, bis jezt in petto geblieben war. Der erste Act des Prozesses begann mit der Einberufung Molais des Großmeisters, der sich zu Cypern aufhielt. Cypern war, nach Verlust von Palästina, der Hauptsitz des Ordens, in Erwartung eines neuen Kreuzzuges, oder eines

Umschwunges der Dinge im Morgenlande, und der Orden stand hier, wie auf einem Ehrenposten. Clemens V., um keinen Verdacht zu erregen, befahl 1306 den beyden Großmeistern mit ihren vornehmsten Rittern zu erscheinen, der treuherzige Molai erschien, der Großmeister der Johanniter aber, Villaret, kam nicht, und eroberte dafür Rhodus!

Molai kam mit 60 Rittern, kam selbst mit dem Ordensschatz, und legte diesen im Tempel zu Paris nieder. Sodann verfügte er sich zum heil. Vater nach Poitiers, und dieser verlangte von ihm sein Gutachten über einen neuen Kreuzzug, das Molai auch erstattete. Hierauf eröffnete ihm Clemens den neuen Plan zur Vereinigung aller geistlichen Ritterorden, und Molai zeigte in einer weitläuftigen Schrift theils die Unmöglichkeit, theils die schädlichen Folgen eines Planes, an dem schon drey Päpste vergebens gearbeitet hätten. Der Großmeister überraschte zuletzt noch S. Heiligkeit mit Klagen über die Verläumder seines Ordens, bat um Gehör und rechtliche Untersuchung, und ging wieder zurück nach Paris, wo ihm Philipp noch die Ehre erzeigte, ihn zu Gevatter zu bitten!

Clemens meldete im August 1306 dem Könige, was vorgefallen sey, stellte sich, als kämen ihm die Anzeigen gegen den Orden unglaublich vor, bat um bessere Beweise, und versprach Anstalten zur Untersuchung. Dies war Philipp ungelegen. Die Sorbonne hatte ihm zwar das Recht über einen geistl. Orden zu richten abgesprochen, aber sein Staatsrath, Kanzler Nogaret an der Spitze, war der Meinung des Königs, und so erging denn der geheime Befehl durch ganz Frankreich, die Templer am 13. Oct. 1307 gefangen zu nehmen. Philipp verlangte ein Gleiches von England, Eduard aber antwortete höflich, daß er zuvor untersuchen wolle, und gab sogar dem Orden ein Königl. Zeugniß des Wohlverhaltens. Eduard schrieb nach Portugall, Spanien und Sicilien, und vermahnte zur Behutsamkeit, aber als er sahe, was in Frankreich geschahe, auch der Papst ihm schrieb, und überall hin ähnliche Bullen erlassen wurden, so wurde Eduard — Zeitlebens das Spielwerk seiner Lieblinge, — anderes Sinnes, und auch die engl. Templer wurden gefangen gelegt. Zu Paris allein schmachteten 140 Ritter nebst dem Großmeister im Gefängniß, und Philipp setzte sich sogleich in Besitz des Tempelschatzes, der Ordenspapiere, und selbst des Tempels, den er selbst bezog. Am ersten Sonntage darauf hallten alle Kanzeln wieder von den Verbrechen der Gefangenen „ne populus scandalisaretur de subita Captione!"

In ganz Frankreich begannen jezt die Untersuchungen gegen die Unglücklichen, vorzüglich zu Paris. Der Königl. Beichtvater, Inquisitor und Dominikaner Wilhelm Paris war äußerst thätig, der heilige Vater aber beschwerte sich, weil der Orden allein unter ihm stünde, die Güter der Kirche gehörten ꝛc., und suspendirte die Erzbischöfe,

Bischöfe und Inquisitoren. Er setzte eine päpstl. Commission nieder im Aug. 1309, der die berühmte Bulle: Faciamus misericordiam etc. zuging, welche scelus apostasiae nefandum, detestabile Idolatriae vitium, execrabile Sodomorum et haereses varias angibt, und dabey äußert: „daß Se. Heiligkeit solche Greuel unmöglich glauben könnten, König Philipp aber habe gleiche Greuel vernommen, und dringe auf Untersuchung; nicht aus Geiz (non typo avaritiae), denn er verlange nichts von Ordensgütern, sondern aus reinem lauterm Religionseifer (orthodoxae fidei fervore)!! Lange vor Marchiavell gab es also Macchiavellisten, denn die Theorie fließt erst aus der Praxis! Philipp und seine Helfershelfer erscheinen als solche, und hatten von Päpsten und Geistlichen trefflich gelernet, wie man die schwärzesten Thaten bedecken kann mit dem Mantel der Religion! — Die Instructionen der Richter allein sprechen schon die Ränke deutlich aus, und Dupuy, der sie zuerst der Welt vor Augen legte, und die Schandthat vertheidigte im Texte, bringt uns beynahe auf die Idee, daß er der Nachwelt die Beweise der Ungerechtigkeit aus seinen Actenstücken, oft im Widerspruch mit seinem Text, zu sammlen habe überlassen wollen!

Mit Schauer, Staunen und gespannten Erwartungen vernahm nun das Publikum in 127 §§. die Anklagepuncte, oder die Verbrechen der Templer, die sich auf nachstehende zurückbringen lassen:

1) Die Verleugnung Christi, unstreitig das grauenvollste Verbrechen, wenn man sich in das 14te Jahrhundert versetzt! Die Ritter sollten bey der Aufnahme in den Orden Christum verleugnen, das Kreuz anspeyen und mit Füßen treten, selbst mingendo! Und gerade über diesen Hauptpunct sind die Zeugen-Aussagen die bestimmtesten von allen! Es ist bekannt, daß die Saracenen von gefangenen Rittern immer zuerst Beschneidung oder Tod verlangten, sie ausspotteten mit ihrem Gott, der gekreuziget worden, und von dem Einzigen Gott sprachen, der nicht gestorben sey, und nie sterbe! — eine Ketzerey, die bekanntlich dem großen Kaiser Friedrich II. schon einleuchtete, und vielen Rittern gleich einleuchtend gewesen seyn mag. Kann daher jene Zumuthung des Ordens nicht Prüfung des Novizen und seines Characters gewesen seyn? Probe des Gehorsams? vielleicht gar eine fromme Probe, ob der Mann nicht Freygeist sey?

Wenn man die Aussagen der 231 Zeugen bey Moldenhauer aufmerksam durchgehet, so ist weder Spott, noch Immoralität und Leichtsinn zu bemerken. Die meisten geben an, daß sie erschrocken und zitternd dem Ansinnen gefolgt, und nur mit dem Munde (ore, non corde) verleugnet, nur nebenhin gespien, — wenn bey längerer Verweigerung die Receptoren Dolch und Schwert gezuckt, und gerufen hätten: „Gehorche! oder du bist ein Kind des Todes!"

Die Rezeptoren selbst hätten dies geschehen lassen, ja wohl selbst Winke gegeben und gesagt: „Es sey eine bloße Ordenssitte, man könne es ja wieder beichten!“ Diese Zumuthungen kommen am häufigsten bey Neulingen niedern Standes vor, daß man beynahe an einen gnädigen Spaß alter Ritter mit den Neulingen denken möchte, wie sich solchen häufig die Kloster-Obern mit Novizen erlaubt haben. Ein Zeuge sagt aus, er habe alle Besinnung verloren, sein Haar hätte sich gesträubet, er habe am ganzen Leibe gezittert, und der Prior ausgerufen: „Wohl! du wirst ein ganzer Held jenseits des Meeres seyn!“

2) Die Weglassung der Consecrations-Worte beym Abendmahle. Wenn sich die Templer das erste Vergehen zu Schulden kommen ließen, so war dieses zweyte weiter nichts als eine logisch richtige Folge des ersten in einer Manier, die erst 200 Jahre später aufkam, in lutherischer und calvinischer oder evangelischer Manier! Schwerlich aber dachten die rohen Ritter so weit, und die meisten haben wohl dem Ritter Montroyal geglichen, der da aussagte: „Wir haben das Vorrecht gehabt, das wahre Kreuz Christi in unserer Mitte zu führen in der Schlacht: wären wir solche Frevler, hätte das heilige Kreuz so lange in unserer Mitte verweilet?“

3) Die Anbetung eines gewissen Idols oder Bildes — das berüchtigte Bapho-

24 *

met. Dieses Bild wird von den Zeugen höchst verschieden angegeben, von einigen als ein metallener Kopf mit einem Barte. Bey der nächtlichen Aufnahme und dem Helldunkel des Saales konnten es wohl nur Wenige recht betrachten, und die Bildnerey war in jenen Zeiten noch so unvollkommen, daß man gar leicht irre werden konnte. Das Volk sprach gar von einer Katze oder Kalbe mit funkelnden Augen, die man angebetet habe, die Gelehrten unserer Zeit aber von einem Sphinx, wie Anton, Herder von einem Helme oder Rittertrophäen, Münter von Tempel-Reliquien, und am allergelehrtesten Nicolai von βαφη — μητεος Gnostischer Taufe der Weisheit, und da das Bild einen Bart hatte, vom Symbol des Allvaters, der Himmel und Erde gemacht hat. Keiner hat das Idol gesehen, und es ist in der That auffallend, daß selbst die Inquisitoren sich eines solchen ächten Corpus delicti nicht zu versichern suchten, was so schwer nicht hätte fallen müssen!

Mir scheint es immer noch am natürlichsten unter Baphomet — Muhammed zu verstehen, wenn gleich die Morgenländer alle Bilder verabscheuen. Templer waren keine Morgenländer, und können gar wohl, da sie offenbar im Umgange mit Saracenen hellere Ideen bekamen, das Bild des Propheten, der die Einheit Gottes lehrte, aufgestellt haben, damit anzudeuten, daß man das Kreuz des rohen groben Bilderdienstes, der damals in der ganzen Christenheit herrschte, und die Moral Jesus verdrängt hatte, nicht selbst anbeten, sondern den Geist zu dem Uebersinnlichen, ächt Religiösen erheben, und Gott anbeten müsse im Geist und in der Wahrheit. Hierauf deutet auch die Beschuldigung hin: „sie glaubten, durch dieses Bild grüne die Erde, und blühten die Bäume!

Wahrlich! die Ritter durften dem Propheten schon die kleine Ehre erzeugen, seine Büste im Capitelsaal aufzustellen, denn ohne Muhammed und seine Stellvertreter oder die Califen hätte es keine heilige Kriege gegeben, folglich auch keine geistl. Ritterorden, die durch diese fanatische Kriege so reiche und mächtige Gesellschaften geworden sind. Wie? wenn ihr Zeitalter den Propheten erst hätte betrachten können mit den Augen Gibbons? Mögen die Templer die Freymaurer ihrer Zeit gewesen seyn, was sich wohl nicht mehr ins Reine bringen läßt, so ist aus den Prozeßacten doch so viel klar, daß, wenn sie ein Geheimniß hatten, solches nichts anders war, als das Geheimniß einer — gereinigtern Religion — Deismus. (Vielleicht nebenher noch so ein kleines unabhängiges Paraguay.) Es wäre möglich, daß die Eingeweiheten des Ordens die erste geheime Gesellschaft im heutigen Sinne des Worts gebildet hätten, und aus ihren Häusern (maisons) läßt sich leicht Maçon, Maçonnerie herausconstruiren, wenn das Wort nicht von Maßoney (Gesellschaft) herrühret.

4) Unnatürliche Lust. Sie ist nicht so

unwahrscheinlich, wenn wir das Zeitalter betrachten, und die Ansichten der ganzen Clerisey, die dieses Laster als peccadillo anzusehen nur allzu geneigt war. Barbarische Zeiten waren immer Pflegerin dieser Unnatur, und wir wissen von Alcuin, daß man selbst Bischöfen die vier canonischen Fragen vorlegte: 1) Ob sie keine ἀρσενοκοῖται (Knabenschänder), 2) Nonnenverführer, 3) Bestialitäter seyn, und 4) in zweyter Ehe gelebt hätten? Die Ritter hätten wohl dem Hochwürdigen Consistorio sagen mögen: „Wer unter Euch ohne Sünde ist, werfe den ersten Stein auf uns!" Jene Lüste mögen zu denjenigen Sünden gehört haben, die sie „propter erubescentiam carnis" nicht beichteten, und die angegebene Ursache macht es wahrscheinlich: „ut melius caliditatem terrae ultramarinae tolerarent et ne diffamentur propter mulieres." Das schändliche Cölibat-Gesetz führte zu schändlichen Abwegen, wie die Nachsicht der Obern — Ritter so gut als Pfaffen, Mönche und Nonnen!

Es ist bekannt, daß im Oriente stets jenes widernatürliche Laster herrschte, und noch; selbst Napoleons Soldaten, die mit in Aegypten waren, wußten davon zu erzählen. Die Kreuzfahrer brachten diese Unsitten in die Abendländer, sie wurden Modelaster unter den Großen Italiens, und seit dem Aufenthalt der Päpste zu Avignon auch in Frankreich. So mögen denn auch die Waffenbrüder der Templer — Soldat und Mönch in Einer Person — an die Stelle der Weiber und canonischen Schwestern, womit die ersten Templer noch versehen waren, getreten, und der Orden das geworden seyn, wessen man schon die heilige Schaar der Thebaner im Alterthum beschuldigte. Aber wenn auch einzle Templer die Männer-Freundschaft im griechischen Sinne genommen haben, ist es denkbar, daß ein kriegerischer Orden, der so viele unter den Waffen ergraute ernste Ritter zählte, die unnatürliche Lust zum förmlichen Ordensgesetz erhoben habe? Tugend macht glücklich, Laster unglücklich, ist so in der Natur gegründet, daß selbst Jesuiten das Laster nicht zum öffentlichen Gesetz zu erheben wagten! Mehrere Zeugen nahmen die Weisung: „mit einem Bruder bereitwillig das Bett zu theilen“ von der unschuldigsten Seite, andere sagen aus, daß sie ihren Gürtel von einer Schwester oder einer Donzella erhalten hätten, und ein dritter bemerkt: „daß es den Brüdern, bey ihrem Ansehen und Reichthum, nie an schönen Weibern gefehlt habe, welche die öftern Abwesenheiten aus den Häusern veranlaßt hätten!“

5) Unanständige Küsse bey der Aufnahme. Die Novizen sollten den Aufnehmer haben küssen müssen, nicht blos auf den Mund, sondern auch in umbilico, membro und in fine spinae dorsi! Die Zeugenaussagen sind hier sehr schwankend. Wollte man etwa dadurch abschrecken vom Zudrang zu des Ordens Geheimnissen, so wie

die Hansa durch das Hänseln, oder das Würzburger Domkapitel durch seine Ruthenstreiche? Oder sollte es Zeichen der Demuth und des Gehorsams seyn nach dummer Klostersitte? Die meisten Aussagen beschränken sich auf den Kuß des Mundes, der Brust und des Kleides, wurde mehr verlangt und verweigert, so ging man leicht darüber hinweg, — man kannte nun seinen Mann, — und des allerschmutzigsten Kusses gedenket kein Zeuge, nur nennen mehrere Nro. 1. 4. und diesen 5. die Ordenspuncte. Wie war es doch möglich, vom Friedenskuß des Apostel Paulus und der ersten Kirche herabzusinken zum Kusse des membri und Spinae dorsi? Van Pipen up de Lippen kummt Urnndschup under de Schlippen!

6) Der Gürtel der Ritter sey Zeichen der Unzucht, berührt am Bilde Baphomet. Der Gürtel (Cingulum militare) war ein bekanntes Zeichen der Ritterschaft, und hatte die moralische Bedeutung, daß man dadurch an den Orden gebunden sey. Mag auch die dünne Schnur, welche die Templer über dem Hemde trugen und nie ablegen sollten, verschieden vom eigentlichen Rittergürtel gewesen seyn, so war solche gerade bestimmt, Verwahrungsmittel der Keuschheit zu seyn. Ein Zeuge sagt ausdrücklich, daß der Gürtel Erinnerung seyn solle an das Gesetz, daß ein Bruder in saracenischer Gefangenschaft nichts weiter als eine solche Schnur für seine Auslösung zu geben habe. — Der Gürtel war in der That von keiner besondern Bedeutung.

7) Die geheimen Capitel bey Nacht und bey verschlossenen und bewachten Thüren, die zunächst den Argwohn begünstiget, und allerley Mährchen im Volke veranlaßt zu haben scheinen. Aber war dies nicht schon Observanz bey den alten Benedictinern? welche Capitel wurden nicht heimlich gehalten, wäre es auch nur gewesen, weil man da seine Fehler und Sünden bekennen mußte? Ist in heißen Ländern die Nacht oder der frühste Morgen nicht die angenehmste Tageszeit? und konnte ein kriegerischer Orden nicht geheime Kriegsplane zu bereden, und bey plötzlicher Nachricht von Gefahr auch in der Nacht sich zu versammlen haben? Mag nicht manches geheime Capitel bey Nacht gehalten worden seyn, um wichtiger zu thun, wie noch bis auf den heutigen Tag?

8) Magie und Zauberey. Das Zeitalter glaubte fest an solche Künste, und die Hieroglyphen der Templer mußten es in diesem Glauben bestärken. Jeder Ketzer hatte mit dem Teufel zu thun, und der Teufel wieder umgekehrt mit Zauberern und Hexen. Frühere Jahrhunderte hatten der Magie schon manches Opfer gebracht, aber unseligerweise fielen die Templer in den Zeitpunkt, wo sich das Reich des Teufels erst recht aufzuthun schien, Dank den Päpsten! Ketzerey und Zauberey, beydes war Abfall von Gott! Hiengen ja noch Luther und seine Jünger eisenfest an ihrem Teufelsglauben, bis Wier, Becker und Thomasius aufstanden, und die Mönche Loos, Tan-

ner und Spee, vernünftiger als Luther. — Kröten, Katzen, Ratten, dreybeinigte Hasen ꝛc. spielten bedeutende Rollen, und mit dem Gott sey bey uns, der noch zu Christi Zeiten nur unwillkührlich Besitz nahm, schloß man jezt wichtige freywillige Verträge!

Unter die magischen Geheimnisse der armen Templer sollte auch die Goldmacherkunst gehören. Sie hatten allerdings viel Gold, verstanden sich trefflich aufs Goldmachen, aber auf die natürlichste Weise von der Welt, gerade wie die Ehren-Geistlichkeit und die Juden auch. Es gibt allerdings eine Magie, von der aber unsere Compendia juris criminalis am wenigsten wissen, die Magie, auf die sich Cagliostro und Consorten verstehen, Templer und Jesuiten verstanden haben, und die stets bleiben wird, — nämlich die magische Macht der Schlauköpfe über Dummköpfe!

9) Der Schwur, die Ordensgüter zu vermehren mit Unrecht oder Recht. Diese Beschuldigung erscheint als die allersonderbarste. Die Ritter mögen allerdings nicht viel nach Recht oder Unrecht gefragt, und es arg genug gemacht haben, weil das, was bey den Mönchsorden längst im Brauche war, vielleicht nur auf sanftere und listigere Weise, den Rittern zu einem besondern Vorwurf gemacht wird. Aber thaten nicht die andern Ritterorden das nämliche, die gesammte hochwürdige Clerisey, den heiligen Vater ja nicht zu vergessen?

10) Die Absolution der Obern von Sünden, und zwar im Nahmen Gottes, und nicht im Nahmen der heil. Dreyfaltigkeit. Aber gehörte diese Absolution nicht zum Theil zu ihren Privilegien? Templer beichteten nur Templern, und der Großmeister entbinde selbst von ungebeichteten Sünden, sagte man. Dieses war nun freylich stark gegen die Grundsätze der Hierarchie und das priesterliche Ansehen gefrevelt, wenn auch ein Protestant dabey lächlen mag!

11) Kein Noviziat. In der That etwas auffallend, weil solches Ritterordens-Sitte war; wenn man aber weiß, daß die Templer nur Ritter aufnahmen, unter deren Würde es gewesen wäre, den Lehrling und Knappen noch einmal zu machen, so war dies eine sehr kluge Sitte des Ordens, denn Männer von Stand, Verbindung und gewissem Alter fanden gerade darinne einen Grund, dem Orden, wo kein lästiges Noviziat zu machen war, andern vorzuziehen. Und da es Grade im Orden gab, so konnte der erste Grad füglich für ein Noviziat gelten, wie bey Jesuiten.

12) Schließlich beschuldigte man noch die Brüder, daß sie ihre neugeborne Bastarde dem Baphomet, wie dem Moloch opferten, solche so lange im Kreise der Brüder herumwärfen, bis sie todt seyen, und mit dem Fette derselben das Idol einrieben, daß sie die Asche verstorbener Brüder unter ihren Trank mischten, à la Artemisia, daß ihnen ausdrücklich verboten sey, das Haus einer Wöchnerin zu betreten, oder einer Ehe-Einsegnung bey-

zuwohnen, so wenig als einer Tauf handlung, und daß sie im Morgenlande K. Fried. II. und Louis den Heiligen den Saracenen verrathen hätten, mit denen sie stets unter einer Decke spielten, — lauter alte längst widerlegte Mährchen und Verläumdungen. Der Unsinn ging so weit, daß man zuletzt noch behauptete: in jedem Capitel hole der Teufel einen Bruder!

Wenn man die von Moldenhauer aufgefundenen Acten lieset, die weit vollständiger sind, als die bey Dupuy, so wird manches begreiflich, wenn man dabey an die Inquisition gegen die Albigenser denkt, noch mehr aber an die gleichzeitigen Beschuldigungen gegen die Juden, daß sie Christenkinder gemordet und gekreuzigt, Hostien blutig gestochen, und Brunnen vergiftet haben, so oft, aus Mangel an Polizey, Seuchen wütheten. Man mag auch der Hexenprocesse gedenken, wo die Aussagen möglichst gleifförmig, ganz anpassend den Fragen sind, weil die Antworten erzwungen wurden durch — Tortur! Wir finden auch nur die Geständnisse verzeichnet, wie man sie wollte, aber wo sind die Aussagen derer, die den Qualen widerstanden haben? man scheint sie nicht eingesandt, wahrscheinlich nicht einmal protocollirt zu haben! Alle Aussagen der französischen Ritter sind erpreßt durch Tortur, oder aus Furcht vor derselben, und wahrscheinlich liegen unter dem ewigen „idem que les autres" minder brauchbare Geständnisse verborgen!

Der natürlichste und rechtlichste Vorwurf, den man dem Orden hätte machen können, wäre der gewesen, daß er ein gefährlicher Status in statu, mit Ende der Kreuzzüge ohne Bedeutung, und überflüssig sey, wie Johanniter und Deutsch-Ordensritter. — Hätte man hierauf die Aufhebung gegründet, ohne Gefängniß, Folter und Feuertod, und Qualen aller Art, so stände Philipp vor der Nachwelt als Muster hoher Regentenweisheit! So aber steckte man sich hinter Ketzerey, Zauberey und elende Verläumdungen, weil man damit am besten beym Volke durchzukommen glaubte, und Folter, Meineyde und Lügen mußten dem Intriguengewebe nachhelfen. Ketzerey war aber ein Centnerwort, und alle Kirchengeschichtler waren ja herab bis auf unsere Zeiten gewohnt, nicht aus dem Irrthum Wahrheit hervorzusuchen, sondern aus der Wahrheit Irrthum! Denker oder Ketzer, und Nichtdenker oder Gläubige haben sich nur selten verstanden bis auf den heutigen Tag!

König und Papst gelüstete nach den Reichthümern des Ordens, und die Ehrengeistlichkeit fand erwünschte Gelegenheit, ihr Müthlein zu kühlen an den stolzen Rittern, die ihr mit ihren Privilegien so viel Verdruß gemacht hatten. Der in dem höchsten Ansehen stehende Cisterzienserorden, der Vater der Templer, that nicht den leisesten Schritt zum Besten der Unglücklichen, und Bettelmönche zeugten gegen sie, inquirirten, folterten, und erbettelten sich manches Haus ihrer alten amicorum devotorum! Engherzig war stets die

Pfaffheit, je großherziger Ritter waren, und nie hielt sie etwas auf das Griechische Gesetz, sich für Eine Parthey zu erklären, — lieber hielt sie es mit beyden, oder mit gar keiner! Gewiß waren Pericles Athener aufgeklärter als die Franzosen zur Zeit der Templer; aber als Alcibiades mit seinen jovialischen Brüdern beschuldigt wurde, die Hermessäulen verstümmelt und die Mysterien der Ceres und Proserpina nachgeäfft zu haben, gab es da nicht auch schon Einkerkerungen, Todesstrafen, Confiscationen und Verurtheilungen in contumaciam? Homunciones sumus!

# XX.

## Tragisches Ende der Templer.

Schändlich verfuhr man mit dem Orden, denn es war schon im voraus beschlossen, ihn strafbar zu finden, zu verdammen, und aufzuheben. Man wandte daher Drohungen und Täuschungen, Gefängniß und Folter, Versprechungen und Belohnungen an, um nachtheilige Aussagen zu erhalten; selbst angebliche Briefe des Großmeisters, die zum Geständnisse ermahnen. Man erschwerte nicht nur die Vertheidigung, sondern machte sie unmöglich. Man wollte den Orden schuldig haben, während einzelne Mitglieder allenfalls schuldig waren, und gegen die, die sich zu Vertheidigern aufwarfen, gegen diese schritt man zur Execution. Die meisten Zeugen, die Nachtheiliges aussagten, hatten bereits Zusicherungen ihrer Begnadigung und Versorgung. Wäre der Papst von der Wahtheit der Anklagen überzeugt gewesen, hätte er von Rechtswegen und aus Pflicht verdammet, so hob er aber 1312 in einem geheimen Consistorio, non sine cordis amaritudine et dolore, den Orden nur auf: per viam provisionis s. ordinationis apostolicae, non per modum definitivae sententiae!

Die armen gefangenen Templer, ohne Rath und Hülfe, klagten, daß man sie so lange in Fesseln lege, und so schlecht behandle, selbst der Ordenskleidung und der Sacramente beraube, daß man ihnen kaum zu leben gebe (jeder hatte täglich 12 Deniers, wovon er nicht bloß die Kost, sondern auch Lager, Wäsche, Geräthe, Holz und Licht, und selbst den Kerkermeister für Anlegung und Abnahme der Fesseln 2c. zahlen mußte), nicht einmal die nöthige Kleidung und Stroh, daß man ihre Todten (die zum Theil an den Folgen der Tortur, manche aus Hunger und Kummer starben, einige aber in Verzweiflung über die schändliche Behandlung sich erhenkt hatten) in den Kerker begrabe ohne Sacramente in der Todesstunde. Man verweigerte ihnen das gewöhnliche Begräbniß, denn so glaubte das Volk desto eher, daß sie abscheuliche Ketzer seyen. Zu Paris starben 36 Templer im Gefängniß!

Alle die zu Paris und anderer Orten hingerichtet wurden, erklärten ihre Aussagen für Lügen, aber höchst verzeihliche Lügen, da sie durch Martern erpreßt wurden, durch Furcht vor den Martern, und bey manchem auch durch glatte Worte und Versprechungen. Man denke an die durch Martern erpreßten Aussagen der Hexen in spätern

Jahrhunderten, die einstimmig waren, und die Aussagen der Templer waren nichts weniger als einstimmig, und fast alle Zeugnisse im Auslande günstig. Die Ritter wollten sich Mann für Mann selbst vertheidigen, und die Sache nicht Advokaten und Prokuratoren überlassen; vergebens verlangte der Großmeister Vertheidiger, und den Papst zum Richter, vergebens erboten sich 546 Templer zur Vertheidigung. . Zuletzt waren 900 Ritter beysammen, die ihren Großmeister verlangten, das Volk wurde aufmerksam, man eilte sie mit Gewalt zu unterdrücken. Clemens V. in seinen Briefen an Philipp spricht von VII Brüdern, die gekommen wären und ausgesagt hätten, daß ihrer 1500 — 2000 um Lyon versammelt seyen, er habe jene 7 zurückbehalten, und rathsam gefunden, seine Person mit mehr Sorgfalt bewachen zu lassen, und melde solches: „Celsitudini suae, ut quid expediat circa personae suae custodiam valeat providere!“

Der Großmeister Molai war leider! nicht der Mann, wie ihn der Tragiker Renouard schildert, um das Interesse zu erhöhen, — es war ein alter schwacher Mann, der sich selbst miles illiteratus et pauper nannte, ungeschickt zur Vertheidigung seines Ordens, und als Gefangener ohne Geld, daher er um Unterstützung und Rathgeber bat. Molai gestand, wie es scheint, ohne Folter, manches ziemlich unüberlegt, und da ihm die Brüder ins Gewissen redeten, so läugnete er wieder, und bat sich Bedenkzeit aus, um nicht im eigenen

Halfter zu fallen (in capistrum suum) — eine ächt ritterliche Vergleichung mit dem Pferde, das sich in das Halfter verwickelt und selbst erwürget. Selbst sein von einem gleichzeitigen Gemälde kopirtes Bildniß vor Münters Statutenbuch scheint keinem besondern Helden anzugehören!

Der gute schwache Mann berief sich auf die schönen Kirchen und Reliquien seines Ordens, auf die vielen Almosen, die wöchentlich dreymal ausgetheilt wurden, und auf die Waffenthaten im Oriente, — die Pfaffen erwiederten ihm: „Was nützt alles dieses zum Heil der Seelen ohne Glauben?“ „Wohl, sagte der Alte, ich glaube auch an Gott den Vater, Sohn und Geist, — Ein Glaube, Eine Taufe, Eine Kirche und das ewige Leben,“ und bat, daß man ihn doch Messe hören lasse, und ihm seine Capelle und Capellanen wieder gäbe! — Es scheint, man habe sogar des armen Großmeisters Aussagen zu Chinon verfälschet, denn da man sie ihm zu Paris wieder vorlas, und mehrere päpstliche Briefe in die gemeine Sprache übersetzte, bekreuzte und segnete er sich, und wollte — „die Prälaten fordern, wenn sie keine — Prälaten wären; sie verdienten, wie bey Saracenen und Tartaren zusammen gehauen zu werden!“ „So machts die Kirche nicht,“ versetzten die Tartüffs in ihrem sanften Flötentone, „sie richtet die Ketzer, und übergibt die Halsstarrigen dem weltlichen Arm!“

Der Proceß und die Untersuchungen hatten bis

1310 angedauert, das große Concil zu Vienne begann 1311, der König, seine Söhne und Brüder und 300 Bischöfe wohnten bey, man verlas die Acten; und die Prälaten — wenige ausgenommen — waren doch so gerecht zu verlangen, daß man nun auch die Vertheidigung des Ordens anhören müsse. Aber die Sache verzog sich, und Philipp ließ vier und fünfzig Ritter, die widerrufen hatten, in der Vorstadt S. Antoine im Jun. 1310 verbrennen, zu Senlis 9 andere, und so auch in der Normandie, Languedoc und Provence; selbst der Leichnam des Ritters Jean de Tyr war ausgegraben und verbrannt worden! Es waren nicht versöhnte Ritter; denn die, welche bekannten, was man wollte, und daher frey gelassen wurden, hießen die versöhnten Ritter! Und erst am 22. May 1312 erschien die Aufhebungsbulle! König und Papst war es nie um eigentliche Untersuchung zu thun gewesen, nur um das Phantom einer Untersuchung, und so ist der Proceß der Templer ein Proceß, wie die Processe zur Zeit der Schreckensregierung Robespierres, und wie der Proceß des guten Louis XVI.!

Papst Clemens wollte den Großmeister Molai und drey andere Ordensobern selbst richten. Molai sahe aber den heiligen Vater, auf den er sich nicht wenig verlassen zu haben scheint, niemals wieder. Sie sollten lebenslang Gefangene bleiben, zuvor aber öffentlich die Schandthaten des Ordens bekennen, womit man das Urtheil des Publikums zu bestechen dachte, das laut murrte

25 *

über die Greuel vor seinen Augen. Vorgeführt auf ein Gerüste vor Notre Dame widerriefen Molai und Gui d'Auvergne, Grand Bailli der Normandie, ihre Aussagen, und betheuerten ihre und des Ordens Unschuld, den Tod einem ewigen Gefängniß vorziehend, — erschrocken hoben die Legaten das Gericht auf, die Gefangenen wurden wieder abgeführt, aber noch an demselben Abend (18. März 1313) befahl Philipp sie — zu verbrennen!

Hugo de Peralde und der Großprior von Aquitanien widerriefen ihre Geständnisse nicht, und lebten, Molai aber und Gui d'Auvergne widerriefen, und duldeten muthig ihr schreckliches unverdientes Schicksal. Sie bezeugten noch mitten in den Flammen ihre und des Ordens Schuldlosigkeit, und bekannten sich nur darum des Todes schuldig, daß sie sich hätten schrecken lassen, Unwahrheiten auszusagen. Molais schöne Rede aber gehört dahin, wohin die schönen Reden des Livius gehören. Das Volk schenkte ihnen die verdiente Thräne des Mitleides, und viele Andächtige sammleten die Asche der Märtyrer. Zur Verherrlichung der Rosenphilosophie meiner Zeit, die von Romantikern, Mystikern, schlauen Jesuiten, Wundermännern und hysterischen Somnambüles so herrlich unterstützet wird, darf ich nicht vergessen, daß Molai den Papst und König in das Thal Josaphat citirte, binnen Jahr und Tag, und daß Papst und König in der That — sterben mußten!

Dieß war das Ende des großen Trauerspiels!

Aber wer wird nicht lieber hundert geradsinnigen Rittern und ihren Aussagen am Rande des Grabes glauben, als einigen Dutzenden egoistischer Pfaffen? Wer nicht lieber zehn Rittern glauben, die nicht gestehen, was man will, und sich darauf verbrennen lassen, als 100 andern, die bekennen, um sich das Leben zu erkaufen? Ohngefähr 100 französische Ritter bekannten auf der Folter, und aus Furcht vor Folter, Verbrechen, und die Hälfte widerrief; — fast alle Ritter außer Frankreich, einige englische ausgenommen, wollten durchaus nichts von den vorgehaltenen Verbrechen wissen, und doch verurtheilte man den ganzen Orden? In England wurden 75 Zeugen abgehört, darunter 40 Ritter, die übrigen Bettelmönche, und so auch in Schottland und Irrland; die Hauptbekenntnisse sind nur von drey Rittern, die geflüchtet waren und wieder ergriffen wurden. Man vertheilte die Templer, nach leichtem Verhör, in Klöster, und die Johanniter, die ihre Güter bekamen, sollten sie ernähren, wie billig, ließen sie aber darben; Eduard II. mußte förmlich befehlen, daß man jedem täglich 4 Deniers verabreiche, dem Großprior aber 2 Solidi!

In Italien gab es Inquisitionen zu Ravenna und in Sicilien; dorten wurden mehrere gefoltert, aber doch ohne Rücksicht auf Widerruf wieder freygegeben, hier aber welche hingerichtet; nur Venedig handelte groß und edel, und so auch Robert Graf von Flandern. Portugall errichtete aus den Templer-Gütern seinen

Christus-Orden, und Templer waren dessen erste Ritter. In Spanien, wo die Ritter Miene machten, sich in ihren Burgen zu vertheidigen — nicht sowohl gegen den Hof, als vielmehr gegen das bigotte Volk, das in ihnen Ketzer sahe, weigerten sie sich nicht zu antworten, und das Concil erklärte sie für unschuldig. Der König nahm sie in Schutz, und sie starben im Besitz, oder gingen über in den neuerrichteten Montesa-Orden, oder in andere Orden Spaniens. In Deutschland erschien Wildgraf Hugo (von dem aber Kremer in seiner Geschichte des wildgräflichen Hauses nichts wissen will) mit 20 Rittern wohlbewaffnet vor der Mainzer Synode, verwahrte sich, und appellirte an die Kirche und einen zukünftigen Papst; sie blieben unangetastet. Im Brandenburgischen wurden erst 1318 die Johanniter in die Templer-Güter eingesetzet. Ueberall, und so auch auf Cypern ging man bedachtsam, glimpflich und menschlich zu Werke, nur nicht in Frankreich; ein Hauptbeweis gegen Philipp und den ihm sclavisch hofirenden Papst! Ein Hauptbeweis für die Unschuld des Ordens bleibt auch der, daß die Acten dieses wichtigen Conciliums von Vienne so unvollständig, und der Welt nicht vorgelegt worden sind!

In allen Ländern schlichen die Bettelmönche, wie die Schakals hinter den Leichnamen her; selbst Nonnenklöster. Nach der überreichen Aerndte der Johanniter, der Könige, Fürsten und des Adels, hielten sie noch eine kleine Nachlese, und nicht ohne Ausbeute. Aber sie hatten auch in dem langen Processen viele Mühe mit Zeugnissen gehabt, namentlich die Minoriten und Augustiner, nur nicht die Dominikaner, deren Ordensstolz sich vermuthlich beleidigt fand, daß man ihnen, als den ordentlichen Ketzer-Richtern, diese Haupt-Inquisition ohne Gleichen nicht allein übertragen hatte! Wie kam es aber, daß der deutsche Orden wenig oder nichts abbekam? War er weniger beliebt bey Päpsten, als die Brüder des heil. Johannes? war er zu deutschbieder, um sich auf Kosten der Unglücklichen und Unschuldigen zu bereichern? — Vielleicht beydes. Die Aufhebung dieses reichen und mächtigen Ordens der Templer war der erste Anstoß zu Säcularisations-Ideen, Philipp sprach ziemlich deutlich von Reform der Johanniter, so deutlich als die liefländischen Bischöfe von Reform des deutschen Ordens; — vielleicht hielten sich auch darum die Marianer so ruhig, die schon pfiffige Preußen geworden waren!

Es kam sogar ein neuer Orden der Krone, Militiae regalis Ordo, in Vorschlag, der auf die Güter des Templer-Ordens und anderer Orden in der ganzen Christenheit gegründet werden sollte, zu Wiedereroberung des heiligen Landes, dessen Großmeister der König von Cypern seyn sollte; aber der heilige Vater war einmal für den Johanniterorden, und andere Großen und Orden hatten keinen Gefallen an dem neuen Plane. Beati possidentes — und wer gibt gerne heraus?

Alles hatte sich aber einmal gegen die Templer verschworen, und so mußten sie fallen, sie, die auf keinen Fall schlechter waren, als ihre Brüder! Nach dem Tode und Sturze der Unglücklichen mußte selbst ritterliches Saufen Bibere templariter heißen, zuvor aber sagte man Bibere papaliter. Gute Zeugnisse hatten die Ritter für sich von Päpsten und Königen, so lange sie nicht geächtet waren — Zeugnisse von Zeitgenossen, und diese muß man hören. Sie waren tapfere, kühne, unverdrossene Mannen, Böllerey und Wollust aber fand man stets im Gefolge von Kriegern. — Bereichert mögen sie sich haben, aber nicht mehr als andere Orden auch, und Stolz auf Kriegsruhm, Gemeingeist und Geld ist eine alltägliche Erscheinung, folglich verzeihlich. Alle jene Ruchlosigkeiten, die man den Orden beschuldigte, kommen erst mit dem Processe an die Tagesordnung, und fallen höchstens Einzelnen zur Last, oder sind gar keine Ruchlosigkeiten. Die Troubadours, welche die Päpste, Könige, Adel und Pfaffen rücksichtslos geisseln, sagen nie etwas von den Templern, die Päpste interessirten sich lebhaft für den Orden, und Eduard nahm sich, wie Spanien, Portugall und Deutschland des Ordens treulich an, bis er Tochtermann Philipps wurde; er gab ihm noch 1304 Privilegien wegen seiner Frömmigkeit, Mildthätigkeit, Muth und aus Vorliebe für den berühmten Kriegerorden. Hätte wohl das Concil zu Salzburg 1292 die Vereinigung der 3 Ritterorden in Vorschlag gebracht, wenn die Templer nicht wenigstens in gleich gutem Rufe mit den Johannitern und Marianern gestanden wären? Molai in seiner Antwort an den Papst sagt sogar: „daß sich die drey Orden nicht zusammen vertragen würden, die Templer entweder von ihrer Disciplin nachlassen, oder die Johanniter die ihrige reformiren müßten!“

Thomasius, der so oft die Ehre der Menschheit gerettet hat, hat auch die Ehre der Templer zu retten gesucht, früher denn andere; aber wenn er sich auf den Grund stützt, daß so viele alle jene Beschuldigungen leugneten, so mag er nicht daran gedacht haben, daß es Grade im Orden gab, und daß diejenigen, die nur den ersten Grad hatten, nicht in die Geheimnisse des 2ten und 3ten Grades eingeweihet waren. Zwey Grade gab es einmal im Orden, wie aus den Zeugen-Aussagen erhellet, und es ist möglich, daß die Obern den Rittern jenseits der Pyrenäen bey ihrer Bigotterie nichts anvertrauen mochten, wie den Deutschen auch wegen ihrer geringen Bildung. Franzosen und Engländer waren weiter, die meisten Templer und Ordensmeister waren Franzosen, und daher waren nur diese Eingeweihete. Die Jesuiten zogen gleichfalls Italiener und Franzosen vor, und wenn jezt auch die Deutschen auf gleicher Stufe der Cultur standen, so waren sie ihnen doch zu gerade und ehrlich!

Hieraus lassen sich viele Widersprüche in den Zeugen-Aussagen erklären. Die Aussagen englischer Ritter wurden nicht durch Folter erpreßt, und doch stimmen viele überein, und dieses läßt sich auch dadurch erklären. Indessen die Furcht vor dem, was in Frankreich vorging, konnte sie bekennen machen, und so wären auch die englischen Bekenntnisse doch keine freye Bekenntnisse gewesen. Der brittische Ritter Humbert Blanke, befragt über die Geheimnisse des Ordens, antwortete: „Er habe Gehorsam, Keuschheit und Armuth geloben müssen, aber nichts Geheimes, das nicht alle Welt wissen dürfe." Aber warum machte man Geheimnisse daraus? fragte man weiter, und Blanke antwortete trefflich: „propter Stultitiam!"

Der Jesuitenorden, mächtiger noch als der Orden der Templer, reicher, und ohne allen Vergleich schädlicher und schlechter, starb von der Hand Frankreichs, wie der Tempelorden, aber Preis und Ehre der Humanität des 18ten Jahrhunderts! sanft war seine Auflösung, verglichen mit der Barbarey gegen die Templerritter! In Hinsicht des Ideen-Einflusses, den das Morgenland auf das Abendland hatte, bleibt aber der Templerorden der merkwürdigste aller Orden. In Frankreich war der Orden am zahlreichsten und mächtigsten, und daher waren hier die Ketzer am frühesten und lautesten. Der Orden wurde vertilget, aber sein Geist lebte und wirkte fort im Stillen. Daher ist und bleibt die Geschichte der Templer, so einen kurzen Zeitraum sie auch füllet, und so wenig Materialien wir auch haben, dennoch eine der merkwürdigsten welthistorischen Erscheinungen!

Templer, die erfahrensten und geübtesten Krieger, gebildet auf Reisen, und grau geworden in Lagern und Schlachten, Männer aus den ersten Familien, überall begütert, durch einen furchtbaren Eid an blinden Gehorsam gebunden, verpflichtet zur Ehelosigkeit, strengem Leben und Schweigen, überall in Staatsämtern, Ansehen und von Einfluß, bildeten einen geheimen Bund durch ganz Europa bis nach Asien hin, und daher ist und bleibt ihre Geschichte so dunkel, wie die Geschichte der Jesuiten. Aber die Stimme der Natur bleibt stets mächtiger, als die Stimme der Machthaber und Obern, und so kann der Zweck einer Gesellschaft nicht bestehen, wenn sich die Genossenschaft nicht dem Volks- und Staats-Zweck unterordnet. Und daher waren die mächtigen und auch schlauen Templer, gerade wie Jesuiten, ihrem Fall am nächsten, je mächtiger sie wurden, und sie waren nirgendswo mächtiger, als in Frankreich, ihrem Grabe!

Die Verbindung der Exjesuiten dauerte stets fort, sollte die Verbindung der Extempler, die so zahlreich waren, mit ihrem Orden erloschen seyn? Erwiesen ist es nicht, wird auch schwerlich erwiesen werden können, aber unwahrscheinlich ist es keineswegs, und Lessing war lebhaft überzeugt, daß aus dem Tempelorden nach und nach die Freymaurerey hervorgegangen sey. Der wahre ursprüngliche Zweck der so oft verkannten, verlästerten und verfolgten Freymaurerey war Vernichtung oder Minderung des Hasses, den armselige Meinungs-Verschiedenheit unter die gebrechliche Menschlein bringet, — Niederwerfung — der lächerlichen Scheidewand, welche Religion, Stand, Nation, Kenntnisse 2c. um die Kinder Adams zog; ihr ursprünglicher Zweck war: brüderliche Eintracht an die Stelle zu setzen, und Menschen mit Menschen zu verbinden durch das schöne Band der Humanität, das unsere Zeiten am geläufigsten im Munde führen, je entfernter solches vom Herzen ist! Den schönen Zweck Jesus hinderten Pfaffen und Juden, den gleichen schönen Zweck der Freymaurer, Friede und Eintracht bey ganz verschiedenen Meinungen und Lagen in der Welt; — Handlungen, nicht werkloser Glaube — störten Schwärmerey, Unverstand, Arglist, Gauner mit ihrem hocus pocus und Afterlogen!

Die Maurerey scheint gegenwärtig einer Saline zu gleichen, deren Söhle die Gradier- und Siedkosten nicht werth ist, so lange die vielen wilden Wasser nicht abgeleitet werden.

Abbé Barruel in seiner ziemlich träumerischen Histoire du Jacobinisme, London 1797 erscheint als wüthender Feind der Templer, der alles und alles für erwiesen annimmt, was man kaum dem liederlichsten Tempelbruder aufhalsen möchte; er siehet in diesem verruchten Orden die ersten geheimen Logen, und die erste jacobinische Verbindung gegen Kirche und

Staat, gegen Päpste und Könige! Und der sonst wackere umsichtigere deutsche Ordensritter de Wal scheint in seinem neuesten Werke: Recherches sur la Constitution de l'Ordre Teutonique, Mergenth. 1807. 2 Vol. 8. nicht minder geneigt, dem Abbé beyzutreten. Der Ritter macht aber doch noch den billigen Unterschied, daß er nicht den ganzen Orden verdammet, sondern nur eine geheime Rotte im Orden, und daß unter so vielen Templern nur die wenigsten eigentliche Ritter gewesen, sondern die meisten nur dienende Brüder! Man weiß, wie Er sich bemühet, die Ehre, seinen Orden gestiftet zu haben, Edelleuten zuzuwenden, — hier wälzt er umgekehrt die Schande auf die Roturiers!!

Barruel weiß seinem sinnreich-tollen System Alles unterzuordnen und anzupassen, aber da die Freymaurer selbst nicht einmal die Entstehung ihres Ordens wissen, so möchte wohl des Herrn Abbé Hypothese eine kühne, vielleicht gar boshafte Hypothese seyn. Man nimmt gewöhnlich an, daß die Maurerey unter Cromwell entstanden, und mit den vertriebenen Stuarts sich nach Frankreich verpflanzt habe; wahrscheinlicher noch möchte die Zeit der Reformation es seyn, wo Freydenkende sich in geheime Gesellschaften flüchteten, um jesuitischen, wie protestantischen Zurechtweisungen zu entgehen. Die Freymaurer können dies allein wissen, und so auch, was an dem Grade sey, in welchem man „Rache den Mördern Molays!“ schwöret, dessen Montjoie in seinem Tombeau de Molai gedenket. Die ersten Christen waren verdächtig wegen geheimer Versammlungen; so ging es den Templern, und so auch den Freymaurern! das Geheime hat seine Annehmlichkeiten, aber auch manche Unannehmlichkeiten! Hierarchen mußte Freymaurerey ein Greuel seyn, die alle Religionen aufnahm — welche Lauigkeit im Glauben! Freymaurerey und ihr angebliches Geheimniß — welche Vermessenheit gegenüber den Bewahrern weit größerer von Gott selbst geoffenbarter Geheimnisse!! Der Mensch bemüht sich vergebens, in die Geheimnisse der Natur einzudringen, und Freymaurer meistern, um mit dem heil. Augustin zu sprechen, die Geheimnisse der Gnade!!!

Herr von Hammer ist der neueste und größte Feind der armen Templer in seinen Fundgruben des Orients. In einer eigenen, gelehrten und ausführlichen Abhandlung, überschrieben: Mysterium Baphometis revelatum s. fratres militiae Templi, qua Gnostici et Ophiani Apostasiae, Idolatriae et Impuritatis convicti per ipsa eorum monumenta (Vol. I. 1—120 u. 445—500) sucht er zu beweisen, daß die Baphometsköpfe, die man bisher für tibetische Idole gehalten habe, deren Ein Dutzend in dem Wiener Antiken-Cabinet zu sehen sind, versehen mit arabischen und griechischen Aufschriften, die den Nahmen dieser Idole Mete (d. h. die Lehre der Gnostiker und die Verleugnung Christi) enthalten, die Idole unserer Templer waren. Aus den

Doppelköpfen, die das Mann-Weib vorstellen, aus den Münzen mit dem Nahmen Mete, aus den Bechern mit Feuer, Schlangen und Fröschen, Symbole der genetischen Kraft, aus obscönen Figuren in neun Templer-Kirchen der österreichischen Monarchie, aus zwey andern in Italien und zwey in Weinheim und Heppenheim, aus dem Hunde, dem Zeichen der Unreinigkeit, aus dem τ, das den Phallus vorstellet, wie der Kamm (κτεις) das Gegenstück des Phallus; aus allen diesen Dingen sucht Herr von Hammer höchstgelehrt die Schandthaten der Templer zu beweisen, und alle Freymaurerzeichen abzuleiten, überzeugt, daß die Templer der ketzerischen Lehre der Ophiten ergeben, und daher — alles, was Kirche und Staat über sie verhängten, gerecht und billig gewesen sey!

Gerechter Gott! wie vielerley Deutungen lassen aber unverständliche Hieroglyphen und vieldeutige Symbole nicht zu? wie oft legt man in alte Figuren Absicht, was reine Laune muthwilliger Künstler war? Die Schlange, welche sich in den Schwanz beißt, ist Symbol der Zeit — Zeit macht klug oder klüger — aber ist nun darum die Schlange klug, und mit Recht Symbol der Klugheit? Sollte es Hrn. v. Hammer nicht hie und da ergangen seyn, wie Lalande, der den künstlichen vor der Ambrosianischen Bibliothek zu Mayland stehenden Palmbaum von Kupfer für ein Natur-Erzeugniß des milden Clima von Ober-Italien angesehen hat? Palmen finden sich aber erst am heiligen Meere, im Paradiese von Nizza, jedoch nur sparsam und ohne Früchte, die Industrie der Einwohner aber weiß die Palmzweige als Früchte zu veredeln, und verkauft sie für die Ceremonie der Kirche zur Darstellung des Einzuges Christi nach Jerusalem!

Und haben denn die Templer alle die Kirchen, wie die Vesten wirklich besessen, die man ihnen zuschreibt? Erlaubt die Critik oder wenigstens die Humanität solche Hypothesen nach einem so langen Zeitraume, und in einer solchen historischen Dunkelheit? Gegen die ganze orientalische Gelehrsamkeit des Hrn. v. Hammer möchte ich einmal nach 500 Jahren, auf bloße Figuren, Zahlen, alte Münzen, Becher und Künstler-Muthwillen hin, kein neues Anklagsystem gegen die armen Templer gründen! Münters Proceß-Acten sind wohl sprechendere Reliquien und Beweise, sie liegen gedruckt vor aller Augen — was brauchen wir weiter Zeugniß?

Herr v. Hammer stellt sogar die Templer neben die Assassinen, die den Sultanen in den Regionen des Islams das gewesen seyn sollen, was die Templer den Päpsten und Königen der Christenheit! Er glaubt, daß aus dem vertilgten und verbrannten Orden, wie ein Phönix aus der Flamme, wenigstens was die Symbole betreffe, der Ordo Architectonicus, zu deutsch der Freymaurer-Orden hergegangen sey. Alles ist möglich, und manche haben dies schon vor ihm behauptet. Haben ja die alten Gelehrten viel vom einer vorsündflutigen Literatur gefabelt, und noch Calovius Urvater Adam zum Ersten Theologen gemacht! Molai soll den Ritter Larmenio zu seinem Nachfolger ernannt haben, und der Orden in England fortgesetzt worden seyn; man will sogar ein Verzeichniß der geheimen Großmeister bis zum Jahr 1776 gedruckt haben, darunter französische Prinzen und der Regent Orleans! Es wäre möglich. In unsern Zeiten ist alles möglich. Stehen ja selbst die Jesuiten wieder auf unter dem Nahmen Redemptoren, und in dem Bocksprung von Dresden nach Prag erhält der Wunder-Fürst v. Hohenlohe die Rolle eines verjüngten Ignatius von Loyola II.!

Herr v. Hammer glaubt noch ferner per ignes suppositos cineri doloso incedere et periculosae plenum opus aleae tractare, (schrieb er vielleicht auch darum lateinisch?) wenn er das seit sieben Jahrhunderten verhüllte Haupt Baphomets enthülle! — Wir glauben es nicht! Wir kennen aber auch von dem Orden nur Handlungen der Bruderliebe und Wohlthätigkeit; und wünschten eben so sehr, daß falsche Brüder die wahren, welche das Großkreuz des Ordens der Menschheit tragen, nicht abschrecken möchten, sich zu erkennen zu geben, als wir wünschen, daß die Machthaber, Hirten der Völker, und andere Obern stets von gleichen Grundsätzen durchdrungen seyn möchten, dann stünde das goldene Jahrhundert vor der Thüre, und das Reich der Heiligen nahete. — Gewiß kann Herr v. Hammer ruhiger schlafen mit und unter seinen Baphomets, als in manchem Staate die armen Freymaurer!

Die Templer leben noch in Frankreich in ihrer alten Residenz zu Paris, genannt le Temple, der aus sieben Thürmen besteht, und einen weiten Umfang hat, umgeben mit hohen Mauern; er gibt noch heute einer ganzen Straße, und einem Theil der Boulevards den Nahmen. Nach der Zerstörung der alten Bastille, auf deren Stelle jezt der schönste Brunnen der Welt, der kolossale Elephant stehet, wurde der Tempel die neue Bastille, merkwürdiger noch durch die Gefangenschaft Louis XVI. und seiner Familie, Moreaus, Pichegrüs und Sidney Smiths! 480 Jahre nach dem scheußlichen Justizmorde des Großmeisters und seiner Ritter, wurde der Nachkömmling des tyrannischen Philipps aus eben diesem Tempel hervorgeführt, um unter der Guillotine zu bluten, weit schuldloser als Carl I., und der Sündenbock seiner Väter. — Le rasoir national war schlimmer noch als die Scheiterhaufen der Kirche! die neue Bastille schlimmer noch als die alte, wenn diese gleich ihre Opfer auf Lettres de cachet hin erhielt, die die Könige unterzeichneten, die Minister aber dann erst die Nahmen des Betreffenden einrückten, ohne daß sich König, Justiz oder Polizey weiter darum kümmerten! Napoleon war despotischer als alle Bourbons. Die Templer leben noch in England im Temple, jezt die Residenz der Justiz, der Rechtsschulen und der Chicanen. Die Templer leben noch in Deutschland in mancher alten Burgruine, die man ihnen mit Recht und Unrecht zuschreibet; und der Aberglaube fordert noch heute Schätze von ihnen, wie Philipp und Clemens!

Ueber den so grausam vertilgten Orden schwebt noch heute in der Tradition ein heiliges Geheimniß, wie um den Templer im Nathan, der Recha rettete, und dann verschwand unter den Palmen! Klosterbrüder, die hinter sein Geheimniß kommen sollen, wie bey Lessing: „Ihr seyd mir nachgeschickt?" O Nein! ich soll mich nur nach Euch erkunden, auf den Zahn Euch fühlen" — sind wahre Spione von Aalen! Die grausame Verfolgung des Ordens, wie seine Macht, erhalten sein Andenken selbst unter dem Volke und in dessen Sagen. Der alte Titurel scheint ganz der Ehre und dem Ruhm der Templer gewidmet zu seyn, wie des höhern Dichters Walter Scotts Ivanhoe; Renouards Trauerspiel les Templiers ist ein Sühnopfer, dem Schatten der Unglücklichen dargebracht, das über die Leiden dieser Ritter, und über die Verbrechen ihrer Blutrichter noch heute der Menschheit Thränen entlockt!

Traurend weilet der Freund des Guten an den Aschenhügeln der gemordeten Edlen, die unser ganzes Mitleid verdienen, — es war ein Justizmord und eine Schandthat ohne Gleichen in der Geschichte! Der Menschenfreund möchte die Annalen seines Geschlechts auf immer schließen, und eine verlassene Robinsons-Insel aufsuchen, möglichst ferne von den Erbsündern, die sich den ersten Platz unter den Erdegeschöpfen Gottes anmaßen, sich stets

26 *

in neue Thorheiten, Laster und Verbrechen stürzen, und nie das Gute vollenden! Nur religiöses Vertrauen vermag den Unmuth zu fesseln, daß er nicht alles verdamme, und nicht verzweifle am Fortschritte zum Bessern! Aber nichts wirklich Gutes geht auf immer verloren! Jene Rittergestalten sind verschwunden, aber ihr Andenken ruhet im Seegen, und ihr großer edler Zweck ist jenem Bunde besserer Menschen ein heiliges Vermächtniß. Nur unter andern Formen schreitet die Menschheit zum Ziele! Die großen Geheimnisse überlassen wir den Söhnen des Thales und Werner!

Nous sommes innocents, disoient ils, nous le sommes,
nous prenons à temoins Dieu, les Rois et les hommes —
Que le feu des bûchers s'elance et nous devore,
au milieu des bûchers nous le dirons encore,
et peutêtre du fond des tombeaux gémissants
s'eleveront ces cris: Nous étions innocents!

# XXI.

## Die Johanniter, ihre Entstehung und Verfassung.

Einige Kaufleute aus Amalphi im Königreich Neapel verschafften sich durch reiche Geschenke vom Kalifen die Erlaubniß, eine Heerberge und Kapelle für die Pilgrime zu Jerusalem anlegen zu dürfen, gegen die Mitte des 11ten Jahrhunderts; die Kapelle wurde dem heil. Johannes gewidmet, und Benedictiner versahen den Gottesdienst. Mehrere lateinische Christen faßten den frommen Entschluß, sich hier der Krankenpflege zu widmen, und die Anstalt gewann an Ausdehnung durch diese barmherzigen Brüder, wie durch die reichen Almosen, welche jene Kaufleute in Italien zu sammlen nicht müde wurden. Unter Bouillon finden wir einen Provenzalen Gerhard als Spital-Aufseher, der diese Gesellschaft in einen Orden umwandelte, ihr das schwarze Kleid der Benedictiner gab mit weißem achteckigtem Kreuze, nebst einer Regel, und so stand der Hospitalritter oder Johanniter-Orden da, den Papst Pascal II. bestätigte. Gerhard starb gegen das Jahr 1120.

Bouillon, Balduin und andere Großen, gerührt von der Pflege, die diese barmherzigen Brüder den Kriegern angedeihen ließen, schenkten dem Spitale Geld und Güter in Palästina und Europa, die sie nun zu vertheidigen hatten, und so wurden — der Zeitpunct läßt sich nicht wohl bestimmen — aus Krankenpflegern auch — Soldaten, und ein geistlicher Ritterorden, nach dem Muster der Templer, unter Meister Raymund du Puy oder de Podio. Kreuzritter niedern Ranges, wie du Puy, Comps, Montague, Gastus ꝛc. waren in den frommen Orden der Hospitäler getreten, folglich war die Umwandlung desto leichter. Du Puys großes Ansehen und Brauchbarkeit beweist, daß Balduin II. bey seinem Zuge nach Antiochien 1130 ihm die Regierung des Reichs übertrug, und du Puy nach Spanien ging, als die Stände K. Alphons Testament zu Gunsten der Orden umstießen, woselbst er zwar nicht die Krone Alphonsens, aber doch reiche Güter seinem Orden zu verschaffen wußte.

Große Thaten verrichteten jezt die Johanniter, wie die Templer, und es ist in der That Schade, daß die Ritter jener Zeiten sich der Feder weniger zu bedienen wußten, als des Schwerts, folglich sind sie verloren für die Geschichte. Die Ritter handelten, statt zu schreiben, konnten nicht einmal schreiben, und wo jezt des Guten zu viel geschieht, geschahe damals offenbar zu wenig! Nach vollbrachten Waffenthaten, ermattet in Gefechten mit den Ungläubigen, kehrten sie heim, um ihre ritterliche Uebungen mit den niedrigen Diensten eines Krankenwärters zu vertauschen, und dieselbe Hand, welche zuvor das Schwert für den zaghaften Pilgrim führte, reichte einem eckelhaften Siechen um Gotteswillen Speise, Trank und Genesungsmittel; dann beteten sie wieder vor dem Kreuze, und gingen hinab in den Stall zu ihren Pferden, oder in die Waffenkammer, um Schwert und Schild zu fegen, oder Kleider und Lederwerk auszubessern, — alles unter religiösem Schweigen! Wen rührte nicht diese Einfalt? wer bewunderte nicht diese Aufopferungen? Wer nicht ihre Waffenthaten? — Wir lesen im Alterthume wenig oder nichts von Anstalten der Mildthätigkeit des Mittelalters, — eine Folge der Lehren Jesus. Es ist sogar dem Christenthume der Vorwurf gemacht worden, daß es den kriegerischen Muth seiner Bekenner ersticke und niederschlage, — diesen Vorwurf widerlegen die Heldenthaten der drey Ritterorden auf die glorreichste Weise, besser als die Legio Fulminatrix!

Zweyhundert Jahre schlugen sich diese Kreuzesritter mit den Saracenen, und beydes, ihre Thaten und ihre Krankenpflege verschafften ihnen reiche Güter, die in Europa, und nicht alle in partibus infidelium lagen. Unstreitig waren es Edelleute, die in den ersten schwärmerischen Zeiten die Hospitäler machten um Gotteswillen; sie griffen wieder zum alten Waffenhandwerk, und damit scheint auch der Ahnenstolz wieder erwacht, und mit der christlichen Liebe in Widerstreit gerathen zu seyn. Sie wollten durch Kleidung von den dienenden Brüdern unterschieden seyn, und P. Alexander IV. hob 1259 den Stein des Anstoßes, indem er den Rittern auf dem Lande und im Kriege, statt der schwarzen Benedictinerkutte — rothe Waffenröcke mit weißem Kreuze zu tragen erlaubte. So war dem Unglück, für einen Servienten gehalten zu werden, begegnet, und auf Kosten der Krankenpflege die Aristokratie des Ordens begründet schon im Jahr 1259!

Ihre ersten Waffenthaten verrichteten die Brüder vor Tripoli und Edessa, vor Jaffa und Ascalon, aber vor Paneas scheiterten ihre Unternehmungen, und schon vor Paneas mußte Dufroy de Thoron, dem die Stadt zustand, versprechen, Herrschaft und Einkünfte mit ihnen zu theilen, schon unter dem ersten Großmeister du Puy! Tyrus vertheidigte sich unter Johannitern und Conrad von Montferrat, wie einst gegen Alexander. Saladin ließ Conrad sagen, wenn er die Stadt nicht übergebe, würde er seinen in der Schlacht von Tiberias gefangenen Vater enthaupten lassen; Conrad ließ ihm erwiedern: „Mit Ehren könne man keinen Kriegsgefangenen tödten, geschehe es aber, so freue er sich, einen Vater unter den Märtyrern zu zählen;“ — der edle Saladin schonte des Vaters und zog ab. Die unkluge Expedition nach Aegypten unter Almarich 1168 stürzte den Orden aus Habgierde ins Verderben, und in eine Schuldenlast von 200,000 Ducaten, worüber Großmeister Assalit resignirte. Die Templer waren klüger!

Nach dem Verluste Jerusalems, wo ihnen jedoch von Saladin gestattet wurde, Ein Jahr noch zu weilen, um ihrer Kranken und des Spitales willen, war nun ihr Hauptsitz Margat, und zum Andenken an dieses Margat bauten sie in Deutschland, wie noch Vertot erzählt, Mergentheim! Die Ritter waren jezt so verdorben und orientalisirt, daß Großmeister Alphons von Portugall wohl alle Ursache hatte, sie reformiren zu wollen, und vielleicht nur darinn zu weit ging, daß er sie ganz auf die Mönchszucht du Puys zurückzubringen suchte, und zwar gewaltthätiger Weise. „Ich will keine Einreden, sondern Gehorsam,“ sagte der Königl. Prinz, aber ein alter Ritter bemerkte mit Recht: „Ein Meister des Ordens ist nicht Souverain des Ordens!“ Sie nöthigten Alphons zur Niederlegung seiner Würde. In ihrem Uebermuthe hatten diese Johanniter stets Streit mit der Geistlichkeit. Papst Gregor IX. machte ihnen sehr lebhafte Vorwürfe wegen ihrer Ausschweifungen, und ihr Todeshaß gegen Templer schadete der Sache der Christenheit weit mehr, als ihre wechselseitige Nacheiferung anfangs genutzt hatte. Nur Unglück konnte hier noch allenfalls reformiren. — Margat ging 1281 verloren, 1291 auch der lezte Waffenplatz Acre, und der Ueberrest der Ritter flohe nach dem benachbarten Cypern, wo wir sie einstweilen lassen.

Die Regel der Johanniter ist die Regel Augustins, ganz mönchisch, und vom ersten Meister du Puy. Wir brauchen uns nicht dabey aufzuhalten, da sie ganz der Templer Regel, was nicht Spitäler angeht, gleichet, die Abänderungen oder Statuten späterer Großmeister, die wir bey Vertot (IV.) finden, geben uns aber Veranlassung zu Bemerkungen. Mit gemeinschaftlicher Uebereinstimmung hatte sich der Orden gebildet, gemeinschaftlich wurden also auch seine Angelegenheiten im Capitel berathen, das aber mit Ausbreitung des Ordens eine repräsentative Gestalt annahm, und zum Großcapitel wurde. Dieses schrieb sich die gesetzgebende Gewalt zu, dem Meister und seinem Rathe stand die ausübende zu. Wir halten uns an das lezte Großcapitel unter Rohan 1776, sanctionirt von P. Pius VI., dessen Grundlage ganz die alte Regel und die alten lateinischen Statuten vom Jahr 1584 sind, und beurtheilen hienach die Verfassung des Ordens *).

Der Orden nannte sich noch bis auf unsere Zeiten, laut dieser Statuten, die heilige Religion, seinen Sitz Convent, und jeden, der das Ordensgelübde abgelegt hat, Bruder (Fra-

---

*) Codice del S. Militare Ordine Gerosolomitani etc. Malta. 1782. fol. Auszug Compendio delle materie contenute nel Codice ib. 1783 fol. Ich verdanke dieses in Deutschland seltene Werk, das nie in Buchhandel kam, und vermuthlich nur an die Herren Ritter vertheilet wurde, der Güte des Herrn Stadtschreiber Rast zu Gmünd.

tallo, frz). Die Mitglieder theilen sich in drey Klassen, Ritter, Priester und dienende Brüder. Alle sind einem Noviate unterworfen, und legen die drey bekannte Gelübde ab. Der Adel muß in Italien und Spanien mit vier Ahnen, in Frankreich mit 8, und in Deutschland mit 16 bewiesen werden, und alle gesetzlicher, reiner Abkunft seyn. Im Orden gab es auch Schwestern, die sich aus Palästina zunächst nach Spanien, Italien und Frankreich zogen; im ersten Reiche waren hochberühmt die Häuser der Ordensschwestern von Sixène in Arragonien, und von Algoveria in Catalonien . . Besser waren wohl die Johannisspitäler, die auch das Abendland frühzeitig aufzuweisen hatte, S. Gilles in der Provence, Sevilla, Tarento, Messina ꝛc. zugleich die ersten Ordens-Commenden!

Das berühmte Sixène stiftete die Tochter K. Alphons Sancha um das Jahr 1190. Hier lebten 60 Edeldamen, deren Kleid von Scharlach war, mit einem schwarzen Mantel und silbernen Ordenskreuze; erst nach dem Verluste von Rhodus kleideten sie sich ganz schwarz in Trauer. In Portugal war Evora, in Italien Genua, Pisa, Florenz und Verona, in Frankreich Beaulieu und Toulouse, in Großbritannien Baukland, und auf Malta S. Ursula; nur von deutschen Johanniterinnen ist mir nichts bekannt. Mit dem Orden gleichzeitig entstand im gelobten Lande das S. Marie Magdalene Haus zu Jerusalem für weibliche Kranken, von einer Römerin Agnes 1099 gestiftet, und dann war ein zweytes zu Antiochien, wo sich die Johanniterinnen samt und sonders beym Sturme der Saracenen — die Nasen abgeschnitten haben sollen!

Der erbaulichste Unterschied im ganzen Orden war wohl die Eintheilung in Cavalieri di Giustizia und di Grazia; erstere waren die, welche vermöge ihres Adels und der Ancienneté Commenden bekamen, und leztere die, welche solche blos aus großmeisterlicher Gnade, oder um Verdienste willen hatten, in Ermanglung hinreichender Ahnenprobe, und mit Ausschluß von hohen Würden und Commenden. Der Ingenieur Florian, dem Malta seine Festungswerke verdankt, und der Mahler Preti, dessen Fresco-Gemälde eine Zierde der Insel sind, waren solche Ritter aus Gnade, und Caravagio wurde wegen seines großen Meister-Gemäldes, die Enthauptung des heil. Johannes — dienender Bruder!

Der Orden hatte auch Cavalieri di Devotione. So nannte man Wohlthäter des Ordens, die das Kreuz erhielten, wenn sie von Stande waren, niedere Classen aber durften nur das halbe Kreuz tragen, und schienen nichts von dem Grundsatze zu wissen: „Lieber Nichts, als nur Halb! Der berüchtigte Bergami wußte sich sogar das Maltheser-Kreuz zu verschaffen, das der Johanniter-Orden weniger sorgfältig wahrte, als der deutsche Orden. Dieser zählte in den spätern Zeiten höchstens 100 Ritter — Maltheser 4—5000! so freygebig war man mit dem Ordenskreuz, und so reizend schien die rothe Uniform mit weißem achteckigen Kreuze!

Die Ordensbrüder schwuren Krieg und Haß den Unglaubigen Moslems, schwuren stets gegen sie zu fechten, aber auch für Waisen, Wittwen und Unterdrückte. Täglich sollen sie 50 Vaterunser, die horas b. Virginis und das Officium defunctorum beten. Jeder Ritter war zu vier Caravanen oder Zügen gegen die Feinde des Glaubens verbunden. Ihr Feyerkleid war der schwarzseidene Mantel (Manto di Punto), an dessen breiten Saume alle Leidens-Werkzeuge gestickt waren. Jede Nation oder Zunge hatte im Convente ihr eigenes Gebäude, wo die Mitglieder Kost und Wohnung hatten, Albergia, genannt — Gasthaus. Jeder erhielt täglich Fleisch, ein Quart Wein und sechs Brode, an Fasttagen Eyer und Fische. Wer eine Commende hatte, durfte nicht mehr in der Albergia speisen, vielmehr tranken die jungen Ritter Caffé und Liqueur bey ihm. Nach fünfjährigem Besitz einer Commende hatte die Comthur Ansprüche auf eine bessere. Von hoher Oekonomie zeigt das Verbot der Hunde, weil sie zu viel Brod in der Albergie fressen möchten!

Der Strafcodex war ziemlich gelinde. Schlägereyen mit und ohne Blut, und Ohrfeigen werden mit Gefängniß und Degradation bestraft; Duellanten mit Verlust des Ordenskleides, hartnäckiges Concubinat aber mit Commenden-Verlust und Ausstoßung. Fluchen ist gleichfalls verpönet, und

Brüder werden dem weltlichen Arm überliefert. Die Statuten unterscheiden Gefängnisse di Castello, und schwereres Gefängniß di Guva (Govea, Loch). Sechs portugiesische Ritter, die Bruder Carera meuchelmordeten, wurden gesäcket ins Meer geworfen, und so bestrafte man auch Meutereyen gegen den Meister!

Der ganze Orden theilte sich in acht Zungen oder Nationen, deren Oberhäupter Pilieri (Grundpfeiler) hießen, und die Zungen wieder in Priorate, Ballayen und Commenden. Die acht Zungenhäupter (Baglivi conventuali) bildeten den eigentlichen Rath des Großmeisters. Das Haupt der Zunge von Provence hatte die Würde des Groß-Comthurs; Auvergne die Marschallswürde; la France die Spittlerswürde. Diese drey französische Zungen zählten 240 Commenden! Italien hatte die Admiralswürde; Arragonien die des Gran Conservatore; England (Bayern) die Würde des Turcopolier; Kastilien die des Großkanzlers, und Deutschland die Würde des Grand Bailli, Großpriors! Das Wort Bailli rühret von der Oberhofmeisterwürde am Kaiserlich griechischen Hofe — Groß-Bajalos, her, und dieser Nahme vielleicht von Baculus. Die Baillis des franz. Adels, oder die Patrimonial-Beamte waren ein stehender komischer Character auf der Bühne geworden, wegen ihrer Unwissenheit, Anmaßung, Betrügereyen und Ungerechtigkeiten, was viele deutsche Amtleute entgelten mußten während der französischen Einquartierungen, ob sie gleich noch souverain wären! So weit war es doch in Deutschland nie gekommen, wenn man auch gleich sprechen hörte von Matrosen der Gerechtigkeit!

Sämmtliche Ritter, Priester und Waffenbrüder (gebohrne Malteser ausgenommen!) hatten das Wahlrecht, jede Zunge wählte drey Wähler, und diese 24 wieder 16, und diese 16 wählten dann den Großmeister. Verfügte das Oberhaupt etwas gegen die Statuten und Gebräuche, so konnte man das sogenannte Sguardio (Egard) verlangen, d. h. ein eigenes aus 8 Rittern bestehendes Gericht. Sonderbar war doch die Sitte, von der einige Schriftsteller sprechen, daß selbst der Messe lesende Ordenspriester gestiefelt und gespornt erschien, auf der Epistelseite des Altars einen Degen liegen hatte, und auf der Evangeliumsseite — ein Pistol!

Der Großmeister ernannte zu Stellen, ertheilte Commenden, dispensirte, und sein Rang war zwischen den Königen und Freystaaten. Der Orden hatte seine Gesandte zu Versailles, Rom, Madrid, Lissabon, Neapel, Venedig, Wien, Berlin, und zulezt zu Petersburg. Er schlug Münze mit dem Haupte des Johannes, und auf der Kehrseite das Ordenskreuz und Geschlechtswappen des Meisters. In der Noth gab es Kupfermünze von eingebildetem Werthe, mit der Innschrift: Non aes sed fides, was noch weit besser aufs Papiergeld paßte. Das Wappen des Ordens war ein achteckigtes silbernes Kreuz im rothen Felde, mit einer Herzogs-

Krone und Rosenkranz umschlungen; unten hing ein kleineres Kreuz mit den Worten: Pro fide! Des Großmeisters Titel war Altezza eminentissima — im gewöhnlichen Leben: „Ew. Durchlaucht, oder Eminenz," im Kanzleystyle aber, der immer etwas Komisches haben muß: Frater N. N. Dei Gratia S. Domus hospitalis S. Johannis, militaris Ordinis S. Sepulcri dominici et Ordinis S. Antonii Viennensis Magister humilis, pauperumque J. Chr. Custos!

Dieser Frater und Magister humilis, nach dem Gesetz der Erste unter seines Gleichen, war in der Wirklichkeit ein ziemlicher unumschränkter Herrscher, der 400,000 fl. ungefähr Einkommen, und über zwey Millionen Gulden Ordens-Einkünfte zu gebieten hatte. Er ertheilte in der Woche Einmal große Audienz, und die Ritter des kleinen Kreuzes standen unbedeckt vor dem Throne, und küßten ihm die Hand, die Großkreuze aber bedeckten sich und saßen; die Kleinkreuze waren nicht einmal tafelmäßig. Im deutschen Orden ging es republikanischer zu. Wenn der Großmeister sich aus seinem Pallaste erhob, trug er eine Börse an seiner Seite, woraus er mit eigener hoher Hand Almosen spendete, aber freylich keine Dukaten wie Maria Theresia!

Die deutsche Zunge bestand aus dem Groß-Priorate oder Johanniter-Meisterthum, das seinen Sitz zu Heitersheim im Brisgau hatte. Carl V. hatte zu Gunsten des Großpriors Georg Schilling von Canstatt, der auf dem Zuge nach

Tunis als Admiral und Commandant von Tripoli sich ausgezeichnet und die Flotte gerettet hatte, die Reichsfürstenwürde damit verbunden, und der Großprior saß im Fürstenrathe zwischen Ellwangen und Berchtoldsgaden. Heitersheim nebst Umgegend hatte der Orden 1280 von denen von Stauffen an sich gebracht, und das Großpriorat zählte 26 Ritter- und 7 Priester-Commenden, außer seinen Cameralhäusern. Das böhmische Priorat zu Prag hatte 19 Ritter- und 4 Priester-Commenden, und ist noch; — die Priorate von Ungarn und Dacien aber (unter lezteren verstand man die Besitzungen in Dännemark und Schweden) waren so wie Negroponte in Griechenland und die englische Zunge längst Würden ohne Land — in partibus!

Wohl verdiente der Orden seine Güter in Ungarn, wo er tapfer gegen Türken und Tataren gefochten hatte, wie die Marianer, beyde aber verloren sie frühzeitig. Die englische Zunge ging in Heinrichs VIII. Reformation unter, dafür erhielt aber der Orden nicht nur ein neues Großpriorat in Pohlen 1774, sondern auch eine neue Zunge — die englisch-bayrische 1782, entstanden aus den Gütern der aufgehobenen Jesuiten, von 30 Commenden mit 170,000 fl. Einkünften! Billig hätte das fromme Bayern eher an pias causas und an Schul-Anstalten denken sollen, als an Adel und Ritter; — man sahe aber einmal lieber Träger des achteckigten Adels-Sternes!

Unabhängig von dem Großpriorate zu Heitersheim war ein anderes deutsches Großpriorat, das Heermeisterthum Sonnenburg in Brandenburg und Pommern, das meist aus den Gütern der unglücklichen Templer scheint entstanden zu seyn. Markgraf Waldemar schützte rühmlichst diese Ritter, die nach Aufhebung ihres Ordens, meist Johanniter wurden, und schon 1319, gelegenheitlich der über die Absetzung des Großmeisters Villaret entstandenen Spaltung im Orden, sich loszumachen suchten von den zu Rhodus residirenden Brüdern. Es fehlte natürlich nicht an Streitigkeiten über eine solche Trennung, aber im Heimbacher Vergleich 1382 erhielten sie das Recht, sich ihren Meister zu wählen, gegen Erlegung einer Summe Geldes, und der Orden behielt sich blos dessen Bestätigung bevor. Mit der Reformation aber scheint auch dieser Verband aufgehört zu haben. Die Deutschen waren mit Recht ungehalten, daß immer nur Franzosen, Italiener oder Spanier zu Großmeistern erwählt wurden, nie ein Deutscher, und doch zählten sie manchen braven Ritter in ihrer Mitte. Schillings ist bereits gedacht worden, und nicht minder ausgezeichnet war auch Joh. Schlegelholz, der die Veste Petersberg erbaute, auf den Ruinen des alten Halicarnassus. Joh. v. Hatstein († 1544) lehnte die Großmeisterwürde ab, „weil er 104 Jahr alt nichts mehr zum Raufen tauge!“

Diese norddeutschen Johanniter thaten ganz Recht, sich einen deutschen Meister zu wählen, der zuletzt meist ein brandenburgischer Prinz war. Sonderbar war nach der Reformation der Streit unter den Gelehrten: Ob ein Protestant mit gutem Gewissen Johanniter werden, und das Kreuz nehmen dürfe? Sie dachten im ersten protestantischen Eifer an die Verbindung mit dem Papst und an die Mönchsgelübde, — die Ritter aber dachten solider, und hatten die Commenden im Auge. Höchst vernünftig war ihre Erklärung: „daß Caravanen in Zeiten, wo man mit den Türken Frieden habe, weder der menschlichen Societät gemäß, noch von sonderlichem Effect in der Christenheit seyn könnten." Die heutigen Malteser müssen sich dieser Erklärung nicht mehr erinnern. Gleich vernünftig erscheint ihre weitere Erklärung: „das Matrimonium sey ein „accessorium der Augsburger Confes„sion, und besser als castitatem simula„re, et clandestina fornicatione uti. — Und so sahe die Welt auch noch evangelische Johanniter mit Frau und Kindern *)!

Das Großpriorat Sonnenburg (von seinem Sitz zwischen Küstrin und Frankfurt) war nun brandenburgischer Hausorden, sein Heermeister

*) Beckmanns Beschreibung des ritterlichen Johanniter-Ordens in der Mark, Sachsen, Pommern und Wendland, verm. v. Dithmar, Frft. 1726. 4. Nachrichten vom Johanniter-Orden ꝛc. von Dienemann u. Hasse. Berlin. 1767. 4.

27 *

ein brandenburgischer Prinz, und die Commenden in den Händen des preußischen Adels. Der Groß-prior hatte 40,000 Thlr. Einkünfte, und die 9 Commenden warfen 1600—7000 Thlr. ab . . Der Prinz Ferdinand (erw. 1762) schlug allein in verschiedenen Zeiten gegen 200 Ritter! In der Noth Preußens wurde aber dieses Johanniter-Meisterthum der Krone einverleibt (1812), und mit Recht trat an die Stelle der goldenen und silbernen Johannes-Kreuze, so wie der fetten Prälaten-Kreuze in der Lausniz, das eiserne Kreuz, das Preußen gerettet hat. Die Welt kam freylich um die pompeusen Ritterschläge in Sonnenburg, dessen Nahme schon romantisch klingt, und die Adelswelt um wohlhergebrachte Commenden; aber Preußen retteten bekanntlich nicht die goldenen und silbernen Kreuze, sondern das Kreuz von Eisen!

Der Johanniter-Orden hatte begreiflich als kleiner aus zerstreuten Besitzungen bestehender Staat stets Streitigkeiten und Händel, die lebhaftesten aber mit dem heiligen Vater. Die Päpste mischten sich in die Wahlen der Großmeister, und verlangten das Recht, solche zu ernennen oder abzusetzen, denn der Orden war ja ein geistlicher Orden, bestätigt von Rom, groß geworden durch Rom und unter dem Gesetze Roms. Diese Händel brachten manchen Großmeister vor der Zeit in die Grube . . Hatten die Großmeister mit ihren Rittern, oder die Ritter mit dem Oberhaupte Streit, so mischten sie selbst Rom ein, wenn es sich nicht schon eingemischt hatte, und da die Bischöfe von

Malta, die mit zum ständigen Ordensrath gehörten, sich zuviel Gewalt anmaßten, so verlangte der Orden einen Legaten. S. Heiligkeit geruheten einen Inquisitor zu schicken, und der war, was der Storch in der Fabel statt des Klotzes. — Der Inquisitor Delci verlangte, daß der Wagen des Großmeisters vor dem seinigen stille halte! Päpste und Großmeister sahen die General-Capitel gar nicht gerne. In ältern Zeiten hatte man sie alle 5 Jahre, dann alle 10 Jahre gehalten, aber zwischen den beyden leztern verflossen — über 150 Jahre! (1631—1776.)

Die Einkünfte des Ordens bestanden hauptsächlich in den sogenannten Risponsioni oder Auflagen auf Commenden und Würden, von denen man 1/5 oder auch wohl 1/3 Einnahmen abzog; sodann in den Einkünften von erledigten Commenden (Vacanti e Mortori), im Passaggio oder Eintrittsgeld, (ehemals konnte man nur zu Jerusalem, Rhodus oder Malta Ritter werden, jezt zahlte dafür der Minderjährige 3300 fl., der Volljährige 687 fl.) in der Annona, oder dem Getraide-Wucher, den der Orden trieb, wie der heilige Vater auch, im Erlös des hochstämmigen Holzes der Commenden, in Spolien, Stiftungen, Verkauf von Sclaven, Vermächtnissen, Kanzleytaxen und Beute. Boisgelin rechnet nach einem 10jährigen Durchschnitt v. 1778—88 Einnahme 1,361,142 Thlr., Ausgabe 1,236,595 Thlr.!

Von sehr guter Hand weiß ich von deutschen Johannitern selbst, daß vor der Revolution die

Einnahme ihres Ordens auf 3,156,719 Pfd., die Ausgabe zu 2,967,500 Pfd. angeschlagen wurde. Der Orden verlor in Frankreich nicht weniger denn 1,391,964 Pfd. Einkünfte; den Verlust in Italien, im Elsaß, und am linken Rheinufer konnte man auch zu 6 bis 700,000 Pfd. rechnen, folglich ein Deficit von wenigstens 2 Millionen Pfd.! Aus Deutschland mögen etwa jährlich 200,000 fl. nach Malta geflossen seyn. Die Hauptausgabe des Ordens war die Seemacht, und diese bestand 1780 aus vier Galeeren, einer Fregatte und vier geringern Schiffen von 40 Canonen. Nothwendig mußte sie mit der Revolution noch tiefer sinken, wie die ganze sonderbare Ritter-Haushaltung!

Die Feyerlichkeiten bey einem Johanniter-Ritterschlag waren im ganzen die gewöhnlichen, jedoch abweichend von den Ceremonien des deutschen Ordens, und sind noch 1783 zu München ganz so, wie es Rohans Codex vorschreibt, beobachtet worden mit vieler Erbaulichkeit. Nach abgelegter Beichte trat der Novize im langen schwarzen Rock ungegürtet (zum Zeichen der Freyheit), in der Rechten ein bloßes Schwert, in der linken eine brennende Kerze (Symbol der Menschenliebe), vor den Meister, kniete nieder am Altar, wo man sein Schwert segnete, und beantwortete dann die herkömmlichen Fragen mit Ja! (Ceremonienliebhaber finden solche bey Lünich und Pfeffinger.) Man gab ihm sodann den Gürtel (Zeichen der Keuschheit) und die drey Streiche. Der Noviz schlug mit dem geweiheten Schwert drey Streiche seinerseits in die Luft, — es waren nur Luftstreiche gegen die Feinde des Glaubens — wischete aber dennoch das Schwert ab auf seinem linken Arm, und steckte es in die Scheide!

Der Recipient rüttelte hierauf den Aspiranten an der linken Schulter (Zeichen der Wachsamkeit), und zwey Ritter legten ihm die goldenen Sporn an (Stachel der Tugend und zugleich Zeichen der Verachtung des Goldes, daher an den Füßen; ganz andere Sporn waren die Commenden von 5000, 10,000, 20,000 fl.). Er erhielt darauf wieder die Kerze, um den Rest der Messe knieend anzuhören und zu communiciren, schwur auf das Kreuz, wurde umarmet, der Rittermantel umgelegt, wobey des Ziegenfelles ihres Patrons S. Johannis, aller Leidens-Instrumente des Heilandes und des Kreuzes gedacht wurde mit den acht Ecken, die auf die acht Seeligkeiten oder geistlichen Vergnügungen hindeuten, nach Anleitung der bekannten Bergpredigt Matth. V, 3 — 11. Diese acht Seeligkeiten sind nämlich: geistliche Armuth, Beweinen der Sünde, Demuth bey Schmach und Schimpf, Geduld in Verfolgung, Gerechtigkeit, Barmherzigkeit, ein reines Herz, daher das Kreuz auch auf dem Herzen auffitzt, und Friedfertigkeit, womit sich aber der Schwur eines ewigen Krieges gegen Andersdenkende nicht wohl reimen läßt. Es ging mit Ritterschlägen, wie mit andern Schlägen auch: sie treffen nicht immer den rechten Fleck!

Der neue Ritter gab hierauf die Kerze dem

Priester zurück mit einem hineingesteckten Goldstück (feiner als bey Kapuzinern, denen man das Geld in die Kapuze warf, jedoch in Papierchen wie bon-bons), küßte dem Meister die Hand, und begab sich in den Gasthof, wo ihm Brod und Salz vorgesetzt wurde, und ein Glas frisches Wasser! Rührend waren diese Ceremonien für ein ritterbürtiges Herz, noch weit rührender aber scheint mir die Ceremonie bey Johanniter-Damen, die selbst für die Ritter in unsern Zeitläuften höchst zweckmäßig gewesen wäre; diese Johanniterinnen riefen, nach ihrer Einkleidung, und indem sie ihr prächtiges Weltkleid von sich warfen: Vanitas! Vanitas! Vanitas Vanitatum et omnia Vanitas!

Am allererbaulichsten war aber ein solcher Ritterschlag, der die engl. bayrische Zunge in die Güter der Jesuiten einwies, für den Kenner der Geschichte! Stets baute der Orden S. Johannis, dessen Patron doch so voll Liebe war, sein Glück auf das Unglück Anderer. Seine Stammväter, der Benedictiner Gerhard, und der barmherzige Bruder Raimund du Puy machten sich los von ihrem Abt und Kloster, und ihre Nachfolger zogen die reichen Benedictiner-Abteyen in Palästina an sich, — was sie von den Ungläubigen nahmen, will ich nicht in Anschlag bringen — aber das blutbelastete Erbe ihrer unglücklichen Brüder des Tempels? Nacht bedeckt die hier gespielten Intriguen, und ewige Nacht mag darauf ruhen. In England hatten sie schon

1100 ein Haus, aber mit den Templer-Gütern 48 Häuser, und 22 in Irrland, und doch mußte man sie zwingen, den armen Templern das Nöthige abzureichen! Der Prior zu London war der erste Baron Englands, und lebte auf einem so großen Fuße, daß die Gleichmacher (Levellers) 1381 das Haus bis auf den Grund niederbrannten! Der lezte Prior William Weston, dem Heinrich VIII. 1000 Pfd. auswarf, starb 1540 aus Gram!

Im Jahr 1379 wußte es der Orden dahin zu bringen, daß ihm die Güter des aufgehobenen S. Lazarus-Orden in Frankreich ertheilet wurden, 1774 die Güter des S. Antons-Ordens, und 1782 die Güter der Jesuiten in Bayern! Selbst noch im Lüneviller Frieden wußten sie sich zu entschädigen auf Kosten schwäbischer Prälaturen! Für diese Prälaturen ließ sich noch manches anführen — von ihrem Nutzen für Kirche, Schule, Wissenschaften und Armenpflege, — für jene Rittermönche nichts! Es scheint die Kaperey auf dem Meere, wozu der Orden sich bekannte, sey auch auf dem Festlande seine Regel gewesen, die er bis in den hohen Norden hinauf übte! In Deutschland hätte man allenfalls, wenn man doch eine lebendige Reliquie der Kreuzzüge aufzuweisen haben wollte, die Johanniter dem Deutschorden einverleiben können, wovon früher öfters die Rede war. Deutschorden war doch von keinem auswärtigen Staat abhängig, dem man das Mark des Landes auf dem Brandaltar opferte, und im Deutschorden herrschte stets Rechtlichkeit, Bescheidenheit, deutsche Sitte und weit größere Moralität und äußerer Anstand als zu Malta. Am allerbesten aber war, was 1809 geschehen ist, und es war einmal Zeit! Das arme Brisgau befindet sich auch gewiß besser unter Großherzoglich Badischen Flügeln, und von Malta aus können Britten weit besser als eine Handvoll Ritter das Mittelmeer von Seeräubern reinigen, sobald sie — wollen! Wenn die Ritter Malta oder eine andere souveraine Insel wieder verlangen, so mag man lächelnd an das reiche Benedictiner-Kloster Corwey denken, das bis an sein Ende Ansprüche auf Rügen machte, und an des alten Schweders Theatrum Praetensionum!

# XXII.

## Die Johanniter auf Cypern und Rhodus.

Cypern war nach Verlust des heiligen Landes der Zufluchtsort der Johanniter und Templer, die schöne, fruchtbare und große Insel, wo die Alten nicht umsonst die Göttin der Schönheit, von Zephyren emporgetragen, dem leichten Schaum des Meeres sich entwinden ließen, wo die Götter ihren Olympos aufschlugen, und von der die liebliche Cypresse den Nahmen hat. Cypern, kaum zehn Meilen von Syrien entfernt, hatten bereits die Templer von König Richard pfandweise erhalten, aber ihre ewigen Händel mit den Eingebohrnen, die einmal mit den stolzen Rittern, die freylich Lateiner waren, sich durchaus nicht stellen konnten, veranlaßte den Orden, sie Richard wieder zurückzugeben, der sie Guido von Lusignan überließ. Der Nachfolger K. Johann nahm die Flüchtenden gastfrey auf, räumte ihnen Limisso ein, und sie erbaueten Famagosta ganz nach dem Plane von Ptolomais oder Acre. Hier auf Cypern, der glücklichen Insel (Macaria) der Griechen, deren herrlicher Wein noch heute Commandaria Comthurwein heißt, lebten die auf ihres Großmeisters Villiers Ruf aus allen Gegenden sich sammlenden Ritter ein Leben, wie es sich im Wohnsitze der Cyprischen Göttin nicht anders erwarten läßt, wo noch heute mehr orientalische als abendländische Sitte herrschet. Sie lebten dabey der sanguinischen Hoffnung, von neuen Heeren der Kreuzfahrer unterstützt, bald wieder fußen zu können in dem so nahen Syrien.

Aber die Venediger, Genueser und Pisaner segelten nach Hause, denn der Handel war ihnen wichtiger als das heil. Grab, und die deutschen Brüder hatten eine weit sicherere Heymath in Preußen. Kein neuer Kreuzzug wollte mehr gelingen, troz der treueifrigen Ermahnungen der Statthalter Christi, denn die Söhne der Kirche fingen an mit eigenen Augen zu sehen, und Rom war nicht mehr das alte Delphos. Die Ritter wagten zwar mehrere Versuche, sich wieder in Palästina festzusetzen mit Hülfe der Mongolen, kamen selbst bis nach Jerusalem ohne Widerstand, mußten es aber wieder eben so geschwinde räumen. König Johann fürchtete sie, verbot ihnen den Ankauf liegender Güter, und verlangte Kopfsteuer, worüber er mit den Orden und mit dem Papste zerfiel. Wer weiß, was geschehen wäre, wenn die Templer nicht, auf Veranlassung Carl II., K. beyder Sicilien, gegen den Kaiser Andronicus gezogen, Salonichi und Athen erobert, und mit reicher Beute beladen sich zur Ruhe begeben hätten auf ihren reichen Commenden, und die Johanniter nicht nach Rhodus geseegelt wären, womit ihnen der freygebige heilige Vater ein Geschenk machte, obgleich die Insel dem griechischen Kaiserthum angehörte.

Cypern war befreyet von der Furcht, und blieb seinem rechtmäßigen Besitzer, bis es durch die Wittwe des lezten Königs, durch die schöne Venetianerin Catherina Cornara 1550 an Venedig kam, dem es aber die Türken nicht lange ließen. Sultan Mustapha eroberte es 1571, der Barbar, der dem tapfern Vertheidiger Bragadino Nase und Ohren abschneiden, dann ihn auf der Schanze arbeiten, und zulezt lebendig schinden ließ! Das herrliche Kibris, das unter seinen eigenen Königen, und noch früher in der alten Welt eine Million Einwohner zählte, sank unter dem eisernen Joche der Türken, die noch heute in Europa wüthen, wie zur Zeit Bragadinos, herab zur halben Wüste. Zwey europäische Staaten führen noch heute den Titel und das Wappen von Cypern, und haben jezt Gelegenheit, es geltend zu machen. Die Insel der Venus wäre allein einen Feldzug werth, sie, die auf 340 □ Meilen kaum 80,000 Menschen zählt, unter der Zuchtruthe der Barbaren!

Von Cypern aus führten die Johanniter mit den kleinen Schiffen, auf welchen sie aus Palästina und Europa gekommen waren, Pilgrime hin und her, und mehrere kamen mit guten Prisen in Cyperns Häfen. Man fing an neue Schiffe zu bauen, die Johanniter-Flagge verschaffte sich bald Achtung und Furcht, und so ward der Orden des heil. Johannes von Jerusalem zur Seemacht, unter ihrem Villiers. Sein Nachfolger Odo de Pins war mehr Mönch als Großmeister, lag den ganzen langen Tag vor den Altären, und die Ritter klagten endlich zu Rom. Der heil. Vater Bonifacius forderte ihn nach Rom, aber er starb unterwegs, um Wilh. Villaret Platz zu machen, der seine Augen auf Rhodus richtete. Er starb, aber sein Bruder und Nachfolger Foulgues führte seinen wohldurchdachten Plan glücklich aus.

Foulgues de Villaret reiste nach Frankreich, um einen neuen Kreuzzug zu betreiben, und noch einmal, aber zum leztenmale, ergriff Europa die Kreuzfahrer-Wuth. Es sammleten sich so viele Streit- und Ablaßlustige zu Brindisi, daß der Orden, Genua und Sicilien nicht Schiffe genug hatten, namentlich viel deutscher Adel, und man mußte eine Auswahl treffen . . Alle standen in der Meinung, es gelte Palästina, aber Villaret landete zu Rhodus, nachdem er eine Gesandschaft an den Kaiser Andronicus abgeordnet hatte mit der Bitte den Orden mit Rhodus zu belehnen, wogegen 300 Ritter zu seinen Diensten stehen sollten. Der stolze Monarch gab keine Antwort, ob er gleich nur noch ein Schloß auf Rhodus hatte, und längst wahrer Schattenkaiser war. Villaret ließ sich dadurch nicht irre machen, es kostete vierjährigen Kampf; die getäuschten Kreuzfahrer verloren sich.

der Orden war ohne Geld, Lebensmittel und Soldaten, aber der Großmeister verlor den Muth nicht, und behauptete Rhodus (1310) nicht nur, sondern eroberte auch noch die herumliegenden kleinern Inseln Nicaria, Episcopia, Jolli, Limonia, Sirano und Lango, das alte Cos, Vaterland des Hippocrates. Diese Eroberung der Johanniter warf ein sehr nachtheiliges Licht auf die in ihren Commenden müßig sitzenden Templer, die Johanniter hießen nun Rhodiser, und erhielten sich hier über 200 Jahre lang der ganzen Ottomannischen Macht zu Trotze!

Rhodus, diese im Alterthume hochberühmte Insel, unter dem heitersten Himmel, deren Seehandel und Seemacht so bedeutend war, daß die Römer ihre Seegesetze annahmen, und so kühne Schiffer zählte, als Großbrittannien in seiner Art, wie wir aus Polybius wissen; — Rhodus, wo die berühmte Rednerschule des Aeschines war, und viele Römer studierten, das Vaterland des Aristophanes mit seinen verschwundenen Prachttempeln und Palästen, geziert mit den Gemälden des Protogenes, erwachte unter unserm Orden zu neuem Glanz! Den berühmten Coloß, der Sonne geheiliget, ein Werk des Chares, errichtet von Antiochus als Leuchtthurm; — diesen berühmten Coloß von 70 Ellen, der auf zwey Felsen am Eingange des Hafens mit ausgespriesten Beinen stand, damit die Schiffe durchseegeln konnten (die Sache ist möglich, wenn die Herren Philologen die Schifflein der Alten nicht zu Linienschiffen von 100 Canonen erheben wollen), hatte zwar ein Erdbeben gestürzet, und die Saracenen 7200 C. Erz an Juden verkauft, die 900 Camele damit beluden, aber der Johanniter-Orden trat jezt an seine Stelle. Man hat jenen Coloß das VII. Wunder der alten Welt genannt, die christliche Welt hat aber noch weit größere Wunder aufzuweisen, und leider! weit mehr denn sieben!

Rhodus stand unter dem Orden wieder da in seiner alten Glorie, viele lateinische Christen des griechischen Kaiserthums zogen nach Rhodus, gewerbfleißige, wohlhabende Menschen; seine Häfen waren aller Welt offen, rhodische Flaggen wehten im ganzen Mittelmeer, und hochberühmt waren dem Zeitalter die Kämpfe der Ritter auf dieser Insel. Es gereicht den Rittern zur Ehre, daß sie da nicht verweichlichten, denn Rhodus war so schlimm als Cypern; die Damen der Insel hatten ehemals ihre Aussteuer sich mit Fremden verdienen müssen, und von Rhodus holte das Alterthum seine Verschnittene und Buhldirnen. Es ging da zu, wie es in besuchten Seestädten zuzugehen pflegt bis auf den heutigen Tag; aber die Brüder hatten Geschäfte, Rhodus mußte befestiget, die umherliegenden Inseln erobert, das Meer von Seeräubern gereiniget werden, und so hatten die Ritter immer Etwas zu thun; sie zogen sogar in Gemeinschaft mit dem Könige Cyperns nach Smirna, Alexandrien und Tripoli. Sie schlugen 1321 Orcans große Flotte mit ihren geübtern Seeglern unter Gerard de Pins, und eilten nach der kleinen Insel Episcopia, wo Orcan einstweilen seine Rhodiser-Colonisten abgesetzt hatte; was sich wehrte, wurde erschlagen, die übrigen verkauft als Sclaven!.

Mit noch mehr Muth und Tapferkeit schlugen sie die Belagerung Ottomanns und Muhammeds ab. Von ihrem hohen Schlosse auf der kleinen Insel Cortiles konnten sie die See auf viele Meilen weit übersehen, und kein türkisches Schiff entwischte. Sie hielten sogar große Hunde, die den ganzen Tag umherschwärmten, auf ein gewisses Glockenzeichen zum Futter kamen, und dann wieder herumliefen, um jeden Türken zu zerreissen, der sich blicken ließ. Bosio weis ein Geschichtchen von einem dieser Hunde, der sein Brod täglich nach einem Brunnen trug, in den sich ein Christ vor den Türken geflüchtet hatte, der Hund magerte ab, sein Wärter folgte ihm einst, und da entdeckte man den Unglücklichen, der sich nicht selbst heraushelfen konnte, und den der Hund bisher ernähret hatte!

Vielleicht hätten unsere Ritter noch weit mehr gethan, wenn sie das Abendland gehörig unterstützt, und das reiche Erbe der Templer nicht die gewöhnlichen Folgen gehabt hätte. Der Orden wurde bald so stolz, üppig und verdorben, daß man laut klagte, und davon sprach, ihn wieder in zwey Theile zu zerlegen, um den alten Geist der Nacheiferung zu erwecken; laut klagte man, daß das Geld aus ihren großen, zum Besten der Kranken und Armen gestifteten Gütern nur zu Schwelgereyen diene, und zurückbehalten werden müsse zum Besten derer, für die es bestimmt sey. Die Ritter behandelten ihre Commenden wie Eigenthum, das Brod der Armen verzehrten Maitressen und Bediente, Pferde und Hunde, und die Güter frommer Stifter, zur Linderung des Menschen-Elendes bestimmt, wurden vergeudet in allen Wollüsten Asiens. Selbst Großmeister Villaret unterlag der Sinnlichkeit, schwelgte an kostbarer Tafel, und von Abtragung der Schulden war keine Rede. Je reicher der Orden geworden war, desto ärmer schien der Ordensschatz zu werden, denn jeder dachte nur an sich, und Spitäler und Brüder ohne Commende mußten darben. Vergebens warnten alte Ritter mit alter Freymüthigkeit ihren Großmeister; Villaret ward nur despotischer noch. Es bildete sich eine Verschwörung, Pagnac an der Spitze. Villaret flüchtete nach dem festen Lindo, traf Vertheidigungs-Anstalten, und appellirte nach Rom; die Brüder setzten ihn ab, aber begünstigt vom heiligen Vater, der Pagnac's Parthey schon darum abhold seyn mußte, weil sie von der Appellation nach Rom gar keine Kenntniß genommen hatte, kam Villaret dennoch wieder, da Pagnac starb, an des Ordens Spitze, jedoch unter der geheimen Bedingung, binnen einer bestimmten Zeit zu resigniren. Ganz Europa war aufmerksam auf dieses Ritterwesen zu Rhodus, ganz Europa sahe scheel zu dieser Aufführung, denn man lebte damals noch im 14ten Jahrhundert!

Großmeister Villeneuve brachte einen bessern Geist in den Orden, und so auch der Nachfolger

Gozon, der, nach Vertot, sich selbst die Stimme zur höchsten Würde gab, aber auch sogleich die türkische Flotte schlug bey der Insel Embro, und eine Landarmee in Armenien. Gozon ist aber am berühmtesten durch seinen Kampf mit einem Drachen. Lange hatte ein Ungeheuer oder Schlange (Rhodus hieß im Alterthum Ophiusa, Schlangen-Insel, und auch im Phönizischen soll Rod Schlange bedeutet haben) die ganze Gegend unsicher gemacht, Vieh und Hirten erwürgt, und selbst Ritter, die sie zu bekämpfen suchten, daher Villeneuve dergleichen Kämpfe verboten hatte . . Gozon beobachtete von einer Anhöhe öfters das Ungeheuer im Stillen, ließ eine ähnliche Figur von Pappe fertigen, übte sein Roß und seine Hunde im Anblick und Angriff des Ungeheuers, und so vorbereitet begann er den wirklichen Kampf, nachdem er in der Kapelle auf der Höhe Sieg erflehet hatte. Seine Lanze zersplitterte an den Schuppen des Drachen, das Roß scheute und bäumte, die Hunde liefen heulend rückwärts, Gozon wäre verloren gewesen, wenn er sich nicht vom Pferde geworfen und sein Schwert gezogen hätte; aber mit einem Schlag des mächtigen Drachenschweifes lag er zu Boden, die treuen Hunde allein hingen noch am Bauche des Ungeheuers fest, sein Schwert versetzte mehrere Wunden, aber der Ritter wäre dennoch unter dem Gewichte des Drachen und in dessen giftigen Dunstkreise erstickt, wenn nicht die Leute, die er in der Capelle gelassen hatte, herbeygeeilt, und Helm und Panzer des Ritters

28 *

gelöset hätten, der in Ohnmacht lag. Gozon erholte sich, und das Erste, was seine Augen erblickten, war das Ungeheuer todt zu seinen Füßen. Ganz Rhodus empfing den Ritter im Triumphe, nur der Großmeister sahe sauer, wie ein zweyter Manlius, und warf Gozon wegen seines Ungehorsams in Fesseln. Dem Gesetz mußte erst Genüge geschehen, dann aber überhäufte ihn der edle Villeneuve mit Liebkosungen und Wohlthaten.

Wir wissen aus der römischen Geschichte, daß ein noch weit grösseres Ungeheuer in Africa dem ganzen Heere des Atilius Regulus einen Fluß streitig machte, viele Soldaten, die Wasser holten, tödtete, oder sie so in Schrecken setzte, daß sie es lieber mit Carthago selbst aufnehmen wollten. Regulus mußte gegen den Drachen mit Mauerbrechern vorrücken, der todte Drache verpestete die ganze Luft umher, so, daß die Armee weiter rücken mußte, und lange sahe man zu Rom die Haut des Ungeheuers von 120 Fuß, so wie Thevenot in seinen Reisen noch über einem Thore von Rhodus den ungeheuren Kopf des Gozonischen Drachen oder Krokodills gesehen haben will. Wer kennt nicht Schillers Romanze: der Kampf mit dem Drachen? und zu den Romanzen in Ariosto und Tasso scheint mir auch dieses Abentheuer zu gehören!

Wenn wir indessen an den Manmouth denken, an die ungeheuern Elephantenknochen der Vorwelt, an die Hirschgeweihe aus alten Zeiten, an unsere Riesenschlangen, selbst an die ungeheuren Hechte und Aale, die man schon in süßen Wassern gefangen hat — der Meerungeheuer nicht zu erwähnen; so möchte man fast an die Geschichtchen des Regulus und Gozons glauben, wie an die Riesen der Ritterwelt, und an König Teutobochus, der 13 Ellen hoch war, und Schultern hatte 6 Ellen breit, alles jedoch subtractis subtrahendis. So wie wir jezt keine so große Wallfische und Hirsche mehr finden, als ehedem, weil man ihnen keine Zeit mehr läßt heranzuwachsen, so mag es auch mit Drachen oder Schlangen seyn. In der Welt der Alten, wo man der Natur mehr Zeit und Spielraum ließ, war alles weit kräftiger — Drachen und Ritter!

Villeneuve und Gozon hatten neuen Schwung in den Orden gebracht, mehrere ihrer Nachfolger aber legten wegen des Ungehorsams und der Indisciplin der Ritter ihre Stellen nieder, als der Spanier Fernando Heredia Großmeister wurde; — ein Character, wie dieser, war seiner Zeit Noth. Heredias Ehrgeiz, der die Vereinigung seiner Stammgüter durch die Söhne seiner Schwägerin vereitelt sahe, übergab die seinigen seinem Bruder, ging zu Schiffe, ohne zu sagen wohin? und wurde Ordensritter zu Rhodus. Bald war er der Liebling Villeneuves und des Papstes, und stieg von Würden zu Würden. Der Orden hatte ihn nach Avignon geschickt, um gegen päpstliche Nominationen zu protestiren, er protestirte, wußte aber die Nomination auf sich selbst zu lenken, und so getraute er sich nicht wieder nach

Rhodus. Zu Avignon war er Alles, und so trat er auch als päpstlicher Vermittler zwischen den Königen Philipp und Eduard auf, und da ihn dieser kalt brittisch aufnahm, so trat er auf die Seite der Franzosen. Heredia kämpfte in der Schlacht von Crecy, Philipp war der lezte auf dem Schlachtfelde, nur noch von 60 Rittern umgeben, sein Pferd war erstochen, Heredia gab ihm das seinige, und zwang ihn, sich zu retten; er selbst, schwer verwundet und zu Fuße, entkam mit Mühe. Im englischen Lager tadelte man ihn, daß er als Gesandter am Gefecht Theil genommen habe, er schickte eine Herausforderung, aber Eduard trat selbst auf seine Seite, und der Ritter machte nun wieder den Gesandten.

Heredia wurde vom heiligen Vater zum Gouverneur von Avignon ernannt, dessen Mauern er auf seine Kosten bauen ließ, und nun fiel auch noch die Wahl zum Großmeister seines Ordens auf ihn. Er geleitete als solcher den Papst aus der babylonischen Gefangenschaft nach Rom, und dann eroberte er mit den Venedigern, auf die er unterwegs stieß, Patras auf Morea. Er war der Erste, der in die Festung stieg, und den ihm entgegen eilenden türkischen Commandanten im Zweykampfe niederstieß. Sodann ging es nach Corinth, wo er aber leider! gefangen drey Jahre ausharren mußte. Der Orden wollte ihn loskaufen, er wollte nicht; seine Familie kaufte ihn also los, und dann erst kam er wieder nach Rhodus, und starb als Greis und Wohlthäter seines Ordens. Der Orden lebte in Zwiespalt, viele verweigerten selbst die Risponsioni zu zahlen, er vereinigte die Gemüther, besoldete aus seinen eigenen Einkünften die Truppen, ging nach Avignon, und starb daselbst 1396.

Morea hätte der Orden gar zu gerne gehabt, und Heredias Nachfolger Naillac wollte es sogar von Thomas Paleologus, der von Bajazet nach Rhodus geflüchtet war, kaufen; die Sache scheiterte aber an dem Hasse der Griechen gegen die Lateiner, und der Orden hatte Mühe, die Vorschüsse wieder zu erhalten. Naillac führte auch seine Ritter in die berühmte Schlacht von Nicopoli, aber nicht wieder heraus; er selbst hatte Mühe, sich mit dem König von Ungarn auf einem Fischerkahne der Donau zur Flotte zu retten. Unter ihm bauete Heinr. Schlegelholz auf seine Kosten das Castello di S. Pietro, eine Veste, die den Türken viel Schaden that, und erst 1415 verloren ging. Aus Dankbarkeit war der Großprior der deutschen Johanniter stets Commandant dieser Veste!

Mit den Türken war eine Zeitlang Ruhe, wohl aber sahe man das Ungewitter am Horizonte heraufziehen, und setzte sich in Vertheidigungsstand. Jeder Prior mußte 25 Ritter nach Rhodus senden, Flotte und Veste waren im besten Stande, als 1440 die ägyptische Flotte erschien. Vor ihren Augen liefen die Rhodiser aus, und boten die Schlacht, aber der Feind zog sich zurück unter unbedeutenden Gefechten . . . Im Jahr 1444 kam eine neue Flotte, landete geradezu, und belagerte die Stadt; Lastic und seine Ritter schlugen auch diesen Sturm ab, der 40 Tage gedauert hatte. Auf die Nachricht dieser Siege eilten Kämpfer in Menge herbey, vorzüglich aus Spanien und Frankreich, und der Orden hatte Ruhe bis zum Falle Constantinopels. Sultan Muhammed verlangte nun stolz Unterwerfung und einen Tribut von 2000 Ducaten, Lastic aber ließ ihn wissen: „die Ritter hätten Muth genug, für Freyheit und Religion zu sterben.“ Man führte den kleinen Krieg an den Küsten und kleinen Inseln, und selbst die Venediger bekriegten Rhodus (1465), um ihren Levante-Handel gegen Ritter-Raubsucht zu schützen, wie sie behaupteten. Unter dem ausgezeichneten Großmeister d'Aubusson brach endlich das lang herumgezogene Ungewitter los, die türkische Flotte erschien 1480, aber schwerlich war je eine Vertheidigung länger und besser vorbereitet, der Feind unerschrockener erwartet und empfangen als von d'Aubusson und seinen Rittern. Hans von Au, Großprior von Deutschland, zeichnete sich mit seinen Deutschen aus.

d'Aubusson *) hatte früher in Ungarn und in den bürgerlichen Kriegen Frankreichs mit Ruhm gedienet, von K. Sigismund viel Gnade genossen, und den wollüstigen Hof Carls VII. gegen einen

*) Histoire de Pierre d'Aubusson, Grand-Maitre de Rhodes par le Père Bouhours. à la Haye. 1739. 8.

Orden verwechselt, dessen Waffenthaten ihn begeisterten . . Sultan Muhammed II., der gerne den Curtius arabisch las, die ganze Welt erobern, durch das Abendland nach Afrika, und von da zurück nach Asien kehren wollte, gab ihm bald Gelegenheit, Kriegsruhm zu erwerben. d'Aubusson, Großprior von Auvergne, wurde Großmeister, und war auch unstreitig der Würdigste in der gefahrvollen Lage. Lange wußte er den Sultan schlau hinzuhalten, der eine allgemeine christliche Allianz fürchtete, und dem Orden Friedensvorschläge gemacht hatte. Der Großmeister stellte sich, daran zu glauben, um Zeit zu gewinnen, bezeugte seine Freude, und bedauerte, daß er zuvor die Einwilligung des Papstes und der Mächte, wo der Orden Besitzungen habe, einholen müsse; endlich aber erschien der Großvizier Palaeologus mit 160 Seegeln, und landete 100,000 Mann.

Kühn schritten die Ritter dem Feinde bis ans Gestade entgegen, wichen der Uebermacht nach und nach, und zogen sich hinter ihre meist von d'Aubusson angelegte Werke. Der Großvizier hatte Spionen, unter denen leider! der deutsche Ingenieur, Meister Georg, den ganzen Belagerungsplan angegeben hatte, wüthend stürmten die Türken, aber überall fanden sie vor den Breschen die Ritter, den Großmeister an der Spitze; alle Einwohner leisteten Hülfe, selbst die Nonnen hatten ihre Klöster verlassen, um Handarbeit zu leisten für die Beschützung des Glaubens. Der Großvizier sandte Meuchelmörder, die durch Gift oder

Dolch den Großvizier hinwegräumen sollten; sie wurden entdeckt, und vom Volk zerrissen. Zürnend verwarf d'Aubusson den Vorschlag einiger Ritter, zu capituliren; fünfmal wurde er verwundet, eine Menge Ritter fiel, und was die Waffen nicht vermochten, und der Ritter Muth, bewirkten die Brander der Rhodiser unter der türkischen Flotte; nach 3 Monden mußte der Großvizier abziehen, mit Verzweiflung ringend, bedeckt mit Schande, und noch überglücklich, sich in seinem Lager sammlen zu können!

Muhammed wüthete; — Muhammed, der seiner schönen Griechin Irene, die er leidenschaftlich liebte, auf die Vorwürfe seiner Tapfern, daß ihn diese Liebe von Kriegsthaten abzöge, den Kopf vor die Füße legte in der Mitte seiner staunenden Bassas, sammlete eine Armee von 300,000 Mann, und eilte an ihrer Spitze nach Rhodus; der Tod überraschte ihn in Bythynien. Muhammed hatte zwey Kaiserthümer, Constantinopel und Trebisonde, erobert, zwölf Königreiche und mehr denn 300 Städte, ließ aber, als ob dies alles noch nichts sey, auf sein Grab setzen: „Ich wollte Rhodus erobern, und Italien unterjochen!“

Bajazet verstattete dem Orden Ruhe, denn er liebte die Waffen weniger als die Bücher, und die Bücher weniger als Wein und Weiber. Vergebens hatte sein jüngerer Bruder Tschim (Zizim) mit ihm um den Thron gekämpft, und warf fliehend sich in die Arme des Ordens. Das Schicksal selbst führte den Rittern eine Geissel in die Hand, die

Bajazet fürchtete, da Tschim beliebt war beym Volk. Der Großmeister verweigerte ritterlich die Auslieferung seines Gastes, nahm aber später vom Sultan jährlich 40,000 Ducaten für Aufsicht und Kostgeld. Um persönlicher Sicherheit willen, sagte man, wurde der Prinz nach Frankreich geführt auf die Commende Bourgneuf in Poitou, wo er immer mehr Gefangener und immer trauriger war; zulezt lebte er wieder etwas freyer zu Rom, unter Aufsicht der Ordensritter. Papst Alexander VI. in Verbindung mit Bajazet, — damals etwas Unerhörtes, den Vater der ganzen Christenheit im Bunde mit dem Erbfeinde derselben! — gelüstete nach den 40,000 Ducaten, und Carl VIII. hätte den Prinzen auch gerne gehabt zu seinem tollen Project auf Griechenland. — Alexander nahm von Bajazet das ganze Capitel auf einmal um den Unglücklichen: „levare facere de angustiis hujus mundi et transferre animam suam in alterum saeculum, ubi meliorem habebit quietem (V. Eccard Corp. Hist. med. aevi II, 2063.). Tschim, dessen sonderbare Schicksale den herrlichsten Stoff zu einem Trauerspiele bieten, starb „an unpassendem Essen und Trinken," und so war Bajazet, Alexander, Carl VIII., d'Aubusson und Tschim — im Frieden!

Großmeister d'Aubusson bedauerte den Unglücklichen, den er besser bey sich behalten hätte, vielleicht am aufrichtigsten, und folgte ihm 1503 nach, alt 80 Jahre. Er war einer der ausgezeichnetsten Großmeister von ungemeinen Verdiensten um den

Orden, auch in sittlicher Beziehung. Rhodus wimmelte von Courtisanen, die mit Türken, Juden und Mohren sich einliessen, daher er, im Geiste seiner Zeit, den Feuertod darauf setzte. Die Juden, deren Kinder er taufen ließ, verjagte er endlich ganz, weil sie den Türken zu Spionen dienten (wie noch heute). Von Bajazet hatte er die rechte Hand Johannis des Täufers erhalten, von der man wußte, daß durch die Kraft, die von ihr ausging, bereits ein schrecklicher Drache zu Antiochien, dem man einen mit dieser heiligen Hand bestrichenen Bissen in den Rachen warf, mitten entzwey geborsten war. Sie zeigte auch ein gutes oder schlechtes Jahr an, wenn man sie in Procession über die Felder trug, öffnete sich im ersten Falle, im zweyten aber ballte sie sich zur drohenden Faust, wie Bosio versichert. Noch älter und lieblicher ist aber die Legende in den Ordens-Annalen von der schönen arabischen Prinzessin Ismene, die sich dreyer gefangener Ritter erbarmte, Christin wurde, mit ihnen entflohe, am Meergestade von Aegypten in größter Verlegenheit mit ihnen einschlief, und beym Erwachen — waren alle vier in der Picardie!

Soliman II. vollführte, woran der Tod Muhammed gehindert hatte. Er schrieb an Villers d'Adam, wünschte ihm Glück zur Großmeisterwürde, meldete die Eroberung Belgrads, und versicherte dabey, daß ihm dies nicht genüge, und er stets an ihn und seine Ritter denke. — „Der

Großmeister antwortete in gleichem Ton, erinnerte ihn, daß unter allen Entwürfen der Menschen keine ungewisser seyen, als die vom Schicksal der Waffen abhingen," — und rüstete sich. Ueberall bat der Orden vergebens um Hülfe, selbst der Papst gab nichts weiter als seinen Seegen, und die Christenheit betete das bekannte Kirchengebet gegen die Türken, und hielt Bußtage. Die türkische Flotte erschien 1522 auf der Höhe von Rhodus, stark 400 Seegel, mit 140,000 Landtruppen am Bord, und Mustapha hatte geschworen, alles niederzusäbeln; für Männer hatte er 8000 Pfähle pflanzen lassen, um sie daran zu spießen, Weiber und Kinder aber dem Serail und den Janitscharen versprochen! Der Orden, der ein Königreich besaß, und wenigstens ⅓ der Templer-Güter sich angemaßt hatte, konnte dieser Macht nichts entgegen stellen, als 600 Ritter, 4500 Soldaten, und die Bewohner von Rhodus, nebst einigen Sclaven und Landvolk!

Täglich gab es nun Stürme und Ausfälle — überall Murren und gesunkenen Muth im türkischen Lager, bis Soliman selbst kam. Ohne Waffen mußten die Soldaten vor ihm erscheinen, er wollte sie zehnden lassen, erschrocken versprachen sie die Schande abzuwaschen im Christenblute. Wunder der Tapferkeit geschahen von beyden Seiten, Greise, Frauen und Kinder trugen Erfrischungen auf den Mauern umher, oder warfen siedendes Pech, Steine und Klötze auf die Belagerer, und selbst Franeilscaner stachen mit Spießen manchen Muselmann von der Sturmleiter. Wie Helden fochten die Ritter Martenigo, Bidaurr, Tellez und der deutsche Ritter Christoph Waldener; der Großmeister kam nicht mehr aus seinem Harnisch. Soliman ward bald wüthend, bald niedergeschlagen, wollte Bassa Mustapha und Bassa Peri erschießen lassen, und dachte und sprach schon vom Rückzug, als ihm Verräther Nachricht gaben vom hülflosen Zustande der Rhodiser. Es fehlte an allem, an Lebensmitteln wie an Munition, und selbst an Menschen, um die Breschen auszubessern. Der Verräther, Ritter Amaral, Ordenskanzler und Großprior Castiliens, der es nie vergessen konnte, daß er nicht Großmeister geworden war, wurde zwar entdeckt, und um das Volk nicht zu entmuthen, im Gefängniß enthauptet, und der Jude, dessen er sich bediente, gehenkt, aber Rhodus — konnte sich nicht länger halten!

Villers d'Adam glaubte es der Ehre des Ordens schuldig zu seyn, zu sterben mit den Waffen in der Hand unter den Trümmern von Rhodus, der versammlete Ordensrath aber war der Meynung, daß man in allen Ehren eine Capitulation annehmen könne, und auch auf die Einwohner Rücksicht nehmen müsse. Soliman, der 40,000 Mann durch der Ritter Schwert und Feuer, und vielleicht eben so viel durch Seuchen und Krankheiten verloren hatte, war großmüthig. Er verstattete freyen Abzug, nöthige Ausrüstung der

Schiffe mit Canonen, und sorgte selbst noch für Lebensmittel. Solimans edles Benehmen gegen die Ueberwundenen war ächt ritterlich, und selbst unter Nationen, die keine Barbaren seyn wollten, in jenen Zeiten ein seltenes Beyspiel. Er steuerte auf der Stelle den Klagen über Plünderungen und Gewalt, erwiederte des Großmeisters Aufwartung mit einem Gegenbesuch, tröstete ihm mit dem Wechsel des Schicksals, dem die größten Reiche sich fügen müßten, und sagte im Weggehen zu Achmet ganz gerührt: „Beym Muhammed! es kostet mich Ueberwindung, diesen alten Mann aus seiner Wohnung zu vertreiben!"

Sechshundert Ritter mit 4 — 5000 dienenden Brüdern hatten Rhodus gegen 200,000 Türken vertheidigt, 6 Monden lang, trotz eines Verräthers in ihrer Mitte! Rhodus, das der Orden 220 Jahre mit ewigem Ruhm behauptet hatte, war eine Wüste, und die Stadt ein Steinhaufen. Noch sieht man aber daselbst die Wappen der Ritter, altgothische Mauer-Ueberreste, das große Spital, verwandelt in einen Kornboden, noch jezt heißt eine Straße die Ritterstraße, und die S. Johanniskirche ist als Moschee der Gottheit geheiligt, wie die S. Sophienkirche zu Constantinopel. Die herrliche fruchtbare Insel von 40 Meilen im Umfang, und nur durch einen schmalen Canal von Anatoli oder dem Festlande getrennt, zählt jezt kaum 30,000 Seelen! Die Ritterkämpfe auf dieser Insel waren einst der Gegenstand der allgemeinen Unterhaltung, Theilnahme und Bewunderung von Europa, und Rhodus heißt bey den gleichzeitigen Schriftstellern mit vollstem Recht — die Heldeninsel!

---

# XXIII.

## Die Johanniter auf Malta.

Rhodus war verloren, und im Jänner 1523 seegelte der tapfere Villers, begleitet von wenig Rittern, die der Tod verschont hatte, auf dem Mittelmeer, verfolgt von Stürmen, und landete zu Candia, wo er 5000 der Seinigen musterte, Männer, Weiber und Kinder, die ihm gefolgt, und jezt ohne Obdach, ohne Eigenthum, ja selbst ohne Kleider und Lebensmittel waren, krank und verwundet. Der Großmeister selbst und seine Ritter waren aus gefürchteten Herrschern — irrende Ritter geworden ohne Heimath, und das größte Besorgniß war — Auflösung des ganzen Ordens. Villers beschränkte sich vor jezt darauf, vom heiligen Vater eine Bulle auszuwirken, welche den Rittern bey Strafe des Bannes und Commende-Verlust verbot, den Ordensmeister zu verlassen.. Nicht gerne verweilte er unter den Venedigern, die mit einer Flotte von 60 Galeeren in Candias Häfen nichts für sein Rhodus hatten thun mögen, und seegelte weiter nach Cerigo und Messina. Hier pflanzte er, statt der gewöhnlichen Ordensflagge, die Fahne auf mit dem Bilde der Madonna, die ihren todten Sohn in den Armen hält, mit der Umschrift: Afflictis spes mea rebus. Hier setzte er auch ein Gericht nieder, zu untersuchen, wer von seinen einberufenen Rittern die Sache des Ordens verlassen habe, — alle bewiesen, daß widrige Winde und Stürme sie zurückgehalten hätten, und daß der englische Ritter Newport wirklich verunglückt sey, und der Großmeister rief: „Gott sey Dank! keiner meiner Ritter hat Schuld am Verlust von Rhodus!"

Die Pest vertrieb hier die Vertriebenen abermals weiter nach Bajae und Cumae, nach Civita vecchia und Viterbo, nach Siracus, Nizza und Villa Franca. Man unterhandelte mit K. Carl V. wegen Malta, jedoch unter großer Vorsicht, denn Carl war eben nicht immer Sclave seines Worts, und der Orden wollte keinen Souverain. Indessen war es ganz Carls Politik gemäß, den kriegerischen Orden auf die an sich werthlosen Inseln zu verpflanzen, zum Schutze seiner italienischen Staaten, und seinem Schatz eine jährliche Ausgabe von 350,000 Pfd. zu ersparen, denn so viel kostete allein die Unterhaltung der Garnisonen zu Malta, Gozzo und Tripoli. Im März 1530 kam der Vertrag zu Stande, der Orden erhielt Malta, Gozzo, Cumino und Tripoli als freyes Lehen gegen die Recognition eines Falken an die Nachfolger des Kaisers in beyden Sicilien; auch sollte er bey Erledigung des Bischofsstuhls jedesmal drey Candidaten dem Könige zur Auswahl vorstellen, Verbrecher aus Sicilien ausliefern, stets einen Italiener zum Admiral machen, und bey Wiedererlangung von Rhodus diese Besitzungen an niemand abtreten, als an den Lehnherrn. Die Johanniter, Hospitaliter und Rhodiser waren nun Maltheser!

Lange genug hatten sich die französischen Ritter gegen Malta gesetzt, allen und jeden graute vor der unfruchtbaren Felseninsel, wenn sie an ihr schönes Rhodus dachten. Ohne Villiers Klugheit wäre wahrscheinlich der ganze Plan und vielleicht mit ihm der ganze Orden gescheitert schon im Jahr 1523. Der Großmeister begleitete die Herzogin von Alençon nach Madrid, die ihren gefangenen Bruder K. Franz besuchen wollte, und stiftete recht eigentlich den Frieden zwischen beyden Monarchen. Mit demselben Geiste, mit dem er den Rangstreit zwischen beyden Monarchen schlichtete: „Möge niemals ein wichtigerer Streit auszumachen seyn! der Kaiser ist der erste Monarch der Christenheit, aber in seinem Pallaste kann der größte König wohl die Ehre des Vorranges annehmen," mit demselben Geiste ordnete er auch die Angelegenheiten seines Ordens.

Der alte würdige Großmeister reiste auch nach Portugall und England, wo man mit dem Verluste von Rhodus den Orden als aufgelöst betrachtete, und Lust hatte, die Commenden einzuziehen, welche Ansicht nicht geradezu schief zu nennen war. — Villers wußte alles beyzulegen, und reiste ab, überhäuft mit Geschenken und der Gnade Heinrichs VIII. Er suchte auf seinem Malta die verfallenen Festungswerke wenigstens zum Schutz gegen die Corsaren herzustellen, so weit es die geringen Kräfte des Ordens erlauben wollten. Es bleibt stets ein hoher Lobspruch für den Orden, daß die Bevölkerung, die aus 15,000 Seelen bestand 1530, bis auf 114,000 stieg, und Malta, das zuvor nichts als das Schloß S. Angelo hatte, die stärkste Vestung Europas wurde!

Malta, 60 italienische Meilen südlich von Sicilien, und 190 von Afrika, folglich Europa bedeutend näher, erhaben über den Meeresspiegel 1170 Fuß, ist, nebst den kleinern Inseln Gozzo, Cumino und Cuminetto (Kümmel-Inseln) nichts weiter als ein mit Mühe und Fleiß urbar gemachten Felsen, keineswegs von so afrikanischem Clima, wie es einige Reisebeschreiber machen, die wohl Sicilien und Spanien nicht kannten, und gemäßigt durch Seewinde, wie durch das erfrischende Eis, das man vom Aetna holet; noch weniger ist die Kahlheit so wörtlich zu nehmen, daß man selbst die Erde von Sicilien herbeygeholet habe, worauf noch Delille anspielet in seinem Homme des Champs:

Ainsi cette isle altière, ouvrage d'une autre isle,
ce rocher heroïque, en hauts faits si fertile
voit naître à force d'art sur sa côte brulante

ce melon savoureux, la figue succulente,
et ces raisins ambrés qui parfument les airs,
et l'arbre aux pommes d'or, aux rameaux toujours verts —
les Lauriers seuls sembloient y croitre sans
culture!

Malta ist reich an Baumwolle, Zuckerrohr und edlen Früchten. Seine Pomeranzen, Melonen, Feigen und Trauben sind wohl die schönsten der Welt, und man braucht gerade nicht nach Malta selbst zu segeln, man kann sie genießen in den Seehäfen Italiens und zu Marseille. Getraide aber bauen die Inseln auf kein halbes Jahr, und man holt solches, nebst Holz und Wein, aus Sicilien. Alle Hausthiere gedeihen vortrefflich, und Strichvögel und Seefische gibt es in Menge. Die Insel, 20 Stunden etwa im Umfange, hat nur Bäche und selten Regen, nichts als verwitterte Kalkstein-Felsen und Mauern, die des Sonnenstrahls Wirkung verstärken, und den Augen nicht wohl thun. Das Boschetto oder Landhaus des Großmeisters mit einigen Bäumen, Buschwerken und Wild war daher so merkwürdig, als der Bosch im Haag!

Das Merkwürdigste aber in den Augen frommer Christen war lange (auf Malta wahrscheinlich noch) die Grotte des heiligen Paulus. Hier fuhr bekanntlich eine Natter dem Apostel, als er Reiser zum Feuer zusammen trug, an die Hand, die Gefährten hielten ihn für einen Mörder, den die göttliche Rache verfolge, aber der Heilige schleuderte das Thier ins Feuer, weder seine Hand schwoll, noch fiel er todt zur Erde, und nun hielten sie ihn für einen Gott. Bey dieser Gelegenheit verfluchte der Apostel alle giftige Thiere, was sehr verzeihlich war, und daher gibt es keine giftige Thiere auf der Insel, die Steine aus seiner Grotte aber helfen gegen alle Uebel, und werden weit und breit versendet. Die Pfaffheit müßte nicht Pfaffheit seyn, wenn sie diese Legenden nicht auch hier benuzt hätte; die Grotte ist in 3 Theile abgetheilet, der hinterste mit einem Eisengitter verwahrte Theil enthält einen Altar mit der schönen Statue des Apostels von Caffa, der mittlere Theil liefert die wunderthätige Erde, und in dem vordersten Theil liegt das Volk auf den Knieen und betet an. Die Insel aber, wo S. Paulus Schiffbruch litte, war eigentlich nicht Malta, sondern Meleda im adriatischen Meer, wie die Apostelgeschichte lehret: „da wir in Adria fuhren!"

Malta ist das volkreichste Land von Europa, denn auf 6 □ Meilen leben gegen 90,000 Menschen, und auf Gozzo, das wahrscheinlich einst mit Malta zusammenhing, 24,000. — Cumino aber ist unbewohnt, jedoch nicht ohne Redouten. Die Sprache hat so viele punische und arabische Wörter, daß sich Malthefer und Nord=Afrikaner leicht verstehen. Valetta, die Hauptstadt, wo die italienische Sprache vorherrscht, mit 32,000 Einwohnern, ist eine sehr schöne Stadt, noch herrlicher aber der Hafen und die Stadt, wie die ganze Insel, eine der stärksten Festungen, unbezwingbar, wenn Eintracht die Vertheidiger belebt, und Munition und Nahrungsmittel nicht ausgehen. Herrlich ist der Anblick von der See aus, — ein Amphitheater von 4 Städten, 3 Festungen und einer Menge Bastionen, und überall die ganze Insel, wo sie nicht von steilen Natur-Felsen geschützt ist, geschützt durch Forts und Thürme. Auf der Erdzunge, die den herrlichen Hafen in zwey Theile theilet, liegt Valetta, und am äußersten Ende dieser Zunge S. Elmo, unsterblich in der Geschichte.

Phäaker und Phönicier, Griechen und Römer, Carthager, Vandalen und Gothen, Araber und Normänner, Deutsche, Franzosen, Spanier und Italiener tummelten sich einst hier auf diesem kleinen Felsenfleck, wo jezt Britten sind, und vielleicht Russen wären, wenn K. Paul länger gelebt hätte. Vater Homer gedenkt zuerst desselben, wenn nemlich die Gelehrten Recht haben, die in seiner Insel der Hyperia oder Ogygia — Malta erblicken; die Griechen nannten sie wegen des Honigs Melite, den sie dem Honig von Hybla gleich achteten. Hier feyerte auch Ulysses seine Honig-Monathe mit der Calypso, und der Herr Sohn Telemaque soll es nicht besser gemacht haben mit der Nymphe Eucharis!

Die Eingebornen haben viel Afrikanisches, dicke Lippen, breite Nasen, krause Haare, untersetzte Statur, und sind lauter Nerven, heissen Bluts und schwarzbrauner Farbe. Sie sind fleißig und mäßig, aber unwissend und ungemein abergläubisch, denn Malta nährte einst 13 Manns- und 4 Nonnen-Klöster! Malthes er erinnern oft an punica fides, sind aber die besten Matrosen, die mit ihren Speronari (kleinen Barquen von 30 Fuß und 6 Rudern) kühn das ganze Mittelmeer durchschiffen . . Die einst berühmten Malthefer-Händchen mit den langen Seidenhaaren, von denen schon Strabo spricht, und die auch schon von griechischen und römischen Damen geliebt wurden, scheinen ganz außer Mode gekommen zu seyn, wurden aber einst manchmal mit 60 Zechinen bezahlt!

Das Thierreich ist arm, wenn wir Ziegen, Schafe, Bienen und Fische abrechnen, desto besser steht es um das Pflanzenreich. Die Insel liefert die trefflichste Baumwolle und Agrumen, und die Blumen, vorzüglich die Rosen, wie schon das Alterthum wußte, duften hier gewürzhafter denn anderswo. Hier wächst auch, nebst schönen Corallen, der in Italien berühmte blutstillende Schwamm (fungus Melit.), einst Regal, wie in Preußen der Bernstein. Prächtig mag der Anblick Maltas von der Seeseite seyn, im Innern aber, wo man statt der Wälder, Wiesen und Baumgärten, Flüssen und Berge, nur Wälle, Bastionen und weiße Mauern erblicket, die Brust beklemmet werden; nur die Eingebohrnen mögen ihre Insel il fiore del Mondo nennen, wie die armen Bewohner des Inselchen Hiddensoe bey Rügen, zu dem sie, nach weiten Reisen in Ost- und Westindien, sehnsuchtsvoll zurückkehren, und es dat söte Länneken nennen, das süße Ländchen!

Hier auf Malta saßen nun die Johanniter, traurig nach ihrem süßen Ländchen Rhodus blickend,

Aller Activhandel und alle Erzeugnisse der Insel reichten kaum hin, das Getraide aus Sicilien zu zahlen, die Bewohner waren stets von Seeräubern beunruhigt, die häufig landeten, und alles fortschleppten, was sich nicht ins Innere rettete, — folglich war der Orden willkommen, denn er gewährte Schutz, und da von allen Gegenden Europens das Geld hierher gezogen wurde, so stieg auch der Wohlstand. Das Volk war zufrieden, nicht so die alten Familien, und es war auch in der That ungerecht, daß eingeborne Maltheser zwar Ritter, aber aus zu weit getriebenem Mißtrauen, nie Würdeträger, noch weniger Großmeister werden konnten! Sie konnten beweibt seyn, mußten aber ihre Frauen nach Sicilien senden — ins Wochenbette!

Hier auf Malta fehlte es dem Orden nicht an neuen Kämpfen. Villiers Unternehmen auf Modon in Morea, wo sie dem geliebten Rhodus wieder näher gewesen wären, scheiterte, dafür legte er die blutige Fehde zwischen seinen eigenen Rittern, Italienern und Franzosen glücklich bey. Zwölf Ritter wurden des Ordenskleides beraubt, und einige Rädelsführer gesäckt ins Meer geworfen. Tief kränkte den ehrwürdigen Greis dieser Auftritt; noch mehr aber die schlimme Nachricht aus England, daß Heinrich VIII. gegen die Ritter wüthe, und die ganze englische Zunge aufgehoben habe. Villiers Isle Adam stieg mit Gram hinab in die Grube 1534, und man setzte ihm die schöne und verdiente Grabschrift:

Hic jacet Virtus victrix fortunae.

K. Carl V. hatte es nicht Ursache zu bereuen, daß er sich den Orden verbindlich gemacht hatte. Vierhundert Ritter, jeder mit 2 Knappen, zogen mit ihm vor Algier, und als er sich Tunis näherte, kam ihm Ritter Simeoni entgegen mit 6000 Christen, die ihre Sclavenketten zerbrochen, und sich Tunis bemächtiget hatten! Der Kaiser umarmte den Ritter . . Nicht so gut lief der zweyte Zug nach Tunis ab, den auch der erfahrene Seeheld Doria mißrathen, aber natürlich geschwiegen hatte, als ihm Carl entgegnete: „22 Regierungs-jahre können Mir, und 72 Lebensjahre Euch genügen, um zufrieden zu sterben!“

Gefürchtet von den Corsaren war Ritter Botigella, General der Ordens-Galeeren, in dessen schwarzen Hunde man den Teufel erblickte, der ihm von allem Nachricht gebe. Kein Corsar und kein türkisches Schiff durfte sich mehr blicken lassen, ohne nach Malta geschleppt zu werden, was die Türken endlich so in Harnisch brachte, daß sie nicht nur die weggenommenen Städte Susa, Monaster und Africa, die so manchem Ritter das Leben gekostet hatten, wieder eroberten, sondern auch Tripoli (1551). Vergebens hatte zwar Dragut Malta gestürmet, und acht Tage lang beschossen, aber mit Gozzo gelang es ihm besser; er verheerte die Insel, und führte alle Bewohner, 6300 an der Zahl, gefangen mit sich hinweg, woran niemand Schuld war, als die Feigheit des Commandanten Galatian. Nun nahmen noch die Ritter eine große türkische Galione, beladen mit den reichsten Waaren des Orients, die dem Obersten der schwarzen Verschnittenen gehörte, und los brach der Sturm!

Solimanns Flotte, die Piali befehligte, erschien 1565 vor Malta, und landete 40,000 Türken unter Mustapha. Nun begann eine der merkwürdigsten Belagerungen, die den Großmeister La Valette und seine Ritter verewiget. La Sangle und La Valette sahen den herannahenden Sturm besser voraus, als ihr geiziger unritterlicher Vorfahrer Omedes den unter Dragut vorausgesehen hatte, ließen viele Arbeiter aus Sicilien kommen, um die Festungswerke zu verstärken. — Die entferntesten Commenden lieferten ihr Geld und Silbergeschirr, viele Ritter selbst ihre goldene Ketten, und alle christlichen Mächte wurden zum Beystand aufgefordert. Zunächst aber verließ sich La Valette noch mehr auf sich und seinen Orden, und brachte 700 Ritter zusammen, nebst 8500 streitbaren Männern, die es nun mit dem furchtbaren von Afrika aus stets verstärkten Heere der Türken aufnahmen, und das Glück krönte ihre Tapferkeit, Anstrengung und Ausdauer.

S. Elmo wurde zuerst gestürmet, und kostete Tausenden von Türken das Leben, selbst dem tapfern Dragut; — 300 Christen waren die Vertheidiger, denen von Zeit zu Zeit La Valette neue Hülfe sandte, so lange das Fort noch mit der Stadt in Verbindung stand. Mustapha unterbrach diese Verbindung, der kleine Heldenhaufe schmolz täglich, und nun schrieben 53 Ritter dem Großmeister, daß es unmöglich sey, sich länger zu halten. Er schrieb zurück: „Kommen Sie ins Convent, Sie sind da sicherer, und ich ruhiger, denn von S. Elmo hängt alles ab, und ich werde andere senden.“ La Valette beweinte die Opfer des Todes, aber von Erhaltung des Forts hing es wirklich ab, ob der Vicekönig Siciliens Hülfe sende, oder nicht? das Wohl von Malta hing ab von S. Elmo.

Die Ritter blieben, und beschlossen als Helden zu fallen fürs Vaterland. Ritter Bridiers de la Gaulampe, tödtlich verwundet, sagte den Brüdern, die ihn nach dem Spitale bringen wollten: „Ich gehöre unter die Todten, vertheidiget die Lebenden, schleppte sich nach einer Capelle, und starb am Fuße des Altars. S. Elmo kostete 130 Ritter nebst 1300 Soldaten, aber auch 8000 Türken! Die Ritter hatten ein eigenes Vertheidigungsmittel erfunden, — leichte weite Reifen, mit brennbarer Materie bestrichen, die sie angezündet unter die Stürmenden warfen; diese Reifen umfaßten 2 — 3 Männer, und nöthigten sie, wollten sie nicht lebendig verbrennen, sich ins Wasser zu stürzen. Der wilde Mustapha wüthete noch bey Einnahme des Forts selbst gegen die Sterbenden, ließ sie viertheilen, in Kreuzesform auf Bretter binden, und durch die Wellen an den Fuß des Schlosses S. Angelo tragen. Dieser Anblick preßte dem Großmeister Thränen aus, im gerechten Schmerz ließ er allen Gefangenen die Köpfe abschlagen, und solche, statt der Kugeln, ins türkische Lager schießen! Schmerzhaft rief Mustapha, als er in das kleine Fort S. Elmo trat: „Was wird uns der Vater kosten, da dieser kleine Knabe so viel gekostet hat!" Die Redensart war hier buchstäblich zu nehmen: „Man wehrte sich bis auf den lezten Mann!"

Nun galt es die Insel La Sangle. Alle Wuth der Türken scheiterte auch hier an der Tapferkeit der Ritter und an La Valettes Thätigkeit. „Sie sind uns nur um einige Tage voran gegangen," sprach er bey Trauerbotschaften. Ueber 4000 Türken waren auch hier wieder geblieben, und über 100 Ritter, als Mustapha beschloß, die Kräfte der Belagerten zu theilen, und an mehreren Orten zugleich anzugreifen, aber überall fand er gleich tapfern Widerstand. Am Tage kämpften die Ritter, und in der Nacht besserten sie die Breschen aus, und überall war ihr Großmeister. Ueberall mußte man Gegenminen machen, wozu der Feind seine lezte Zuflucht nahm, und nun flogen auch noch die Türken in die Luft. Aber bey der Uebermacht der Türken hielten zulezt die Ritter dafür, daß nichts übrig bleibe, als sich nach S. Angelo zurückziehen, nur der Großmeister widersetzte sich noch — La Valette, der verwundet ausrief: „Kann ich mein Alter von 72 Jahren glorreicher enden?" Endlich erschien nach langem ängstlichen Zaudern, vielleicht von geheimen Befehlen zurückgehalten, der Vicekönig, landete 6000 Mann, und die Türken hoben, ohne sich nach der Stärke des Feindes zu erkundigen, in Verwirrung die Belagerung auf, ließen die schwere Artillerie im Stich, und schifften sich mit einer Eile ein, die einer Flucht gleich war. Es flohen 16,000 Mann vor 6000, und Mustapha, als er den Irrthum merkte, trieb die Seinigen mit Stockschlägen wieder ans Land, um — noch einige 1000 zu opfern! Die türkische Flotte ging unter Seegel, nachdem sie 30,000 Mann vor Malta hatte sitzen lassen, und Mustapha sahe zähnekrirschend die Fahne des heil. Johannes wieder von S. Elmo wehen!

Soliman schwur, nächstes Jahr sich an den Rittern zu rächen, und das halb zerstörte Malta wäre wahrscheinlich verloren gewesen, hätte La Valette nicht Mittel gefunden, das Arsenal zu Constantinopel in Brand zu stecken, und wäre Soliman nicht vor Sigeth geblieben. Der Nahme La Valette und seiner Ritter, die eine viermonatliche Belagerung so muthig aushielten, war hochgefeyert in der ganzen Christenheit, öffentliche Feste verherrlichten den Sieg, und Spanien übersandte einen kostbaren Degen und Dolch. Der Orden hatte aber über 260 Ritter und 8000 Soldaten und Einwohner verloren. — Die meisten Ueberlebenden waren verwundet, krank, oder ganz abgemagert von viermonatlichen Strapazen, viele Ritter waren nie aus ihren Kleidern gekommen, und nur mit Zeit und Mühe konnten die Festungswerke, Gebäude, die Artillerie und Vorräthe wieder hergestellt werden. Spanien, Frankreich, Portugall und der Papst schickten nahmhafte Summen, die Commenden gaben, was sie hatten, und so war La Valette im Stande, die neue Stadt zu bauen, die seinen Nahmen trägt. Borgo aber bekam den Nahmen Vittoriosa. Der Großmeister lebte unter den neuen Bauten, hielt da Mittagsmahl, und ertheilte da Audienzen. Er schlug mehrere Denkmünzen, und auf einer war David, der Sieger Goliaths, abgebildet, mit der Umschrift: Unus Decem Millia. La Valette starb 1568.

Nicht leicht wird es in der Geschichte eine ruhmvollere Belagerung geben, und ohne Erhebung des Gemüths niemand die freywillige Aufopferung jener Helden in S. Elmo lesen, gleich den Spartanern zu Thermopylä. Dem abgesandten türkischen Officier, der den Großmeister zur Uebergabe aufforderte, zeigte La Valette die Werke und die tiefen breiten Gräben: „Nur diese können wir Mustapha abtreten, wenn er sie mit seinen Janitscharen füllen will." Es war keine Gasconade, was ein Ritter dem Bassa, der ihm einen Plan von Malta zeigte, erwiederte: „Die Hauptwerke hat doch der Zeichner vergessen — die Ritter, die sie vertheidigen!"

Berühmt ist auch des berühmten Ordens-Geschichtschreibers Vertot Schilderung dieser hochberühmten Belagerung. Man hat ihn oft beschuldigt, daß er in seinem Gemälde idealisiret, und nichts weniger als getreu die Thatsachen dargestellt habe. Man hat ihm nachgesagt, daß er mehrere, die ihm bessere Materialien liefern wollten, die

Antwort gegeben habe: Mon siège est fait! Boisgelin nimmt Vertot in Schutz, bezeugt die Treue seines Gemäldes, und behauptet, jene Personen seyen solche gewesen, die aus Adel- und Familienstolz gerne die Nahmen ihrer Vorfahren gelesen, und ihm gerade umgekehrt weniger wahrhafte Materialien geliefert hätten, als die Archive des Ordens, die Vertot offen standen.

Diese Belagerung beschäftigte, wie die von Rhodus, ganz Europa, und wir haben eine Menge alter Berichte darüber, sie beschäftigte alle Welt, wie in unserer Zeit die Belagerung Gibraltars und die schwimmenden Batterieen. Beyde Belagerungen begeisterten auch die Dichter, und wir haben des Jesuiten Mayre Liladamus 1686, Privat de Fontanilles Malte ou l'Isle Adam 1749, Frattas Malteide und Rubis Trauerspiel Rodi presa 1773. Alle aber sind heruntergestochen von unseres Lichtenbergs Romanze auf die schwimmenden Batterieen!

Seit dieser berühmten Belagerung nahm zwar der Orden noch Antheil an Bündnissen mit Spanien, Frankreich und Venedig gegen die Türken und afrikanischen Raubstaaten, mit abwechselndem Glück, richtete aber doch mehr sein Augenmerk auf die Verbesserung seiner zerstreuten Besitzungen, und auf die Sicherheit seines Sitzes zu Malta. Mit La Valettes Tod ist im Ganzen die Geschichte des Ordens todt, wie die Geschichte seines Mitbruders, des deutschen Ordens, seit dem Verluste Preußens. Nur Ordensritter konnten sie noch wichtig finden, und Ordens-Angehörige. Nichts als Streitigkeiten mit den größern Staaten, wo sie ihre Commenden hatten, Händel mit den Päpsten, Händel unter sich, und Ereignisse, die alle unter der Würde der Geschichte sind. Großmeister de Monte statuirte ein Exempel, und ließ den Ritter S. Clemente, der mit seiner kleinen Flotte vor dem Seeräuber Lukiali die Flucht ergriffen, und drey Galeeren im Stiche gelassen hatte, sich von Rom ausliefern, und — enthaupten!

Mit der Reformation ging die ganze englische Zunge verloren, und mit dieser und dem westphälischen Frieden auch viele Commenden der deutschen Zunge. Geldmangel, Hunger, Seuchen, Verschwörungen, kleine Seegefechte mit Corsaren, die Belagerung von Candia, während welcher der Orden jedes Jahr den Venedigern einige Galeeren sandte, die Insel S. Christophe in Westindien, die der Orden kaufte, 1653 aber schon wieder verkaufte, Rangstreitigkeiten, der Gesandte Peters des Großen, den Großmeister Perellos mit einer Auszeichnung empfing, als ob er hinter den Vorhang des 18ten Jahrhunderts geblickt hätte; die Vertreibung der Jesuiten, die Händel mit dem päpstlichen Inquisitor, und die angenehmen Caravanen nach Sicilien schützten den Orden und die Ritter, daß sie nicht starben aus Langeweile!

---

# XXIV.

## Die Fortsetzung.

Wenn selbst der Hauptschriftsteller des Ordens, der von seinem Orden so eingenommene Vertot, nach dem Tode La Valettes, so wenig zu sagen weiß, daß er dessen Geschichte von 1568—1725 mit wenig Blättern abfertigt, er, der so redselig ist, was sollten wir zu erzählen haben? Sollen wir erzählen, wie die Ritter sich gegen ihren Meister de la Cassière verschwuren, weil er keine National-Partheylichkeiten leiden wollte, die liederlichen Weiber und Dirnen aus der Stadt jagte, und den Brüdern zu lange lebte? wie sie ihn in einer Sänfte gefangen führten nach S. Angelo, unter Spottreden der jüngern Ritter und jener Weiber? Würdiger der Rittergeschichte ist es, daß der edle Greis nicht zugab, daß der Galeeren-General Chabrillan ihn befreye mit Vergießung des Blutes seiner Ritter, daß er vom heiligen Vater sein Recht erwartete, und auch erhielt, in Rom einzog mit 800 Rittern, und den dort befindlichen Gesandten der Empörer, die nach dem Ausspruch der Richter degradirt und enthäuptet werden sollten, — verziehe!

Sollen wir erzählen, wie der Nachfolger Verdalla den Rittern die Taschenpistolen und Dolche als Meuchelmörders-Waffen verbieten mußte, aus Verdruß über ihre Unsitten nach Rom ging, und daselbst sein Leben beschloß? Wie die Ritter unter Vignacourt den Großvicar des Bischofs ins Meer werfen wollten, Fonseca wegen Mordes enthauptet, und Foulcon wegen Kassediebstahls ewig eingesperrt wurde? Wie viele Priesen und Sclaven man unter diesem oder jenem Meister gemacht, und wie viele Ritter darüber das Leben gelassen haben? Wie sie den Großmeister Lascaris-Castellar 1639 zwangen, die Jesuiten fortzujagen, denen er sich ganz hingegeben hatte? oder wie unter Cottoner der Ritter Temericourt sich mit einer Galeere gegen 5 große Schiffe von Tripolis wehrte, aber vom Sturm ergriffen scheiterte, gefangen, und Sultan Muhamed III. vorgestellt wurde, der ihm alles versprach, Admiralswürde und Prinzessinnen gegen Beschneidung; — Temericourt aber lieber im Kerker starb unter tausend Martern? Wie endlich Manuel Vilhena, von dem das Fort Manuel erbauet wurde, vom heiligen Vater zum Christgeschenke den geweiheten Degen (l'estoc) erhielt, wie Daun im siebenjährigen Kriege, wodurch sich aber Friedrich keineswegs irre machen ließ, und noch nebenbey den geweiheten Helm (casque), der aber

30 *

blos eine rothe Sammt-Mütze mit Gold gestickt ist, verziert mit einem — heil. Geist von Perlen?

Mit diesen kostbaren heiligen Geschenken schließt Bertot sein Werk, und wir müssen daher aus neuern Schriften nachtragen, was sich unter Vilhenas Nachfolgern ereignet hat bis zum seeligen Ende des berühmten Ordens. Großmeister Pinto (1741—73) gehört glücklicherweise unter die ausgezeichneten Männer des Ordens, während wir von Despuig, der auf Vilhena folgte, nichts zu sagen haben. Mit derselben Klugheit, mit der er Corsika ausschlug, das ihm Genua anbot, unterdrückte er eine furchtbare Verschwörung von etwa 1000 Sclaven, die auf nichts Geringeres ausgingen, als Malta den Türken in die Hände zu spielen, und Pinto mit allen Rittern, deren Bediente sie zum Theil machten, zu ermorden. Schrecklich war die Hinrichtung der Verschworenen, wovon 125 lebendig verbrannt, andere gerädert, und noch andere von Galeeren, die nach entgegengesezter Richtung seegelten, in Stücke zerrissen wurden. Alle Sclaven, die zuvor ziemlicher Freyheit genossen, wurden nun jeden Abend ins Bagno eingesperrt. Pinto, ein Portugiese, errichtete auch 1756 eine Druckerey (ziemlich spät), eine Akademie, und einige Seidenfabriken.

Eine zweyte Verschwörung anderer Natur stürzte seinen Nachfolger, den 70jährigen Terada Ximenes aus Gram in die Grube. Die wegen Einschränkungen mißvergnügte Geistlichkeit bildete diese Verschwörung, und die Verschworenen hatten sich schon S. Elmo bemächtigt, 40 Ritter aber, Ximenes an der Spitze — denn alle übrigen kreuzten auf der See, — erstürmten es wieder, ein Ritter erschoß den die Aufrührer leitenden Priester, und drey andere Pfaffen wurden gehängt, gerade an dem Tage, wo Ximenes starb, wie man behauptete, an Gift. Die Clerisey rief: „Sehet! wenn man Hand anlegt an die Gesalbten des Herrn!"

Rohan, der Nachfolger, machte treffliche Einrichtungen im Orden, verbesserte die Festungswerke, und vermehrte die Truppen, da benachbarte Mächte gedrohet hatten, ihre eigene Garnisonen nach Malta zu legen. Er erlebte die Freude, daß Frankreich die Güter des S. Anton-Ordens mit dem Johanniter-Orden vereinte, die zu 100,000 Thlr. angeschlagen waren, daß Bayern eine eigene Zunge errichtete, und der Ritter Sagramoso die ehemaligen Ordensgüter in Pohlen wieder beyschaffte. Noch auf seinem Sterbebette erhielt Rohan die angenehme Nachricht, daß K. Paul diese Güter (von etwa 120,000 fl. pohlnisch Ertrag) auf 300,000 erhöhet, und ein eigenes russisches Priorat gestiftet habe. So vergaß denn Rohan den Verlust in Frankreich, woselbst schon Neker den 4ten Theil der Ordens-Einkünfte in Anspruch genommen, und nun gar die National-Versammlung (am 19ten Sept. 1792) alle Ordens-Besitzungen für Nationalgüter erklärt, und den Orden aufgehoben hatte, obgleich die Handelsstädte Lyon und Marfeille Fürsprache einlegten. Der Ordensgesandte zu Paris de la Brillane starb darüber!

Die meisten französischen Ritter suchten Zuflucht in Malta, und der Großmeister unterstützte sie so eifrig, daß sein Hausmarschall Vorstellungen machen zu müssen glaubte. „Reservez un écu par jour pour moi, sagte der großherzige Rohan, et que le reste soit distribué à mes frères!“ Dies war im alten Geiste des Ordens, wie der schöne Eifer, mit dem bey der ersten Nachricht von dem schrecklichen Erdbeben in Calabrien und Sicilien (1783) die Malthefer ausliefen mit Chirurgen, Arzneyen, Betten, Zelten und Lebensmittel am Borde. Die Ritter erschienen zu Reggio und Messina als wohlthätige Schutzengel, wohlthätig wie einst im S. Johannis-Spital zu Jerusalem! Rohan † 1797.

Hompesch, zuvor K. östreichischer Minister zu Malta — der erste und lezte deutsche Großmeister — erhielt das Barretone oder die Krone des Meisters in einer verhängnißvollen Zeit, wo der Orden schon mit einem Fuße im Grabe stand. Er war der 71ste Großmeister. Harte Vorwürfe mußte er hören, er war ängstlich, unentschlossen; um den Orden zu retten, mußte man Formen wagen, wie das wankende Rom, das in Gefahren einen Dictator wählte. Hompesch war zu friedlich, zu gut, zu vertrauend und zu — gewöhnlich; sicher war aber sein größtes Unrecht, daß er die Würde annahm in solchen Zeiten! Er war das Opfer langer französischer geheimer Intriguen. Konnte bisher die deutsche Zunge sich nicht rühmen, einen Großmeister aus ihrer Mitte zu zählen, so konnte sie auch wohl die traurige Ehre entbehren, das Ende des Ordens mit dem ersten Deutschen zu bezeichnen. Alle Staaten schwankten, warum nicht auch das kleine sich längst selbst überlebte Malta?

Hompeschens erstes Geschäft war eine außerordentliche Gesandtschaft nach Petersburg abzuordnen, die sehr gut aufgenommen wurde. Der Gesandte Bailli von Litta überreichte in feyerlicher Audienz dem Kaiser Paul das Großkreuz, das La Valette getragen hatte, nebst dessen Cottes d'Armes, und dann noch mehrere Ordenskreuze für die Kaiserin und die Großfürsten. Der zweyte Gegenstand, dem Hompesch seine Sorgfalt widmete, war der Finanz-Zustand des Ordens. Im Jahr 1788 war noch Ueberschuß von 189,216 Pfd., aber mit der Revolution trat ein solches Deficit ein, daß der Orden kaum noch auf eine Million rechnen durfte, neben einer Schuldenlast von 6 Millionen. Am Rastadter Congreß negocirten die Bailli von Truchseß und Pfürt nebst Chevalier de Bray heiter und froh, — es war abermals von Vereinigung des Johanniter- und Teutsch-Ordens die Rede, wozu der erstere jezt größere Lust bezeugte, als der leztere, aber — welch ein Donnerschlag vom heitern Himmel — Bonaparte in Malta!

Der Held von Italien erschien am 9. Juny 1798 vor der Insel, verlangte weiter nichts als Wasser, und daß man seine Schiffe in Hafen lasse; — lezteres wurde abgeschlagen, Bonaparte landete am 10ten, und am 12ten übergab sich die Festung, die den Osmannen im Zenith ihrer Macht 4 Monden lang getrotzt hatte, — diese Festung fiel nach 2 Tagen durch Feigheit und Verrath! Das Landvolk hatte sich in die Stadt geworfen, Lebensmittel waren eben nicht in großen Vorräthen, Verräther sorgten für gehöriges Mißtrauen und Unordnungen, und so erschien denn bald eine Deputation, und die Capitulation war geschlossen, ehe die Belagerung begonnen hatte! Hompesch stand an der Spitze von 332 Rittern, darunter 200 Franzosen, 90 Italiener, 25 Spanier, 8 Portugiesen und 9 Deutsche waren. Die Mannschaft bestand aus 7000 Mann, darunter 3000 Milizen, die aber leicht auf 10,000 gebracht werden konnten. Was vermochte Hompesch gegen Verrath, gegen eine Flotte, wie die französische, mit 40,000 Mann am Bord, und gegen eine solche Ueberraschung?

Die Landung konnte auf keinen Fall verhindert werden, aber concentriren konnte Hompesch seine Leute in Valetta, und Bonaparte zu einer förmlichen Belagerung zwingen, wozu dieser schwerlich Zeit gefunden hätte, denn Nelson hätte gewiß nicht bis Abukir gewartet! Junot rief unwillkührlich in der Festung aus: „Ah! je ne devrois pas être ici!“ Bonaparte aber tröstete den gebeugten Großmeister in seiner Manier: „Europa wird Malta bald vergessen über wichtigeren Eroberungen!

Das Directoire erklärte dem Orden, daß er

Emigranten geheget, namentlich die Condéer, spanische und englische Matrosen-Werbung verstattet, und la grande Republique nicht anerkannt habe. — Malta war das Schaf, la grande Nation der Wolf in der Fabel, und das Schaf hatte wenigstens das Wasser getrübet! Bonaparte, aufgebracht, daß ihm der Großmeister keine Aufwartung machte, befahl, daß alle Ritter binnen drey Tagen abreisen sollten, den Portugiesen gestand er nur 2 Tage, und dem russischen Minister Ritter Ohara gar nur 3 Stunden zu. Alle Seeleute, die Garde des Großmeisters und die Soldaten ließ er auf seine Flotte bringen . . Drey Millionen an Gold und Silber aus der S. Johannis-Kirche, 2 Linienschiffe, 1 Fregatte, 3 Galeeren nebst kleinen Fahrzeugen, 30,000 Gewehre, 12,000 Fässer Pulver, Lebensmittel für 6 Monathe ꝛc. wurden Beute des Eroberers. Die Ritter gingen mit Raguser Schiffen nach Antibes, Barcellona, Livorno ꝛc., Hompesch nach Triest, und 48 französische Ritter zogen mit Bonaparte nach Aegypten. Es war natürlich, daß französische Ritter ihre Insel lieber in den Händen ihrer Nation sahen, als in denen der Britten oder Russen!

Jeder Ritter erhielt 10 Louis Reisegeld, Hompesch aber hatte nicht so viel, um seine Gläubiger zu befriedigen. Man gab ihm eine ansehnliche Summe als Entschädigung, neben der Versicherung einer Pension von 300,000 Pfd. (die alten Ritter erhielten 1000, junge 700 Pfd. Pension) und bewilligte ihm auch recht gerne noch auf sein Verlangen drey Ordens-Reliquien: ein Stück vom heil. Kreuz, den Arm des heil. Johannes; und ein berühmtes Bild der heil. Jungfrau, das noch von Rhodus stammte. Die Franzosen hielten sich nur an das, was Gold- und Silberwerth hatte, nicht an Holz und Knochen, und daher ist auch diese S. Johannis-Kirche, wenn auch nicht mehr so reich, doch nicht so ganz kahl. Die Fresco-Gemälde und die Monumente der Großmeister sind geblieben. Von Triest aus protestirte Hompesch gegen Alles, irrte späterhin an mehreren Orten Italiens umher, und starb 1801 zu Montpellier, verlassen und dürftig. Zum Drittenmale sahe sich nun der Orden ohne Heimath, — seine vierte Heimath sollte, statt des südlichsten Ende Europens, der hohe Norden werden — S. Petersburg!

Das russische Großpriorat und einige zu Petersburg versammelte Ritter, welche gegen die Uebergabe Maltas gleichfalls protestirten, und Hompesch seiner Würde entsetzten, übertrugen solche K. Paul 1798, und er nahm sie mit Freuden an. Paul hatte eine besondere Vorliebe für den Orden, und Vertots Geschichte soll unter seine Lieblingsbücher gehört haben. Die Ordensflagge wehte am 1. Januar 1799 zum erstenmale von der Admiralität, begrüßt mit 33 Canonenschüssen! Das russische Großpriorat wurde auch für den russischen Adel dotirt mit 216,000 Rubeln und 98 Commenden, der ganze ordensfähige Adel der Christenheit in den Orden zu treten eingeladen, und der

Johanniter-Orden schien aus seiner Asche schöner und glänzender wieder aufzustehen. Paul schwärmte recht eigentlich für den Orden, aber seine unglückliche Catastrophe war auch die unglücklichste aller Catastrophen für den Orden. Der weise Alexander lehnte die Großmeisterwürde ab *)!

Unter den Begebenheiten, welche die Regierung des unglücklichen Monarchen auszeichnen, zog vielleicht keine größere Aufmerksamkeit auf sich, als der Entschluß sich an die Spitze des Johanniter-Ordens zu setzen. Osmannen, dritthalb hundert Jahre die Geissel des Abendlandes und der Vereinigungs-Punkt aller durch politische und religiöse Streitigkeiten getrennter Staaten, hörten erst auf, gefürchtet zu seyn, als Rußland erstarkte. Catharina erschuf das orientalische System, d. h. den Plan, die Barbaren nach Asien zu jagen, und das interessanteste Volk Europens, die Griechen, von dem eisernen Joch der Moslems frey zu machen. Während ihre Armeen in der Moldau und Wallachey siegten, erschien eine Flotte im Mittelmeere, und der Divan konnte nicht begreifen, wie diese Polar-Menschen aus ihrem Eis in den griechischen Archipel gerathen seyen!

Malta versahe damals die Flotte Orlows mit Allem. — Malta, das seit 1523 behauptete, die Policey des Mittelmeeres gegen Seeräuber

*) Paul I. Großmeister des Maltheser-Ordens. Arau. 1808. 8. (vom ehemaligen Ordens-Kanzler zu Heitersheim, v. Ittner.)

zu handhaben, die Küsten Italiens zu bewachen, mit ihren Galeeren Kauffahrer zu schützen und mit seinen Quarantaine=Anstalten und großem Spitale die Menschen zu bewahren, die der Handel in seine Gewässer brächte, gegen Krankheit und Pest. Seit 1726 lebte der Orden, auf Veranlassung des Hofes von Versailles, mit der Pforte im Frieden, Catharina aber hatte Verhandlungen angeknüpft, daß eine Ordensflotte mit der russischen auslaufen sollte, weil die Ritter diese Gewässer am besten kennen müßten. Choiseul bezeugte Mißbilligung, und groß war die Verlegenheit des Ordens. Der Aufwand war gemacht, Abhängigkeit von Frankreich wollte man nicht geradezu gestehen, und welche Entschuldigung ließ sich dem stolzen Orlow machen? Der Zufall trat auch hier ins Mittel. Tripoli hatte französische Schiffe weggenommen, Frankreich den Orden aufgefordert, die Seeräuber zu züchtigen, und die Russen besänftigte man durch Seeofficiere, Matrosen, Auslieferung von Planen und Zeichnungen, und den Schlüssel zu den geheimen Verbindungen in der Levante.

Ohne Ordensflotte schlug Orlow bey Scio dennoch Hassan, und verbrannte die türkische Flotte im Hafen von Tshesme. Der russische Admiral hätte ohne Anstand durch die Dardanellen seegeln, und Schrecken, Tod und Verderben in das Herz der Hauptstadt schleudern können, troz den Anstalten des berühmten Ritter von Totts! Späterhin machte die Crimm und Odessa den Weg nach Constantinopel noch gebahnter, und mit allem Rechte konnte jener Maler über das Bildniß Catharinens, das sie dem Großmeister zum Geschenk machte, einen Regenbogen setzen, dessen einer Schenkel auf der Crimm, und der andere noch bedeutungsvoller auf Malta ruhte!

Paul, dem die Geschichte der Johanniter offenbar einen gewissen romantischen Aufschwung gegeben hatte, welchen wir in mehrern seiner Regenten-Handlungen erblicken. — Paul bestieg den Thron, und der schlaue Ordens-Gesandte, der bereits die pohlnischen Güter herausnegorirt hatte, machte ihm begreiflich, wie nützlich der Galeerendienst, den Malteser aus dem Grunde verständen, im schwarzen Meere, und selbst in den Untiefen der schwedischen Scheeren für Rußland seyn würde, da Galeeren bey einer Flotte ohngefähr das sind, was leichte Reuter bey einer Armee, — er wieß auf die herrlichen festen Puncte hin, welche die Crimm und Malta abgeben müßten für das beliebte orientalische System Catharinens! So nahm denn der so ritterlich gesinnte Monarch das große Ordenskreuz, unter dem einst das Herz des tapfern La Valette geschlagen hatte, aus der Hand des Ordens!

Die Revolution hatte über die Bourboniden Unfälle gebracht, wie wir sie nur in den Tragödien der Atriden und Thebanischen Könige lesen; — Jacobiner suchten über ganz Europa furchtbare Maximen zu verbreiten, welche Fürsten und Adel zunächst galten, — und so fand denn Kaiser Paul den schönsten Gegensatz in einem Adelsverein durch ganz Europa. Jeder Edelmann, der seine Ahnenprobe machen konnte, ward eingeladen, Maltheser zu werden. Der Gesichtspunct des nordischen Selbstherrschers erhellet aus den Worten der Ukase vom 21. Dec. 1798: „Die Gesetze des erlauchten Ordens flößen Liebe zur Tugend ein, bilden zu guten Sitten, knüpfen die Bande der Subordination noch enger, und bieten ein mächtiges Hülfsmittel gegen das Elend dar, welches unsinnige Neuerungswuth und zügellose Denkfreyheit hervorgebracht haben!“ Unter diesem Gesichtspunct erscheint in der That alles, was der unglückliche Monarch that, weder so romanhaft, noch so launisch!

Paul, genährt mit ritterlichen Ideen, wollte nun seinen Orden zu dem Glanze des ersten militärischen Instituts erheben, zum Mittelpunct des europäischen Adels; der Orden sollte ein Felsen im Meere werden, an dem alle demokratische Stürme brechen und scheitern sollten. See- und Landkrieger, Staatsmänner und Gelehrte sollte der Orden umfassen, alle christliche Religionen, selbst der Spitaldienst sollte wieder hergestellt werden, um stolze und rohe Gemüther durch den Anblick des Menschen-Elendes zur Demuth zu führen. Indessen nahmen die Britten Malta, und der schöne Plan scheiterte. Paul, erbittert auf England und Oestreich, deren Eifersüchteleyen er die Niederlagen in Holland und der Schweiz zuschrieb, näherte sich dem gehaßten Frankreich, und Bonaparte war sein. Der Groß-Consul ließ die gefangenen Russen neu kleiden, und sie sollten Malta erobern helfen, als Paul vom Thron herabstieg in die Gruft. Alexander, der alle Tugenden der alten Ritter vereinet ohne ihre Schwärmerey, erkannte besser den Geist seiner Zeit, und findet den eigentlichen Adel da, wo sich Tugenden, Verdienste und Bildung finden!

Britten blokirten Malta, das Vaubois besser zu vertheidigen wußte, als Hompesch und seine Ritter. Die Bevölkerung Valettas schmolz durch Auswanderung und Krankheiten von 40,000 auf 7500 Seelen, brittische Bomben machten die Landbewohner aus der Stadt flüchten, was Vaubois recht gerne verstattete, seine Franzosen aber erhielt er munter durch Schauspiele. Sie baueten Gemüse auf den Werken, und verkauften solches, da sie keine Löhnung mehr erhielten, und jede Nachricht von den Siegen ihrer Armeen stärkte ihren Muth. Vaubois hielt sich zwey Jahre (bis 3. Sept. 1801), und ließ sich nicht weniger denn achtmal auffordern. Seine lezte Unterredung mit dem Feinde unterbrachen seine halb ausgehungerten Franzosen mit einem Vive la Republique! point de Capitulation! Zulezt fehlte es aber an Mehl, er mußte sich ergeben, und die Garnison wurde auf brittischen Schiffen nach Marseille übergeführt!

Noch einmal leuchtete der Glücksstern dem Orden. Frankreich und England mißgönnten sich die Insel, und daher wurde sie im Frieden von Amiens dem Orden zurückgegeben. Malta sollte neutral, sein Hafen allen Handels-Nationen offen seyn, der Orden künftig weder französische noch brittische Ritter mehr zählen, dafür aber eine Malthefer Zunge haben ohne Rücksicht auf Ahnenprobe, die Hälfte der Garnison stets Eingebohrne bilden, und der Orden frey seyn von seinem religiösen Militärwesen, oder eigentlich Unwesen gegen die Ungläubigen. In dem Entschädigungsplane §. 26. wurden dem Orden sogar die Grafschaft Bondorf, die Abteyen S. Blasien, S. Peter, S. Trudpert, Tennenbach, Schuttern und andere Mediatstifter und Klöster im Breisgau zugedacht, die Entschädigung blieb aber glücklicherweise auf dem — Papier! Der Sündenbock Deutschland sollte den alten unnützen Orden entschädigen, während alles Alte sich verjüngte, weil solches England und Frankreich nützte! Britten aber blieben in ihrem Felsennest sitzen, wie sie noch heute auf Gibraltar sitzen, und erhielten es auch diplomatisch im Pariser Frieden 1814. So lebte auf Malta die zur Zeit der Reformation verlorne englische Zunge kräftiger wieder auf, als dem Orden willkommen war!

Die Zeit des Ordens war längst hinabgerollt in den Strom der Ewigkeit. Sieben Jahrhunderte alt schaute die ehrwürdige Antiquität, Johanniter-Orden genannt, aus jenen frommen Zeiten, die wir mitleidig belächlen, herab von dem Felsen Malta ins Mittelmeer im längst abgeschiedenen Geiste, wie ein Obelisk Aegyptens, oder ein Trojanischer Triumphbogen im geistlichen Rom, — in halber Vergessenheit stand sie da, bis sie die Revolution der politischen Vergessenheit entriß, um sie sanft herabzunehmen zur Erde, wie schon früher hätte geschehen mögen, da ihre Zeit längst erfüllet war. Die Ritterzeiten waren längst vorüber, wie die Zeiten der Mönche, diese Johanniter waren wenigstens Halbmönche, und weit weniger nütze denn Mönche für Wissenschaft und Kunst, für Unterricht und Krankenpflege, in Hinsicht des Almosens und der Klosterschätze, und doch sollten Mönche sie am Ende noch entschädigen!

Der Orden fühlte dies zum Theil selbst, und sprach daher, freylich komisch genug, von militärischem Freystaat, von einer Militärschule und von einem reinen Militärorden! Aber was sollten souveraine geistliche Ritterorden in Zeiten, wo Erzbischöfe, Bischöfe und Aebte gleichfalls ihre Scepter niederlegten? Lasset uns Menschen seyn und Staatsbürger; — wegen Pensionen allein läßt sich allenfalls noch unterhandlen! Längst nannte man scherzweise zu London die reichen Porter-Brauer (die Malz- (Malte-) Taxe wirft dem Staate jährlich 2 Millionen Pfund ab) Chevalier de Malte! Solche Ordens-Anstalten konnten nur in Zeiten entstehen, wo man nicht fragte: „Welchen Vortheil hat die Gesellschaft davon?" sondern nur: Welche Vortheile gewähren sie der Adelskaste?" — Mit dem vollsten Rechte verschwand also der Orden aus der Reihe souverainer Staaten, und seine Widerherstellung als solcher würde der größte Widerspruch seyn. Seine Trümmer haben sich *Catanea* auf Sicilien zur *fünften* Heimath gewählet, die *sechste* vernünftigste, lezte und beste wäre wohl der *Tempel der Geschichte*, in dem der Orden stets ehrenvoll glänzen wird!

# XXV.

## Die Revolution begräbt auch diese Reliquie des Mittelalters.

Dem Johanniter-Orden war das christliche Corsarenleben auf Rhodus so wohl bekommen, daß er solches auf Malta fortsetzte in der weitesten Ausdehnung. Maltheser hielten alles für Corsaren, was nicht christlich war, und da lief noch Manches mit unter. Der Großherr hatte wahrlich nicht Unrecht, wenn er die Ritter für nichts weiter ansahe, und beyde sich Haß und Tod schwuren — Corsaires attaquant Corsaires ne font pas leurs affaires! Die Seemacht des Ordens bestand in 4 Galeeren, 2 Gallioten, drey Schiffen von 64 und einer Fregatte von 36 Canonen, Landsoldaten etwa 3000 Mann neben 12,000 Landmilizen. Man mußte sich doch mit Etwas beschäftigen. Schon 1534 aber ließ Venedig dem Ritter Mazza, der venetianische Schiffe gelegenheitlich neben türkischen ausplünderte, den Kopf abschlagen,

31 *

und benahm sich stets sehr entschlossen gegen die Herren Ritter, was auch der Orden, der heilige Vater und andere Staaten sagen mochten. Durch die Capereyen der Johannis-Ritter, die mit ihren Prisen in venedische Häfen einliefen, wurde im Grunde die Republik in den berühmten Krieg von Candia verwickelt, den sie mit der Pforte so viele Jahre zu führen hatte!

Zur Zeit der Römer waren die Küsten der Barbarey vielleicht die blühendsten Gegenden des ganzen weiten Römerreichs durch die Fruchtbarkeit des Bodens, das glückliche Clima, und die herrlichste Lage längst dem Mittelmeere. Genserich, der Vandalen-Anführer, war hier der erste Seeräuber; die Araber und ihr Fanatismus machten diese schönen Küsten noch raubgesindlicher, und die Spanier hätten sie sicher, um ihrer Ruhe willen, in Besitz genommen, wäre nicht die Entdeckung des goldreichen Amerikas dazwischen gekommen. Carl V. machte es dem Orden in seinem Lehnbriefe keineswegs zur Pflicht, Seeräuber zu bekämpfen, aber die Lage Maltas, der Vortheil, vor den Augen von Europa irgend eine Rolle zu spielen, und nützlich zu scheinen, machte es zum Selbstzweck eines Ordens, der seine Besitzungen in andern mächtigern Staaten zerstreut, und mit Verlust des gelobten Landes nichts mehr auf Gottes Welt zu thun hatte. Es war in der That kein übel gewähltes Mittel, Tribut aus der Christenheit zu ziehen, und zugleich von den Unglaubigen reiche Beute! Und dies geschahe 268 Jahre lang! während der Orden christlich milde war, von Schutz gegen Seeräuberey zu sprechen, den man aber bekanntlich vom dem Räuber-gesindel sich erst selbst — erkaufen mußte!

Der berühmte Corsar Dragut, zu dessen Grabe noch heute die Corsaren von Tripoli vor ihrem Auslaufen wallen, und sich seinem Schutz empfehlen, tapfer und unerschrocken, wie die beyden Barbarossa, von deren Einem er Zögling war, merkwürdig selbst durch Züge von Menschlichkeit, Edelmuth und Geist, hatte den Rittern Haß geschworen, wie Hannibal den Römern. Welcher Unpartheyische möchte es ihm verargen? Vereint mit den Rittern des heil. Stephans-Ordens, den der Großherzog von Toscana gestiftet hatte, machten jezt die Malthesen Prisen auf Prisen, und ohne die große reiche Galiotte des Obersten der Verschnittenen, wovon wir oben sprachen, wer weiß, ob Soliman ausgezogen, und die berühmte Belagerung Maltas je Statt gefunden hätte? Toscana erhielt jedoch einen besondern Vortheil von dem Orden, — der Großprior von Pisa brachte aus Palästina einige Kameele mit, die sich hier an der Meeresküste fortpflanzten, und hier eigentlich holen sich unsere Kameel- und Bärenführer durch Europa ihren Kameel-Bedarf für den mäßigen Preis von 6 — 7 Carolins!

Malta wurde unseligerweise der wahre Mittelpunct des Corsaren-Handwerkes unter dem Mantel der Religion, der schon so vieles bedecken mußte. Die Mautischen Staaten lagen dem Orden jezt näher, als die türkischen; — *Mauren* beleidigten die Ritter nicht, aber sie waren *Unglaubige*, und so zerstörte die *Escadre der Religion*, wie der pomphafte aber unsinnige Ausdruck ist, den Handel dieser Mauren, verbrannte ihre Schiffe, plünderte ihre Besitzungen, und machte die Unglücklichen, die an der Küste oder auf der See in ihre Hände fielen, zu *Matrosen und Sclaven!* Kein Wunder, wenn Türken und Mauren das Reciprocum beobachteten, und nun kein *Reisender* mehr sicher war in diesen so herrlichen Gegenden! So wurde 1617 ein reisender Graf Erbach auf einem Maltheser-Schiffe gefangen nach Tunis geschleppt, nachdem sein Gefolge niedergehauen war, seufzte lange in Ketten und Banden, und mußte mit 27,000 Floren gelöset werden, eine *Summe*, die, wie Schneider 1736 schrieb, *in ihrer Masse noch drückt!*

Ein vorurtheilfreyes Auge staunt über die Macht des Vorurtheils, welches eine Bahn der Ehre für die edelsten Geschlechter fand in dieser Schule der Kaperey, worin Grausamkeit, Habsucht und Ungerechtigkeit beschöniget und bedeckt wurden mit *Glaubenseifer*, dem *Rittermantel*, und *dem Kreuze der Liebe und Sanftmuth!* Von diesen Johannitern scheinen die Unglaubigen das Handwerk erst recht gelernt zu haben, worüber wir noch heute klagen, — das *Corsaren-* oder *Kaper-Handwerk*, das so viele Reize hat, als das Handwerk des *Partheygängers* auf dem Festlande. Man behauptete, daß mehrere Ritter sogar, zu Erleichterung ihrer Prisen, Algierer Flagge aufgepflanzt, und — wenn sie Juwelen vermutheten, sogar den Finger an Orte gesteckt hätten, wo man in der Regel den Finger nicht hinzustecken pfleget!

Geistliche Ritter und Sclaven, die auf Malta zahlreich zu finden waren, passen nicht mehr in unsere Zeiten, und so ist es selbst für Malta besser, daß es in den Händen der Britten ist. Die Insel kostet weit mehr, als sie einträgt, wie Gibraltar und Helgoland auch, oder Corsika, aber die Kosten, die der Gouverneur und 6000 Mann Besatzung verursachen, ersetzen sich dennoch reichlich. So wie Gibraltar der Schlüssel zum Mittelmeer ist, und Helgoland über die Mündung der Elbe und über den holsteinischen Canal gebietet, so gewähret Malta den brittischen Schiffen die sicherste Station, bewachet die Küsten der Barbarey und Italiens, und thronet über den ganzen Levante-Handel, denn die jonischen Inseln dürften sich leicht ihren wackern Landsleuten anschließen!

Malta, diese unfruchtbare kahle Insel, deren Bevölkerung nur erkünstelt ist, wie in Holland, muß gewinnen als Freyhafen und Markt für ganz Nord-Afrika. Wenn es auch augenblicklich unglücklicher seyn sollte, so befindet es sich in dem Zustande aller kleiner Staaten, die ehemals Höfe und Hauptstädte hatten, und nun größern Staaten einverleibet sind. Britten sind reich, die Industrie und geistige Cultur wird erwachen, und Noth, die beten lehrt, lehrt auch zulezt arbeiten. — Malthefer waren bisher ein rohes unaufgeklärtes Völkchen voll Bigotterie und Eigensinn, weil sie arm waren. Ihre Anhänglichkeit, und knechtische Ehrfurcht gegen den Orden ging so weit, daß sich keine Hand rührte, als der Ritter Mozzecane einen wehrlos bittenden Malthefer, der mit seinem Regenschirm an des Edlen Hut gekommen war, in der Mitte des Volks — niederstieß! So was kommt unter Britten nicht vor! Die armen Leute — denn der edelgeborne Malthefer zog lieber nach Italien, um ritterlicher Insolenz auszuweichen — hatten ihr Sprüchwort: Wer ab den Galgen will, widersetze sich einem Ritter!

Die Juden, die sich hier nicht sehen lassen durften, haben sich seit der brittischen Oberherrschaft eingenistet, 3000 an der Zahl, wodurch freilich die bereits übervölkerte Insel wenig wird gewonnen haben, und was werden die Malthefer erst dazu sagen, denen ja selbst ihre protestantischen Gebieter als schreckliche Ketzer erscheinen? Sie werden klüger werden, und die Britten entdecken uns vielleicht hier noch punische, griechische, römische und arabische Reliquien, statt der Reliquien des heil. Johannes, Paulus und anderer Kirchen-Heiligen. Malta stand bisher an Aufklärung nicht höher als die Insel Sardinien, die mitten im Mittelmeere wahre terra incognita ist; Jesuiten machen uns vielleicht bekannter mit Sardinien. Vor der Revolution war das Mittelmeer, wie sich ein französischer Deputirter ausdrückte, un lac français

—— Ha! ist es a englisch Lakk —— und ich sorge, meine armen Griechen müssen es entgelten.

Ein sehr geschätzter Grand-Baili, und Groß-kreuz des Ordens, der unlängst im hohen Alter verstorben ist, sagt in seinem ungedruckten Apperçu sur les Changemens, que les Consequences semblent indiquer etc. : Wir können keine Lorbeeren mehr in Palästina ärndten, die Toleranz und der Handel haben ganz andere Ideen an die Stelle gesetzt, und seit der Handels-Vertrag Louis XIV. mit der Pforte, im Einverständniß mit Venedig, unsern Schiffen den Levante-Handel verboten hat, ist unser Orden eine Mouchausade maritime (immerhin besser noch, als der alberne Ausdruck: Escadre de la Religion), Caravanen oder Spazierfahrten auf dem Meer, einige Algierer gesehen und gefangen nach leichtem Kampfe, waren keine furchtbaren Feinde, unsere Jugend, sich selbst überlassen, brachte kaum zwey Jahre zu Malta zu, und ging dann wieder nach Hause in Erwartung der Commende; Noviziat und Krankenpflege erschien ihr als pedantische Möncherey, die Mitglieder des Ordens waren sich fremde, der Geist des Ordens verflogen! Der Orden war Gränz-Wächter eines Felsen, den keine europäische Macht der andern gönnte, und die Caravanen bewachten kaum die Küsten Italiens, Spaniens und Siciliens. Der Orden verfiel in Apathie aus Unthätigkeit, und nur, wenn wir ihn wieder aus dieser Unthätigkeit wecken, verdient er wieder Achtung! Die Finanzen bieten die ersten Schwierigkeiten. Vielleicht ließen sich die Mitglieder selbst Opfer gefallen, vielleicht legte sich der Norden großmüthig in das Mittel, die Mächte gäben Waffen und Schiffe; alle christlichen Secten nähmen Antheil, wenn man die Gelübde in einfache verwandelte, und man träte mit dem 12ten Jahre in diese neue adeliche Militärschule Europens!" So vernünftig sprach ein ziemlich bejahrter Grand Bailli des Ordens, und mehr kann man von einem Ordensritter doch wahrlich nicht erwarten!

Ganz anders lautet die Adresse, die der Orden dem Wiener Congresse überreichte, der Orden, der nun einmal durchaus eine souveraine Insel haben will, die fixe Idee geworden ist. Die Ritter Miari und Berlinghieri sprechen natürlich wie Cicero pro domo (S. Klübers W. Congr. Acten III. Heft): „Zu Rom und auf Sicilien hat der Orden noch seine Güter, wie in Sardinien und Böhmen; in Lombardey und Venedig hofft er solche ohnehin zu erhalten, und sollten Spanien, Frankreich, Rußland, und die große Nation (d. h. England) weniger thun? Der Papst wird einen neuen Großmeister ernennen, sobald die unabhängige Insel im Mittelmeer ernannt seyn wird," (was etwas mehr Schwierigkeit zu haben scheint). Man sprach schon von Elba, Corfu ꝛc., an Inseln fehlt es gegenwärtig in der That weniger als je, selbst an solchen, die mehr sagen wollten, als das armselige Malta, und dem Orden früher schon bekannt waren, Rhodus, Cypern, Candia ꝛc., aber — ums Himmelswillen! wozu Elboaser, Corsirenser rc., da schon Maltheser keinen Sinn mehr hatten? Man muß unwillkührlich an Sancho denken, und an seine Insel Barattaria.

Alles hat seine Zeit, und daher handelten die deutschen Ritter des Ordens am klügsten, daß sie sich am Bundestage 1816 und 1818 um Pensionen meldeten, die ihnen auch, gleich ihren Deutsch-Ordensbrüdern zum Theil geworden, oder doch zugesichert sind. Es waren 14 Commandeurs des deutschen Großpriorats, und 13 Ritter, die neu aufgenommen waren, Proben gemacht, und in erledigte Commenden einzurücken Hoffnung hatten. Und mehr können sie wahrlich nicht verlangen! Wie wenn andere Ritterorden, deren wir über 100 haben, auch souverain seyn, oder Ritter Commenden wollten, wie z. B. der Grand Bailli v. Pfürdt hatte? Die Commende Frankfurt trug 19,000 fl., und die von Rothenburg 10,400 fl.!! Was übrigens der Orden in seiner provisorischen Residenz zu Catanea treibt, ist mir so unbekannt, als der Ort, wo gegenwärtig das Palladium des Ordens, die Hand des heil. Johannes ist. Sein Protector ist Cardinal Gregorio; — ein Kaiser Paul II. wäre aber wohl dem Orden lieber!

Der Zweck des Ordens war, laut seiner Regel, ut gentem Mahumetanum et qui a fide deviant, oppugnent, premant, pessumdent! — und schon diese Regel beurkundet die traurige Mißgeburt des Mittelalters. Ewiger Krieg gegen die Unglaubigen. Sie mußten bey ihrer Rit-

[illegible] Haß der Ungläubigen schaudern, wie der neunjährige Hannibal seinem Vater Hamilkar Haß gegen Römer; — hier war noch Sinn, aber dorten? Wir haben längst andere Religions-Ansichten, und Friede ist der einzige rechtliche Zweck des Kriegs, folglich jener ewige Malthheser-Krieg das trefflichste Gemälde des Fanatismus der Kreuzzüge!

Schutz der Religion ist wohl verstanden, Schutz der Wahrheit und Tugend; aber hierzu brauchen hellere Zeiten keine bewaffnete Apostel oder das Schwert Carls des Großen, sondern Ermahnung, Lehren, Muster, Gründe, und das Uebrige Gott anheim gestellt, der Herzen und Nieren prüfet! Als die Samariter Jesum nicht annahmen, und Jacobus und Johannes im theologischen Eifer Feuer vom Himmel fallen lassen wollten, wie Elias that, bedräuete sie Jesus und sprach: „des Menschen Sohn ist nicht kommen, zu verderben der Menschen Seelen, sondern zu erhalten.“ Wo dachte der berühmte Henault hin, als er schrieb: De tous les Ordres celui de S. Jean est le seul, qui conservant l'esprit de sa première institution, a toujours continué depuis à defendre la Religion?

Doch die Seeräuber von Algier, Tunis und Tripoli, sind sie nicht im ewigen Krieg mit gesitteten Staaten? und diesen gilt der Orden. Dieser Einwurf ließe sich noch am ehesten hören, wenn nur die wenigen und schwach bemannten Fahrzeuge der Malthheser sie je im Zaum gehalten hätten und halten konnten. Außer dem Ordensrathe waren in der Regel nur angehende Ordensritter auf der Insel, und ihre vier Caravanen wahre Possenspiele und Formalitäten; reine Spazierfahrten nach Sicilien und den italienischen Küsten, um Frucht und Eis zu holen; damit die jungen Adelichen ja nicht gefährdet würden, begleitete eine Fregatte ihre Galeeren. Wenn der Sturm nur einigen Respect hatte, so konnten sie darauf zählen, wohlbehalten zurückzukehren, ohne einen Schuß gethan zu haben, als bey der Abfahrt und Ankunft! Ueber das Weitere könnten italienische Damen die beste Auskunft geben, welche die Ordens-Galeeren mit Ungeduld ankommen, und mit Thränen in den schönen Augen wieder abfahren sahen. Weit mehr thaten noch die gemeinen Malteser, die als Caper ausliefen, und dafür ein dritto di Bandaria vom Großmeister lösen mußten, das eine Einnahms-Rubrik ausmachte, — neue Seeräuber unter Ordensflagge!

Sobald als möglich suchten die jungen Ritter, nach überstandener Feuerprobe, der einsamen Insel ihr Lebewohl zu sagen, um im Vaterlande eine gute Commende von der Zeit oder großmeisterlichen Gnade abzuwarten, denn dies war der — eigentliche Ordenszweck! Wie war es auch nur möglich, an Erreichung des alten Ordenszweckes zu denken? Wehe dem Staate, der sich auf Ordenshilfe in einem Türkenkriege hätte verlassen wollen! Mit dem besten Willen hätte er so wenig helfen können, als S. Marino ihrer Sowolle der Schweiz. — Wir können keine *Ritter* mehr brauchen, nur *Soldaten* und *Matrosen*; die Türken sind längst froh, wenn wir sie in Ruhe lassen; und statt der *rothen* Uniformen haben wir weit bessre und gefürchtetere, die *grünen* und *weißen*! Die Johanniter hätten vielmehr den Türken dankbar seyn sollen, denn ohne sie hätte es nie Johanniter gegeben, und die Antipathie des Ordens gegen sie war so ungerecht, als Antipathie gegen *türkischem Waizen*, *türkisches Papier*, und die unschuldige Blume, genannt *Türkenbund*!

Und nun erst gar hochadeliche Ritter als *Armen- und Krankenpfleger*? Ganz im Geiste Jesu und des Evangeliums war die *Gesellschaft barmherziger Brüder* im S. Johannis-Spitale zu Jerusalem, da denn doch einmal die Christen nicht abzuhalten waren, nach dem heil. Grabe zu strömen, und die Erquickung, Rettung und Tröstung vieler von diesen Pilgrimen verdienet noch die Achtung der Nachwelt und Dank. Wie? wenn der Orden, so wie er an die Stelle der Vertheidigung Palästinas die Bestreitung der Unglaubigen überhaupt setzte, an die Stelle seines Jerusalem-Spitals eine *allgemeine Armen- und Krankenpflege im Abendlande* gesetzt hätte? Seine Reichthümer, zumalen seit Einverleibung der Templer-Güter, hätten ihm die Mittel dazu gereichet. — Aber wer wird auch *reichen* und *vornehmen Cavaliers* so etwas zumuthen! Wie *demokratisch*! Und hatte der Orden, der mit seinen sämmtlichen Besitzungen einen Staat vierter Größe machte, nicht — Ein Spital auf Malta?

Von außen mag dieses Maltheser-Spital das prächtigste Spital in Europa gewesen seyn. Hochadeliche Novizen reichten sogar einigemal in der Woche den Kranken Speisen und Arzney in silbernen Gefäßen. Es mochten da der Kranken 5—600 seyn, darunter ⅓ venerische. Wir lassen am besten Howard über dieses vielgerühmte Ordensspital sprechen: „dieses große Spital zu 1500 Betten ist das unreinlichste in Europa, die Wärter die unmenschlichsten, meist entflohene Verbrecher und Mörder. Zu 536 Kranken sind 22 Wärter, und die 26 Pferde des Großmeisters haben 40 Wärter und weit reinlichere Ställe; sie haben im Innern laufende Brunnen, im Hospital aber ist keiner! Im Weiberspitale ist es nicht besser, und die Wärterinnen bringen die Riechfläschgen nicht von der Nase! Und nun neben dem Spitale noch der traurige Anblick des Bagny oder Sclavengefängnisses, wo die Unglücklichen mehr Schläge bekommen, als Bohnen!" — So Howard.

Schrecklich ist das Gemälde des Carasi in seinem Buche: l'Ordre de Malte devoilé. Paris. 1790. 2 Vol. 12. (deutsch. Leipz. 1793. 8.). Der Mann war zwey Jahre Soldat auf Malta, und scheint kein ganz glaubwürdiger Zeuge, daher wir lieber unsern Riedesel (Reise nach Sicilien und Groß-Griechenland. 1771. 8.) hören wollen. „Die Ritter haben die Sitten so verdorben, daß keine ehrliche Frau oder Mädchen in ganz Valetta zu finden ist, wenige Familien des Adels ausgenommen, deren Häuser unersteiglicher sind, als die Festungswerke der Insel. Sie werden daher verächtlich vom Orden behandelt, und die übrigen suchen Schutz und Vortheile durch Niederträchtigkeit, und durch die Schönheit ihrer Weiber und Töchter. Nur die See- und Landleute verstehen keinen Spaß, und erdolchen den Verführer." —

In den *Bemerkungen eines Maltheser-Ritters auf seinen Reisen* (Nürnb. 1790. deutsch) sagt der geistliche Ritter (de la Platière) selbst: „Man wirft uns vor, daß wir eine ganze Stadt zu unserm Serail machen? uns, die wir zwischen der Glut des Aetna und jenen brennenden Gegenden Afrikas wohnen, wo die Sonne die Felsen verkalkt, und nicht Blut, sondern Vitriol und Salpeter in den Adern wallen? Kalte europäische Pappen! bey Euch mag Enthaltsamkeit Tugend, bey uns müßte sie Wunder seyn!" Wenn ein hochwürdiger gnädiger Ritter so spricht, so darf man allenfalls auch an *italienische Lieblingssünden* glauben, und selbst an das: Eccola la Capra; vedi quella Signora! come è ben pettinata! come è polita!

Der gemeine Maltheser ist *arm*, *bigott* und *unaufgeklärt*, und das ist genug, um den Riedeseln, Platières und selbst Cerasi Glauben beyzumessen. Er trinkt Cisternenwasser, nährt sich mit Carouge (Johannisbrod), und ist so *abergläubisch*, daß er fest an das *Bild* der *Madonna* glaubt, das zu Rhodus vergessen, den Rittern von selbst gefolget, und auf dem Wasser solchen Glanz verbreitet hat, daß es der Großmeister bemerken mußte, von dem es sich auch allein aus dem Meere heben ließ; er glaubt eben so steif an den Silberling des Judas, dessen Wachsabdruck jeden grünen Donnerstag ausgetheilt wurde! Die Ordens-Regierung war bey diesem Stupor des Volks, das in jedem Ritter ein höheres Wesen erblickte, wie der arme Indier einst im Spanier, oder der Neger im Plantage-Aufseher — das non plus ultra einer Soldaten-Aristokratie, oder wie sich Cerasi ausdrückt: „der Türke hat Einen Despoten, der Malthesor 800!" Die Türken der Menschheit sind allerwärts Vorurtheil und Leidenschaft, auf Malta kamen nun noch hinzu geistliche Ritter!

Mögen auch die Reisebeschreiber zu schwarz gemahlt, und die Wahrheit in ihren Sitten-Gemählden dem Witze aufgeopfert haben, so sind immer die Vorschläge des seine Zeit längst überlebten, arm und selbst unmilitärisch gewordenen Ordens, womit er sein souveraines Daseyn zu begründen sucht, und sein vorgeblicher Schutz gegen Seeräuber, wie seine Schildwache des Mittelmeers noch weit übertriebener und wahrhaft komisch! Desto größere Aufmerksamkeit verdienten aber wohl die Vorschläge eines Sir Sidney Smith zu Ausrottung der Seeräuberstaaten selbst, die derselbe so lebhaft am Wiener Congresse betrieben hat. Die herrlichen Küsten von Nord-Afrika, wo die beyden berühmten Töpfersjungen von Lesbos die Raubstaaten gründeten, die noch heute fortdauern zur Schande der europäischen Mächte, und wo Barbaren gar oft über die Gebildeten lachen mögen, daß sie sich so ruhig ausplündern lassen, oder loskaufen durch jährlichen Tribut, waren einst die Vorrathskammern der Römerwelt, wie gemacht für europäische Auswanderer, die jezt nach dem entfernten Ost- und Westindien, und nach Australien ziehen! Vierzig Millionen Menschen könnten recht bequem da leben, wo die Alten die Heimath der lieblichen Lotos Frucht hin verlegten, über deren Genuß man seines Vaterlandes leicht vergessen konnte!

Die Eroberung und Cultivirung dieser herrlichen Küstenländer wäre der erste und nächste Schritt zu einer gänzlichen Entdeckung Afrikas, die eine Revolution in der Handelswelt hervorbringen müßte, wie die von Ost- und Westindien. Warum muß Egoismus und Handelseifersucht Staaten tyrannisiren wie Einzelne! Afrika liegt vor unsern Füßen, liefert alle tropische Produkte besser als Amerika, und wir suchten bisher da weiter nichts als Gummi, Elfenbein, Goldstaub und Sclaven? Man rechnet 500,000 □ Meilen für Afrika, wovon wir etwa 50,000 kennen, wir sind Landthiere, und doch ist auf dem Lande noch mehr zu entdecken, als auf dem Meere, die Pole ausgenommen. Unsere Eifersüchteleyen gleichen denen des spanischen Tiberius, Philipp II., der gleichfalls Don Juan verhinderte, sich hier ein Reich zu gründen. Gegenwärtig macht die Meerenge von Gibraltar, die man in 3—4 Stunden durchschifft, einen Unterschied von 20 Jahrhunderten, und nichts auf der Welt vermag den gebildeten Reisenden hier zu interessiren, als — Ruinen, — Ruinen von Carthago, Arsinoe, Cyrene, Constantine ꝛc., und das Andenken an die Numidier, Annibal, Scipio, Dido, Cäsar und Cato! Ein Magister S. S. Theologiae mag allenfalls auch hier noch an Orthodoxen und Arianer denken, und an den heil. Augustin!

Wenn diese Seeräuberstaaten vernichtet, und selbst die Türken aus Griechenland verjagt sind, was sollte nun noch die Ritter-Mönchs-Caserne auf Malta? Nur Ritteraugen können so verblendet seyn, daß sie die Nullität, Unnützlichkeit, ja selbst Schädlichkeit der veralteten Anstalt zur Begleitung tollgewordener Europäer, die auf orientalische Reisen gingen, nicht einsahen. Der Orden zog so gut, als die Mönchsorden ansehnliche Summen aus Ländern, die ohne Nutzen für diese nach Malta gingen, wie nach Rom. Der Maltheserritter war Bürger eines auswärtigen fremden souverainen Staates, nicht desjenigen, der ihn nährte. Der ganze Nutzen des Ordens schränkte sich in den lezten Jahrhunderten darauf ein, daß adeliche Familien Gelegenheit hatten, zuweilen ein überflüssiges Kind zu versorgen, aber wie manche rechtschaffene Familie hätte das Kreuz vor dieser Versorgung gemacht, wenn sie zuvor gelesen hätte, was die Reisebeschreiber und selbst der Ordensritter La Platière von Malta meldeten. Es war ein Glück, daß unsere gesittetern Deutschen nicht verbunden waren, ihr Noviziat auf Malta zu machen; denn sie durf-

32 *

ten es in Deutschland selbst abthun. Am allerbesten ist, was geschehen ist! Will man durchaus Maltheser-Kreuze forttragen, so mögen sie neben andern Ritter-Kreuzen mitlaufen, zum Andenken des alten Krieger-Ordens, der schon ein Andenken verdient, — nur nicht der alte souveraine geistliche Ritter-Orden im 19. Jahrhundert!

„Aber wer wird nun künftig, ruft der neueste Schriftsteller des Ordens, Ritter Boisgelin, wer wird nun künftig die vier Millionen Pfd., die der Orden auf der armen Insel in Umlauf brachte, auslegen? wer das große Hospital unterhalten? wer die 4—500 Ritter ersetzen, die den Pallast, die schönen Gebäude zu Valetta, und die angenehmen Landhäuser umher bewohnten und zierten? werden die armen Maltheser nicht sehr unglücklich seyn?" — Wir glauben auf alle diese Einwürfe, die sich nicht selbst beantworten, bereits sattsam geantwortet zu haben. Die vier Millionen sogar können Baumwollen-Fabriken, besserer Landbau, vorzüglich aber der Handel ersetzen, der hier nie gedeihen konnte, so lange die Ritter-Capereyen dauerten, und goldreiche Britten werden wohl so viel hier verzehren, als 4—500 Ritter!

In Palästina hatte der Orden Sinn bis 1291, zu Rhodus mögen wir den hohen muthigen Rittertroz gegen die ganze ottomannische Macht bewundern, wie in der berühmten Belagerung Maltas unter La Valette, aber seit 1568? — Es sind wohl schon wichtigere Staaten aus der Reihe der Mächte verschwunden, als dieser kleine unmächtige Ordensstaat! Stets bleibt er aber eine merkwürdige Erscheinung der Weltgeschichte, so merkwürdig als das Römerreich. Wenn dies aus einer kleinen Räuberbande entstand, so erhob sich der Orden aus einem Spital barmherziger Brüder, die auszogen ein himmlisches Reich zu erobern, zu einem gar nicht üblen irdischen Reiche, unabhängiger, und folglich sonderbarer als regierende Erzbischöfe, Bischöfe und Aebte, die doch noch, nächst dem Papst, Kaiser und Reich unterworfen waren! Stets bleibt Malta eine merkwürdige Ritter-Reliquie, wie die hohe Marienburg in Preußen, und vielleicht einst auch das einfache Grab Napoleons auf S. Helena!

Malthefer und Deutsch-Ordens-Ritter, die sich beyde bis auf unsere Zeiten von den Kreuzzügen her wunderbarerweise erhalten hatten, und von deren Vereinigung so oft die Rede war, vereinte das Grab. Friede ihrer Asche *)! Möchten die Türken, die Erbfeinde dieser Orden, bald nachfolgen, die gleiche Linie durchlaufen haben. Die Sultane hörten auf, sich an die Spitze der Armee zu stellen, kämpften lieber mit Wei-

*) Antonio Busca, Bailli des Ordens, ist aus Catanea nach Verona gekommen, und wird freylich anderer Meinung seyn; aber die Minister haben wichtigere Dinge abzumachen, die Zeit ist kurz, und Monsignor Antonio Busca's Ritter-Abentheuer könnte leicht das Gegenstück werden zu Pius VI. Reise nach Wien!

dern und Bechern, Intriguen und Zügellosigkeit herrschten im Staate, und so erlosch der Glanz der Pforte schon mit Eugen, und der Schlacht von Zenth, wie der Glanz des Ordens noch früher mit Valetta. Die Türken siehet, so Gott will, die künftige Generation wenigstens nicht mehr in Europa, und die Ritter mögen ihrem verewigten Patron S. Johannis ihr Salemalek entgegen rufen! Ellmukaddar! Es ist Verhängniß!

Stat sua cuique dies, breve et irreparabile tempus
omnibus est vitae, sed famam extendere factis
hoc virtutis opus! —

e

## Temeutsch-Ordens-Ritter.

Hugo de Payen
Robert de Burgun
Eberhard de Barr
Hugo II. 1153.
Bernhard de Tram
Bertr. de Blanche
Andr. de Montbar
Ph. de Naplouse
Odo de S. Ama

Arn. de Tarroja
Gerh. de Ridefort
Walter oder Gaul bot 1190 † 1200.
Rob. de Sabley 1
Gilb. Roral 1198.
Pontius Rigaldus n 1206.
Ph. Duplenis 121 210.
Guill. de Chartre lza 1239.
P. de Montaigu Herm. Balke — Herrmeister Poppo v.
Arn. de Perigord Deutschmeister Heinr. v. Hohenlohe v.

Guill. de Sonnac ringen 1242.
Ren. de Vichier Herzberg u. Grumbach, Herrmeister v.
P. de Belgiou 12 eutschmeister v. Nüremberg.
alberg 1244.
enlohe 1252.
Thomas Berauld rg u. Waldersheim, H. Hornhausen,
Guil. de Beaujeu rg.

rna 1262.
twang, H. Eichstädt, Breithausen, L.

wolle der Schweiz. — Wir können keine Ritter mehr brauchen, nur Soldaten und Matrosen; die Türken sind längst froh, wenn wir sie in Ruhe lassen; und statt der rothen Uniformen haben wir weit bessere und gefürchtetere, die grünen und weissen! Die Johanniter hätten vielmehr den Türken dankbar seyn sollen, denn ohne sie hätte es nie Johanniter gegeben, und die Antipathie des Ordens gegen sie war so ungerecht, als Antipathie gegen türkischen Waizen, türkisches Papier, und die unschuldige Blume, genannt Türkenbund! . . .

Und nun erst gar hochadeliche Ritter als Armen- und Krankenpfleger? Ganz im Geiste Jesu und des Evangeliums war die Gesellschaft barmherziger Brüder im S. Johannis-Spitale zu Jerusalem, da denn doch einmal die Christen nicht abzuhalten waren, nach dem heil. Grabe zu strömen, und die Erquickung, Rettung und Tröstung vieler von diesen Pilgrimen verdienet noch die Achtung der Nachwelt und Dank. Wie? wenn der Orden, so wie er an die Stelle der Vertheidigung Palästinas die Bestreitung der Unglaubigen überhaupt setzte, an die Stelle seines Jerusalem-Spitals eine allgemeine Armen- und Krankenpflege im Abendlande gesetzt hätte? Seine Reichthümer, zumalen seit Einverleibung der Templers-Güter, hätten ihm die Mittel dazu gereichet. — Aber wer wird auch reichen und vornehmen Cavaliers so etwas zumuthen! Wie demokratisch! Und hatte der Orden, der mit seinen sämmtlichen Besitzungen einen Staat vierter Größe machte, nicht — Ein Spital auf Malta?

Von außen mag dieses Malthefer-Spital das prächtigste Spital in Europa gewesen seyn. Hochadeliche Novizen reichten sogar einigemal in der Woche den Kranken Speisen und Arzney in silbernen Gefäßen. Es mochten da der Kranken 5—600 seyn, darunter ⅔ venerische. Wir lassen am besten Howard über dieses vielgerühmte Ordensspital sprechen: „dieses grosse Spital zu 1500 Betten ist das unreinlichste in Europa, die Wärter die unmenschlichsten, meist entflohene Verbrecher und Mörder. Zu 536 Kranken sind 22 Wärter, und die 26 Pferde des Großmeisters haben 40 Wärter und weit reinlichere Ställe; sie haben im Innern laufende Brunnen, im Hospital aber ist keiner! Im Weiberspitale ist es nicht besser, und die Wärterinnen bringen die Riechfläschgen nicht von der Nase! Und nun neben dem Spitale noch der traurige Anblick des Bagno oder Sclavengefängnisses, wo die Unglücklichen mehr Schläge bekommen, als Bohnen!" — So Howard.

Schrecklich ist das Gemälde des Cerasi in seinem Buche: l'Ordre de Malte devoilé. Paris. 1790. 2 Vol. 12. (deutsch. Leipz. 1793. 8.). Der Mann war zwey Jahre Soldat auf Malta, und scheint kein ganz glaubwürdiger Zeuge, daher wir lieber unsern Riedesel (Reise nach Sicilien und Groß-Griechenland. 1771. 8.) hören wollen. „Die Ritter haben die Sitten so verdorben, daß keine ehrliche Frau oder Mädchen in ganz Valetta zu finden ist, wenige Familien des Adels ausgenommen, deren Häuser unersteiglicher sind, als die Festungswerke der Insel. Sie werden daher verächtlich vom Orden behandelt, und die übrigen suchen Schutz und Vortheile durch Niederträchtigkeit, und durch die Schönheit ihrer Weiber und Töchter. Nur die See- und Landleute verstehen keinen Spaß, und erdolchen den Verführer." —

In den Bemerkungen eines Maltheser-Ritters auf seinen Reisen (Nürnb. 1790. deutsch) sagt der geistliche Ritter (de la Platière) selbst: „Man wirft uns vor, daß wir eine ganze Stadt zu unserm Serail machen? uns, die wir zwischen der Glut des Aetna und jenen brennenden Gegenden Afrikas wohnen, wo die Sonne die Felsen verkalkt, und nicht Blut, sondern Vitriol und Salpeter in den Adern wallen? Kalte europäische Pappen! bey Euch mag Enthaltsamkeit Tugend, bey uns müßte sie Wunder seyn!" Wenn ein hochwürdiger gnädiger Ritter so spricht, so darf man allenfalls auch an italienische Lieblingssünden glauben, und selbst an das: Eccolà la Capra; vedi quella Signora! come é ben pettinata! come é polita!

Der gemeine Maltheser ist arm, bigott und unaufgeklärt, und das ist genug, um den Riedeseln, Platières und selbst Eerasi Glauben beyzumessen. Er trinkt Cisternenwasser, nährt sich mit Carouge (Johannisbrod); und ist so abergläubisch, daß er fest an das Bild der Madonna glaubt, das zu Rhodus vergessen, den Rittern von selbst gefolget, und auf dem Wasser solchen Glanz verbreitet hat, daß es der Großmeister bemerken mußte, von dem es sich auch allein aus dem Meere heben ließ; er glaubt eben so steif an den Silberling des Judas, dessen Wachsabdruck jeden grünen Donnerstag ausgetheilt wurde! Die Ordens-Regierung war bey diesem Stupor des Volks, das in jedem Ritter ein höheres Wesen erblickte, wie der arme Indier einst im Spanier, oder der Neger im Plantage-Aufseher — das non plus ultra einer Soldaten-Aristokratie, oder wie sich Cerasi ausdrückt: „der Türke hat Einen Despoten, der Maltheser 800!" Die Türken der Menschheit sind allerwärts Vorurtheil und Leidenschaft, auf Malta kamen nun noch hinzu geistliche Ritter!

Mögen auch die Reisebeschreiber zu schwarz gemahlt, und die Wahrheit in ihren Sitten-Gemälden dem Witze aufgeopfert haben, so sind immer die Vorschläge des seine Zeit längst überlebten, arm und selbst unmilitärisch gewordenen Ordens, womit er sein souveraines Daseyn zu begründen sucht, und sein vorgeblicher Schutz gegen Seeräuber, wie seine Schildwache des Mittelmeers noch weit übertriebener und wahrhaft komisch! Desto größere Aufmerksamkeit verdienten aber wohl die Vorschläge eines Sir Sidney Smith zu Ausrottung der Seeräuberstaaten selbst, die derselbe so lebhaft am Wiener Congresse betrieben hat. Die herrlichen Küsten von Nord-Afrika, wo die beyden berühmten Töpfersjungen von Lesbos die Raubstaaten gründeten, die noch heute fortdauern zur Schande der europäischen Mächte, und wo Barbaren gar oft über die Gebildeten lachen mögen, daß sie sich so ruhig ausplündern lassen, oder loskaufen durch jährlichen Tribut, waren einst die Vorrathskammern der Römerwelt, wie gemacht für europäische Auswanderer, die jezt nach dem entfernten Ost- und Westindien, und nach Australien ziehen! Vierzig Millionen Menschen könnten recht bequem da leben, wo die Alten die Heimath der lieblichen Lotos Frucht hin verlegten, über deren Genuß man seines Vaterlandes leicht vergessen konnte!

Die Eroberung und Cultivirung dieser herrlichen Küstenländer wäre der erste und nächste Schritt zu einer gänzlichen Entdeckung Afrikas, die eine Revolution in der Handelswelt hervorbringen müßte, wie die von Ost- und Westindien. Warum muß Egoismus und Handelseifersucht Staaten tyrannisiren wie Einzelne! Afrika liegt vor unsern Füßen, liefert alle tropische Produkte besser als Amerika, und wir suchten bisher da weiter nichts als Gummi, Elfenbein, Goldstaub und Sclaven? Man rechnet 500,000 □ Meilen für Afrika, wovon wir etwa 50,000 kennen, wir sind Landthiere, und doch ist auf dem Lande noch mehr zu entdecken, als auf dem Meere, die Pole ausgenommen. Unsere Eifersüchteleyen gleichen denen des spanischen Tiberius, Philipp II., der gleichfalls Don Juan verhinderte, sich hier ein Reich zu gründen. Gegenwärtig macht die Meerenge von Gibraltar, die man in 3—4 Stunden durchschifft, einen Unterschied von 20 Jahrhunderten, und nichts auf der Welt vermag den gebildeten Reisenden hier zu interessiren, als — Ruinen, — Ruinen von Carthago, Arsinoe, Cyrene, Constantine 2c., und das Andenken an die Numidier, Annibal, Scipio, Dido, Cäsar und Cato! Ein Magister S. S. Theologiae mag allenfalls auch hier noch an Orthodoxen und Arianer denken, und an den heil. Augustin!

Wenn diese Seeräuberstaaten vernichtet, und selbst die Türken aus Griechenland verjagt sind, was sollte nun noch die Ritter=Mönchs=Caserne auf Malta? Nur Ritteraugen können so verblendet seyn, daß sie die Nullität, Unnützlichkeit, ja selbst Schädlichkeit der veralteten Anstalt zur Begleitung tollgewordener Europäer, die auf orientalische Reisen gingen, nicht einsahen. Der Orden zog so gut, als die Mönchsorden ansehnliche Summen aus Ländern, die ohne Nutzen für diese nach Malta gingen, wie nach Rom. Der Maltheserritter war Bürger eines auswärtigen fremden souverainen Staates, nicht desjenigen, der ihn nährte. Der ganze Nutzen des Ordens schränkte sich in den lezten Jahrhunderten darauf ein, daß adeliche Familien Gelegenheit hatten, zuweilen ein überflüssiges Kind zu versorgen, aber wie manche rechtschaffene Familie hätte das Kreuz vor dieser Versorgung gemacht, wenn sie zuvor gelesen hätte, was die Reisebeschreiber und selbst der Ordensritter La Platière von Malta meldeten. Es war ein Glück, daß unsere gesittetern Deutschen nicht verbunden waren, ihr Noviziat auf Malta zu machen: denn sie durf=

32 *

ten es in Deutschland selbst abthun. Am allerbesten ist, was geschehen ist! Will man durchaus Maltheser-Kreuze forttragen, so mögen sie neben andern Ritter-Kreuzen mitlaufen, zum Andenken des alten Krieger-Ordens, der schon ein Andenken verdient, — nur nicht der alte souveraine geistliche Ritter-Orden im 19. Jahrhundert!

„Aber wer wird nun künftig, ruft der neueste Schriftsteller des Ordens, Ritter Boisgelin, wer wird nun künftig die vier Millionen Pfd., die der Orden auf der armen Insel in Umlauf brachte, auslegen? wer das große Hospital unterhalten? wer die 4—500 Ritter ersetzen, die den Pallast, die schönen Gebäude zu Valetta, und die angenehmen Landhäuser umher bewohnten und zierten? werden die armen Maltheser nicht sehr unglücklich seyn?" — Wir glauben auf alle diese Einwürfe, die sich nicht selbst beantworten, bereits sattsam geantwortet zu haben. Die vier Millionen sogar können Baumwollen-Fabriken, besserer Landbau, vorzüglich aber der Handel ersetzen, der hier nie gedeihen konnte, so lange die Ritter-Capereyen dauerten, und goldreiche Britten werden wohl so viel hier verzehren, als 4—500 Ritter!

In Palästina hatte der Orden Sinn bis 1291, zu Rhodus mögen wir den hohen muthigen Rittertroz gegen die ganze ottomannische Macht bewundern, wie in der berühmten Belagerung Maltas unter La Valette, aber seit 1568? — Es sind wohl schon wichtigere Staaten aus der Reihe der Mächte verschwunden, als dieser kleine unmächtige Ordensstaat! Stets bleibt er aber eine merkwürdige Erscheinung der Weltgeschichte, so merkwürdig als das Römerreich. Wenn dies aus einer kleinen Räuberbande entstand, so erhob sich der Orden aus einem Spital barmherziger Brüder, die auszogen ein himmlisches Reich zu erobern, zu einem gar nicht üblen irdischen Reiche, unabhängiger, und folglich sonderbarer als regierende Erzbischöfe, Bischöfe und Aebte, die doch noch, nächst dem Papst, Kaiser und Reich unterworfen waren! Stets bleibt Malta eine merkwürdige Ritter-Reliquie, wie die hohe Marienburg in Preußen, und vielleicht einst auch das einfache Grab Napoleons auf S. Helena!

Maltheser und Deutsch-Ordens-Ritter, die sich beyde bis auf unsere Zeiten von den Kreuzzügen her wunderbarerweise erhalten hatten, und von deren Vereinigung so oft die Rede war, vereinte das Grab. Friede ihrer Asche *)! Möchten die Türken, die Erbfeinde dieser Orden, bald nachfolgen, die gleiche Linie durchlaufen haben. Die Sultane hörten auf, sich an die Spitze der Armee zu stellen, kämpften lieber mit Wei-

*) Antonio Busca, Bailli des Ordens, ist aus Catanea nach Verona gekommen, und wird freylich anderer Meinung seyn; aber die Minister haben wichtigere Dinge abzumachen, die Zeit ist kurz, und Monsignor Antonio Busca's Ritter-Abentheuer könnte leicht das Gegenstück werden zu Pius VI. Reise nach Wien!

dern und Bechern, Intriguen und Zügellosigkeit herrschten im Staate, und so erlosch der Glanz der Pforte schon mit Eugen, und der Schlacht von Zenth, wie der Glanz des Ordens noch früher mit Valetta. Die Türken siehet, so Gott will, die künftige Generation wenigstens nicht mehr in Europa, und die Ritter mögen ihrem verewigten Patron S. Johannis ihr Salemalek entgegen rufen! Ellmukaddar! Es ist Verhängniß!

Stat sua cuique dies, breve et irreparabile tempus
omnibus est vitae, sed famam extendere factis
hoc virtutis opus! —

e

Tem eutsch-Ordens-Ritter.

Hugo de Payen
Robert de Burgun
Eberhard de Barr
Hugo II. 1153.
Bernhard de Tran
Bertr. de Blanche
Andr. de Montba
Ph. de Naplouse
Odo de S. Ama

Arn. de Tarroia
Gerh. de Ridefort
Walter oder Gaul bot 1190 † 1200.
Rob. de Sabley 1
Gilb. Roral 1198.
Pontius Rigaldus n 1206.
Ph. Duplenis 121 210.
Guill. de Chartre lza 1239.
P. de Montaigu Herm. Balke — Herrmeister Poppo v.
Arn. de Perigord Deutschmeister Heinr. v. Hohenlohe v.

Guill. de Sonnac ringen 1242.
Ren. de Vichier Herzberg u. Grumbach, Herrmeister v.
P. de Belgiou 12 eutschmeister v. Nüremberg.
alberg 1244.
enlohe 1252.
Thomas Berauld rg u. Baldersheim, H. Hornhausen,
Guil. de Beaujeu rg.

rna 1262.
twang, H. Eichstädt, Breithausen, L.
en, Thierberg.
Gaudini (Gaudin) gershausen 1274.
drungen 1283.
wenden 1290.
Jaques de Mo chtwang 1297.
Templer-Groß enlohe 1309.
im Feuer de enlohe, Nesselrode, Feuchtwang, Bus-

rg, Meden, Rodenstein, Westphalen.
ngen, Sternberg, Thierberg, Meinicke)

# Großmeister

der

| …nniter. | Deutsch-Ordens-Ritter, nebst den Deutschmeistern, Herrnmeistern und Landmeistern. |
|---|---|
| | Joh. v. Tieffen 1497. |
| d'Amboise 1512. | Fried. Herz v. Sachsen 1510. |
| Blanchefort 1513. | Albrecht M. v. Brandenburg, der erste Herzog in Preußen 1525. |
| Carretto 1511. | D. Grumbach, Stockheim, Adelmannsfelden, Eleen. |
| l'Isle Adam | H. Fersen, Borch, Loringhof, Plettenberg, Hasencamp, v. der Recke. |
| …nte 1535. | Walter v. Cronberg, der erste Hoch- und Deutschmeister in Einer Person, und sogenannter Administrator des Hochmeisterthums in Preußen 1543. |
| S. Jalla 1536. | H. v. Galen, Fürstenberg. |
| …medes 1553. | Schuzbar Milchling 1566. |
| …lla Sangle 1557. | Herrmeister v. Kettler verläßt den Orden, wie Albrecht, und wird Herzog von Curland und Senegallen unter pohlnischer Lehnshoheit 1562. Preußen und Liefland verloren für den Orden. |
| …tte 1568. | Hund v. Wenkheim 1572. |
| …nte 1572. | Hein. v. Bobenhausen 1588. |
| …iere 1581. | Maximilian 1618. } Erzherzoge von Oestreich. |
| …rdala 1595. | Carl 1624. } Erzherzoge von Oestreich. |
| …arzes 1601. | Eustach v. Westernach 1627. |
| …urt 1622. | Caspar v. Stadion 1641. |
| …os 1623 | Leopold Wilh. 1662. } Erzherzoge von Oestreich |
| …aula 1636. | Carl Joseph 1664. } Erzherzoge von Oestreich |
| …e Castellar 1657. | Caspar v. Ampringen 1684. |
| … Redin 1660. | Ludwig Anton 1694. } Herzoge von Pfalz-Neuburg. |
| …affael 1663. | Franz Ludwig 1732. } Herzoge von Pfalz-Neuburg. |
| …ner 1680. | Clemens August, Herzog v. Bayern 1761. |
| …rragona 1690. | Carl Alexander, Herzog v. Lothringen 1780. |
| …t 1697. | Maximilian Franz 1801. } Erzherzoge von Oestreich. |
| …720. | Carl Anton 1804. } Erzherzoge von Oestreich. |
| … 1722. | |
| …736. | |
| …741. | |
| …73. | |
| …meneses 1775. | |
| …797. | |
| …h 1798. | |
| …aul 1801. | |
| … 1805. | |

# Beylage II.

## Kritisches Verzeichniß der vorzüglichsten vom Verfasser benuzten Bücher.

### I. Ritter-Wesen überhaupt.

S. Palaye Mémoires sur l'ancienne Chevalerie. Paris. 1759-81. 3 Vol. 8. mit Anmerkungen von Dr. Klüber deutsch Nürnb. 1786-90. III. B. 8. sind noch immer das Hauptwerk. S. Palaye ist gründlich, wie ein Deutscher, und voll geschichtlicher Nachforschungen, worüber man vergessen kann, daß er sich zuweilen der Ritter-Romane, statt der Chroniken bedienet hat. „Nachdem ich durch Zeugnisse alter Schriftsteller, vielleicht nicht ohne Enthusiasmus, die Vortheile des Ritterwesens gezeigt habe," so beginnt der fünfte Abschnitt, und in diesen Enthusiasmus fällt der ritterliche Franzose öfters, als er selbst bemerket, und einem kaltblütigen Geschichtschreiber gebühret, selbst vor der Revolution in der Adelswelt. Er hält sich nur an seine französischen Ritter, und daher hat Klüber viel gethan, und durch seine Anmerkungen das französische Werk zum halbdeutschen gemacht, die in Text verwebt das Buch freilich lesbarer machen würden. Wenn Robertson in seiner schönen Einleitung zur Geschichte Carls V. auf das Ritterwesen zu sprechen kommt, so verweißet er, statt alles Weitern, lediglich auf S. Palaye — das war auch zuviel!

Quandoque dormitat Homerus!

S. Palaye (geb. Auxerre. 1697 † Paris. 1781.) widmete sein ganzes Leben fast der Ritterzeit, der Ritter-Poesie, und diesem Werke; sein geistvoller Nachfolger in der Akademie Champfort beschrieb sein Leben. (Oeuvres, Vol. I.) Aus S. Palayes Werke flossen meist die kleinen Aufsäze über das Ritterwesen, die in den Gothaischen Taschenkalendern, in der Bibliothek der Romane, im Bertold v. Urach ꝛc. stehen, und so auch das Büchlein: Untersuchung der Frage: Wie bestand die Ritter-Würde in ältern Zeiten, und welche Ursachen wirkten so mächtig zu ihrer Veränderung? Frft. 1790. 8. Alle sind ohne besondere Bedeutung. Nicht besser ist: Kurzer Abriß einer Geschichte des Ritterwesens und des deutschen Adels von F. W. (Wahl) Halle. 1793. 8. so wie das dikleibige Werk des Herrn v. Ziegesar: Ueber Ritterwesen, Point d'honneur und Duell. Stuttg. 1793. 8. Am allermeisten täuscht das Büchlein: das Mittel-Alter und die Ritter-Zeiten, nicht wie sie seyn könnten, sondern waren. Lpz. 1800 8. (v. Bauer). Und diesem Machwerk legte der Verleger 1808 einen neuen Titel um: Unterhaltende Züge aus dem Mittel-Alter, der allerdings richtiger ist, wenn nur die Züge gewählter, und wichtiger und das Ganze kein Geschmier wäre! So täuschen auch gewissermaaßen die bessern: Darstellungen aus den Ritter-Zeiten Lpz. 1818. 8., aber die 10 hübschen Kupferstiche machen es allenfalls zu einem angenehmen Geschenk für die liebe Jugend.

Das Beste unter diesen kleinern deutschen Werken ist: Conz) Ueber den Geist und die Geschichte des Ritterwesens in Rücksicht auf Deutschland. Gotha. 1786. 8. Noch besser und ausführlicher aber

Kayßerers Geschichte des Ritterwesens im Mittel-Alter. Wien. 1804. gr. 8. mit schönen gemahlten Kpfrn. Das Werk macht die III. Abtheilung des II. B. eines Versuchs über das Kostüme der vorzüglichsten Völker des Mittel-Alters von Robert v. Spalart aus, der Band kostet wegen dieser Kupfer. 27 fl. und das ist das Werk denn doch nicht werth. Tief unter ihm steht der Franzose, der das neueste Buch über diesen Gegenstand herausgab:

Gassier Histoire de la Chevalerie française. Paris. 1814. 8. Das Allerneueste ist der Madame Castu Werkchen la Chevalerie française. Paris. 1821. 12. mit schönen Küpferchen und einigen recht artigen Ritter-Gedichtchen. Neues oder Vieles wird hier niemand suchen. Madame versprechen auch das Ritterwesen anderer Nationen zu liefern, wo Sie denn freilich auf größere Schwierigkeiten stoßen möchten: — doch Franzosen wissen sich Alles leicht zu machen!

Weit lehrreicher sind die alten Franzosen, wie der Jesuit Menetrier, der nicht müde wurde mit heraldischen Schriften das Publicum zu ermüden, in seinem Werkchen: De la Chevalerie ancienne et moderne. Paris. 1683. 12. Honoré de S. Marthe Diss. hist. sur la Chevalerie. Paris. 1718. 4. Favin Theatre de l'honneur et de la Chevalerie. Paris. 1620. 4. u. Colombiere Theatre d'honneur et de Chevalerie. Paris. 1648. II. Vol. fol. Des Jesuiten le Moine l'Art de Devises. Paris. 1666. 4. ist eine heraldische Symbolik mit reicher Beyspielsammlung. Vorzüglich brauchbar aber sind die Dissertationen des du Fresne zur Geschichte Joinvilles, übersetzt in Pistorii Amoenitates hist: jurid. Vol. 1. 5. u. 6. in 4.

Hurd lettres on Chivalry and Romances in seinen moral and political Dialogues T. III. und besonders gedruckt London. 1762. 8. sind von wenig Bedeutung, und doch wie viel Interessantes hätte uns der Britte nicht vom Engl.

Ritterwesen, wie es scheint, sagen können, das blühendste nach dem von Frankreich! Weit lehrreicher noch ist daher Stuart in seiner View of Society in Europa. Lond. 1778. auch deutsch. 1779. 8. Th. Brydson Summary View of Heraldry in reference to the Usages chivalry and the general Economy of the feudal System. Edinb. 1795. 8. hätte ich nicht nöthig gehabt, mir eigends von London kommen zu lassen, und wäre um 8 fl. reicher, und mein Werk darum nicht ärmer. Von Italienern ist noch weniger zu erwarten, und das Wenige bey Muratori und Bettinelli haben wir gehörigen Orts benutzt. In der Spanischen Literatur ist mir kein eigenes Werk bekannt, und da hier das Ritterwesen gleichsam aufkeimte, länger blühete, denn anderwärts, und die eigenen spanischen Ritter-Orden sich so tapfer mit den Mauren herumtummelten, so ist es in der That eine auffallende Erscheinung, die wir bedauren.

Weit interessanter, und von gar vielen wie S. Palaye als Quelle benutzt, ohne sie immer anzuzeigen, ist das deutsche Werk: Eichhorns Untersuchungen über den Einfluß der Ritterschaft auf Europa, in dessen bekannter Geschichte der Cultur. I. B. S. 1—260. Gewissermaßen müssen wir denn doch die alten Ritter-Romane, wovon wir unter Ritter-Poesie sprachen, auch für Quellen gelten lassen, wo wir keine bessere haben!

---

## II. Der Tempel-Orden.

Die Histoire de la Contemplation des Templiers par du Puy: (zum erstenmale erschienen 1654. lezte und beste Ausgabe Bruxelles. 1751. 4.) hat bisher für das Hauptwerk gegolten, nicht wegen des kurzen unbedeutenden Textes, sondern wegen der wichtigen Actenstücke, die wir jezt aber vollständiger und besser haben. Herr Rath und Bibliothekar du Puy war sehr partheyisch gegen den Orden, und zu seiner Zeit wäre es noch als Majestäts-Verbrechen angesehen worden, einen König Frankreichs laut zu tadlen, wenn solcher auch noch so großen Tadel verdiente!

Gürtler, Prof. zu Deventer, ein Protestant, übernahm die Vertheidigung der Templer in seiner Historia Templariorum. Amst. 1691. 8. Ed. II. 1703. ist aber sehr nüchtern. Besser rettete ihre Ehre unser treflicher Thomasius in seiner Diss. de Templ. Equit. Ordine sublato. Hal. 1705. 4. Beyde sind zwar jezt veraltet, und noch weit mehr die Dissert. des Strauchs und Wichmanns vom J. 1669. und 1607, die Nicolai nirgendswo aufzutreiben wußte. Ich hatte das Glück, solche nebst Einem Duzend anderen, die sich auf Ritter-Orden beziehen, in einer Nürnberger Auction, den ganzen Band für 24 kr., aufzutreiben, und dieser große Fund ist auch — nicht mehr werth!

Das Werk des Portugiesen Ferreira Notiticias hist. de celebre Ordem dos Templarios. Lisbon. 1735. 2 vol. 4. ist mir nicht zu Gesichte gekommen, (Münter hat es indessen bereits benutzet,) aber Campomanes Diss. hist. del Orden y Cavaleria de los Templarios. Madrid. 1747. 8., deutscher Nachdruck 1795. 8., habe ich in Hinsicht der Spanischen Templer brauchbar gefunden, die er frey spricht.

Am besten sind die neuern Werke:

Antons Versuch einer Geschichte des T. O. Leipz. 1779. verb. 1781. 8. Ebd. Untersuchung über das Geheimniß und die Gebräuche der Tempelherren. Dessau. 1782. 8.

Nicolai Versuch über die Beschuldigung, welche dem T. O. gemacht worden, und über dessen Geheimnisse. Berlin. 1782. II. B. 8. Vergl. deutscher Merkur. 1782. März und April (von Herder). Nicolai ist wider die Templet, und hat zuerst auf die Urkunden bey Dupuy recht aufmerksam gemacht. Von wenigem Belang sind: Geschichte der Abschaffung des T. O. Aus dem Französischen. Altona. 1780. 8. meist aus Dupuy; — (Vogels) Briefe die Freymaurerey und Tempelherren betreffend. 3 Sammlungen. Nürnb. 1783—85. 8. und Stemmlers Contingent zur Geschichte der Templer. Leipz. 1783. 8. — Auszüge aus den obengenannten Dissertationen der Thomasius, Strauch, Wichmanns, und Menards Histoire de la ville de Nismes.

Den meisten und gründlichsten Aufschluß aber geben:

Moldenhauers Proceß gegen den Tempel-Orden. Aus Original-Acten. Hamb. 1792. 8. Vergl. N. Allg. d. Bibliothek. I. B. 113—124. Moldenhauer fand in der Abtey S. Germain zu Paris die Original-Acten, die nämlichen, deren sich du Puy so unvollständig bedienet hatte. Und sodann

Münters Statutenbuch des Ordens. Berl. 1794. gr. 8. Er fand solches zu Rom in der Corsinischen Bibliothek, und es ist in der That Schade, daß der versprochene 2. Theil nie erschienen ist.

Noch neuer sind die Untersuchungen französischer Gelehrten:

Histoire critique et apologetique de l'Ordre des Templiers par feu le Rev. P. M. D. (Prior von Etival.) Paris. 1789. 2 Vol. 4. (deutsch im Auszuge mit Anmerk. Leipz. 1790. 8.) Dieses weitläufige verwässerte Werk ist von wenig Interesse, und nimmt nicht einmal Rücksicht auf die neuern Untersuchungen deutscher Gelehrten. Wann werden die Franzosen anfangen, sich um die gründlichere Literatur des Auslandes ernsthaft zu bekümmern? und wann die Deutschen aufhören — alles zu übersetzen?

Grouvelle Memoires hist. sur les Templiers. Paris. 1805. 8. (deutsch von Cramer. Lpz. 1806.) sind weit besser und Grouvelle kennet Münter.

Raynouard Monumens hist. relatifs à la Condemnation des Templiers. Paris. 1813. 8. (deutsch. Aleppo. 1814. 8.) sind eine weitere Ausführung seiner Einleitung vor dessen berühmtem Trauerspiel les Templiers (1805.) und, mancher gewagter Sätze ungeachtet, nicht zu verschmähen, obgleich mehr rhetorisch, als geschichtlich kritisch.

---

## III. Der Johanniter-Orden.

H. Comitis Alexandri Comm. de Turcarum bello in Melitam. Norimb. 1566. 8. Curio ej. argum. Basil. 1567. 8. sind große Lobredner des Ordens, und mit Recht, wie des Basler Arztes Pantaleon Hist. Ord. milit. Johannit. Rhod. aut Melit. Equitum. Basil. 1581. fol. veraltet. Brauchbarer ist Bosio Geschäftsträger des Ordens zu Rom, Istoria della S. Militia di S. Gior. Roma. 1594. 2 Vol. fol. III. Vol. 1602. Er schrieb in Auftrag des Ordens, und spricht von 4 Theilen, ich kenne aber nur deren 3, wovon der erste sich mehr mit den Kreuzzügen, als mit dem Orden befaßt, der II. aber von der Eroberung Rhodus an bis zur Vertreibung 1523. gehet, und der III. mit dem Jahr 1571. schließet. Pozzo (Ordenscomthur) Istoria della S. Religione di S. Gior. Gerosolimit. Verona. 1703—15. 2 Vol. 4. ist als Fortsetzung anzusehen, die bis 1688. gehet, aber der bigotte Ordens-Ritter! Die Statuta O. Mil. cum effigiis Magist. Ord. Romae. 1586. fol. sind nicht wohl zu entbehren, und mit den Bildnissen wird es wohl die Bewandtniß haben, wie mit denen der Deutsch-Ordens-Meister bey Heß!

Geschichtlichen Werth hat Seb. Pauli Codice diplom. del S. O. M. Gerosolit. oggi di Malta. Lucca. 1733.

II Vol. fol. so wie der Codice del. S. M. O. G. sotto gli auspici di S. A. E. I. G. M. fra Eman. de Rohan. Malta. 1782. fol. (Pacciardi) Memorie de Gran Maestri ec. Parma. 1780. III. Vol. 4. sind weitschweifige Lobreden eines Ordens-Angehörigen, und begreifen nur das erste Jahrhundert des Ordens, und die zehn ersten Großmeister. Besser ist Paoli Dell' Origine et Instituto del S. M. O. di G. Giov. Gerosol. Roma. 1781. 4.

Das Hauptbuch ist immer noch: Vertôt Histoire des Chevaliers hospitaliers de S. Jean de Jerusalem. Amst. 1732. V. Vol. 8. (im deutschen Auszug von Niethamer. Jena. 1792. II. Thl. 8.) Abbé Vertot (geb. 1655. † 1735.) ist ermüdend weitschweifig, und eben nicht berühmt wegen seiner historischen Treue. Das Werk ist nicht viel besser, als seine bekannten Revolutions de Portugal, Suede et Rome. Er beschränkte die Revolutionen Roms auf III Bände, wie konnte er aus den Revolutionen des Ordens V Bände machen? Aber er trug das Ordenskreuz, und hatte auch, wo ich nicht irre, eine Priester-Commende. Vertot hört mit dem Jahr 1725. auf, oder eigentlich schon mit La Valette 1568, daher muß man damit die Annales politiques de l'Ordre depuis 1725. ic. verbinden, die Ritter de la Maisonneuve zu Petersb. 1799. 8. herausgegeben hat. Wir haben sie im deutschen Auszug nebst Anhang Regensb. 1802. von Kayßer, dem wir auch das sehr brauchbare Gemälde von Malta Regensb. 1799. 3 B. 8. verdanken.

Immerhin mag man auch einen Blick werfen auf: Abbé Quesnoy Fastes de l'Ordre de Malte selon la Serie de ses Grand-Maitres et ornés de Portraits. Paris. 1788., auf de la Platières Fastes de l'Ordre et son Influence sur le commerce français. 1792. 8., Bonnier Recherches sur l'Ordre 1797. 8. und auf die Recherches hist. et politiques sur Malte par . . 1798, das sich durch eine treffliche Karte von Capitaine auszeichnet. Das neueste französische Werk: Malte ancienne et moderne par Louis de Boisgelin, Chevalier de Malte. Paris. 1809. 3 Vol 8. (zuerst Englisch. London. 1805. 2 Vol. 4. mit Kupfern) ist eine wahre Compilation, gehüllt in Weyhrauch-Wolken für den Orden, aber nicht unbrauchbar, da es bis auf die neuesten Zeiten gehet. Der Verfasser will auch Handschriften benutzt haben, und verspricht eine historisch-kritische Bibliothek aller Schriften über seinen Orden!

Das Werkchen: Ueber den Malthefer-Orden und seine Verhältnisse zu Deutschland und zum Breisgau Frft. und Leipz. 1804. ist verdammt schneidend (auch franz. im Auszuge Basel. 1806.) und ganz wider den Orden; — daher ist ein wahres Gegenstück die kurze pragmatische Geschichte des hohen M.-O. von Längefeld der R. R. Kandidaten. München. 1783. Das Buch ist der hohen bayrischen Zunge gewidmet, da durch die Großmuth des Kurfürsten der hohe Orden auch unsrem Gesichtskreise sich nähert zur Berichtigung der Begriffe des gemeinen Mannes, und zur Belebung seiner Ehrfurcht gegen diesen hohen Orden!!! Das sagt doch wohl Alles! Und nicht viel besser ist die Geschichte des souverainen religiösen Militär-Ordens des heiligen Johannes von Jerusalem von L. R. v. A. Prag und Leipz. 1803. 8.

Wir haben in der That noch keine gute Geschichte des welthistorischen Ordens, keine, wie wir vom deutschen Orden haben, und daher wäre es Schade, wenn die Geschichte des Ordens aus der Feder des Hrrn. O. Kanzler v. Ittner zu Heitersheim nicht ans Licht kommen sollte, der allen Beruf hiezu hatte, und jetzt möglichst frey schreiben könnte. Prinz Torremuzza in Sicilien soll laut der Briefe des Britten Blaquière eine bänderreiche, äußerst interessante Geschichte der Malthesar fertig haben; — aber

33 *

wir halten uns — und wahrscheinlich das Publikum auch — lieber an die Geschichte des Ordens von der Hand eines deutschen Ordens-Kanzlers, als an die eines italienischen Prinzen!

---

## IV. Der deutsche Orden.

Die alte bekannte Ordens- oder sogenannte Hochmeisters-Chronik (V. Mathaei Analect. vet. aevi. T. V.) scheint zwar gleichzeitig mit dem Orden, nach und nach zusammengeschrieben zu seyn, muß aber mit Critik benutzt werden. Sie macht die Grundlage der schriftlichen Ordens-Chroniken, die in manchen Privathäusern zu Mergentheim und auch an mehreren Orten der ehemaligen Ordenslande zu finden und von manchen als ein großer Schatz aufbewahret waren; mehrere sind mit späteren Zusätzen aus guten Quellen bereichert worden, und diese Zusätze habe ich zum Theil benützen können.

Von weit größerem Werthe ist Pet. v. Dusburg Chronicon Prussiae. von 1226 — 1326. und fortgesetzt von einem Unbekannten bis 1435. mit den schätzbaren Noten und Diss: Hartknochs. Jena. 1669. 4., der uns auch das Alte und Neue Preußen Frft. u. Leipz. 1684. fol. hinterlassen hat. Dusburg war zwar ein für seinen Orden eingenommener Ordens-Priester, aber der älteste Preußische Schriftsteller, den wir haben, der 100 Jahre nach des Ordens Ankunft in Preußen lebte. Ein Ordens-Kaplan Jeroschin übersetzte Dusburg in deutsche Reime. 1340. Nach diesem Dusburg kommt Lucas David, Hofgerichts-Rath zu Königsberg, der 1583. starb. Seine Preußische Chronik, die Waczko und Kotzebue in der Handschrift schon benutzt hatten, erschien im Druck mit

Anmerkungen vom geheimen Archiv-Director Hennig. Königsb. 1812—17. VIII. B. 4. Vielleicht wäre es doch besser gewesen mit dem ältern Grånan (einem Dominikaner, der um das Jahr 1521. schrieb, und ein großer Fabelhans ist) den Anfang zu machen. Hennig erwarb sich gleich großes Verdienst durch die Herausgabe der Ordens-Statuten 1442. nach dem Original mit Anmerkungen. Königsb. 1816. 8. Recht brauchbar ist auch die Chronik Lindenblatts, die von 1309—1419. geht, und des Danziger Secretärs Schütz Chronik, die Chytraeus fortgesetzt und unter dem Titel Historia rerum prussicarum rc. fol. 1599. herausgab. Sie scheint selten zu seyn.

Venator historischer Bericht vom Marianischen deutschen Ritter-Orden 1680. 4. war noch zu meiner Zeit das Handbuch der Ordens-Ritter, so geistlos und schlecht auch die Arbeit des Herrn Stadtpfarrers, geistl. Raths und Ordens-Priesters zu Mergentheim ausgefallen ist; bloßer Nachhall Dusburgs, indessen für die neuern Zeiten nicht ohne brauchbare Nachrichten.

Duellii Hist. Ord. Equit. Teut. Viennae. 1727. fol. will als Geschichte noch weniger sagen und liefert ein bloßes Compendium von S. 1—56., aber desto schätzbarer sind die beigefügten Urkunden, an die man sich überhaupt halten muß, denn die pohlnischen Geschichtschreiber Kadlubko, Dlugoff, Kromer rc. lauter geistliche Herrn sind voll Gift gegen den Orden, und die Ordens-Geistlichen voll Vorliebe und Partheylichkeit für ihren Orden. Die gelesenste Geschichte Pohlens ist wohl Solignac Hist. gen. de Pologne. Amst. 1751. 5. Vol. 12., aber sie ist nicht die beste, und den Orden mißhandelt der französische Chevalier gerade wie Kotzebue. Die nicht uninteressante Geschichte Pohlens erwartet noch ihren Mann!

In Pohlen ist wohl nicht viel mehr zu holen, noch

weniger in Schweden, wohin die Krakauer Urkunden gebracht seyn sollten, aber desto reicher ist das geöffnete geheime Archiv zu Königsberg, das Baczko sicher besser benutzt haben würde, als Kotzebue, wäre ihm ein solcher freyer Zutritt verstattet gewesen. Manches aus pohlnischen Geschichtsschreibern scheint Wagner in seine Geschichte von Pohlen übertragen zu haben. Diese Geschichte macht bekanntlich den XIV. B. der großen Weltgeschichte von Guthry und Gray in 3 starken Abtheilungen aus, deren 1. Pohlen, die 2. Litthauen, Preußen und Liefland, und die 3. Ost-Preußen und Curland enthält. – Reiche Materialien, aber desto weniger Ordnung und lichtvolle Auswahl! immer aber verläßiger, als Solignac!

Unbedeutend ist Hollands Diss. de origine, juribus ac privilegiis Ord. Teut. Frfr. 1749. 4., wie zwey ältere Dissertationen desselben Innhalts von Liebhardt und einem Ungenannten aus den Jahren 1672 u. 1677.. Unbedeutend ist das Abrége chronolog. de l'Hist. de l'O. T. Vienne. 1761. von einem K. K. Hofrath v. Kruft, und so auch Hessii Discursus inaug. de potissimis personarum in I. S. R. juribus succincta Equ. Ord. Teut. Historia cum 48 Magn. Magistr. Iconibus. Herbip. 1720. fol. Es ist aber sicher die glänzendste Inauguraldissertation mit 48 Kupfern! Ob die Bildnisse Aehnlichkeit haben? muß ich bezweifeln. Authentisch sind wohl nur die von Albrecht von Brandenburg an, die auch im Original in den Vorhallen des Mergentheimer Schlosses noch zu sehen sind. Mit den ältern Bildnissen steht es wohl wie mit den Reihen der Aebte in den Kreuzgängen der Klöster, die stets vom Ersten Stifter anfangen – reine Ideale! Es ist Schade, daß es im Orden nicht Sitte war, den Kopf der Hochmeister vor Albrecht auf Münzen zu prägen, obgleich der Kopf eines Salza, Kniprode und Planen gewiß interessanter wäre, als 20 Köpfe römischer Kaiser!

Hetzens Werk hatte indessen früher chronologischen Werth, da der Vater des Verfassers Ordenskanzler war, ist aber entbehrlich seit Bachems fürtreffliche Chronologie der Hoch und- Deutschmeister. Münster. 1802. 4. erschienen ist, gegründet auf die mühsamsten archivalischen Untersuchungen.

M. Elbe (Verfasser des schwäbischen Merkurs) schrieb eine Einleitung in die Geschichte des deutschen Ordens. Nürnb. 1784. 8. 1. Th. und gab auch eine Sammlung für die Geschichte des Ordens. Tüb. 1785. 1. H. heraus. Jene Einleitung ist eine Jugendarbeit, womit sich der Verfasser zu einer Ordens-Pfarre den Weg zu bahnen suchte, und immer weit besser als der veraltete Venator, wenn nur der 2. Th. das Ganze vollendet hätte, da der 1. schon mit d. J. 1440. endet. Zu der Sammlung, die gleichfalls beym 1. Stück stehen blieb, ist das Leben des Land-Comthurs Grafen von Stahrenberg nicht ohne Interesse. Der Verfasser fand vermuthlich, daß Zeitungsschreiberei weniger Mühe machet, und besser lohnet, als das gelehrteste und gelungenste Werk!

Die brauchbarsten Schriftsteller des Ordens sind unstreitig de Wal, Baczko und Kotzebue, die für die Ordens-Geschichte en gros wenig zu wünschen übrig lassen. Baczko ist wohl der Beste. Nicht uninteressant wäre das kleine gut geschriebene Werkchen: Belers Versuch einer Geschichte der Hochmeister in Preußen seit Kniprode. Berl. 1798. 8., wenn nur mehrere Ordens-Beamte nicht die Wahrheit des Vorgebens, daß der Verfasser in dem Archive zu Freudenthal die Chronik des Vincentius, Hofkaplans von Kniprode, und die des Michael v. Marburg benutzt habe, widersprochen, und selbst die Existenz solcher Ordens-Chroniken geleugnet hätten! Interessante Beiträge zur Ordens-

Geschichte enthalten die Beiträge zur Kunde Preußens. Königsb. 1818. ff., die heftweise erscheinen; bis jezt 24 Hefte oder IV Bände.

Ludw. v. Baczko Geschichte Preußens. Königsb. 1792—1800. VI. B. 8. ist trefflich, und es ist edel vom Ritter de Wal, daß er in seinen spätern Recherches diesem Werke selbst den Vorzug vor seiner großen Ordens-Geschichte zugestehet. Als Nachtrag muß man noch damit verbinden: Gerhard v. Malberg, Hochmeister des deutschen Ordens. Königsb. 1806. 8.

Neben Baczko mag Kotzebue Preußens ältere Geschichte. Riga. 1808. IV. B. 8. stehen, die bis zum Jahre 1466. gehet. Er hatte die Erlaubniß, das geheime Archiv zu Königsberg zu benutzen, und daher findet man in den reichen Anmerkungen viel Neues und Gutes, wenn man auch mit dem Text, der nicht selten in ästhetisches Gewäsch ausartet, unzufrieden ist. Ein Aufenthalt von 4 Monden unter solchen Schätzen war wohl zu kurz, zumalen wenn Vorkenntnisse und kritischer Blick fehlen. Offenbar sprang Kotzebue zu hart und zu ungerecht mit dem Orden um, der stets ein ausgezeichneter Staat des Mittelalters bleibt und als solcher nicht mit den Augen unserer Zeit betrachtet werden darf. Der grosse Historiker Schlözer war zwar mit dem schwarzen Gemälde zufrieden, aber ihm scheint hier Etwas Menschliches begegnet zu seyn. Es war in seinen lezten Lebensjahren, wo er dieses Werk las, und Kotzebue gedenkt mehrmals seiner mit grosser Achtung! Andere aber haben dem Dichter bewiesen, daß er nicht nur alles seiner fixen Idee: „der Orden war eine Mammelucken-Anstalt, seine Edel-Mönche bekreuzte Heuschrecken, Buben und Räuber," unterzuordnen gesucht, sondern nicht einmal Urkunden zu lesen verstanden habe, und meine Wenigkeit muß diesem Urtheile beystimmen. Das berühmte dramatische Genie, das auch in der Geschichte Deutschlands eben so frey mit Carl. G. und andern Männern umspringt, war nicht einmal guter historischer Handlanger! Der Geschichtsfreund darf nicht daran denken, wie viele Urkunden die Historiker flüchtig gelesen, wie viele sie nicht gehörig verstanden haben, und noch weniger daran, daß viele auf Urkunden sich berufen haben, die gar nicht existirten, oder gar Urkunden unverschämt selbst geschmiedet haben, wie die Mönche und selbst Kanzler v. Ludewig berüchtigten Angedenkens!

Ganz ex professo, und mit wahrer Lust und Liebe bearbeitete der deutsche Ordens-Ritter de Wal die Geschichte seines Ordens, in seiner Histoire de l'Ordre Teutonique par un Chevalier de l'Ordre. Paris. et Rheims. 1784—88. VIII. Vol. 8. Sein gewähltes Motto: Similis factus est leoni in operibus suis et sicut catulus leonis rugiens in venatione. Maccab. l. 3. darf man dem Ritter nicht übel nehmen. Es ist die ausführlichste Geschichte des Ordens, acht starke Bände, geschrieben mit ungemeinem Fleiß, aber — alles ist dem Ritter wichtig, und daher ist vieles für andere so unwichtig, so ermüdend und so weitschweifig, — alles betrachtet er noch nebenbey mit frommem Katholiken-Auge, und für den Orden sind ihm alle Zeugen recht, gegen denselben fast alle verdächtig! Genug, der Geist der Geschichte ruhte leider! nicht auf dem wackern, gelehrten und edlen Ritter, und der Geist der Philosophie noch weit weniger! Kaum erhebt er sich in dieser Hinsicht über seine geistlichen Ordensbrüder Dusburg und Venator!

Späterhin erschienen aus seiner Feder noch die Recherches sur l'ancienne constitution de l'Ordre Teut. Mergentheim. 1807. 2. Vol. 8. mit brauchbaren Anmerkungen. Aber wer studieret nicht lieber die Statuten des Ordens, wie sie Hennig herausgegeben hat, in der altdeutschen Original-Sprache des Jahres 1444? Die Herren Räthe Bachem und Polzer, die den Orden überlebt, und sich viel mit historisch-archivalischen Untersuchungen rühmlichst und lange Jahre beschäftiget haben, könnten uns wohl etwas Besseres liefern als de Wal! Etwas Bleibenderes!

Nach dem guten Ritter that der Orden alles pour gagner des ames à Dieu — die Heiden, les Infidèles et les Idolatres, — alles oder vieles pour gagner la grace du baptême, und diese und andere Auftritte gehören unter die verités incontestables offusquées par les vapeurs, qu'exhale le délire philosophique! Ueber Unfälle des Ordens, unzertrennlich vom schönsten menschlichen Loose, schleicht der Ritter so leise hinweg, als über die Missethaten der Ritter! und der Esprit de Corps war ein Irrlicht, das ihn gar oft den rechten Weg verfehlen machte! Er selbst scheint es gewissermaßen gefühlt zu haben, wenn er (VII, 173) sagt: Si les étrangers trouvent que je me suis trop étendu sur la Justification de l'Ordre, je me flatte que la Noblesse de l'Allemagne m'en saura gré: c'est sa cause, que je soutiens, car quelle est la grande maison qui n'a pas donné des Chevaliers à l'Ordre Teutonique. — Very well! aber Tacitus hätte nicht so gesprochen! und Hume und Gibbon, Schlözer und Spittler auch nicht! Amicus Plato — sed magis amica Veritas!

Ich kannte den biedern Ritter, dessen Muttersprache die französische war, und er verziehe mir gerne, als ich ihn darauf aufmerksam machte, daß der alte harte und launische Vogt Wunderlich so wenig durch „homme admirable“ übersezt werden dürfe, als die Bremer

Schepe (Schiffe). durch Schöffen (Echevins). — Aber wie kam ich an, als ich gelegenheitlich der Missethaten der Brüder, die kaum mit der rauhen Ritter-Zeit entschuldigt werden mögen, fragte: Warum der Orden die Chroniken so sorgfälig habe aufsuchen, und vernichten lassen? Unbehaglich war ihm natürlich die Behauptung, daß die Geschichte deutscher Herren vor allem deutsch seyn müsse, und er gab sie durchaus nicht zu, bis ich mit dem Argumentum ad hominem, kam: „Wie wollen denn Ew. Hochwürden Gnaden des Hochmeisters Hohenlohe naive Worte ins Französische ohne Verlust übersetzen: A. B. C. Ener Hochmeister bin i nit me"!

Noch liegen große historische Schätze in dem geheimen Archive zu Königsberg vergraben, denn Kotzebue hat nicht die Hälfte der Urkunden benutzen können, weil sie noch nicht geordnet waren, und selbst die, die er benutzte, wie hat er manche benutzt? Stoff genug also noch für die Beyträge zur Kunde Preußens. Weniger gekannt sind die mühseligen Sammlungen des Hrn. Archivar Breitenbach zu Mergentheim zur Geschichte des Ordens u. Mergentheims, die aus 34—36 Folianten bestehen u. zu kaufen sind. Vielleicht distillirt daraus ein späterer Historiker von Geist eine kleine Chronik Mergentheims, wie ohngefähr Siebenkees uns seine kleine Chronik Nürnbergs. 1790. 100 S. 8. gab aus dem ekelhaften Wuste der Noricorum. Aber freylich war der Ruhesitz der Deutsch-Ordens-Relicten keine Werkstätte erfindungsreicher Nürnberger!

# Druckfehler.

| Seite | Zeile | |
|---|---|---|
| 100 | 12 | nach Kleinigkeiten lies „und alle Jagd-Teufeleyen.“ |
| 189 | 11 | von Tettingen l. Dettin. |
| 286 | 15 | Ortaeus l. Oeteus. |
| 351 | 7 | v. u. Paghet l. Sageth. |
| 503 | — | Templer du Plenis l. du Plesis. |
| 504 | — | Johanniter einzuschalten zwischen Redin und Cottoner — Clèrmonte de Chatte Gessau 1660. |

Zeitfracht Medien GmbH
Ferdinand-Jühlke-Straße 7
99095 Erfurt, Deutschland
produktsicherheit@kolibri360.de